015st Foto: ho

Klaudia und Eberhard Homann
St. Tropez und Umgebung

„Ich habe ein Erlebnis wie
in Tausendundeiner Nacht gehabt:
das Meer, die gelben Mauern,
die Spiegelungen, die so farbig
sind wie das Licht ..."

Pierre Bonnard (1867–1947),
französischer Maler

Impressum

Klaudia und Eberhard Homann
St. Tropez und Umgebung

erschienen im
Reise Know-How Verlag Peter Rump GmbH
Osnabrücker Str. 79, 33649 Bielefeld

2., neu bearbeitete und komplett aktualisierte Auflage 2009

Gestaltung
Umschlag: M. Schömann, P. Rump (Layout);
Andrea Hesse (Realisierung)
Inhalt: Günter Pawlak (Layout);
Caroline Tiemann (Realisierung)
Fotos: die Autoren (ho), Caroline Tiemann (ct)
Titelfoto: Tanah Homann (Motiv: Küste bei St. Tropez)
Karten: Cathy Raisin, der Verlag
Bildbearbeitung: der Verlag

Lektorat: Caroline Tiemann
Lektorat (Aktualisierung): Andrea Hesse

Druck und Bindung: Media Print, Paderborn

ISBN 978-3-8317-1735-4
Printed in Germany

Dieses Buch ist erhältlich in jeder Buchhandlung Deutschlands, der Schweiz, Österreichs, Belgiens und der Niederlande.
Bitte informieren Sie Ihren Buchhändler über folgende Bezugsadressen:

Deutschland
Prolit GmbH,
Postfach 9, D-35461 Fernwald (Annerod)
sowie alle Barsortimente

Schweiz
AVA-buch 2000
Postfach 27, CH-8910 Affoltern

Österreich
Mohr Morawa Buchvertrieb GmbH
Sulzengasse 2, A-1230 Wien

Niederlande, Belgien
Willems Adventure
www.willemsadventure.nl

Wer im Buchhandel trotzdem kein Glück hat, bekommt unsere Bücher auch über unseren **Büchershop im Internet:**
www.reise-know-how.de

Wir freuen uns über Kritik, Kommentare und Verbesserungsvorschläge.
Alle Informationen in diesem Buch sind von den Autoren mit größter Sorgfalt gesammelt und vom Lektorat des Verlages gewissenhaft bearbeitet und überprüft worden.
Da inhaltliche und sachliche Fehler nicht ausgeschlossen werden können, erklärt der Verlag, dass alle Angaben im Sinne der Produkthaftung ohne Garantie erfolgen und dass Verlag wie Autoren keinerlei Verantwortung und Haftung für inhaltliche und sachliche Fehler übernehmen.
Die Nennung von Firmen und ihren Produkten und ihre Reihenfolge sind als Beispiel ohne Wertung gegenüber anderen anzusehen. Qualitäts- und Quantitätsangaben sind rein subjektive Einschätzungen der Autoren und dienen keinesfalls der Bewerbung von Firmen oder Produkten.

074st Foto: ho

Reise Know-How im Internet

Aktuelle Reisetipps und Neuigkeiten
Ergänzungen nach Redaktionsschluss
Büchershop und Sonderangebote

www.reise-know-how.de
info@reise-know-how.de

Wir freuen uns über Anregung und Kritik.

Reise Know-How

Vorwort

Zwischen malerischen Hügeln und dem türkisgrünen Meer der südfranzösischen Côte d'Azur liegt ein ehemaliges Fischerdorf, das Weltruhm erlangt hat: St. Tropez. Feinsandige Strände säumen seine Halbinsel ebenso wie Kiesbuchten und bizarre Felsformationen. Seine bunten und ockerfarbenen Häuser stehen sonnenverwöhnt direkt am Meer oder entlang der verwinkelten Gässchen. Hübsche Boote liegen im kleinen Hafen vor Anker – doch es sind keine Fischerboote mehr. Viele der hochglanzpolierten Wasserfahrzeuge sind so groß, dass die Eigner eine eigene Besatzung benötigen. So sieht man sie an Deck sitzen, bei Champagner oder Tee, hinter einer ausgefahrenen – manchmal teppichbelegten – Gangway, mit Sicherheitspersonal oder achtsamen Matrosen, auf jeden Fall aber unter den neugierigen Blicken des flanierenden Publikums.

St. Tropez ist das Pflaster der Schönen und Reichen – und der vielen anderen, die vom Ruhm und Glamour ein kleines bisschen miterleben wollen. Tausende schieben sich während der Sommersaison alltäglich durch die schmalen Gassen, bewundern die mediterrane Architektur, die hübschen Boutiquen und palmenbestandenen Plätze, die protzigen Motorboote und hochseetauglichen Segeljachten, die Autos aus den edelsten Schmieden der Welt oder einfach nur die Menschen selbst, denn St. Tropez ist ein Ort zum Sehen und Gesehenwerden.

Hierher kommen die Stars und Sternchen, um das Leben zu genießen oder einfach nur auszuspannen, allerdings immer mit genügend Publikum. So kann man in St. Tropez die Prominenz der Welt sehen und hautnah erleben. Man sonnt sich unter Filmstars, trinkt Kaffee neben einem internationalen Großindustriellen, shoppt zusammen mit berühmten Sängerinnen und Models oder tanzt in der Disco neben bekannten Playboys.

Dies macht die Stadt zu einem faszinierenden Ort, an dem man einerseits das Flair der „weiten Welt" schnuppern, andererseits aber auch einfach nur im mediterranen Ambiente schwelgen kann, wo man stundenlang im Bistro oder Straßencafé sitzt und das Leben genießt. Ein Ort, an dem man lange Shoppingtouren unternimmt (sofern die Urlaubskasse dies erlaubt), sich an den Stränden die nötige Bräunung holt, in den azurblauen Fluten des Mittelmeers badet, auf den Spuren von *Jacques Cousteau* die Unterwasserwelt erkundet, Ausflüge zu den kulinarischen Besonderheiten der Provence unternimmt, stundenlang mit dem Auto, zu Fuß oder auf dem Rad die Region erkundet und anschließend das Nightlife genießt.

Mit seinen zahlreichen praktischen Tipps und Anregungen möchte dieses Buch dem Reisenden helfen, St. Tropez und seine Umgebung in all seinen Facetten zu entdecken und erleben.

Bon voyage!

Klaudia und Eberhard Homann

Inhalt

Touren

Radtouren

Touren mit dem Auto

Anhang

Exkurse

Highlights – was man unbedingt sehen sollte

Zu einem Kurzbesuch der Stadt gehört auf jeden Fall das Schlendern am Hafen, mit einem Besuch in einem der gemütlichen Cafés oder kleinen Restaurants. Von der Hafenmauer aus kann man den Blick über Altstadt und Bucht schweifen lassen. Dann laden die Gassen zu einem ausgiebigen Bummel ein. Boutiquen der edelsten Designer, Parfümerien, Juweliere: Die Schaufenster preisen jeden erdenklichen Luxus an, doch im Schlussverkauf kann man das eine oder andere Schnäppchen machen. Handwerkliche Produkte, z.B. aus Olivenholz oder Keramik, sind ein schönes Souvenir und werden in vielen kleinen Läden angeboten.

Beobachten Sie die Boulespieler an der Place des Lices, schlendern Sie über den farbenprächtigen Wochenmarkt oder besuchen Sie das berühmte Hotel Byblos, in dem schon *Mick Jagger* seine Hochzeit feierte. Ein Spaziergang zur Zitadelle ermöglicht einen schönen Blick über Stadt und Umgebung.

Hat man die Stadt erkundet, sollte man sich auch Zeit nehmen, um die herrliche Küste zu erwandern, z.B. von der Plage de l'Escalet zum Cap Lardier (im Westen) oder zum Cap Camarat (im Osten).

Sucht man noch mehr Ruhe, wird man im nahen Umland fündig. Das beschauliche Städtchen Gassin thront malerisch über der Halbinsel. Ruinen erklettert man auf der Burg von Grimaud. Und sollte der Geldbeutel eine Auffrischung benötigen, kann man sein Glück am Spieltisch im Casino von Ste. Maxime versuchen.

Den schönsten Strand schließlich findet man in der Bucht von Pampelonne: Sechs Kilometer lang, bietet er alle Arten von sportlichen Vergnügungen und ein großes gastronomisches Spektrum.

Häufig benutzte französische Begriffe

Auberge: Herberge, Unterkunft
Auberge de Jeunesse: Jugendherberge
Baie: Bucht
Chambre: Zimmer
Chartreuse: Kloster
Château: Schloss, Burg
Cimetière: Friedhof
Domaine: Besitzung, Park, Weingut
Eglise: Kirche
Fête: Fest
Gendarmerie: Polizei
Hôpital: Krankenhaus
Hôtel de Ville: Rathaus
Ile: Insel
Location: Vermietung, Verleih
Mairie: Gemeindeamt (Rathaus)
Monastère: Kloster
Mont: Berg
Moulin: Mühle
Musée: Museum
Office de Tourisme: Touristinformation
Phare: Leuchtturm
Plage: Strand
Place: Platz
Pointe: Kap, Spitze
Port: Hafen
Presqu'île: Halbinsel
Quai: Kai, Anleger, Hafenmauer
Rue: Straße
Syndicat d'Initiative: Touristinformation
Tour: Turm
Vedette: Motorboot
Village: Dorf

Was man unbedingt wissen sollte

Telefonieren

In Frankreich sind alle Telefonnummern zehnstellig. Darin ist bereits die zweistellige Vorwahl (04 für die Provence/Côte d'Azur und 94 für das Departement Var, zu dem St. Tropez gehört) enthalten. Wer aus dem Ausland in St. Tropez anrufen möchte, wählt 0033 und dann die Nummer ohne Null, also 0033-4.94... Französische Mobiltelefone haben Nummern, die mit 06 beginnen. Nach Deutschland muss die internationale Vorwahl 0049 (Österreich: 0043, Schweiz: 0041) gewählt werden.

Autofahren und Parken

Französische Städte besitzen meist kleine, verwinkelte Straßen und Gassen und beziehen gerade daraus ihren Charme. Dies ist in St. Tropez nicht anders. Schmale Straßen bringen so manchen Urlauber an den Rand der Panik, wenn er an sein „heiliges Blechle" denkt. Franzosen fahren und parken anders. Kleinere Kratzer und Beulen gehören schon mal zum Alltag.

Erschwerend kommt in St. Tropez die Lage auf der Halbinsel hinzu. Von der Ost-Westautobahn führt der Weg über die Bergstadt La Garde-Freinet oder Ste. Maxime, wobei beide Routen etwa fünf Kilometer vor St. Tropez zusammenlaufen. Ab hier heißt es Ruhe bewahren und den Stau genießen, denn schließlich will jeder nach St. Tropez und dann stellt man sich eben an. Ortskundige wählen oft einen fast 20 km langen Umweg, der landschaftlich reizvoll ist, zeitlich aber nichts bringt, doch man fährt (siehe Kapitel „Praktische Tipps A–Z: Ankunft")!

In der Stadt sind die Parkmöglichkeiten beschränkt, sodass man schon vor der Buchung fragen sollte, ob zur Unterkunft ein Parkplatz gehört. Ist man angelangt, kann man das Fahrzeug ruhig vergessen, denn alle Wege in der Stadt sind kurz. Nur wer zu den beliebten Stränden aufbricht, muss fahren. Dies gilt natürlich auch für die Touren in der Umgebung. Wer mag, kann aber viele Strecken mit dem Rad zurücklegen.

Kartenverzeichnis

Das Märchen vom Fischerdorf am Meer

„Es war einmal ein kleines Fischerdorf an der französischen Mittelmeerküste", so könnte ein Märchen über St. Tropez beginnen. Dieses Märchen würde sicherlich vom mediterranen Flair des Dorfes berichten, das sich auch in den sanften Ockertönen der Häuser am Hafen zeigt. Es würde von Booten erzählen, die auf dem azurblauen Wasser liegen, von Menschen, die am Kai spazieren gehen und von Händlern, die ihre Waren anpreisen. Hier und da würde man sicherlich auch einen Urlauber ausmachen können, der sich an den Farben und Gerüchen der Region ergötzt, unter Pinien an Sandstränden döst, entlang der felsigen Küste wandert, Stimmungen mit Leinwand und Pinsel festhält, eindrucksvoll Tagebuch führt, die bunten Märkte der Region besucht und kulinarische Gaumenfreuden genießt.

Doch wie Märchen so sind, verharren sie nicht in der Idylle. Plötzlich tauchen Scharen von Besuchern auf, bedeutende Menschen, denn sie werden hofiert, fotografiert und interviewt. Die ganze Welt nimmt an ihren Erlebnissen Anteil und möchte sie möglichst live erleben, reist also in die Region, angeregt auch von den Bildern und Schilderungen der ersten Touristen.

So füllen sich der Hafen und die Märkte, weichen Fischerboote luxuriösen Segel- und Motorjachten, entstehen neue Häuser (die sich glücklicherweise in den Gebäudebestand einfügen), sind Cafés ständig besetzt, schießen Boutiquen wie Pilze aus dem Boden. Und die weiten Sand- und Kiesbuchten füllen sich tagtäglich mit Urlaubern aller Couleur. Ständig ist hier etwas los, Luxusautos fahren vor, teure Motorräder donnern über die Straßen und wer es sich leisten kann, lässt den Champagner in Strömen fließen.

„Geld regiert die Welt", selten trifft ein Spruch so sehr ins Schwarze wie in St. Tropez. Hier logiert und sonnt sich auch heute noch die Schicht, die man früher als Haute Volée bezeichnete. Heute ist es aber nicht so sehr der echte Adel (der kommt natürlich auch), sondern eher der sogenannte Geldadel bzw. dessen Erben. Wie auch immer sie zu dem Geld gekommen sind, ob durch internationales Showbusiness, in aller Welt bekannte Musikstücke, allerlei undurchsichtige oder geheimnisvolle Geschäfte oder als Model für „die" Zeitungen dieser Welt, alle sind sie hier, kommen immer wieder und lassen ein Geld zurück, von dem der überwiegende Rest der Menschheit nur träumen mag. So wurde vor einigen Jahren von einem Champagnerduell im Caves du Roy berichtet, bei dem fast 400.000 Euro auf der Rechnung standen. Internationale Hochglanzmagazine geben aber auch zu, dass dies sogar für „St. Trop" (wie es von Insidern genannt wird) ein Rekord gewesen sei, denn wer auf sich hält, kommt in der Disco schließlich schon mit 3000 Dollar pro Abend aus.

Doch es geht in St. Tropez auch preiswerter. So kann man am Strand von

Pampelonne schon für wenige Euro eine Liege mieten und neben den Promis dieser Welt in der Sonne schmoren. Und viele tun genau das.

Doch ist der Ort überhaupt etwas für Normalsterbliche? Ja, auf jeden Fall. Denn was die Reichen reizt, ist eine Sache, was den „normalen" Urlauber hierherzieht, eine ganz andere. Besitzt man das nötige Kleingeld, so kann man in die Welt der Reichen und Schönen eintauchen, besitzt man es nicht, kein Problem – St. Tropez ist auch dann ein Genuss. Dann schlendert man eben durch die malerischen Gassen, statt mit dem Rolls hindurchzugleiten, dann wandert man entlang der Küste, besucht die Städtchen in der Umgebung und verzichtet auf den Dauerkater, den so manch anderer wahrscheinlich mit sich herumträgt. Hier genießt jeder den Augenblick so, wie er ihn genießen möchte. Mediterrane Leichtigkeit gehört dazu. Man fühlt sie allenthalben, lässt die Seele baumeln und muss auch in St. Tropez nichts dafür zahlen. Über Dekadenz kann man meckern oder das Verhalten der Promis kritisieren, trifft man diese Menschen aber beim Einkaufsbummel auf dem Markt an der Place des Lices, siegt vielfach doch die Neugier.

Und wie enden Märchen? Natürlich mit der Floskel: „Und wenn sie nicht gestorben sind ...". Schon öfters war der Ort an der Côte d'Azur totgesagt, aber Totgesagte leben bekanntlich länger. Der Jetset hatte sich tatsächlich nach wilden Jahren am Mittelmeer andere Destinationen gesucht, doch die Schönen und Reichen kommen noch immer. Noch immer besitzen Stars ihre Villen in den Hügeln, noch immer liegen prächtige Schiffe an der Küste vor Anker. Und sie kommen immer wieder: 1997 urlaubte hier *Lady Di* mit *Dodi al-Fayed,* bevor sie zu ihrer Reise nach Paris aufbrachen, die so tragisch endete. Immer wieder schaut *Bruce Willis* mal vorbei, sonnt sich *Bono* von U2 am Strand oder sorgt *Naomi Campbell* für Aufsehen beim Ausgehen.

Und so bleiben auch die Urlauber nicht aus, weder die, die den Geruch von Glamour suchen, noch die, die das andere St. Tropez vorziehen. Das St. Tropez der Farben, Gerüche und kulinarischen Genüsse. So lebt denn der Ort am Mittelmeer nach wie vor und erhält sich ein Flair, das seinesgleichen sucht. Ein fast magisch zu nennender Charme liegt über der Stadt und ihrem Umland, sodass das Ende des Märchens auf jeden Fall ein Happy End ist.

Die Schreibweise des Namens

In diesem Buch haben wir uns für die eingedeutschte Schreibweise des Namens **St. Tropez** entschieden. Im Französischen schreibt man **St-Tropez,** bzw. ohne Abkürzung **Saint-Tropez** (*saint* = „heilig"). Da man dieser Schreibweise auch auf Landkarten meist begegnet, wird in den Karten in diesem Buch ebenfalls diese Schreibweise verwendet.

Sainte ist die weibliche Form von *Saint* (man spricht bei *Sainte* das „t" deutlich hörbar aus) und steht daher bei Orten, die nach weiblichen Heiligen benannt sind, z.B. **Sainte-Maxime,** abgekürzt **Ste-Maxime,** deutsche Variante **Ste. Maxime.**

033st Foto: ho

Vor der Reise

087st Foto: ho

090st Foto: ho

Kleine Stadt, großer Name: St. Tropez

Ruine der Burg von Grimaud

Typisch provenzalisches Wohnhaus

Informationsstellen und Internetadressen

Fremdenverkehrsamt

Informationen erhält man bei den staatlichen französischen Fremdenverkehrsbüros **Maison de la France** (www.franceguide.com) in Form allgemeiner Broschüren. Das Hauptbüro in Deutschland ist in Frankfurt (Zeppelinallee 37, 60325 Frankfurt/M., Tel. (0900) 1570025, Fax (0900) 1599061 (€ 0,49/Min.), info.de@franceguide.com, Mo–Fr 9–16.30 Uhr, telefonisch bis 17 Uhr).

In **Österreich** befindet sich das Maison de la France in der Lugeck 1–2, Stg. 1, Top 7, 1010 Wien, Tel. (0900) 250015 (max. € 0,68/Min.), Fax (01) 5032872, info.at@franceguide.com, Mo–Fr 13–16 Uhr, telefonisch 9–17 Uhr. In der **Schweiz** erreicht man es im Rennweg 42, 8023 Zürich, Tel. (044) 2174600, Fax (044) 2174617, info.ch@franceguide.com, Mo–Do 9.30–13 und 14–17.30 Uhr, Fr 9.30–13 und 14–16 Uhr.

Örtliche Touristinformationen

In Frankreich selbst gibt es in St. Tropez und den benachbarten Orten Touristinformationsbüros:

- **Office de Tourisme St. Tropez,** Quai Jean Jaurès, 83990 St. Tropez, Tel. 04.94.55.98.59, www.ot-saint-tropez.com.
- **Office de Tourisme Ste. Maxime,** Promenade Simon Lorière, 83120 Ste. Maxime, Tel. 04.94.55.75.55, Fax 04.94.55.75.56, ot@sainte-maxime.fr, www.ste-maxime.com.
- **Office de Tourisme Grimaud,** Bld. des Aliziers, 83310 Grimaud, Tel. 04.94.55.43.83, Fax 04.94.55.72.20, www.grimaud-provence.com.
- **Maison du Tourisme Golfe de St. Tropez-Pays des Maures,** Carrefour de la Foux, 83580 Gassin, Tel. 04.94.55.22.00, Fax 04.94.55.22.01, www.st-tropez-lesmaures.com. Die Haupttouristinformation für die ganze Region.
- **Office de Tourisme et de la Culture,** Place de l'Ormeau, 83350 Ramatuelle, Tel. 04.98.12.64.00, Fax 04.94.79.12.66, www.ramatuelle-tourisme.com.
- **Office de Tourisme,** Esplanade de la Gare, 83420 La Croix-Valmer, Tel. 04.94.55.12.12, Fax 04.94.55.12.10, www.lacroixvalmer.fr.
- **Office de Tourisme de Cogolin,** Place de la Répubique, 83310 Cogolin, Tel. 04.94.55.01.10, Fax 04.94.55.01.11, www.cogolin-provence.com.

Stadt und Umgebung im Internet

Unter **www.franceguide.com** erhält man allgemeine Informationen zu Frankreich. Die örtlichen Touristinformationen besitzen z.T. eigene Internetseiten, auf denen sie ihren Ort und die Umgebung präsentieren:

- www.ot-saint-tropez.com
- www.saint-tropez.st
- www.golfe-infos.com
- www.grimaud-provence.com
- www.ste-maxime.com
- www.ramatuelle-tourisme.com
- www.lacroixvalmer.fr
- www.cogolin-provence.com

Für Lesben und Schwule

Viele Informationen zu Unterkünften, Restaurants und Nightlife erhält man auf diesen Internetseiten, beide sind in Französisch und Englisch aufrufbar:

- **www.gay-provence.org**
- **www.gay-azur.com**

Ein- und Ausreisebestimmungen

Mit der Öffnung der Grenzen nach dem sogenannten Schengener Abkommen herrscht für Bürger der Europäischen Union innerhalb der Grenzen der EU Reisefreiheit. D.h. Grenzkontrollen finden in der Regel nicht statt. Sie können aber in sogenannten begründeten Verdachtsfällen vorkommen bzw. werden dann eingerichtet, wenn besondere Situationen eintreten (z.B. Fahndungen, Seuchengefahr).

Bürger der Bundesrepublik, Österreichs und der Schweiz müssen im Besitz eines gültigen Personalausweises oder Reisepasses sein, Kinder müssen entweder im Pass der Eltern eingetragen sein oder einen Kinderausweis besitzen.

Devisen

Grundsätzlich ist die Ein- und Ausfuhr von Bargeld auf die Summe von **15.000 Euro** beschränkt. Diese Beschränkungen legt der deutsche Zoll fest. Um nicht in den Verdacht des Devisenschmuggels zu geraten, sollten darüber hinausgehende Beträge deklariert werden. Dies gilt insbesondere, wenn Ein- und/oder Ausreise über die Schweiz erfolgen!

Zollbestimmungen

Mit der Reisefreiheit, die aus dem „Schengener Übereinkommen" resultiert, fielen auch die Zollkontrollen weitgehend. Wer aus Ländern der EU einreist, darf (fast) uneingeschränkt Waren für private Zwecke bei sich führen. Dies gilt aber nur für Waren, die in regulären Geschäften erworben wurden, d.h. im sogenannten „zoll- und steuerrechtlich freien Verkehr". Hat man die Waren dagegen im „Duty-Free-Einkauf" erworben, gelten die Bestimmungen für sogenannte „Drittländer", also ein Reisefreibetrag von € 430 bzw. bei der Rückeinreise in die Schweiz sFr. 300 (ausgenommen Lebensmittel).

Im Grundsatz sind somit die Grenzkontrollen aufgehoben, allerdings können im Bedarfsfall Kontrollen durchgeführt werden. Dann obliegt es dem Reisenden, den Privatgebrauch im Zweifelsfall nachzuweisen. Die Behörden unterstellen gewerbliche Zwecke bei folgenden Mengen: Zigaretten ab 800 Stück, Zigarillos ab 400 Stück, Zigarren ab 200 Stück, Tabak ab 1 kg, Spirituosen ab 10 l, Liköre ab 20 l, Wein ab 90 l (davon höchstens 60 l Sekt), Bier ab 110 l, Kaffee ab 10 kg (Deutschland). Auch bei Überschreitung dieser Grenzen ist der Nachweis des Privatgebrauchs möglich, z.B. für eine größere Privatfeier (mit Einladungsschreiben und Gästeliste).

Erfolgt die Ein- oder Ausreise über die **Schweiz,** so gelten alle Bestimmungen für Nicht-EU-Länder, d.h. eingeschränkte Wareneinfuhr bis zu einer Grenze von maximal € 175 pro Person, Zigaretten 200 Stück oder Zigarillos 100 Stück oder Zigarren 50 Stück oder Tabak 250 g, Spirituosen 1 l (über 15% vol.) oder 2 l (unter 15% vol.) oder 2 l Weine. Achten Sie besonders auf diese Mengen, wenn Sie den Rückreiseweg über die Schweiz wählen! Grundsätzlich gelten für die Ein- und Ausfuhr von Alkohol und Tabakwaren dieselben Altersbeschränkungen wie für den Verkauf (zum Jugendschutz).

Haustiere

Hund und Katze müssen mindestens drei Monate alt sein und den **EU-Heimtierausweis** *(Pet Passport)* mit Dokumentation über eine erfolgte Tollwutimpfung besitzen. Die Impfung sollte 30 Tage vor der Abreise abgeschlossen sein. Darüber hinaus muss das Tier mit einem **Microchip** oder übergangsweise bis zum Juli 2011 mit einer lesbaren Tätowierung gekennzeichnet sein.

Manche **Rassen** (Kampfhunde) dürfen nicht ein- oder ausgeführt werden, für sogenannte Wach- und Schutzhunde herrscht Maulkorbzwang. Sollten sich zu bestimmten Rassen Fragen ergeben, wenden Sie sich an www.douane.gouv.fr oder direkt an:

- **Ministère de l'Agriculture et de la Pêche,** Direction générale de l'alimentation (DGAL), Sous direction de la santé et de la protection animale, Bureau de la protection animale, Rue de Vaugirard 251, 75732 Paris Cedex 15, Tel. (0033) 1.49.55.84.70, Fax 1.49.55.81.97.

An den meisten **Stränden** dürfen Hunde nicht mitgenommen werden. Dies wird vor allem in der Hauptreisezeit strikt überwacht!

Klima und Reisezeit

Grundsätzlich zeichnet sich die Gegend um St. Tropez durch ein sehr **angenehm warmes Klima** aus, das auch im Winter nur selten Temperaturen unter 10 °C aufweist. Schnee und Frost sind sehr selten. Die Niederschlagsmenge liegt mit 600 bis 820 mm recht hoch, demgegenüber steht aber eine **Sonnenscheindauer** von etwa 3000 Stunden pro Jahr oder anders formuliert: An über 260 Tagen im Jahr scheint die Sonne. Aus diesem Grund eignet sich die Region ganzjährig für einen Besuch.

Die Côte d'Azur ist natürlich am schönsten, wenn sich die Sonne im herrlich türkisblauen Wasser spiegelt

091st Foto: ho

Collobrières in der Frühjahrssonne

und am Himmel nur ein paar Wolken zu sehen sind. Dies ist garantiert im **Frühsommer und Sommer** der Fall, dann steigen die Temperaturen aber auch schnell auf über 30 °C. Oft fällt wochenlang kein Regen, das gesamte Gebiet leidet unter extremer **Trockenheit.** Waldbrände kommen immer wieder vor.

Im Sommer wirkt die Landschaft ausgedörrt, dafür herrscht dann in der touristischen Infrastruktur **Hochbetrieb.** Ende Juni beginnen die Schulferien in Frankreich und dauern bis Mitte September. Ausgebuchte Zimmer, Häuser und Campingplätze, überfüllte Straßen und Parkplätze sowie ständig besetzte Restaurants trüben das Urlaubsvergnügen (ein wenig). Dafür genießt man aber ungezwungenes Strandleben, Konzerte, den Bummel am malerischen Hafen oder in den hübschen Städtchen der Umgebung bis spät in die Nacht. Zu dieser Jahreszeit sind auch die internationalen Stars in der Stadt. Wer Trubel mag und auch ein klein wenig neugierig ist, sollte St. Tropez im Sommer besuchen.

Mild ist das Klima im **Frühjahr und Herbst.** Schon Ende Januar beginnt die Mimosenblüte und danach verwandelt sich die gesamte Landschaft in ein buntes Kaleidoskop blühender Gewächse. Auch die **Wassertemperaturen** sind Ende März/Anfang April schon so angenehm, dass ein Bad im Meer möglich ist. Wer den Pool vorzieht, muss die Gegebenheiten prüfen. Nicht immer sind die Pools um diese Jahreszeit schon geöffnet, sie liegen vielleicht im Schatten oder zu sehr im Wind, dann kann es doch recht kühl werden.

Ist man eher der ruhigere Typ, sollte man also auf den herrlichen Frühling ausweichen oder die Reise in den Herbst legen, denn dann ist es noch warm, da die Berge den kalten Winden aus dem Norden Einhalt gebieten und sich das Meer gut aufgeheizt hat, sodass ein Bad auch Anfang Oktober noch Freude bereitet. Während der **Osterferien** herrscht jedoch drangvolle Enge bei Bilderbuchwetter.

Uns gefällt es am besten **zwischen Ostern und Ende Mai.** Angenehme Temperaturen und geöffnete Geschäfte, Hotels und Restaurants, dafür aber vergleichsweise wenige Touristen sind ideal, um die Stadt zu entdecken. Hinzu kommen auch relativ niedrige Preise, da die Hotels noch Vorsaisonpreise nehmen und in Geschäften oft Waren des Vorjahres mit guten Rabatten angeboten werden.

Das aktuelle Wetter im Internet

Das aktuelle Wetter gibt es z.B. auf der französischen Partnerseite des amerikanischen Weather Channel unter **www.meteo123.com.** Nach dem Öffnen der Hauptseite geht man auf „autres villes francaises" und sucht im Alphabet den Buchstaben „S". Schon hat man den Überblick über mehrere Tage bezüglich Temperaturen, Luftfeuchtigkeit, Windgeschwindigkeit, Regenwahrscheinlichkeit, Sonnenstunden pro Tag und Stärke der Sonnenstrahlung (UV-Wert). Letztere ist ein guter Anhaltspunkt, um den richtigen Sonnenschutz zu wählen.

Kleidung und Reisegepäck

Grundsätzlich gilt, dass jegliche Ausrüstung, die man eventuell vermissen könnte, auf Märkten, in Supermärkten oder Kaufhäusern und bei Spezialanbietern zu erhalten ist. Es bleibt allenfalls die Frage des Preises, denn vieles ist an der Côte d'Azur teurer! Also ist es gut, bestimmte Dinge einzupacken.

In jedem Fall gehört ein **Tages- oder Wanderrucksack** ins Gepäck, der einerseits bei Tagestouren nützlich, andererseits aber auch beim Einkauf auf Märkten und beim Verstauen der Strandutensilien hilfreich ist.

Mistral und Schirokko

Die berühmten Winde Mistral und Schirokko kommen in der Gegend immer wieder vor. Der Schirokko ist ein warmer Wind aus der Sahara, der mit seiner trockenen Luft in der Regel im Sommer auftritt. Anders der Mistral: Er entsteht durch einen Druckunterschied zwischen dem Golfe du Lion (Tiefdruck) und dem Massif Central (Hochdruck). Die Luft wird zwischen dem Zentralmassiv und den Alpen eingeengt und strömt wie durch eine Düse mit sehr hoher Geschwindigkeit aus. Er fegt dann das Rhône-Tal hinunter und sorgt an der Küste für klare, aber kalte Luft. Leider halten diese Luftbewegungen regelmäßig zwischen drei und zehn Tagen an und dauern von etwa 10 Uhr bis zum Sonnenuntergang, da dies die Zeit der unterschiedlichsten Erwärmung ist. Im Anschluss an eine Mistral-Phase kann man sich allerdings tagelang über herrliches Strandwetter freuen.

Eine gute **Landkarte** der Region sowie **Stadtpläne** von St. Tropez und den umliegenden Ortschaften (man bekommt gute Karten kostenlos bei den Touristinfos) gehören ebenfalls ins Reisegepäck. Als Straßen- bzw. Übersichtskarte für die Anreise eignet sich die im world mapping project beim Reise Know-How Verlag erschienene Karte „Frankreich, Süd" im Maßstab 1:425.000. Sie ist GPS-tauglich, hat farbige Höhenlinien und -schichten sowie einen Ortsindex; Sehenswürdigkeiten sind eingezeichnet.

Eine Trinkflasche ist nicht unbedingt erforderlich, da man überall Trinkwasser in 1,5-Liter-PET-Flaschen bekommt. Ein **Multifunktions-Taschenmesser** tut in jedem Fall gute Dienste, und wenn es nur die Weinflasche öffnen bzw. Baguette und Käse schneiden hilft. Eine **Taschenlampe** ist nur begrenzt notwendig, obwohl es ratsam ist, sie für abendliche Spaziergänge einzustecken, denn an vielen Straßen gibt es nur sehr schmale oder gar keine Gehwege. Handelsübliche Batterien und Ersatzbirnen verkaufen die großen Supermärkte.

Französische Steckdosen besitzen einen Erdungsstift, sodass ältere deutsche Stecker nur mit einem **Adapter** verwendbar sind. Neuere Stecker verfügen über eine entsprechende Aussparung und Flachstecker sind völlig unproblematisch.

Mietet man ein Ferienhaus, sollte man nicht unbedingt deutschen Komfort und Gemütlichkeit erwarten, auch wenn die Häuser recht teuer sind. Nackte Glühbirnen und deckenlose Tische sind keine Seltenheit. Das Leben spielt sich eben vielfach im Freien ab. Ein einfacher **Lampenschirm,** eine **Tischdecke** und ähnliche Accessoires sorgen rasch für Heimeligkeit.

Deutsche **Bücher** sind selten (man bekommt sie z.B. im Buchladen in der Galerie des Géant-Supermarktes am Kreisverkehr von La Foux bei Les Marines-de-Cogolin), Zeitschriften/Zeitungen kann man in der Bar Tabac oder im Maison de la Presse bekommen. Wer also nicht vorhat, die Sprachkenntnisse mit Hilfe der Reiselektüre zu verbessern, muss vorsorgen. Wer besonders an der Natur interessiert ist, sollte sich mit entsprechenden Bestimmungsbüchern zur Flora und Fauna des Mittelmeerraumes eindecken (siehe Literaturtipps im Anhang).

Um sich mit der französischen Sprache vertraut zu machen, empfiehlt sich der Band **Französisch – Wort für Wort** aus der Reihe Kauderwelsch (Reise Know-How Verlag, Bielefeld). Der handliche Sprechführer bietet eine auf das Wesentliche reduzierte Grammatik und viele Beispielsätze für den Reisealltag. Ein **AusspracheTrainer** auf Audio-CD ist ebenfalls erhältlich. In der gleichen Reihe erscheint das Büchlein **Französisch kulinarisch,** das die Kommunikation in Restaurant und Supermarkt erleichtert.

Hygieneartikel aller Art bekommt man in allen Supermärkten völlig problemlos, wenn auch nicht immer die aus Deutschland bekannten Marken darunter sind. Allerdings kann das Preisniveau auch in diesem Bereich in Frankreich durchaus höher als zu Hause sein, sodass (Platz im Gepäck vorausgesetzt) es sinnvoll ist, Duschgel, Sonnenschutzmittel u.Ä. von daheim mitzubringen. Besonders im Sommer gibt es stellenweise recht viele Mücken, die den schönsten Sommerabend im Freien außerhalb der Stadt vermiesen können. **Insektenschutzmittel,** eventuell Duftöle, die man über Kerzen verdampft, gehören somit ins Gepäck.

Kleidung

Die Bekleidung sollte im Wesentlichen aus legeren Stücken zusammengestellt werden. Nur in Restaurants und Hotels der gehobenen Kategorien werden abends Sakkos und Krawatten getragen, sind aber meist nicht verpflichtend. Anders sieht es aus, wenn zur Aufbesserung der Reisekasse ein Casinobesuch (z.B. in St. Tropez, Ste. Maxime oder, stilvoller, Monaco) eingeplant ist. In diesem Fall gehört für den Herrn beides ins Gepäck, die Damen sind mit einem Cocktailkleid bestens angezogen. Wer sich ins ausschweifende Nachtleben der Stadt stürzen möchte, sollte entsprechende Kleidungsstücke einpacken, denn die Türsteher haben ein waches Auge auf das Publikum. Gewünscht ist, was hip und ausgefallen ist. Sneakers sind eher verpönt. Geschmackvoll und teuer gilt für den Herrn und für die Dame, obwohl man sich hier oft wundern mag, wie knappeste Bekleidung so viel kosten kann.

Neben dem leger-sportlichen Outfit sollte auch die **Strandbekleidung** geplant werden. Shorts, T-Shirts, Badehose und -anzug bzw. Bikini (hier meist sehr knapp getragen) sowie Strandsandalen (Achtung: Scherben, spitze Steine und Muschelreste!) gehören in den Koffer. Kappe, Sonnenbrille und Sonnenschutzmittel müssen ebenso ins Gepäck wie **Regenschirm und Pullover** oder dünne Jacke für Abende im Frühjahr und Herbst. Wer früh im Jahr unterwegs ist, sollte auch an eine regendichte Jacke und einen Fleecepulli denken. Neben bequemen sportlichen Schuhen gehören für Wanderungen an der Küste und im Hinterland unbedingt **feste Schuhe** (z.B. Jogging- oder Trekkingschuhe) ins Gepäck. Nur für extreme Kraxeleien benötigt man Wanderstiefel. Da viele Wanderungen über relativ dicht zugewachsene Pfade führen, sind hier lange Hosen und langärmelige Hemden ratsam.

Behinderte auf Reisen

Die engen, oft natursteingepflasterten Gassen von St. Tropez sind nicht unbedingt das ideale Feld für Rollstuhlfahrer. Zudem sind die Stadt und ihre Umgebung recht hügelig, sodass Rollstuhlfahrer und ihre Helfer Probleme mit der Bewältigung der **Steigungen** bzw. des Gefälles bekommen. In kleineren Hotels sind Fahrstühle selten. Ferienhäuser und Campingplätze besitzen oft ungepflasterte Zufahrten, die nur mit Gras oder Sand gedeckt sind.

Viele **Restaurants** besitzen nur recht kleine Innenräume, sodass wenig Platz für einen Rollstuhl bleibt, einen richtigen Platz findet man eigentlich nur in der ersten Reihe an der Straße. Das ist nicht immer ein Genuss und falls doch (z.B. am Hafen) sind diese Tische meist besetzt. Sind dann vor dem Eingang noch Stufen, eventuell sogar, infolge des unterschiedlichen Niveaus zur Straße, schräg angeordnet, steht man vor einem großen Hindernis. Das beginnt auch schon bei Eingangstüren, die nicht unbedingt einen Rollstuhl hindurchlassen.

Öffentliche **Toiletten** sind rar und wenn vorhanden, handelt es sich um Container, die nur ohne Rollstuhl zu benutzen sind. In Restaurants sind die Toiletten in aller Regel klein bis sehr klein und zudem oft in anderen Etagen. Und auch Hotels und Ferienhäuser besitzen fast nie behindertengerechte Bäder.

Beschauliche Fahrt durch die Berge der Provence

An- und Rückreise

Mit dem Auto

Üblich ist die Anreise mit dem eigenen Fahrzeug, da St. Tropez etwas weit außerhalb der sonstigen verkehrstechnischen Infrastruktur liegt.

Routen

Aus Deutschland gibt es grundsätzlich vier Möglichkeiten der Anreise. Eine Route führt über **Luxemburg,** Metz, Nancy, Dijon, Lyon und das **Rhône-Tal** mit Valence, Orange und Aix-en-Provence bis zur Abfahrt Le Muy der A8. Von hier geht es über Ste. Maxime und Port Grimaud nach St. Tropez. Für die Anreise aus **West- und Norddeutschland** ist dies die kürzeste Strecke, die aber am längsten durch Frankreich führt und damit hohe Autobahngebühren bedeutet.

092st Foto: ho

Die zweite Route führt in Deutschland auf der A5 bis zum Grenzübergang bei **Mulhouse** und dann weiter über Besançon nach **Lyon.** Von hier entspricht der weitere Streckenverlauf der Route 1. Der Vorteil liegt in den geringeren Mautgebühren, dafür ist der Abschnitt zwischen Karlsruhe und Basel aber ausgesprochen viel befahren (dies gilt besonders für Ostern und die Hauptreisezeit im Sommer).

Die dritte Route führt über **Österreich und Italien,** wobei man wählen kann, ob man an der Küste (d.h. über Genua) oder über Turin fährt. Nicht nur für Österreicher, sondern auch aus dem Süden bzw. Südosten Deutschlands bietet sich diese Route aufgrund der Entfernung an, sie bedeutet allerdings zusätzliche Mautkosten in Österreich und Italien. Die Küstenstrecke kann in der Hauptreisezeit wegen des sehr hohen Verkehrsaufkommens zu einer echten Geduldsprobe werden.

Die vierte Strecke führt über die **Schweiz.** Hier fährt man entlang des **Genfer Sees** und dann entweder von Genf über **Lyon** (weiter siehe Route 1) oder **Grenoble** in Richtung Valence (siehe Route 1). Je nach Abfahrtsort lohnt diese Strecke infolge kürzerer Distanzen, dafür werden für Nicht-Schweizer aber Mautgebühren in der Schweiz fällig. Zudem ist diese Route zumindest im frühen Frühjahr noch ziemlich unkalkulierbar, da Schneefälle Straßen unpassierbar machen können und einige Pässe dann noch nicht geöffnet sind.

Staus

Allen Routen ist gemein, dass zur Hauptreisezeit die Küstenstrecken und der Abschnitt von Lyon bis Orange zur Geduldsprobe werden. Automatisierte **Schilder über den Autobahnen** geben Informationen zum Verkehrsgeschehen. Erscheint dort die Aufschrift „Ralentir", so sollte man die Geschwindigkeit verringern, denn möglicherweise gab es weiter vorn einen „Accident". Meist wird dann noch angegeben, wo sich die Gefahrenstelle befindet, d.h. bis zu welcher Abfahrt man problemlos fahren kann. Ein Stau („Embouteillage") wird üblicherweise mit dem Hinweis „Bouchon" (Korken, Stöpsel) angegeben. Zusätzlich informieren die Verkehrsschilder über die durchschnittliche Fahrtdauer, die aktuell bis zur nächsten größeren Stadt benötigt wird.

Verkehrsdurchsagen bietet das Radio auf 107.7 FM.

Maut

Französische Autobahnen sind (weitgehend) mautpflichtig. So kostete eine Fahrt mit dem Pkw ab dem Grenzübertritt bei Mulhouse bis Le Muy/ Ste. Maxime 2008 etwa € 59, die Route von Luxemburg im gleichen Zeitraum etwa € 56,50. Wenn man eine gute Karte oder ein Navigationssystem mit spezieller Frankreich-CD besitzt, kann man auf verschiedenen Streckenabschnitten, die fast parallel zur Autobahn führen, viel Geld einsparen und kommt meist genauso gut voran.

Die aktuellen **Mautgebühren** findet man im **Internet** auf der Seite www.autoroutes.fr. Hier kann man seine geplante Route eingeben und erhält dann neben Informationen zu den Autobahngebühren auch solche zur Streckenlänge und zum Benzinverbrauch.

Im Gegensatz zum hochtechnisierten Mautsystem für Lkw in Deutschland und den Vignetten in der Schweiz und Österreich wird in Frankreich an **Zahlstellen** auf der Autobahn *(péage)* direkt gezahlt. Fährt man auf eine gebührenpflichtige Teilstrecke auf, zieht man zunächst fast immer ein **Ticket,** selten wird sofort die Gebühr fällig. Bei einer späteren Péage-Stelle oder beim Verlassen der Autobahn gibt es grundsätzlich vier Möglichkeiten der Bezahlung: bar, per Maestro-(EC-)Karte, per Kreditkarte oder *télépéage*. Diese letzte Option bleibt in der Regel französischen Vielfahrern vorbehalten, da hier über ein Lesegerät bei der Durchfahrt durch die Mautstelle abgerechnet wird. Wer dieses Gerät nicht besitzt, darf die mit einem „t" gekennzeichneten Durchfahrten folglich auch nicht benutzen!

Radarfallen

Auf Teilstrecken der französischen Autobahnen gibt es neben mobilen Kontrollen stationäre Radarfallen. So z.B. gleich dreimal **kurz hinter Orange** auf der A7 in südlicher Richtung. Fies ist dabei, dass die Fallen 2 und 3 nur etwa 600 Meter auseinander liegen, allerdings durch eine Rechtskurve schwer einzusehen sind.

Sonnenverwöhnt und dennoch grün: das Hinterland der Halbinsel von St. Tropez

Bargeld bereitet grundsätzlich keine Schwierigkeiten (die Schalter sind gut sichtbar durch Münzsymbole gekennzeichnet), da man am **Kassenhäuschen** vorfährt, den zu zahlenden Betrag genannt und angezeigt bekommt und nach der Zahlung weiterfährt. Allerdings werden hier schon mal Beträge über € 20 fällig, sodass man immer genügend Bargeld mitführen muss. Zudem kommt es leider oft vor, dass erst umständlich im Auto nach Geld gesucht werden muss, dann natürlich das entsprechende Kleingeld fehlt und aufwendiges Wechseln und Nachzählen nötig werden. Ganz toll ist dies in den Ferienzeiten (wird auch von anderen genervten Autobahnnutzern honoriert), wenn sich kilometerlange Staus vor den Zahlstellen bilden!

Schneller geht es, wenn man statt mit Bargeld mittels einer **Karte** zahlt. Man gibt die Karte ab und erhält sie mit Quittung zurück. Grundsätzlich ist dies mit allen gängigen Kreditkarten sowie mit Maestro-(EC-)Karten möglich. Aber Achtung! Auf Teilstrecken werden Letztere nicht akzeptiert, Kreditkarten aber wohl!

Am einfachsten und schnellsten kommt man durch die Mautstellen, wenn man die **Schalter** verwendet, die **nur für Kartenzahlung** bereitstehen („cb“ für *carte bancaire*). Man schiebt zunächst das Ticket in den Automaten, dann die Kreditkarte und schon geht's weiter!

Achtung! Hinter den oft bis zu 20-spurigen Zahlstellen verengt sich die Autobahn rasch wieder auf zwei

093st Foto: ho

oder drei Spuren. Genervte Fahrer geben hier oft völlig gedankenlos Gas und überqueren schon mal mit irrer Geschwindigkeit fünf oder mehr Spuren diagonal (Ähnliches gilt auch bei der Zufahrt!).

Anreise per Mietwagen

Im Urlaub soll es nach Südfrankreich gehen, aber das Auto ist kaputt, zu alt (hält es durch?), zu neu (wird es auf französischen Parkplätzen verbeult, gestohlen ...?) oder man besitzt gar keines?! Andererseits möchte man mit der Familie fahren, eventuell im Ferienhaus wohnen und kann alle notwendigen Dinge nicht im Flug- oder Bahngepäck unterbringen? Ein Problem, aber ein lösbares! Die großen Autovermieter bieten ganzjährig recht günstige Tarife auch (und gerade) bei mehrtägigen Mietverträgen an. So muss man z.B. bei SIXT für ein Fahrzeug in der Größe eines Renault Megane Scenic ca. € 240 pro Woche bezahlen. Alle Kilometer sind inklusive, zudem kann man ein Dieselfahrzeug bestellen und ein Navigationsgerät. Dass diese Fahrzeuge alle recht neu sind, versteht sich von selbst. Bei Problemen (Unfall, Panne oder Verlust) kümmert sich das Unternehmen um Ersatz. Zum Mietpreis kommt dann nur noch eine Vollkaskoversicherung, die allerdings in einigen Kreditkarten enthalten ist.

Mit der Bahn

St. Tropez hat keinen Bahnanschluss. Die nächsten Bahnhöfe sind in **Marseille, Toulon** und **Fréjus.** Von hier aus muss man dann mit dem Taxi oder dem Bus weiterreisen.

Wer den sommerlichen Autostau Richtung Süden lieber vermeidet, kann auch die **Autozugverbindung** von Hamburg-Altona über Düsseldorf nach Alessandria in Erwägung ziehen (sonntags), die laut Werbung der Deutschen Bahn von Hamburg ab € 815,50 zu haben ist (einfache Fahrt, inkl. Pkw und zwei Personen im Liegewagen). Diese Verbindung gibt es 2009 von Mai bis Oktober. Es scheint zwar kein preiswertes Vergnügen, aber schließlich spart man eine Zwischenübernachtung ein.

Man kann **Bahntickets** an jedem größeren Bahnhof direkt kaufen. Es geht aber auch ohne Warteschlangen online oder telefonisch; die Tickets erhält man dann per Post zugeschickt. Für weitere Infos:

- **Deutsche Bahn,** www.bahn.de oder in Deutschland Tel. 11861 (€ 0,03/Sek., ab Weiterleitung zum Reiseservice € 0,39/ Min.), automatische Fahrplanauskunft unter Tel. (0800) 1507090 (kostenlos) bzw. aus Mobilfunknetzen Tel. (01805) 221100.
- **Österreichische Bahn,** www.oebb.at oder in Österreich Tel. 051717 (zum Ortstarif).
- **Schweizer Bahn,** www.sbb.ch oder in der Schweiz Tel. (0900) 300300 (sFr. 1,19/Min.)
- **DB NachtZug,** www.nachtzugreise.de oder in Deutschland Tel. (01805) 141514 (€ 0,12/ Min.) oder über die Bahngesellschaften.
- **DBAutoZug,** www.autozug.de oder Tel. (01805) 241224 (€ 0,12/Min.)

Es gibt bei den Bahngesellschaften regelmäßig attraktive **Angebote.** Damit man keines davon verpasst, kann man bei der DB oder SBB den Newsletter auf der Website abonnieren. **Ermäßigungen** gibt es häufig mit der deutschen BahnCard, österreichischen VORTEILScard oder den Schweizer Halbtax-Abonennten. Überdies gibt es mitunter **Frühbucher-Rabatte** und Ermäßigungen für Online-Buchungen.

Weiterfahrt mit dem Bus

Das Unternehmen Sodetrav (Tel. 04.94.97.88.51) fährt in der Saison regelmäßig zwischen **Toulon** bzw. dem Flughafen Toulon/Hyères und **St. Tropez.** Die Fahrt dauert etwa eine Stunde und kostet **€** 21,50. Die genauen Abfahrtszeiten erfährt man im Internet unter www.sodetrav.fr.

Ab/bis **St. Raphaël/Fréjus** gibt es auch eine durchgehende Busverbindung mit Sodetrav. Die Fahrt dauert planmäßig etwa eineinviertel Stunden.

Mit dem Flugzeug

Die nächsten Flughäfen sind **Toulon** (Toulon/Hyères, ca. 55 km entfernt) und **Nizza** (ca. 80 km). Von dort muss man per Bus oder Taxi weiterreisen. Auch Angebote nach **Marseille** können interessant sein. Alle Möglichkeiten haben Vor- und Nachteile, über die man im Voraus nachdenken sollte.

095st Foto: ho

Die **wichtigsten Linienfluggesellschaften** mit Verbindungen in die Region sind (mit Endpreisen einschließlich aller Steuern, Gebühren und Entgelte):

- **Air France,** www.airfrance.de. Von vielen Flughäfen in Deutschland, Österreich und der Schweiz über Paris nach Nizza und Toulon. Ab etwa € 150 für Retourflug.
- **Alitalia,** www.alitalia.de. Von vielen Flughäfen in Deutschland, Österreich und der Schweiz über Mailand nach Nizza. Ab etwa € 150 für Retourflug.
- **Austrian Airlines,** www.aua.at. Von Wien nonstop nach Nizza. Ab etwa € 250 für Retourflug.
- **Lufthansa,** www.lufthansa.de. Von Hamburg, Düsseldorf, Frankfurt und München nonstop nach Nizza. Ab etwa € 100 für Retourflug.
- **Swiss,** www.swiss.com. Linienflüge von Zürich nonstop nach Nizza. Ab etwa sFr. 250 für Retourflug.

Preisgünstigere Flüge sind meist mit **Jugend- und Studententickets** (je nach Airline alle jungen Leute bis 25 Jahre und Studenten bis 34 Jahre) möglich. So gibt es einen Flug z.B. von Frankfurt nach Nizza und zurück ab etwa € 130.

Für die Tickets der Linienairlines kann man bei folgenden zuverlässigen **Reisebüros** meistens günstigere Preise als bei vielen anderen finden:

- **Jet-Travel,** Buchholzstr. 35, D-53127 Bonn, Tel. (0228) 284315, Fax 284086, info@jet-travel.de, www.jet-travel.de. Auch für Jugend-

096st Foto: ho

und Studententickets. Sonderangebote auf der Website unter „Schnäppchenflüge".

- **Globetrotter Travel Service,** Löwenstrasse 61, CH-8023 Zürich, Tel. (01) 2286666, zh-loewenstrasse@globetrotter.ch, www.globetrotter.ch. Weitere Filialen siehe Website.

Billigfluglinien

Preiswerter kann man es bei den sogenannten Billigairlines haben, sofern man früh auf der jeweiligen Website bucht (bei den Callcentern wird eine Zusatzgebühr fällig, der Anruf selbst kostet € 0,12–0,20 bzw. sFr. 0,12 pro Minute). Es werden **keine Tickets** ausgestellt, man bekommt eine Online-Bestätigung mit einer Buchungsnummer per E-Mail. Zur Bezahlung wird in der Regel eine Kreditkarte verlangt.

Alle Billigairlines werden vorgestellt unter **www.billig-flieger-vergleich.de.** Für die Region interessant sind:

- **DBA,** www.flydba.com oder (D) Tel. (01805) 359322. Von Berlin-Tegel, Bremen, Dresden, Düsseldorf, Hamburg, Hannover, Köln/Bonn, München, Münster/Osnabrück und Stuttgart nach Nizza.
- **Easy Jet,** www.easyjet.com oder (D) Tel. (01803) 65432, (CH) Tel. (0848) 888222. Von Berlin-Schönefeld, Dortmund, Basel-Mühlhausen und Genf nach Nizza.
- **Germanwings,** www.germanwings.com oder (D) Tel. (01805) 955855. Von Berlin-Schönefeld und Köln/Bonn nach Nizza.
- **Hapag-Lloyd Express,** www.hlx.com oder (D) Tel. (0180) 5093509. Von Hannover nach Nizza und von Köln/Bonn nach Marseille.
- **Helvetic,** www.helvetic.com oder (CH) Tel. (043) 5579099. Von Zürich nach Nizza.
- **InterSky,** www.intersky.biz oder (CH) Tel. (05574) 4880046. Von Friedrichshafen nach Nizza.
- **SkyEurope Airlines,** www.skyeurope.com oder (A) Tel. (01) 99855555. Von Bratislava (für Wiener) nach Nizza.

Last-Minute-Flüge

Wer sich erst im letzten Augenblick für eine Reise nach St. Tropez entscheidet oder gern pokert, kann Ausschau nach Last-Minute-Flügen in Richtung Nizza halten, die von einigen Airlines mit deutlicher Ermäßigung ab etwa 14 Tage vor Abflug angeboten werden, wenn noch Plätze zu füllen sind. Diese Last-Minute-Flüge lassen sich nur bei Spezialisten buchen (bei den Rufnummern werden € 0,12–0,20 bzw. sFr. 0,12 pro Minute berechnet):

- **L'Tur,** www.ltur.com, (D) Tel. (01805) 212121, (A) Tel. (0820) 600800, (CH) Tel. (0848) 808088, sowie 140 Niederlassungen europaweit. Unter „Super Last Minute" gibt es Angebote für den Abflug innerhalb der nächsten 72 Std.

- **Lastminute.com,** www.de.lastminute.com, (D) Tel. (01805) 777257.
- **5 vor Flug,** www.5vorflug.de, (D) Tel. (01805) 105105.
- **www.restplatzboerse.at:** Schnäppchenflüge für Österreich.

Check-in

Nicht vergessen: Ohne einen **gültigen Reisepass oder Personalausweis** kommt man nicht an Bord. Bei innereuropäischen Flügen muss man mindestens **eine Stunde vor Abflug** am Schalter der Airline eingecheckt haben. Viele Airlines neigen zum Überbuchen, d.h. sie buchen mehr Passagiere ein, als Sitze im Flugzeug vorhanden sind, und wer zuletzt kommt, hat möglicherweise das Nachsehen.

Gepäck

In der Economy-Class darf man in der Regel nur **Gepäck bis zu 20 kg pro Person** einchecken (steht auf dem Flugticket) und zusätzlich ein Handgepäck von 7 kg in die Kabine mitnehmen, welches eine Größe von 55 x 40 x 23 cm nicht überschreiten darf. In der Business Class sind es meist 30 kg pro Person und zwei Handgepäckstücke, die insgesamt nicht mehr als 12 kg wiegen dürfen. Man sollte sich beim Kauf des Tickets über die Bestimmungen der Airline informieren.

Aus **Sicherheitsgründen** gehören Waffen (oder was als solche verwendbar wäre, z.B. Scheren oder Feilen), Explosivstoffe, Munition, Feuerwerke, leicht entzündliche Gase (z.B. in Sprühdosen, Campinggas), entflammbare Stoffe (z.B. Feuerzeugfüllung) sowie Aktentaschen oder Sicherheitskoffer mit installierten Alarmvorrichtungen nicht ins Passagiergepäck.

Vom Flughafen nach St. Tropez

Vom Flughafen Nizza besteht eine regelmäßige **Busverbindung** nur mit **St. Raphaël/Fréjus** (Fahrtzeit ca. eine Stunde, € 20,70) mit dem Unternehmen Société Varoise d'Autocars Beltrame (Tel. 04.94.95.95.16, Fax 04.94.83.23.87, www.sva-beltrame.com). Ab/bis St. Raphaël/Fréjus gibt es dann eine durchgehende Busverbindung nach St. Tropez (s. Bahn). Die Busverbindung mit **Toulon** ist ebenfalls unter „Mit der Bahn" beschrieben.

Taxis sind für die große Distanz sehr teuer (Preise lassen sich nicht verlässlich kalkulieren, da sie nicht nur von der Strecke, sondern auch von der Fahrzeit abhängen; als grober Richtwert mögen € 180 angepeilt werden). Man ist allerdings flexibel, d.h. kann sofort nach der Ankunft am Flughafen starten und vorhandene Staus (zumindest stellenweise) umfahren.

Eine echte Alternative ist aber der **Mietwagen.** Die international bekannten Anbieter sind am Flughafen Nizza vertreten. Allerdings sollte man unbedingt vorbuchen (am preiswertesten über das Internet, also www.agenturname.de). Auf diese Weise hat man die Gewissheit, flexibel bei der weiteren Anreise zu sein, und außerdem ist die Flexibilität vor Ort gewährleistet. Ob es sich lohnt, den Wagen nur für die Strecke zur Unterkunft zu nehmen und später weitere Fahrzeuge für Fahrten vor Ort zu mieten, muss man über den Preis kalkulieren.

Einige größere Hotels bieten ihren mit dem Flugzeug anreisenden Gästen einen **Limousinenservice** an.

Wer den Stress auf der Straße und mit dem Parkplatz vermeiden möchte, kann **von Nizza mit dem Shuttleboot** weiterreisen. Die meisten Linien verkehren von April bis Oktober von ca. 9 Uhr bis zwischen 20 und 1.15 Uhr.

099st Foto: ho

Romanische Kirchen finden sich in vielen Orten

Geldangelegenheiten

Der **Euro** (frz. ausgesprochen: *öro*) wird in Frankreich landläufig nach wie vor in 100 Centimes statt in 100 Cent eingeteilt. Schweizer sind natürlich unverändert an den Geldtausch gebunden. Der **Wechselkurs** (Stand Anfang 2009):

- 1 € = 1,48 sFr.
- 1 sFr. = 0,67 €

Kredit- und EC-Karten

Gezahlt wird in Frankreich viel mit der Kreditkarte, aber auch die Maestro-(EC-)Karte ist verbreitet. Hierbei muss gelegentlich mit der PIN-Nummer die Zahlung autorisiert werden, manchmal reicht eine Unterschrift. Kreditkarten werden vor allem in Restaurants, Hotels, Tankstellen und einzelnen Geschäften (meist Boutiquen) akzeptiert. Am verbreitetsten sind Visa- und MasterCard, seltener American Express und Diners Club. Gerade in Restaurants wird die Zahlung per Karte nicht online abgewickelt, sondern mit einer kleinen Lesemaschine direkt am Tisch. In diesem Fall lässt die Belastung des Kontos meist länger auf sich warten.

Wer Bargeld benötigt, findet überall **Geldautomaten.** An Automaten mit dem Maestro- oder Cirrus-Logo erhält man Bargeld nach Eingabe der PIN. Je nach Hausbank wird dafür pro Abhebung eine Gebühr von ca. € 1,30–4 bzw. sFr. 4–6 berechnet. Auch die Barauszahlung per Kreditkarte sollte innerhalb der EU-Länder nach der EU-Preisverordnung nicht mehr kosten als im Inland. Aber je nach ausgebender Bank können das bis zu 5,5% der Abhebungssumme sein (am Schalter in der Regel teurer als am Geldautomaten). Für das bargeldlose Zahlen per Kreditkarte innerhalb der EU dürfen die ausgebenden Banken keine Gebühr für den Auslandseinsatz veranschlagen; für Schweizer wird jedoch ein Entgelt von ca. 1–2% des Umsatzes berechnet.

Zum Einkaufen mit Karten in Geschäften siehe auch Kap. „Reisetipps A–Z: Einkaufen und Souvenirs".

Verlust von Geldkarten

Sollte eine Karte verloren gehen oder gestohlen werden, muss man umgehend bei dem Unternehmen anrufen und die Karte sperren lassen. In Deutschland gibt es dafür die einheitliche **Sperrnummer (0049) 116116** für Maestro-(EC-)Karten, Kreditkarten, Krankenkassenkarten und Handykarten. In Österreich und der Schweiz gelten:

- **Maestro-(EC-)Karte,** A: Tel. (00431) 204 8800; CH: Tel. (00411) 2712230; UBS: (0041) 8488-88601; Credit Suisse: (0041) 8008-00488.
- **MasterCard und VISA,** A: Tel. (00431) 717014500 (MasterCard) bzw. Tel. (00431) 71111770 (VISA); CH: Tel. (004144) 2008383 für alle Banken außer Credit Suisse, Corner Bank Lugano und UBS.
- **American Express,** A: Tel. (004969) 97971000; CH: Tel. (00411) 6596666.
- **Diners Club,** A: Tel. (00431) 501350; CH: Tel. (00411) 8354545.

Reisekosten

In vielen Fällen sind in Frankreich (besonders in St. Tropez) höhere Preise zu erwarten als daheim. Je nach Art der Unterbringung muss man mit Kosten ab etwa € 60/Nacht für einfache **Doppelzimmer** rechnen. Nach oben ist (fast) keine Grenze gesetzt. Preiswerter wird es auf **Campingplätzen.** Hier sollte man aber auch etwa € 20 pro Person und Nacht rechnen.

Wer günstiger wohnen möchte, sollte sich um ein Appartement oder **Ferienhaus** bemühen, die in der Nebensaison ab etwa € 350/Woche für zwei bis vier Personen zu mieten sind, in der Hochsaison aber auch leicht bis zu € 3000/Woche kosten können. Sie besitzen dann meist einen eigenen Pool. Ganz besonders gut ausgestattete Häuser oder Villen kosten noch mehr, sind aber oft auch für bis zu acht oder zehn Personen bewohnbar.

Die Kosten für **Essen und Trinken** sind ebenfalls variabel. Einfache Crèpes oder Galettes kosten ca. € 7,50, belegte Sandwiches ca. € 3, eine Pizza um die € 8 und ein Eis in der Waffel pro Kugel schon mal € 2,50. Geht man im Restaurant essen, ist die *plat du jour* (Tagesgericht) meist am günstigsten. Dafür zahlt man je nach Lage des Lokals € 10–14. Komplette Menüs kosten ab ca. € 18. Auch hier ist nach oben wieder fast keine Grenze gesetzt.

Einen **Tagessatz** zu bestimmen ist außerordentlich schwierig. Für eine dreiköpfige Familie sollte man pro Tag im Ferienhaus (für etwa € 500/Wo-

098st Foto: ho

che) mit etwa € 80–90 rechnen. In diesem Satz ist dann aber ein großer Anteil Selbstverpflegung enthalten.

Preiswerter als in Deutschland ist vor allem **Benzin/Diesel.** Treibstoffe können bis zu € 0,15 günstiger sein.

Einen Ausflug ins mittelalterliche Grimaud sollte man nicht versäumen

Mit **Schüler- und Studentenausweisen** bekommt man häufig Vergünstigungen bei Eintrittspreisen.

Preisbeispiele

Anhand der folgenden Preisliste für Waren aus dem **Supermarkt** kann man sich ein ungefähres Bild von der Situation vor Ort machen (Stand Januar 2009).

097st Foto: ho

- **Milch** (1 l): € 1,10
- **Mineralwasser** (6 x 1,25 l): € 3,24
- **Wasser** (6 x 1,5 l): € 1,62
- **Kaffee** (1 kg): ab € 4,10
- **Espresso** (250 g): € 2,10
- **Crème Fraîche** (500 ml): € 1,07
- **Baguette:** € 0,47–1,85
- **Äpfel** (1 kg): ca. € 2
- **Käse** (200 g): ca. € 2,25
- **Essig** (250 ml): € 0,78
- **Olivenöl** (500 ml): € 2,35
- **Papiertaschentücher** (15): € 1,50
- **Toilettenpapier** (6 Rollen): € 2
- **Duschgel:** € 1,85
- **Salat** (400 gr-Beutel, geschnitten): € 2,10
- **Tomaten** (1 kg): € 1,95
- **Marmelade:** € 0,85–3,22

Gesellige Runde im Restaurant

Versicherungen

Krankenversicherung

Die gesetzlichen Krankenkassen von Deutschland und Österreich garantieren eine Behandlung auch im akuten Krankheitsfall in Frankreich, wenn die medizinische Versorgung nicht bis nach der Rückkehr warten kann. Als Anspruchsnachweis benötigt man die **Europäische Krankenversicherungskarte,** die man von seiner Krankenkasse erhält.

Im Krankheitsfall besteht ein Anspruch auf ambulante oder stationäre Behandlung bei jedem zugelassenen Arzt und in staatlichen Krankenhäusern. Da jedoch die Leistungen nach den gesetzlichen Vorschriften im Ausland abgerechnet werden, kann man auch gebeten werden, zunächst die **Kosten der Behandlung** selbst zu tragen. Obwohl bestimmte Beträge von der Krankenkasse hinterher rückerstattet werden, kann doch ein Teil der finanziellen Belastung beim Patienten bleiben, also zu Kosten in kaum vorhersagbarem Umfang führen.

Aus diesem Grund wird zusätzlich der Abschluss einer **privaten Auslandskrankenversicherung** dringend empfohlen. Diese sollte eine zuverlässige Reiserückholversicherung enthalten, denn der Krankenrücktransport wird von den gesetzlichen Krankenkassen nicht übernommen. Eine solche Versicherung ist z.B. in Deutschland mit ab 5–10 Euro pro Jahr auch sehr günstig.

Schweizer sollten bei ihrer Krankenversicherungsgesellschaft nachfragen, ob die Auslandsdeckung auch für Frankreich inbegriffen ist. Sollte man keine Krankenversicherung mit Auslandsdeckung haben, empfiehlt es sich, sich kostenlos bei Soliswiss (Gutenbergstr. 6, 3011 Bern, Tel. (031) 3810494, info@soliswiss.ch, www.soli swiss.ch) über einen attraktiven Krankenversicherer zu informieren.

Zur **Erstattung** der Kosten benötigt man grundsätzlich ausführliche **Quittungen** (mit Datum, Namen, Bericht über Art und Umfang der Behandlung, Kosten der Behandlung und Medikamente).

Der Abschluss einer **Jahresversicherung** ist in der Regel kostengünstiger als mehrere Einzelversicherungen. Günstiger ist auch die **Versicherung als Familie,** statt als Einzelpersonen. Hier sollte man nur die Definition von „Familie" genau prüfen.

Andere Versicherungen

Egal, welche weiteren Versicherungen man eventuell abschließt, hier ein Tipp: Für alle abgeschlossenen Versicherungen sollte man die **Notfallnummern notieren** und mit der Policenummer gut aufheben! Bei Eintreten eines Notfalles sollte die Versicherungsgesellschaft unverzüglich telefonisch verständigt werden.

Ob es sich lohnt, weitere Versicherungen abzuschließen, wie z.B. Reiserücktrittsversicherung, Gepäckversicherung, Reisehaftpflichtversicherung oder Reiseunfallversicherung, ist individuell abzuklären. Gerade diese Versicherungen enthalten viele Klauseln, sodass sie nicht immer sinnvoll sind.

Europaschutzbrief

Ist man mit dem eigenen Fahrzeug unterwegs, ist der Europaschutzbrief eines Automobilclubs eine Überlegung wert. Wird man erst in der Notsituation im Ausland Mitglied, gilt diese Mitgliedschaft auch nur für dieses Land und man ist in der Regel verpflichtet, fast einen Jahresbeitrag zu zahlen, obwohl die Mitgliedschaft nur für einen Monat gültig ist. Dies sind **die wichtigsten Automobilclubs** und ihre 24-Stunden-Notrufnummern im Ausland:

- **ADAC,** www.adac.de, Notruf-Tel. (0049) 89222222, unter (0049) 89767676 erfährt man, wo sich in der Nähe des Urlaubsortes ein Deutsch sprechender Arzt befindet; die Liste kann man auch vorab anfordern.
- **ÖAMTC,** www.oeamtc.at, Notruf-Tel. (00431) 2512000 oder 2512020 für medizinische Notfälle.
- **TCS,** www.tcs.ch, Notruf-Tel. (004122) 4172220.

037st Foto: ho

Praktische Reisetipps A–Z

038st Foto: ho

039st Foto: ho

Die Märkte der Region sind ein Erlebnis

Im kleinen Städtchen Collobrières

Mit dem Motorboot durch die Bucht

Ankunft mit dem eigenen Fahrzeug

Von der Ost-West-Autobahn A8 nimmt man die **Abfahrt bei Le Luc,** sodass man über die D558 (z.T. sehr kurvenreich) und später die N98 zur Kreuzung (mit der D559) am **Kreisverkehr bei Les Marines-de-Cogolin** gelangt. Oder man fährt auf der Autobahn bei **Le Muy** ab und dann auf der besseren D25 bis **Ste. Maxime.** Von hier geht es weiter über die N98 bis zum oben genannten Kreisverkehr. Dann beginnt die oft nervenaufreibende Fahrt zur Innenstadt bzw. zu den Stränden. Derzeit (Anfang 2009) wird die D25 umgebaut, sodass sich in naher Zukunft zumindest der Weg von der Autobahn bis zur Küste angenehmer gestalten wird.

Stau umgehen

In der Hochsaison und um Ostern sind gigantische Staus auf der etwa fünf Kilometer langen **Zufahrtsstraße nach St. Tropez** völlig normal. Wer zu einer bestimmten Zeit in der Stadt sein möchte, sollte längere Wartezeiten einkalkulieren. Als Beispiel mag die Distanz Ste. Maxime – St. Tropez gelten. Für die ca. 14 Kilometer benötigt man nicht selten eineinhalb Stunden, ganz besonders, wenn in St. Tropez Markt ist.

Gehört man nicht zu den besessenen Stauenthusiasten, so muss man frühzeitig planen. Eine Möglichkeit ist das antizyklische Fahren. Spätestens gegen 9 Uhr wollen alle in die Stadt, d.h. wer schon gegen 7.30/8 Uhr aufbricht, hat gute Chancen, problemlos voranzukommen. Ähnlich sieht es am Abend aus. Wer jedoch am späten Nachmittag/frühen Abend losfährt, gerät garantiert in den Stau.

Lässt sich zeitlich nichts ändern, bleibt als Alternative der **Umweg:** Ist man bei Le Muy von der A8 abgefahren, geht es auf der D25 weiter bis etwa drei Kilometer vor Ste. Maxime. Hier biegt man rechts ab auf die D74 nach Plan-de-la-Tour. Nun geht es auf der schmalen und kurvenreichen D44 in südlicher Richtung, bis diese auf die D14 trifft. Hier fährt man zunächst rechts bis kurz vor Grimaud, dann auf die D558 nach Cogolin. Hinter diesem Ort geht es über z.T. schlecht asphaltierte Wege nach Gassin, dann über Ramatuelle nach St. Tropez (Ortsteil Ste. Anne). So kommt man in einem weiten Bogen von Süden in die Stadt und umgeht das Nadelöhr Küstenstraße. Am besten biegt man von der Route des Plages in den Chemin de Ste. Anne ein, der Richtung Place des Lices führt. Man ist dann knapp 50 Kilometer gefahren, hat eine herrliche Landschaft durchquert und jetzt nur noch das Problem mit dem Parkplatz. Die Route ist im Kapitel „Touren" auf der Karte „Tourenübersicht" als **Anfahrtstipp zur Stauumgehung** eingezeichnet.

Parkplatzsuche

Ist man endlich am Reiseziel, beginnt dieser Kampf, denn Parkplätze sind in der Stadt rar, sofern man am Domizil keinen eigenen Parkplatz besitzt. Man erkundige sich unbedingt vor der Buchung. Die meisten **Hotels** besitzen eigenen Parkraum, der ist aber nicht immer für größere Fahrzeuge problemlos nutzbar, kleinere Rempler sind oft unvermeidlich!

Öffentliche Parkplätze gibt es nicht viele. Der größte befindet sich am **Hafen,** man folgt der Ausschilderung „Parking du Port". In der Innenstadt gibt es Parkraum an der **Place de la Garonne** und auf dem westlichen Teil der **Place des Lices,** wobei beide recht klein sind. Besser ist es, auf die **Parkgarage** der Place des Lices auszuweichen. Folgt man der Avenue du Maréchal Foch wenige Hundert Meter nach Westen, gibt es den kleinen Parkplatz **Romigi.**

Ansonsten muss man sich auf das Glück verlassen, am **Straßenrand** einen Platz zu bekommen, am besten in den Hügeln östlich der Avenue du Maréchal Foch. Hierbei achte man unbedingt auf Schilder und die Randsteinbemalung. „Stationnement interdit" und rot-weiße bzw. rot-gelbe Bemalung bedeuten **Parkverbot!** Verstöße werden gnadenlos geahndet.

An den **Stränden** gibt es zwar meist recht viel Parkraum, doch kann es in der Hauptsaison auch hier zu Engpässen kommen.

Autofahren

Die Straßen sind meist gut ausgebaut, wenngleich auch recht schmal. Größere Fahrzeuge haben oft auch größere Probleme, die **schmalen Gässchen** der Städte ohne Blessuren zu meistern, besonders dann, wenn der Fahrer eher ungeübt ist. Rasch wird klar, warum französische Automobilkonzerne viele Kleinwagen im Programm haben und weshalb auch die noch oft Beulen und Lackschäden zeigen.

Landstraßen

Am besten ausgebaut sind die **Routes Nationales (N).** Sie verfügen häufig über mehrere Spuren und erlauben im Grundsatz eine zügige Fahrt. Die **Routes Départementales (D)** zeigen sehr unterschiedliche Zustände. So sind sie in Straßenkarten auch farbig

001st Foto: ho

In schmalen Gassen hat man immer wieder Parkprobleme

Reisetipps A–Z

unterteilt: rot steht für gut ausgebaute Hauptstraßen, gelb für Nebenstraßen uneinheitlicher Qualität und weiß für Strecken, die holprig werden können, in jedem Fall aber sehr schmal sind. In kleinen Gemeinden findet man dann die noch kleineren **Routes Communales (C),** die fast immer holprig und schmal sind.

Verkehrsregeln

Je länger die Staus, desto größer ist die Versuchung, auch einmal die Straßenverkehrsordnung außer Acht zu lassen. Rechts überholen, auch bei Gegenverkehr links ausscheren o.Ä. gehört für viele Fahrer scheinbar zum „guten Ton", genauso wie der Gebrauch der Hupe. Doch Achtung! Die französische Polizei sieht solche Übertretungen gar nicht gern, auch und besonders bei Urlaubern nicht!

Genauso ungern sieht man **Geschwindigkeitsübertretungen.** Außer bei besonderen Beschränkungen gelten in Ortschaften 50 km/h, außerorts 90 km/h, auf Straßen mit getrennten Fahrstreifen 110 km/h und auf Autobahnen 130 km/h. Bei Regen muss die Geschwindigkeit herabgesetzt werden. Dann ist auch tagsüber Abblendlicht verpflichtend. Die **Promillegrenze** liegt bei 0,5 Promille.

In St. Tropez gibt es sehr viele **Einbahnstraßen,** dies lässt den Verkehrsfluss zügiger werden (man stelle sich vor, wie es anders wäre!), bedeutet aber oft auch eine komplette Stadtrundfahrt.

Ampeln sind an größeren Straßen mittlerweile seltener als **Kreisverkehre** *(rond-point),* an denen Einfahrende die Vorfahrt zu achten haben. Ortseinfahrten zwingen oft mit Bodenschwellen zur Geschwindigkeitsreduzierung.

Die uns bekannten **Verkehrszeichen** haben auch in Frankreich ihre Bedeutung. Manchmal ergänzen Beschriftungen den Informationsgehalt:

- **Toutes directions:** alle Richtungen
- **Autres directions:** übrige Richtungen
- **Sortie:** Ausfahrt
- **Péage:** Zahlstelle (z.B. für Autobahngebühr oder Parktickets)
- **Déviation:** Umleitung
- **Centre Ville:** Innenstadt
- **Ralentir:** Geschwindigkeit reduzieren
- **Danger:** Gefahr
- **Issue:** Einmündung
- **Accès interdit:** Einfahrt verboten
- **Voie sans issue:** Sackgasse
- **Travaux:** Baustelle

Kontrollen

Sollte man in Kontakt mit der Polizei kommen, müssen die **Fahrzeugpapiere** und der **Führerschein** vorgelegt werden. Es gibt immer wieder Berichte, dass die französische Polizei alte deutsche Führerscheine (die grauen Lappen) nicht anerkennt, obwohl sie es muss. Möchte man unnötige Diskussionen vermeiden, besorge man sich die EU-Fahrerlaubnis im Scheckkartenformat.

Tanken

Seit in Deutschland die Preise für Kraftstoffe ständig steigen (u.a. durch die immense Steuerbelastung) kann man in Frankreich etwas günstiger tanken. Die Tankstellen *(station d'essence, station de service)* findet man meist an größeren Straßen, in St. Tropez an der Kreuzung D98/D93. Kraftstoffe *(l'essence)* gibt es als bleifreies Normalbenzin *(essence sans plomb)*, bleifreies Super *(super sans plomb)* oder Diesel *(gazole)*. Manchmal gibt es noch eine Bedienung, die eine Information über die Kraftstoffmenge benötigt, z.B. Volltanken: „Le plein, s'il vous plait".

Panne und Unfall

Bei Pannen und Unfällen hilft die **Polizei** (*Gendarmerie,* Tel. 17 oder 04.94. 97.26.25), der **Rettungsdienst SAMU** (Tel. 15) und der **AIT-Fipa Assistance** (ähnlich dem ADAC), erreichbar über die Notrufsäulen. Diese Organisation ist allerdings nur auf Schnellstraßen und Autobahnen zuständig.

Die **Grüne Versicherungskarte** hilft bei der Abwicklung von Schäden aus Unfällen.

Mietwagen

Bei vor Ort erhältlichen Mietwagen reicht die Palette vom einfachen Kleinstwagen bis zur repräsentativen Limousine oder dem röhrenden Sportwagen. Man rechne mit etwa € 42/ Tag für ein Fahrzeug der Golfgröße. Zur Anmietung von Autos sind ein gültiger Führerschein sowie eine **Kreditkarte** notwendig. (Bei Rollern kann mit Bargeld gezahlt werden.)

Wer ein Auto mieten möchte, sollte im Internet recherchieren, ob eine langfristigere Buchung von daheim günstiger ist als die kurzfristige Anmietung vor Ort. Oft gibt es so bei internationalen Agenturen günstigere Tarife und man bekommt garantiert ein Fahrzeug, während es für Kurzentschlossene vor Ort manchmal zu Engpässen kommt. Beim Preisvergleich sollte man unbedingt auf die Nebenkosten wie Versicherungen und Selbstbehalte im Schadensfall achten. Zahlt man mit bestimmten Kreditkarten, so sind viele **Versicherungen** bereits in der Kartennutzung enthalten. Dann kann man sich also zusätzliche Versicherungen sparen.

Alternativen zum Auto?

So schwierig der Verkehr manchmal sein kann, so unerlässlich ist das eigene Fahrzeug. Nur im Stadtgebiet von St. Tropez kann man es getrost in der Garage lassen, hier sind alle Bereiche fußläufig gut erreichbar. Geht es aber über das eigentliche Stadtgebiet hinaus, muss man fahren. **Busse** bieten eine Möglichkeit, die Umgebung zu erkunden, doch fahren sie oft nicht zu den touristisch interessanten Zielen und haben keine sehr hohe Frequenz. (Das vor Ort ansässige Unternehmen Sodetrav findet sich an der Gare Routière, Tel. 04.94. 97.88.51.)

Was bleibt da an Alternativen? Erstens natürlich das **Rad.** Fahrräder werden manchmal kostenlos bei der Miete von Ferienhäusern zur Verfügung gestellt. Allerdings gibt es in der recht hügeligen Landschaft ziemliche Steigungen und Gefällestrecken. Zudem ist die Hitze im Sommer nicht jedermanns Sache. Zweitens gibt es den **Motorroller.** Diese Gefährte machen mobil, verbrauchen relativ wenig und sind einfach zu parken. Während viele Urlauber das eigene Rad mitbringen, kann man Motorroller vor Ort mieten. Doch Achtung: Ungeübte erleben so manche böse Überraschung!

Die Adressen von Fahrrad- und Rollerverleihen finden sich im Kapitel „Die Stadt erleben".

Autoverleiher:

- **AVIS,** Avenue du 8 Mai 1945, Tel. 04.94.97.03.10, Fax 04.94.97.13.06, www.avis.com.
- **Elite rent a car,** Z.A. St. Claude 38, Route des Plages, Tel. 04.94.55.30.10, Fax 04.94.55.01.05, www.asdlocation.com.
- **Europcar,** Résidence du Port, Tel. 04.94.97.15.41, www.europcar.fr.
- **Hertz,** Avenue du 8 Mai 1945, Tel. 04.94.55.83.00, Fax 04.94.97.86.22, www.hertz.com.
- **Locazur,** Route des Plages 9, Tel. 04.94.97.57.85.
- **Mini Monke,** Route des Plages 43, Tel. 04.94.54.89.07.
- **SIXT,** Rue Seillon, Tel. 04.94.54.22.00.

Bootfahren

Ein wichtiges Verkehrsmittel ist (zumindest im Sommer) das Boot. Mit Booten kann man sich die Küste entlangfahren lassen, sie also wie ein Taxi benutzen, die Strände erreichen, ausgedehnte Touren in der Umgebung unternehmen oder einen Tagesausflug zu einem der anderen Orte am Golf machen, ohne sich dem Stau auf der Küstenstraße auszusetzen.

Taxiboote/Charterboote

- **Taxi Bateau Vasse,** Quai Suffren, Tel. 04.94.54.40.61, 06.07.09.21.27. Alle Arten von privaten Touren entlang der Küste.
- **Taxi de mer „La Royale",** Tel. 06.09.53.15.47. Taxidienste zwischen dem Hafen und den Stränden sowie Vergnügungsfahrten.

Liniendienste

- **Bateau Le Pouncho,** Villa Célerine, Route des Salins, Tel. 06.84.07.41.87, 06.09.50.60.72. Touren nach Ste. Maxime und Port Grimaud.
- **CTMT MMG – Transport Maritime,** Rue des Inventions, Ste. Maxime, Tel. 04.94.96.51.00. Liniendienst zwischen Ste. Maxime und St. Tropez sowie Touren nach Port Grimaud, Cannes, Port Cros, Les Caps Sauvages, Iles des Lérins, Les Calanques de l'Estérel und zur Ile de Ste. Marguerite.
- **EMT,** Port de St. Tropez, Tel. 04.94.54.53.54, 06.08.31.99.28. Pendelverkehr nach Port Cogolin, Port Grimaud und Ste. Maxime. Zusätzlich Ausflugsfahrten entlang der Küste.
- **Transports Maritimes Tropéziens,** Route des Mines 402, Cogolin, Tel. 04.94.55.09.92, 06.88.89.18.13. Linienverkehr zwischen Les Marines de Cogolin, St. Tropez und Ste. Maxime sowie Ausflugsfahrten „Tour du Golfe", tgl. außer sonntags.

002st Foto: ho

Bootsverleihe gibt es in jedem Jachthafen der Küstenorte

- **Transports Maritimes Raphaëlois,** Tel. 04. 94.95.17.46. Täglicher Liniendienst zwischen St. Tropez und St. Raphaël.
- **Les Bateaux Verts,** Port de St.Tropez, Port de Ste. Maxime, Tel. 04.94.49.29.39. Ganzjähriger Linienverkehr zwischen St. Tropez und Ste. Maxime. Im Sommer zusätzlich Ausflugsfahrten auch zu den Iles d'Hyères sowie zur Bucht des Canebiers. Sonst ähnliche Fahrten wie bei den anderen Gesellschaften, Touren finden auch mit deutscher oder englischer Führung statt.

Boote selbst fahren

Bis zu 6 PS starke Boote darf man ohne Führerschein *(sans permis)* **mieten** und fahren. Man kommt zwar nicht sehr schnell vom Fleck, erlebt aber ein wenig vom Gefühl der Freiheit des Meeres. So kann man beispielsweise zwischen St. Tropez und Ste. Maxime pendeln, wenn man über das notwendige Kleingeld verfügt (etwa € 130/halber Tag). Wer größere Boote steuern möchte, muss im Besitz eines entsprechenden Führerscheins sein oder das Dokument vor Ort erwerben (meist einwöchige Kurse).

- **Buchtipp:** „Küstensegeln", aus der Praxis-Reihe des Reise Know-How Verlages.

Camping

In der gesamten Region gibt es an die 40 Plätze. Leider befindet sich kein einziger direkt in St. Tropez oder in unmittelbarer Nähe. Die am nächsten gelegenen Campingplätze gehören zum Ort Ramatuelle und liegen fast alle nahe dem **Strand von Pampelonne.** Sie sind im Kapitel „Orte in der Umgebung, Ramatuelle" beschrieben.

Die meisten Plätze bieten neben Strandnähe sehr guten Service und gute Infrastruktur. Für Wohnmobile oder Wohnwagen zahlt man zwischen € 300 und € 750 pro Woche. Als Richtwert sind in den Beschreibungen der einzelnen Plätze **Wochenpreise** (jeweils Vor-/Hauptsaison) für einen Caravan angegeben. Der Preis gilt jeweils für mindestens zwei Personen, auf manchen Plätzen auch für bis zu vier Personen.

Einige Plätze sind riesig (bis zu 1400 Stellplätze), andere klein, fast familiär. Viele, in der Regel die größeren, sind überaus luxuriös ausgestattet, andere bieten nur einfachen Komfort. Dies gilt vor allem für die sogenannten *Campings à la Ferme,* also Stellplätze auf Bauernhöfen. Sie sind deutlich kleiner, haben nur zwischen sechs und 30 Stellplätze und sind z.T. recht einfach ausgestattet. Alle besitzen aber Stromanschlüsse, z.T. werden auch landwirtschaftliche Erzeugnisse verkauft.

Fast ebenso wichtig wie der Komfort ist zumindest im Sommer der Aspekt **„Beschattung".** Bei allen beschriebenen Plätzen findet sich deshalb die Angabe, wie viele der Stellplätze im Schatten liegen.

Auf fast allen größeren Plätzen kann man **Mobil-Homes** mieten (siehe „Unterkunft"), auf vielen auch Wohnwagen oder Zelte. In jedem Fall sollte man, gleichgültig ob man nur einen Stellplatz sucht oder einen Bungalow mieten möchte, frühzeitig **reservieren.**

Die Campingplätze der Region sind im Kapitel „Orte in der Umgebung" bei den jeweiligen Orten beschrieben.

Diplomatische Vertretungen

Wird der **Reisepass oder Personalausweis im Ausland gestohlen,** muss man dies bei der örtlichen Polizei melden. Darüber hinaus sollte man sich an die nächste diplomatische Auslandsvertretung seines Landes wenden, damit man einen Ersatz-Reiseausweis zur Rückkehr ausgestellt bekommt (ohne kommt man nicht an Bord eines Flugzeugs!).

Auch in **dringenden Notfällen,** z.B. medizinischer oder rechtlicher Art, sind die Auslandsvertretungen bemüht, vermittelnd zu helfen.

In St. Tropez selbst gibt es keine Botschaften oder konsularischen Vertretungen. Die nächsten Vertretungen sind in Nizza bzw. Marseille.

In Nizza

- **Deutschland:** Consulat d'Allemagne, „Le Minotaure", 5. Stock, Avenue Henri Matisse 34, Tel. 04.93.83.55.25, Fax 04.93.83.05.50.
- **Österreich:** Consulat d'Autriche, Avenue de Verdun 6, Tel. 04.93.87.01.31, Fax 04.93.87.59.92.
- **Schweiz:** Consulat de Suisse, c/o „Palais de l'Harmonie", Rue Berlioz 21, Tel. 04.93.87.15.93, Fax 04.97.01.08.06.

In Marseille

- **Deutschland:** Consulat d'Allemagne, Avenue du Prado 338, Tel. 04.91.16.75.20, Fax 04.91.16.75.28.
- **Österreich:** Consulat d'Autriche, Cours Pierre Puget 27, Tel. 04.91.53.02.08, Fax 04.91.53.71.51.
- **Schweiz:** Consulat de Suisse, Rue d'Arcole 7, Tel. 04.91.10.14.10/11, Fax 04.91.57.01.03.

Einkaufen und Souvenirs

Für Selbstversorger

In diese Rubrik gehören natürlich Lebensmittel und Getränke sowie Snacks. Kleinere Snacks und Getränke kann man in den Einzelhandelsgeschäften in St. Tropez kaufen (z.B. im Petit Casino), zahlt dann aber einen vergleichsweise hohen Preis. Günstiger sind Waren wie z.B. Brot, Käse, Wurst, Maronen oder Honig auf dem großen **Wochenmarkt** auf der Place des Lices. Die beste Auswahl gibt es im riesigen **Supermarkt Géant** am Kreisverkehr bei Les Marines-de-Cogolin, also etwa fünf Kilometer außerhalb des Ortes. Hier bekommt man alles, was das Herz begehrt, auch in entsprechenden Haushaltspackungen. Damit ist dieser Supermarkt der optimale Einkaufsort für Selbstversorger und solche, die nur ein paar preiswerte Kleinigkeiten suchen. Die Getränkeauswahl (auch Weine) ist sehr gut. Ebenso gut und reichhaltig ist das Käseangebot.

Nützliches und Souvenirs

In der Region wird sehr viel aus **Olivenholz** hergestellt. Salatbestecke, Salatschüsseln, Untersetzer und Salz- bzw. Pfefferstreuer gehören zu den Klassikern. Ähnliches gilt für **Keramikwaren,** also z.B. Schalen, Schüsseln, Blumentöpfe und Kerzenhalter. Schön und nützlich sind auch **Tischdecken,** die mit klassischen Motiven der Region bedruckt werden. Hübsche **Flechtkörbe,** knotige **Wanderstöcke**

Milch und Milchprodukte

Wer es gewohnt ist, bei Milch oder Milchprodukten auf den **Fettgehalt** zu achten, kann sich in Frankreich sehr einfach nach Farben richten. *Lait entier* (Vollmilch) ist **rot** gekennzeichnet, *lait demi-écrémé* (halbfett) **blau** (dies gilt auch für H-Milch). Ein leckerer Brotaufstrich und Butterersatz ist *crème fraîche* (ebenfalls blau und rot für den Fettgehalt). Schmeckt herrlich unter Marmelade!

und **Languiole-Messer** erleichtern oft das Leben.

Kräuter der Provence *(herbes de Provence)* sind im wahrsten Sinne des Wortes in aller Munde. Sie würzen hervorragend und eignen sich als ideales Souvenir. Für Leckermäuler zu empfehlen ist **Nougat,** der unserem türkischen Honig ähnelt. Man bekommt ihn hart oder weich, mit Pistazien oder parfümiert in zahlreichen Variationen. **Kandierte Früchte** und **Olivenöl** eignen sich ebenfalls als Souvenir, das garantiert nicht lange Staub fängt.

Alle diese Dinge kann man in kleineren Geschäften bekommen, z.T. erhält man sie auch auf dem Markt, ganz sicher aber (und zudem vergleichsweise günstig) im oben genannten Supermarkt.

Die überall angebotenen **bemalten Kacheln** sehen hübsch aus und können sogar noch einen Zweck erfüllen, wenn man sie (mit Ziffern) z.B. daheim als Hausnummer verwendet. **Puppen** in traditioneller Tracht, **Bilder** mit Landschaftsmotiven sowie **Lavendel** in Form von Kissen, Säckchen oder Seife gelten als klassische Souvenirs der Region. Auch diese Dinge sollte man eventuell zunächst auf dem Markt begutachten, um sie dann später im großen Supermarkt zu kaufen.

Luxusartikel

Alle Dinge, die man unter dieser Bezeichnung laufen lassen kann, besitzen in St. Tropez einen großen Stellenwert. So findet man zahlreiche Boutiquen, auch der edelsten Designer, in der Stadt, die **Haute Couture** feilbieten. Diese Boutiquen sind in erster Linie auf die Damenwelt ausgerichtet, ebenso wie die zahlreichen **Schuhgeschäfte,** die edelstes und modischstes Schuhwerk verkaufen.

Hinzu kommen die vielen **Parfümerien,** die ebenfalls die angesagtesten Wässerchen, Cremes und Lippenstifte anbieten. Wem dies noch nicht reicht, der kann auch das Geld bei einem der zahlreichen **Juweliere** oder **Uhrenhändler** ausgeben und mit edlem Geschmeide oder international bekannten Luxusuhren am Handgelenk den Ort verlassen.

Es ist unnötig zu erwähnen, dass in diesen Geschäften das Preisniveau dem internationalen Ruhm der Marken und dessen Publikum in nichts nachsteht. Gleichwohl ist es gerade hier möglich, das eine oder andere **Schnäppchen** zu machen, wenn in einer Art Schlussverkauf Modisches der Vorsaison ausverkauft wird. Ideal für solche Sonderangebote sind die Zeit um Ostern und der Herbst. Schnäppchen kann man noch eher ergattern, wenn man auch hierbei auf den Super-

Duftendes Souvenir: Lavendel

Lavendel kommt in vielen Arten rund um das Mittelmeer, in Kleinasien und auf den Kanaren vor, als Staude, Halbstrauch oder kleiner Strauch. Die bekannteste Art ist der **Echte Lavendel** (*Lavandula angustifolia* oder auch *officinalis*). Seinen Namen bekam die Pflanze vermutlich von den Römern, die den angenehmen Geruch schätzten und ihrem Bad gern Lavendelblüten zusetzten (*lavere* = waschen).

Der Echte Lavendel ist ein Halbstrauch, der eine Höhe von etwa 60 cm erreicht. Seine kleinen, schmalen Blätter sind graugrün, zuweilen silbrig erscheinend. Zwischen Juni und Ende August/Anfang September treiben die auffällig **blau-violetten Blüten** aus, die in Scheinähren zusammenstehen und den provenzalischen Hügeln dann ihr typisches Farbkleid verleihen.

Ursprünglich fand man den Halbstrauch vor allem auf den kalkhaltigen Gebirgshängen des Mittelmeerraums, doch da man die Pflanze vielfältig nutzen kann, wird sie schon seit Langem auch außerhalb dieser Gebiete kultiviert. Wichtig für ihr gutes Wachstum ist allerdings ein trockener und wenn möglich kalkhaltiger Boden.

Besonders in Südfrankreich nutzt man Lavendel zur Herstellung des **Lavendelöls.** Dieses ätherische Öl duftet sehr angenehm und wird sowohl in der Kosmetikindustrie als auch in der Medizin eingesetzt. So wird das Öl als Zusatz bei der Herstellung von **Parfümen, Duftseifen** oder **Badezusätzen** verwendet. Die ganze Blüte nutzt man z.B. für **Duftkissen** oder **Potpourris.** Neben dem angenehmen Geruch, den der Lavendel verbreitet, besitzt er auch die Eigenschaft, Motten und andere lästige Insekten aus Kleiderschränken fern zu halten. **Lavendelsäckchen** und andere Lavendelprodukte kann man auf Wochenmärkten oder in Souvenirgeschäften kaufen.

Lavendelöl besitzt auch eine leicht sedative Wirkung. Man kann es so in **Beruhigungsmitteln** einsetzen, verwendet es aber auch zum Einreiben bei **Nervenschmerzen,** als Umschlag bei **Prellungen** sowie als **krampflösendes, entwässerndes und verdauungsförderndes Mittel.**

Zu guter Letzt sei der Genussmittelaspekt genannt. Lavendel findet als Gewürz z.B. bei der Herstellung von **Kräuterlikören** Verwendung.

003st Foto: ho

markt Géant zurückgreift, der zahlreiche kleinere Geschäfte unterschiedlichster Warenangebote beherbergt.

Kleidung

Auch in Frankreich werden die **Kleidergrößen** in Ziffern angegeben, jedoch stimmen sie nicht mit den deutschen überein: Trägt man in Deutschland Konfektionsgröße 38, wählt man hier die 40. Eine genaue Entsprechung gibt es allerdings nicht, da die französischen Modedesigner von etwas anderen Körperproportionen ausgehen. Zudem gilt: Franzosen und noch mehr Französinnen tragen ihre Kleidung gern sehr figurbetont. So kommt es öfters vor, dass deutsche Touristen zwar ihre Größe anhand der Auszeichnung finden, die Kleidungsstücke dann aber doch **kleiner ausfallen,** als man es gewohnt ist. Eine Anprobe ist somit unumgänglich. Andererseits gibt es nach der Anprobe viel eher das Problem, dem Verkäufer/der Verkäuferin zu erklären, dass man das Stück doch lieber etwas größer versuchen möchte. Man wird Ihnen versichern, es sitze perfekt und dürfe auf gar keinen Fall größer sein. Kaufen Sie nach dem Wohlfühleffekt und bedenken Sie: Daheim sind warme Tage seltener – unter eine knallenge Jacke passt kaum ein Pullover.

Sportartikel

Wer segelt oder surft, weiß was einzupacken ist, dies gilt auch für Taucher, Läufer oder Radler. Trotzdem kann man mal etwas vergessen. In dieser Gegend ist das kein Problem, denn in Ste. Maxime hilft der spezielle **Sportartikelsupermarkt** im Centre Commercial am vierten Kreisverkehr der Route de Plan-de-la-Tour (in Richtung Autobahn) weiter und in Trans-en-Provence befindet sich eine Niederlassung von **Decathlon,** dem großen Sportausrüstungsdiscounter. Der Ort liegt nördlich von St. Tropez bei Draguignan. Eine Alternative zu dieser Niederlassung ist das recht neue Geschäft von Decathlon in Puget-sur-Argens an der RN7 bei Fréjus.

Bezahlung mit Karte

Getreu der Devise „Nur Bares ist Wahres" nehmen Verkäufer auch in Frankreich am liebsten Bargeld. Dies gilt vor allem für Märkte, auf denen Plastikgeld fast nie zum Einsatz kommt. In den meisten Geschäften ist dies aber anders. Hier regiert die Plastikkarte. Dabei ist es zunächst gleichgültig, ob es sich um die Maestro-(EC-)Karte oder eine Kreditkarte handelt. Problemlos bargeldlos zahlt man mit der **Maestro-(EC-)Karte.** Dann muss man nur noch seine PIN eingeben und das Geld wird überwiesen. Fast ebenso problemlos werden **Visa-** und **MasterCard** akzeptiert. Hier unterschreibt man nach elektronischer Prüfung der Karte einen Beleg mit seinem „guten Namen". Weniger verbreitet sind American Express und Diners Club.

Möchte man per Kreditkarte zahlen, achte man am besten auf entsprechende **Aufkleber im Schaufenster** oder an der Eingangstür. Fehlen diese Aufkleber oder sind nur bestimmte Logos vorhanden, sollte man vor der

Auswahl nachfragen, ob die spezielle Karte akzeptiert wird. So erspart man sich unliebsame Überraschungen. In Supermärkten werden Kreditkarten nur selten akzeptiert. Wenn man Sonderangebote kaufen möchte, kann es sein, dass nur Bares oder die Maestro-(EC-)Karte, nicht aber Kreditkarten akzeptiert werden. Dies ist zwar formal nicht ganz einwandfrei, doch lange Diskussionen führen zu nichts.

Wo kauft man Lebensmittel ein?

Supermarkt

Der größte Supermarkt in der Gegend von St. Tropez, der Géant in Les Marines-de-Cogolin, ist schon angesprochen worden (siehe „Für Selbstversorger“). Andere, oft kleinere Supermärkte gehören z.B. zur Gruppe Champion oder Intermarché. Es gibt sie nicht direkt in St. Tropez, aber in den umliegenden Ortschaften (z.B. Ste. Maxime). Alle diese Märkte bieten ein sehr breites Warenangebot, das in der Regel weit über Lebensmittel hinausgeht. Es gilt die Devise, je größer der Supermarkt, desto breiter das Sortiment. Ebenso gilt fast immer, je größer, desto preiswerter. Es kann aber auch einmal Waren geben, die im kleineren Supermarkt günstiger sind.

Ähnlich wie bei uns findet man in diesen Geschäften neben den bekannten Marken auch Hausmarken (z.B. Champion-Marmelade, -Käse). Ein Preisvergleich lohnt dennoch, denn es gibt gelegentlich trotzdem günstigere Produkte „regulärer“ Anbieter.

Zumindest bei großen Supermärkten findet man im Eingangsbereich zusätzliche **Galerien** mit kleinen Einzelhandelsgeschäften wie Schuh- und Fotoläden, Bäckereien oder Apotheken.

Märkte

Die Märkte der Region sind ein farbenprächtiges Erlebnis provenzalischer Kultur. Neben Haushaltswaren, Kleidung, Wäsche, Gewürzen, Bildern, Antiquitäten, Uhren, Schmuck, Souvenirs, Postkarten und Nippes findet man hier auch Bademode, Schuhe, Tischdecken, temporäre Tattoomöglichkeiten und Korbwaren. Kurz gesagt, alles, was des Urlaubers Herz beglückt. Hinzu kommt das Erlebnis französischer Lebensfreude, das seinen Ausdruck bei „Marktschreiern“ und Kunden findet. Preisverhandlungen sind hier unüblich, in aller Regel handelt es sich um feste Preise. Dafür kann man an manchen Ständen auch schon mit der Kreditkarte bezahlen.

Märkte in der Region:

- **St. Tropez,** Place des Lices: Di., Sa., Halle aux poissons (Fischhalle): täglich
- **Ste. Maxime,** Place du Patio Fleuri: Mo., Vieux quariers: Do., Place Colbert: Do., Place Jean Mermoz: Fr.
- **Ramatuelle,** Place de l'Ormeau: Do., So.
- **La Croix-Valmer,** Centre Ville: So.
- **Cogolin,** Place Victor Hugo: Mi., Place Etienne Dolet: Sa.
- **Grimaud,** Centre Ville: Do.
- **Port Grimaud,** Place du Marché: Do. und So., Place F. Spoerry: Mo. und Fr. (April bis Oktober)
- **Collobrières,** Centre Ville: So.
- **Draguignan,** Allée d'Azemar: Mi., Sa., Place du Marché: täglich
- **La Garde-Freinet,** Centre Ville: Mi., So.
- **Plan-de-la-Tour,** Place du Boulodrome: Do.

Boulangerie

In den **Bäckereien** gibt es den Klassiker der französischen Mahlzeit ständig frisch: das **Baguette.** Aus dem gleichen Weizenmehlteig werden aber noch andere Brote gebacken, z.B. das *pain* („Brot"), dicker als ein Baguette, manchmal kürzer, manchmal genauso lang, die *flute* („Flöte"), dünner als ein Baguette oder die *boule* („Kugel"), ein halbkugeliger Brotlaib. Vollkornbrote oder Brötchen sucht man vergeblich, hat man ein etwas dunkleres Brot entdeckt, entpuppt es sich trotzdem rasch als Weizenmehlbrot mit Farbstoffen und eventuell Körnermischungszusatz (andere Länder, andere Sitten ...).

Bleiben wir also beim Baguette bzw. seinen Ablegern. Nach dem Kauf muss man sich beeilen, denn frisch ist es so lecker, dass schon so manches Brot den Weg nach Hause nicht überstanden hat. Kauft man aber wie gewohnt auf Vorrat, ist das Geldverschwendung. Meist ist ein Baguette vom Morgen schon abends nur noch eingeschränkt essbar, am nächsten Morgen kann man damit problemlos einen Nagel in die Wand schlagen. Etwas länger hält es sich frisch, wenn man es in einer Plastiktüte aufbewahrt (zumindest bis zum Abendessen), obwohl hierbei natürlich die Knusprigkeit verloren geht.

Baguette kann man zwar auch im Supermarkt bekommen, beim Bäcker ist es aber fast immer frischer und schmackhafter.

Eine Reise nach Grasse und in die Welt des Parfums

„Wir müssen uns wieder waschen, das Parfum ist aufgebraucht!" So konnte man angeblich im 18. Jahrhundert missmutige Adelige am Hofe des Sonnenkönigs *Ludwigs XIV.* hören. Sie hatten Angst! Angst davor, ihre angeblich **schützende Schmutzschicht** zu verlieren, wenn sie ein Bad nehmen würden. Schon im 17. Jahrhundert setzte sich diese Idee in den Köpfen der Menschen fest. Die Medizin warnt uns heute vor zu häufigem Waschen und Duschen - ob den Menschen im 17. und 18. Jahrhundert ihr Dreck aber geholfen hat, mag bezweifelt werden. Auf jeden Fall hatte die Furcht vor dem Waschen „Erfolg": Die Menschen rochen! Ziemlich stark sogar. Da das aber auch damals schon etlichen Zeitgenossen nicht so angenehm erschien, versuchte man mithilfe anderer Gerüche den eigenen Gestank zu überdecken. Damit bekam die Parfumindustrie ihre Chance!

Doch gab es vorher kein Parfum? Schon in der Antike verwendete man Harze und duftende Blüten, um **Opfergaben** für die Götter herzustellen. Auch *Cleopatra* (69–30 v.Chr.) war eine Expertin für Kosmetika und Parfum. Die Römer importierten sogar schon wohlriechende Essenzen und gaben dafür die erstaunliche Summe von „umgerechnet" über zwei Millionen Dollar aus.

Im Mittelalter dachten die Menschen, die Düfte könnten desinfizieren und so vor Krankheiten schützen. Aber erst mit den Kreuzfahrern kam der Gedanke nach Europa, den Duft der Parfums fürs Wohlbefinden zu nutzen. Dazu trugen die Adeligen und Reichen kleine Duftkugeln um den Hals.

Als dann die Seefahrer Asien und Afrika entdeckten, brachten sie neue Duftstoffe mit nach Europa: Vanille, Kakao, Kardamom und andere Gewürze sowie Tabak. Etwa zur gleichen Zeit (also im 16. Jahrhun-

004st Foto: ho

dert) ließen sich viele **Parfumhersteller** Europas in Paris nieder. Hier lag ein wichtiges Zentrum europäischer Macht. Eine Neuentwicklung kam auf den Markt, der Dufthandschuh.

Schon hundert Jahre später benötigte man riesige Mengen an Parfum und dafür waren große Rohstoffmengen erforderlich. So lag es nahe, die Pflanzen im eigenen Land anzubauen. Bei einem wichtigen Rohstoff, dem **Lavendel,** war dies in Südfrankreich möglich. Aber auch **Zitronen, Orangen, Rosen, Jasmin, Thymian, Rosmarin, Veilchen** und viele andere Pflanzen gedeihen hier prächtig. Mit den Pflanzen kamen die Hersteller, suchten einen günstig gelegenen Ort und fanden ihn in **Grasse.** Das kleine Bergstädtchen im Hinterland von Cannes, etwa 80 Kilometer nordöstlich von St. Tropez, ist bis heute das südfranzösische Zentrum der Parfumherstellung. In den Museen und Parfumfabriken von Grasse erfährt man vieles zur Geschichte des Parfums und zu seiner Herstellung.

Doch wie kommt der Geruch beispielsweise einer Rose in die Seife oder das Duftwässerchen? Zunächst muss man die Duftstoffe, meist sind es Öle, aus der Blüte filtern. Das geschieht mit einer **Destillation** über Wasserdampf oder mit chemischen Lösungsmitteln. Dass man nicht sehr viel aus einer einzigen Blüte gewinnen kann, ist klar. Wenn man einen Liter Orangenöl haben möchte, braucht man 1000 Kilogramm Orangenblüten! Etwas besser ist es beim Lavendel, der an sich schon intensiv duftet.

Historische Gerätschaften zur Parfumherstellung in einer Fabrik in Grasse

Hier genügen 40 Kilogramm Lavendelblüten, um einen Liter Öl herzustellen. Bei solch riesigen Pflanzenmengen ist es kein Wunder, dass Parfum sehr teuer ist.

Aber Parfum ist nicht gleich Parfum, oder besser gesagt, es gibt mehrere Qualitäten: **Eau de Cologne, Eau de Toilette, Eau de Parfum** und **Parfum.** Während der Anteil von Duftölen beim Eau de Cologne nur drei bis fünf Prozent beträgt, liegt er beim Eau de Parfum schon bei etwa 15 Prozent und steigert sich beim Parfum auf bis zu 30 Prozent. Dabei steigt natürlich auch der Preis, und zwar ordentlich!

In den Fabriken von Grasse werden Öle destilliert und Seifen mit Duft angereichert. Dafür muss aber nicht nur der Duftstoff gefiltert werden. Die Düfte werden komponiert, also speziell zusammengesetzt. Dabei entscheidet die „Nase" – eine Berufsbezeichnung. Die „Nase" hat den perfekten Geruchssinn, entscheidet, welche Düfte zu welchem Anlass passen könnten, welcher Duft z.B. eher für den Sommer (also frisch) oder für den Winter (schwerer, aufdringlicher) passt.

Wer bei der Herstellung von Parfum zuschauen möchte, kann z.B. die Fabrikation von **Fragonard** besuchen, einem der größten und bekanntesten Parfumhersteller in Grasse. Zur Fabrik gehört eine Art **Museum,** in dem man Parfumfläschchen aus verschiedenen Jahrhunderten und allerlei Maschinen zur Herstellung der kostbaren Flüssigkeiten betrachten kann. Natürlich lässt sich anschließend im Verkaufsraum die eine oder andere Essenz erwerben. Dutzende von Düften, eingeteilt in „natürlich", „fruchtig", „blumig" oder „orientalisch" berauschen die Nase. Sollte hier jemand ungewaschen umherlaufen, man würde es nicht riechen. Viel zu stark ist die Luft mit den Düften durchsetzt. Hat es womöglich so ähnlich am Hofe des Sonnenkönigs gerochen?

Wer zum Frühstück mehr mag, kann in der Boulangerie auch **Croissants** bekommen, die eindeutig besser als daheim schmecken. Den süßen Hunger stillen *pain aux raisins* (Rosinenschnecke mit oder ohne Pudding), *pain aux chocolat* (Blätterteigbrötchen mit Schokofüllung) oder *pain choco* (Teigschnitte mit Schokofüllung und Pudding). In aller Regel werden diese Backwaren nur am Vormittag frisch verkauft, am Nachmittag ist das Angebot auf frische Baguettes und süßes Gebäck vom Morgen beschränkt.

Zur Boulangerie gehört oft noch eine **Pâtisserie,** also eine Art Konditorei. Obstkuchen, Sahnetorten sowie andere verführerische Süßigkeiten bestimmen hier das Bild.

Confiserie

Auch in der Confiserie gibt es **Kuchen.** Doch gilt das Augenmerk hier vor allem anderen Süßigkeiten. So findet man hier alle Arten von feinen **Schokoladenkreationen, Bonbons** und ähnliche Naschereien.

Boucherie/Charcuterie

In den **Metzgereien** findet man ein ähnliches Angebot wie daheim. Sehr gut sind alle Arten von Steakfleisch (*entrecôte* = Zwischenrippe vom Rind, *faux filet* = Rinderlende). Werden keine Wurstwaren verkauft, heißt das Geschäft nur Boucherie.

Poissonnerie

Fisch, Schalentiere und **Muscheln** kauft man in der Poissonnerie. Benötigen Sie eine Beratung zur Zubereitung, so hilft man Ihnen sicherlich gern. Achten Sie bei Muscheln auf vollständig geschlossene Schalenhälften. Nur dann ist die Muschel frisch!

Crèmerie

Hier dreht sich alles um **Käse und Butter** – Frankreich ist neben dem Baguette für seine Käsevielfalt bekannt. Butter ist meist gesalzen und heißt dann *beurre salé* oder *demi-sel.* Möchte man ungesalzene Butter kaufen, bestellt man (oder sucht nach) *beurre doux.*

Marchand de Vin

Beim **Weinhändler** gibt es neben regionalen Weinen meist auch Weine aus ganz Frankreich. Man bekommt auch andere Alkoholika (z.T. nur spezielle Apéritifs oder Digestifs) und wird gern über den idealen Wein zum Essen beraten.

Alimentation/Epicerie

Man könnte diesen kleinen (Kram-) Laden fast schon als **Tante-Emma-Laden** bezeichnen, denn hier bekommt man (fast) alles für den täglichen Bedarf, wenn man einen solchen Laden überhaupt noch findet. Denn wie überall verdrängen die Supermärkte auch in Frankreich mit ihrem breiten Angebot und doch erheblich günstigeren Preisen die kleinen Einzelhandelsgeschäfte.

Traiteur

Dabei handelt es sich um ein sehr spezielles Geschäft, denn man bekommt praktisch **fertig zubereitete**

Gerichte, die man mit nach Hause nehmen kann bzw. sich liefern lässt. So muss man nicht unbedingt essen gehen, um Spezialitäten zu genießen. Der Gang zum Traiteur hilft weiter.

Essen und Trinken

Wohl kaum ein Land ist weltweit so berühmt für seine kulinarische Qualität und Vielseitigkeit wie Frankreich. Esskultur hat größten Stellenwert, wenn auch Fast-Food mittlerweile überall zu bekommen ist.

Essenszeiten

Zu Beginn des Tages steht das *petit déjeuner* (Frühstück), das für manchen Touristengeschmack recht mager ausfällt. Neben Baguette mit Butter und Marmelade gibt es manchmal noch ein Croissant sowie Kaffee oder Milchkaffee *(café au lait)*. In Hotels werden je nach Kategorie aber auch Wurst, Käse, Eier, Cornflakes und Müsli sowie Säfte serviert.

Sehr viel reichhaltiger ist dann das *déjeuner* (Mittagessen), das von etwa 12.30 bis 14.30/15 Uhr serviert wird. Trotz aller Hektik im Alltag versucht der Franzose zu dieser Zeit zu genießen. Wer warm und mit möglichst großer Auswahl speisen möchte, sollte sich bis spätestens 13.30 Uhr einen Tisch gesucht haben. Ab 14 Uhr wird die Auswahl enger und später sind Bedienungen nicht mehr erfreut, neue Gäste willkommen zu heißen.

Die meisten Restaurants öffnen dann wieder gegen 17.30/18 Uhr. Zwischen 19 und 21.30 Uhr wird das *dîner* oder *souper* (Abendessen) eingenommen. Im Restaurant gibt es normalerweise die Auswahl *à la carte,* gelegentlich eingeschränkt.

Restaurants

Vom einfachen Haus mit wenig ansprechendem Ambiente bis zur Spitzengastronomie mit mehreren Sternen, Kochlöffeln u.Ä. gibt es ein buntes Sammelsurium. Grundsätzlich kann man davon ausgehen, dass das Restaurant teuer ist, wenn es sich an exponierter Stelle befindet (z.B. direkt am Hafen, mit herrlichem Blick über die Halbinsel im Bergstädtchen Gassin), wenn überdurchschnittlich viele Fahrzeuge der Luxuskategorie auf dem Parkplatz stehen und wenn schon im Eingangsbereich auf die erworbenen Auszeichnungen hingewiesen wird. Preise ab € 45 für ein Mittagsmenü bzw. € 55 für Gerichte *à la carte* sind dann normal.

Preiswerter und gut isst man dort, wo auch die Einheimischen essen gehen. Wie man das erkennt? Nun, da gibt es mehrere Möglichkeiten. Zunächst kann man im Hotel bzw. beim Vermieter nach einer Empfehlung fragen. Dann kann man nachschauen, wo die meisten Fahrzeuge mit regionalem Kennzeichen (83) geparkt sind und drittens hilft natürlich dieses Buch!

In vielen Restaurants wird der Tisch vom Personal zugewiesen. Ignoriert man dies, kann es passieren, dass man längere Zeit übersehen wird. In der Regel geschieht dies aber nicht böswillig, sondern weil die Bedienungen dann nicht genau wissen, wer für den speziellen Tisch zuständig ist.

Ein einfaches **Menü** *(menu)* besteht meist aus drei Gängen: einer Vorspeise *(hors-d'œuvre),* z.B. Salat *(salade)* oder Suppe *(soupe),* einem Hauptgericht, meist Fleisch *(viande)* oder Fisch *(poisson)* mit Pommes Frites oder Reis *(riz),* und einem dritten Gang, der wahlweise aus einem Dessert, z.B. Eis *(glace),* oder Käse *(fromage)* besteht. Dazu gehört das Gedeck *(couvert),* bestehend aus Baguette-Scheiben und Wasser. Man rechne mit Kosten ab etwa € 18, nach oben gibt es fast keine Grenze. Man kann ein Menü mit einem Apéritif (z.B. einem Anisschnaps mit Wasser, also Pastis, Ricard oder Pernod) beginnen, mit Wein *(vin)* begleiten und mit einem Digestif (z.B. Cognac) und Kaffee beenden. Getränke kosten natürlich zusätzlich.

Neben dem Essen *à la carte* und kompletten Menüs bieten Restaurants um die Mittagszeit auch die preisgünstigeren **Tagesgerichte** *(plats du jour)* an, für um die € 13. Ebenso ist ein komplettes Menü in der Regel günstiger als die freie Kombination. Die Preise *à la carte* beginnen meist bei etwa € 12 für das Hauptgericht.

In **Pizzerien** findet man ungefähr das Angebot vor, das in den Pizzerien Europas eben üblich ist. So gibt es neben Pizza auch Pasta, Salate und gelegentlich Fleischgerichte.

An dieser Stelle sei auf das **Kulinarische Glossar im Anhang** hingewiesen, eine Wörterliste, die Speisekarten verstehen hilft. Im Reise Know-How Verlag ist ein nützliches Büchlein zu diesem Thema erschienen: **„Französisch kulinarisch"** aus der Reihe Kauderwelsch. Es erleichtert die Kommunikation in Restaurant und Supermarkt.

Café

Das französische Café ist für Mitteleuropäer verwirrend. Sucht man ein ruhiges Plätzchen für den Nachmittagskaffee, so ist man hier falsch, denn eigentlich handelt es sich beim Café um eine Art **Kneipe mit rustikaler Speisekarte** oder einfachen Snacks sowie Erfrischungsgetränken. Ein ähnliches Angebot hat das **Bistro.**

Bar

Dem Café ähnelt auch die Bar. Sie hat nichts mit Nachtbars zu tun (in kleinen Orten sind Bars oft nur tagsüber geöffnet), sondern ist eher eine mehr oder weniger gemütliche **Kneipe** mit allerlei Kleinigkeiten auf der Karte. Man trifft sich zwischendurch zum Plausch an der Theke oder auf einen Pastis am Tisch. Üblicherweise werden unterschiedliche Preise berechnet, je nachdem, ob man an der Theke *(comptoir)* oder am Tisch *(salle)*

Bei den ersten Sonnenstrahlen im Frühjahr stellen die Gastronomen ihre Tische nach draußen

Platz genommen hat. So sind auf der aushängenden Getränkepreisliste beide Preise angegeben.

Die **Bar-Tabac** erkennt man am roten Doppelkegel an der Fassade. Im zugehörigen Tabak- und Zeitschriftenhandel kann man die aktuelle Zeitung kaufen oder den Lottoschein abgeben. Nur hier bekommt man Tabak, Zigarren und Zigaretten, denn Automaten gibt es in Frankreich nicht.

Salon de Thé

Zu seinem Nachmittagskaffee mit einem leckeren Gebäckstück kommt man am ehesten im Salon de Thé, denn hier werden neben Tee und Kaffee auch Eis, Kuchen und Gebäck angeboten.

Glacier

Soll es ein Eis sein, kann man sich auch sehr gut einem Glacier anvertrauen. Hier findet man alles, was das Herz des Eisfreundes begehrt. Ideal zum Naschen vor Ort, etwas preiswerter gibt es auch Eis in der Waffel zum Mitnehmen. Man muss aber mit deutlich höheren Preisen als zu Hause rechnen.

Crêperie

Den süßen Hunger kann man auch mit Crêpes stillen. Man bekommt sie an Straßenständen oder in einer Crêperie. Während man an den Ständen nur die süßen Varianten erhält, gibt es in der Crêperie auch herzhafte Kreationen, die sogenannten *galettes*. Sie

006st Foto: ho

werden ähnlich einer Pizza belegt, also z.B. mit Schinken oder Käse. Zu beiden Varianten schmeckt ein Cidre (Apfelmost) aus der Bretagne oder Normandie am besten.

Fast-Food

Die bekannten amerikanischen Ketten sind hier zwar auch zu finden, aber lange nicht so häufig wie andernorts in Europa. Eher findet man die **Sandwicherie** als Stand an der Straße, beim Bäcker oder im Supermarkt, wo man aufwendig belegte Baguettes oder Teile davon kaufen kann. Achten Sie auf Messer und Gabel, denn oft sind diese Sandwiches mit Gemüse und Saucen belegt, die in der Hand ziemlich schmieren können.

Trinkgeld

Nur noch bei sehr aufwendigen Mahlzeiten gibt der Gast Trinkgelder von 10 bis 15 Prozent des Rechnungsbetrages, üblicher sind 5 bis 10 Prozent. Bei vielen Restaurants enthält die Rechnung (meist auf einem kleinen Teller gereicht) den Hinweis „service compris", d.h. ein Trinkgeld wird nicht erwartet. Sehr selten ist „service non compris" vermerkt, also ein direkter Hinweis auf ein erwartetes Trinkgeld.

Der Gast gibt das Trinkgeld nicht im Beisein der Bedienung, sondern lässt sich das Wechselgeld zunächst auf dem kleinen Teller aushändigen. Die entsprechende Summe wird dann **auf dem Tellerchen zurückgelassen.** Zahlt man mit Karte, kann auf dem zu unterschreibenden Beleg ein Trinkgeldbetrag vom Gast eingetragen werden, den man dann zur Rechnungsumme addiert.

Spezialitäten der Region

Natürlich speist der Gast in St. Tropez ebenso wie überall im Land wie „Gott in Frankreich", doch ist dies an der Côte d'Azur immer noch etwas Besonderes. Vielleicht liegt es am Licht, vielleicht auch an der überall zu spürenden Leichtigkeit des Seins, vielleicht aber auch nur an Klima und Sonne,

007st Foto: ho

Die berühmten Kräuter der Provence wachsen vielerorts wild in der Landschaft hier gedeiht alles prächtiger und farblich attraktiver als anderswo. So duftet es allenthalben nach **Thymian, Rosmarin** und auch **Knoblauch.** Neben den üblichen Gemüsesorten werden vielfach **Auberginen** und **Zucchini, Artischocken** und **Gemüsezwiebeln** verwendet. Immer natürlich mit viel **Olivenöl,** und das ist das beste Frankreichs. Viele dieser Gemüsesorten kann man als **Crudités** (Rohkost) als Vorspeise bestellen, dazu gibt es *aïoli* (Knoblauchmayonnaise).

Als Suppe ist die **Soupe au Pistou** bekannt, eine Gemüsesuppe mit Basilikum und Knoblauch. In aller Munde ist auch **Ratatouille,** der Gemüseeintopf aus Nizza, der neben Auberginen, Tomaten und Zwiebeln auch Zucchini enthält. Nizza war auch Namensgeber der **Salade Niçoise,** die überall serviert wird, aber mit gleicher Häufigkeit Abwandlungen erfährt.

Sehr beliebt sind auch die **Olive** in all ihren Farbvarianten, die hier überall wächst, sowie die **Marone** (*marron,* Esskastanie), aus der u.a. Brotaufstrich hergestellt wird.

Fleisch und Fisch

Zur provenzalischen Küche gehören aber auch Fleischspezialitäten, die hier vornehmlich als **Wild** *(venaison)* oder vom **Lamm** *(agneau)* aufgetischt werden. Wem danach der Sinn steht, der sollte ein paar Begriffe für die **Zubereitungsarten** kennen. Kurz Gebratenes bestellt man *bien cuit* (gut durchgebraten), *assez cuit* (gar), *à point* (auf den Punkt, innen rosa), *bleu* (innen roh) oder *saignant* (blutig). Typisch provenzalisch ist der Lavendelzweig, mit dem viele Fleischgerichte verziert werden.

Aber auch das Meer bietet einiges. Aus Marseille kommt die berühmte **Bouillabaisse,** die gut gewürzte Fischsuppe mit vielen Fischstücken. Man serviert sie mit *croûtons* (knusprigen Brotwürfeln) und *rouille* (würziger Mayonnaise). Alternativ gibt es die **Bourride,** eine Fischsuppe mit Eigelb und *aïoli.* Wer lieber beißen möchte, kann sich für **Loup de Mer** (Wolfsbarsch) oder **Dorade** (Goldbrasse) entscheiden.

Dazu passt natürlich ein guter Weißwein aus der Region oder ein fruchtiger Côtes-de-Provence (Rosé).

Früchte

Wo es das Klima so gut mit dem Land meint, wächst natürlich viel Obst. Apfelsinen *(oranges)* und Zitronen *(citrons),* Weintrauben *(raisins)* und Pfirsiche *(pèches),* Äpfel *(pommes),* Erdbeeren *(fraises),* Birnen *(poires),* Grapefruits und Pomelos (beide *pamplemousses*), Himbeeren *(framboises),* Wassermelonen *(pastèques)* und Honigmelonen *(melons)* sowie Pflaumen *(prunes)* werden in der Gegend angebaut. Aus den ehemaligen Kolonien und anderen Ländern stammen Feigen *(figues),* Kiwis *(kiwis),* Kokosnüsse *(noix de coco),* Limetten *(limettes),* Mangos *(mangues),* Kakis *(kakis)* und Granatäpfel *(grenades).* Alles ist hier im Handel, allerdings nicht zu jeder Jahreszeit und nicht immer zum gleichen Preis. Besonders teuer sind Erdbeeren, für die schon mal bis zu € 15/kg berechnet werden.

Wein

Fast 20.000 Hektar landwirtschaftliche Fläche werden im Département Var für den Anbau edler Rebsorten verwendet, auf denen entweder einfache Landweine *(vin de pays)* oder A.O.C.-zertifizierte Produkte wachsen. A.O.C. steht für *Appellation d'Origine contrôlée,* die geschützte Herkunftsbezeichnung. Sie kann auch einfach A.C. *(Appellation contrôlée)* lauten. Die Weine der Region tragen die Herkunftsbezeichnung **Côtes-de-Provence.** Letztere sind immer deutlich teurer als Landweine, diese müssen aber nicht zwangsläufig schlechter sein. Produziert werden je nach Jahr um die 80 Millionen Flaschen, von denen etwa zwei Drittel als Roséwein, ein Fünftel als Rotwein und nur ein verschwindend kleiner Teil als Weißwein in den Handel gelangen. Geschmacklich ist ein guter Côtes-de-Provence trocken, aber fruchtig. Er sollte mindestens 11,5 Vol.% Alkohol enthalten.

Natürlich kann man diese und andere Weine in den Supermärkten kaufen, doch ist die Wahl wirklich eine Qual. So ist es geradezu ideal, dass man immer wieder an den Straßen Schilder mit der Aufschrift „Dégustation" entdeckt, denn hier kann man den Wein verkosten. Natürlich ist er hier deutlich preiswerter als im Handel. Etliche Weinkeller bieten einen Blick in die Gewölbe an, leider aber nicht alle und z.T. nur nach vorheriger Anmeldung. Weingüter finden sich in allen Orten.

Um ihren Wein besonders gut vermarkten zu können, haben sich die Weinbauern von Cogolin, Gassin, Ramatuelle, Grimaud und St. Tropez zur Erzeugergemeinschaft **Les Maîtres Vignerons de la Presqu'île de St. Tropez** zusammengeschlossen. Ein Laden befindet sich am Kreisverkehr von La Foux bei Les Marines-de-Cogolin.

Weingüter in der Region

Cogolin:

- **Cave des Vignerons,** Rue Marceau, Tel. 04.94.54.40.54. Besichtigung nach Anmeldung.
- **Château de Trémouries,** N98 – Route de la Môle, Tel. 04.94.54.66.21. Keine Besichtigung.
- **Château des Garcinières,** N98, Tel. 04.94. 56.02.85. Keine Besichtigung.
- **Château St. Marc,** Chemin St. Marc, Quartier Lei Crottes, Route des Mines, Tel. 04.94. 54.69.92. Besichtigung nach Anmeldung.
- **Château St. Maur,** D48 – Route de Collobrières, Tel. 04.94.54.63.12. Besichtigung nach Anmeldung.
- **Domaine de la Giscle,** D14 – Route de Collobrières, Hameau de l'Amirauté, Tel. 04. 94.43.21.26. Besichtigung nach Anmeldung.

Collobrières:

- **Cave coopérative La Treille des Maures,** Quartier Notre Dame – Route de Pierrefeu, Tel. 04.94.48.07.26. Besichtigung nach Anmeldung.
- **Domaine de la Catherinette,** D14 – Route de Pierrefeu, Tel. 04.94.48.08.35. Besichtigung nach Anmeldung.

Gassin:

- **Château Barbeyrolles,** Chemin de la Berle, Tel. 04.94.56.33.58. Keine Besichtigung.
- **Les Maîtres Vignerons de la Presqu'île de St. Tropez,** N98, La Foux. Tel. 04.94.56.32. 04. Besichtigung nach Anmeldung.
- **Château Minuty,** Chemin de la Berle, Tel. 04.94.56.12.09. Besichtigung ist jederzeit möglich.
- **Domaines de Bertraud Belieu,** Route de Ramatuelle, Tel. 04.94.56.16.83. Besichtigung nach Anmeldung.

•Domaine de la Rouillère, D61, Route de Ramatuelle, Tel. 04.94.55.72.60. Besichtigung nach Anmeldung.
•Domaine du Pin Pinon/Domaine de Bourrian, Chemin du Bourrian 2496, Tel. 04. 94.56.16.28. Besichtigung jederzeit möglich.
•Domaine Moulin Brulat, Chemin de Trasbarry, Tel. 06.88.23.74.45. Besichtigung nach Anmeldung.
•Domaine Tropez Béraud, Route de la Croix-Valmer, Tel. 04.94.56.27.27. Besichtigung nach Anmeldung.

Grimaud:
•Domaine de la Tourre, Quartier La Tourre, Tel. 04.94.43.23.07. Besichtigung nach Anmeldung.
•Domaine du Pré St. Michel, Les Selettes, Tel. 04.94.43.20.87. Keine Besichtigung.
•Domaine du Val de Gilly, Hameau du Val de Gilly, Tel. 04.94.43.21.25. Keine Besichtigung möglich.
•SCV Les Vignerons de Grimaud, Avenue des Oliviers 36, Tel. 04.94.43.20.14. Besichtigung jederzeit möglich.

La Croix-Valmer:
•Domaine de la Croix-Valmer Point Rouge, Rue de l'Eglise, Tel. 04.94.54.35.58. Besichtigung jederzeit möglich.
•Château de Chausse, Rue Frédéric Mistral, Tel. 04.94.79.60.57. Besichtigung jederzeit möglich.

La Garde-Freinet:
•Château de Guillaufet, Quartier des Plaines, Tel. 04.94.73.05.88. Keine Besichtigung.
•Château des Launes, D558 zwischen La Garde-Freinet und Le Luc, Tel. 04.94.60.01. 95. Besichtigung nach Anmeldung.
•Domaine de la Garde-Freinet, D74, beim Dorf La Mourre, Tel. 04.94.99.92.50. Keine Besichtigung.
•Domaine de la Trémourède, Les Plaines, Tel. 04.94.52.85.80. Keine Besichtigung.

La Môle:
•Domaine de Siouvette, N98, Tel. 04.94.49. 57.13. Keine Besichtigung.
•Domaine des Campaux, N98, Tel. 04.94. 54.79.00. Keine Besichtigung.
•Domaine de Ste. Marie, N98, Tel. 04.94. 49.57.15. Keine Besichtigung.

Plan-de-la-Tour:
•La Cave des Maures, Route de Grimaud, Tel. 04.94.43.71.57. Besichtigung jederzeit möglich.
•Les Fouleurs de St. Pons, Route de Grimaud, Tel. 04.94.43.70.60. Besichtigung jederzeit möglich.

Ramatuelle:
•Château de Pampelonne, Route des Plages, Tel. 04.94.56.32.04. Keine Besichtigung.
•Domaine La Tourraque, GAEC Brun – Craveris, La Tourraque, Tel. 04.94.79.25.95. Besichtigung jederzeit möglich.
•Domaine Les Bouis, Quartier Les Bouis, Route des Plages, Tel. 04.94.79.93.92. Besichtigung jederzeit möglich.
•Domaine Les Tournels, Route de Camarat, Tel. 04.94.55.90.70. Besichtigung jederzeit möglich.
•Les Celliers de Ramatuelle, Quartier les Boutinelles, Tel. 04.94.55.59.05. Besichtigung nach Anmeldung.

St. Tropez:
•La Cave de St. Tropez, Avenue Paul Roussel, Tel. 04.94.97.01.60. Besichtigung nach Anmeldung.

Feste und Feiertage

An nationalen Feiertagen bleiben fast alle Geschäfte geschlossen. Eine Ausnahme machen die Bäcker, frisches Baguette gibt es immer. Zudem sind zumindest einige Boutiquen auch an Feiertagen geöffnet, teilweise aber nur für wenige Stunden.

Offizielle Feiertage in Frankreich

- Neujahr
- Karfreitag
- Ostersonntag

- Ostermontag
- Maifeiertag, 1. Mai
- Christi Himmelfahrt
- Fête de la Victoire 1945 (Siegesfeier), 8. Mai
- Pfingstsonntag
- Nationalfeiertag (Sturm auf die Bastille), 14. Juli
- Mariä Himmelfahrt, 15. August
- Allerheiligen, 1. November
- Armistice 1918 (Waffenstillstand), 11. November
- 1. Weihnachtstag, 25. Dezember

Das Fest der Bravades

Das **Stadtfest** von St. Tropez wird alljährlich vom **16. bis 18. Mai** mit einer farbenprächtigen Prozession gefeiert. Voll uniformierte und mit historischen Waffen ausgerüstete „Soldaten", die *Bravades,* marschieren durch die Stadt. Sie tragen dabei Bildnisse des heiligen *Torpetius (Tropez),* um seiner zu gedenken.

Das Fest soll im 13. Jahrhundert entstanden sein, nachdem *Charles I.,* der Graf der Provence, aus Israel zurückgekehrt war. Religion und militärisches Ritual vereinigen sich im Bravades-Fest, das mit einem großen Feuer endet. Die heute noch zelebrierte Form geht wohl auf das Jahr 1558 zurück, als man nach der Fertigstellung der Befestigungsanlagen entschied, auch die Kapelle St. Tropez wieder aufzubauen. Sie sollte an der Stelle errichtet werden, an der die sterblichen Reste des Heiligen 68 n.Chr. mit dem Boot an die Küste gelangten. In diesem Jahr am 24. Juni wurde der erste amtliche Stadthauptmann ernannt. Ihm oblag die Überprüfung aller Verteidigungsanlagen, der Waffen und Munitionsvorräte sowie der Freiwilligen der Miliz.

Seit dem Wiederaufbau der Kapelle freute man sich alljährlich über beide Anlässe mit enthusiastischen Salutschüssen. Diese Kultur hielt sich über 100 Jahre, bis *Louis XIV.* 1672 den besonderen Status der Stadt aufhob und die Bürgermiliz auflöste. Bis heute ist nicht geklärt, ob dies zu einem sofortigen Erfolg führte, klar ist jedoch, dass die Tropéziens ihre Waffen behielten und nur noch zu Ehren ihres Heiligen „benutzten", wobei der Stadtkommandant und seine Offiziere die Prozession nach wie vor anführen. Diese Prozessionen erinnern zudem an die heilige *Anne.*

Zum Abschluss der Zeremonie gibt es ein traditionelles Essen auf dem Mont Pécoulet mit Tanz und Gesang. Danach steigen die Bravades und das Volk zur Place des Lices hinunter, trinken Vermouth und toasten sich mit dem Spruch „A l'an que ven!" zu. Das Bravades-Fest ist aber nicht nur ein folkloristischer Akt. Es schließt junge und alte Tropéziens ein und verankert sie so in der Kultur. Heranwachsende treten noch heute feierlich in das Bravades-Korps ein, was einer Art Initiationsritus gleichkommt. Sie gehören fortan zur Gemeinschaft der Erwachsenen.

Tag der heiligen Anne

Am **26. Juli** wird der Tag der heiligen *Anne* gefeiert. Zu ihren Ehren finden **Prozessionen** bei der Kapelle Ste. Anne in St. Tropez statt.

Gedenken an die Kriegsopfer

Der **15. August** ist der **Tag der alliierten Landung.** Um der Soldaten und

Zivilisten zu gedenken, die an diesem und den folgenden Tagen des Jahres 1944 ihr Leben ließen, treffen sich die Menschen um Mitternacht mit Taschenlampen und beginnen eine „unheimliche" Prozession.

Film und Foto

Filme sind in Frankreich zwar zu bekommen, aber deutlich teurer als daheim. Im Zeitalter digitaler Fotografie ist dies zwar kein Hinderungsgrund, allerdings gilt das gleichermaßen für Speicherkarten, Batterien, Akkus und anderes Zubehör. Grundsätzlich sollte man sich mit reichlich Filmmaterial ausrüsten, denn Motive gibt es wie den sprichwörtlichen Sand am Meer.

Militärische Anlagen dürfen nicht fotografiert werden, dies gilt auch für einige Kirchen, Schlösser und Museen. Hier informieren mehrsprachige Hinweistafeln. Menschen lassen sich nicht immer gern ablichten. Fragen Sie nach! Recht unwirsch werden gelegentlich die „Maler" oder „Kunsthändler" am Hafen von St. Tropez, wenn man ihre Werke fotografiert, wahrscheinlich fürchten sie Raubkopien.

Stativ und Blitz helfen bei ungünstigen Lichtgegebenheiten ebenso weiter wie UV-Filter, die bei der meist starken Sonneneinstrahlung notwendig sind. Geht es nicht nur um Schnappschüsse, sollte man die Zeit zwischen 8 und 11 Uhr nutzen oder Bilder erst wieder ab 16 Uhr schießen. In der übrigen Tageszeit ist das Licht zu extrem. Überbelichtungen und schwache Farben sind dann der „Lohn".

- **Buchtipps:** „Reisefotografie" von Helmut Hermann und „Reisefotografie digital" von Volker Heinrich, beide aus der Praxis-Reihe im Reise Know-How Verlag.

Hygiene

In Hotels, Appartements und den meisten Restaurants ist mangelnde Hygiene kein Thema. Allerdings gilt dies wie so vieles unterwegs mit Einschränkungen. So sollte man nicht erwarten, jede Toilette perfekt sauber vorzufinden. Ferienwohnungen zeigen häufig noch Spuren der Hygienevorstellungen des Vormieters.

In Städten findet man mittlerweile häufig **öffentliche Toiletten,** die nach jeder Benutzung automatisch gereinigt werden (50 ct.). Wie einwandfrei der Standard dieser Einrichtungen ist, mag jeder selbst beurteilen. Eines sei aber gesagt, er entspricht nur in seltenen Fällen den eigenen Vorstellungen. Aus diesem Grund leisten Papiertaschentücher, evtl. auch feuchte Tücher, die man stets dabei haben sollte, sehr gute Dienste. Dazu ein kleiner Tipp: Papiertaschentücher, die man in den französischen Supermärkten kaufen kann, sind oft sehr viel dünner als die uns bekannten. Wer nicht lange suchen möchte, um im Fall der Fälle adäquates Material zu bekommen, sollte eine Großpackung von daheim mitbringen.

Anders sieht es an den Stränden, im Hinterland und auf den Wanderwegen aus. Hier werden viele **Büsche und Felsnischen** zu Toiletten umfunktioniert, inklusive der Geruchs- und Papierbelästigung.

Ein weiteres Hygieneproblem ist der **Hundekot.** Fast überall laufen einheimische Hunde ohne Leine herum und verrichten ihr Geschäft, wo immer sie gerade sind. Auch Urlauber passen sich dieser lokalen „Sitte" allzu gern an, zumindest hat man vielerorts diesen Eindruck. Obwohl man oft Automaten mit Beuteln findet, in denen Hundebesitzer die Hinterlassenschaften ihrer Vierbeiner einsammeln sollten, sind Gehwege oft mit Kot übersät. Achten Sie unbedingt auf die Wege, besonders, wenn Sie mit kleinen Kindern unterwegs sind!

Internetcafés

St. Tropez ist mit dieser öffentlich zugänglichen Technik nicht unbedingt üppig ausgestattet. In der Stadt gibt es zurzeit nur zwei Internetcafés:

- **La Giraffe,** Rue du Portail Neuf 36, Tel. 04.94.97.13.09, www.la-girafe.net, tgl. von 11 bis 22 Uhr, in der Hauptsaison tgl. von 10.30 bis 1 Uhr.
- **Kreatik Café,** Avenue du Général Leclerc 19, Tel. 04.94.97.40.61, www.kreatik.com, tgl. von 10 bis 21 Uhr.

Mit Kindern unterwegs

St. Tropez ist für Kinder nicht das interessanteste Pflaster, da es recht wenig Attraktives für die lieben Kleinen gibt. Dies ist allerdings anders, wenn man im Ferienhaus außerhalb der Stadt wohnt. Hier locken Strände und felsige Küsten. Neben dem Spiel am Strand und im Wasser kann man auf den Küstenwanderwegen vieles entdecken, herrliche Abenteuer im dichten Buschwerk erleben, Echsen aufspüren, Vögel beobachten oder prähistorische Gräber „erforschen". Hinzu kommt der Charme der kleinen Orte der Umgebung, der auch Kindern nicht verschlossen bleibt. Nahe Cogolin gibt es zwei Minigolfplätze (s. Kapitel „Die Stadt erleben: Sport und Aktivitäten").

008st Foto: ho

Auch für Kinder gibt es beim Wandern einiges zu entdecken – Reste des Dolmens am Cap Taillat

Alles, was das Kind benötigt, lässt sich problemlos im schon erwähnten Supermarkt Géant kaufen. Sucht man im Bereich von Kleidung etwas Besonderes, so lohnt der Weg nach St. Tropez zur Boutique Tropezino. Hier bekommt man alle Designer-Stücke, die Mädchen und Jungen lieben.

Küstenwanderung mit Kindern

Vom Hafen in St. Tropez aus zieht sich der Küstenwanderweg (Sentier du Littoral) bis zur Plage de Gigaro bei La Croix-Valmer. Insgesamt kann man so über 30 Kilometer zu Fuß zurücklegen. Dies ist für Kinder wohl zu weit, zumal es kein ebener Weg ist, sondern bergauf und bergab geht sowie über Felsen geklettert werden muss. Abenteuerlich ist es aber für Kinder schon, auf Teilstrecken unterwegs zu sein, z.B. von der Plage de l'Escalet zum **Cap Camarat** mit seinem Leuchtturm (etwa 4,5 km, ca. 1½ Std. Wanderung) oder zum **Cap Taillat** (etwa 2 km, ca. 40 Min.). Bei beiden Wegen muss man den Rückweg mitbedenken, kann aber problemlos überall rasten, picknicken oder schwimmen gehen.

Lunapark

Der ultimative Spaß für Kinder ist die **Kirmes** am Kreisverkehr von La Foux bei Les Marines-de-Cogolin. Fahrgeschäfte und andere Attraktionen ziehen Groß und Klein in ihren Bann. Da vergeht die Nacht wie im Fluge.

- **Lunapark,** N98, Carrefour de la Foux, Tel. 04.98.12.62.90. Vom 1. April bis 31. Mai tgl. 20.30–1 Uhr, vom 1. Juni bis 30. September bis 2 Uhr, sonn- und feiertags ab 16 Uhr.

Medizinische Versorgung

Sollte in der eigenen Reiseapotheke etwas fehlen, steht der Gang zur **Apotheke** *(pharmacie)* an. Man erkennt sie am grünen Kreuz auf weißem Grund. Sofern sie geschlossen ist, informiert ein Schild im Schaufenster über die nächstgelegene geöffnete Apotheke.

In der Reiseapotheke sollten sich alle Medikamente befinden, die man regelmäßig einnehmen muss. Sicherheitshalber packt man diese Dinge etwas großzügiger ein, denn einzelne Tabletten können schon mal verloren gehen. Gleicher Ersatz ist aber oft nur schwer oder gar nicht zu bekommen, vor allem bei verschreibungspflichtigen Medikamenten. Dennoch sollte man den Beipackzettel in der Apotheke vorlegen. Scheuen Sie sich grundsätzlich nicht, nach genauer Dosierung und Nebenwirkungen zu fragen. In der Regel wird man zumindest auf Englisch antworten können.

Sollte die Selbstbehandlung nicht gelingen bzw. wenn es sich um schwerere Erkrankungen handelt, wendet man sich an niedergelassene **Ärzte** *(médicins)* oder geht ins **Krankenhaus** *(hôpital)*. Bei Zahnproblemen hilft der *dentiste*. Diese medizinischen Einrichtungen findet man entweder im Telefonbuch oder man fragt an der Rezeption von Campingplatz oder Hotel bzw. beim Hausverwalter nach. Auch das Office de Tourisme kann weiterhelfen. In aller Regel kennen diese Leute die besten Ärzte für das spezielle Problem.

Deutsch sprechende Ärzte sind selten, allerdings kommt man mit Englisch normalerweise gut zurecht. Inhaber bestimmter Kreditkarten kommen meist automatisch in den Genuss eines „Ärzteservice", d.h. man nennt Ihnen unter einer Servicenummer Deutsch sprechende Ärzte in der Nähe. Fragen Sie vor der Abreise beim Kartenunternehmen nach.

Deutsch sprechende Ärzte

- **Allgemeinmedizin:** *Elisabeth Malbernat,* Rue Allard, Tel. 04.94.97.85.51.
- **Zahnmedizin:** *Ralf Jungnickel,* Av. Paul Roussel, Tel. 04.94.97.02.11.

Englisch sprechende Allgemeinmediziner

- **Christian Petrel,** Tel. 06.09.51.35.09. Dieser Arzt macht nach telefonischer Absprache Hausbesuche.
- **Marc Cheynier,** Résidence du Port, Tel. 04.94.97.88.60.
- **Guy Berenguier,** Résidence du Port, Tel. 04.94.97.01.57.
- **Marie Pierre Deghetto,** Impasse des Conquettes, Tel. 04.94.97.06.38.
- **Sylvie Hoden,** Rue Georges Clémenceau, Tel. 04.94.54.89.56.

Krankenhaus

- **Pôle de Santé du Golfe de St. Tropez,** Tel. 04.98.12.70.00, Gassin, an der D559 von La Foux nach La Croix-Valmer. Es ist das nächstgelegene Krankenhaus von St. Tropez.

Apotheken

- **Pharmacie Bourdelex,** Rue Gambetta 9.
- **Pharmacie Moutton,** Rue Allard 5.

Notfälle

In Notfällen hilft der Rettungsdienst **SAMU** (Service d'Aide Medical d'Urgence), der über den Notruf zu erreichen ist. Unfall- und Polizeirufnummern hängen in Telefonzellen aus.

Wichtige Telefonnummern

Rettungsdienst:
- **SAMU:** 15

Feuerwehr:
- **Pompiers:** 18 oder 04.94.97.90.61

Seenotrettung:
- **Bateau de Sauvetage:** 18 oder 04.94.56.68.88, 04.94.61.71.10
- **Cross-Med:** 1616 oder 04.94.61.71.10

Polizei:
- **Gendarmerie:** 17 oder 04.94.97.26.25
- **Police Municipale:** tagsüber 04.94.54.86.65, nachts 04.94.97.09.22

Notfallapotheke:
- **Pharmacie de garde:** 04.94.07.08.08

Notarzt:
- **SOS Medecins:** 04.94.97.65.65

Öffnungszeiten

Allgemeingültige Ladenöffnungszeiten sind in Frankreich unüblich. So kann man nur einen groben Rahmen angeben, wann die meisten Geschäfte geöffnet sind. In aller Regel ist dies zwischen 9 und 12.30 Uhr sowie zwischen 15 und 19 Uhr. Die Mittagszeit wird dabei fast immer strikt eingehalten, auch von Supermärkten. Eine Ausnahme bilden die sehr großen Supermärkte, die meist zwischen 9 und 21 Uhr durchgehend geöffnet sind. Samstage sind fast überall normale Werktage und auch an Sonntagen sind viele Geschäfte zumindest stundenweise geöffnet (Ausnahme: die großen Supermärkte). Dafür nehmen einige Ladenbesitzer den **Montag als Ruhetag.** Bäcker öffnen am Sonntagvormittag ihre Pforten, schließen aber durchweg am Montag.

Banken sind fast überall montags bis freitags von 9 bis 12 Uhr und 14 bis 16.30 Uhr geöffnet.

Touristinformationen sind meist von 9 bis 18 Uhr geöffnet, in kleineren Orten mit einer Mittagspause von 12 bis 15 Uhr. Allerdings gelten diese Zeiten nur für die Hauptsaison. In der Nebensaison sind kleinere Büros gar nicht oder nur eingeschränkt geöffnet.

Post

Postämter *(bureaux de poste)* sind an der Aufschrift **P.T.T.** *(Postes, Télégraphes, Téléphones)* gut erkennbar. Hier bekommt man Briefmarken und Telefonkarten *(télécartes)* und kann postlagernde Sendungen *(poste restante)* abholen. Postämter sind in größeren Städten montags bis freitags von 8 bis 19 Uhr geöffnet, in kleineren Orten von 9 bis 12 Uhr und 15 bis 18 Uhr, samstags von 8 bzw. 9 bis 12 Uhr.

Briefmarken für Karten und Briefe (Standard) kosten € 0,46. Man erhält sie auch in den Bar-Tabac. **Telefonkarten** bekommt man ebenfalls hier und im Kassenbereich der Supermärkte.

Gelbe **Briefkästen** sind relativ leicht zu finden. Meist verfügen sie über zwei Einwürfe, einer ist für die Stadt bzw. Region, der andere für „autres directions“, also für alle anderen Teile der Welt.

Radfahren

In der Stadt selbst ist das Rad eher hinderlich. Die Straßen sind schmal und oft überfüllt. Hinzu kommen vielerorts Kopfsteinpflaster und (außer zentral am Hafen) fehlende Möglichkeiten, das Rad sicher anzuketten.

Allerdings ist das Fahrrad eine ideale Möglichkeit, außerhalb der eigentlichen Stadtgrenzen mobil zu sein, Strände zu erreichen oder auch ein-

000st Foto: ho

kaufen zu fahren. Voraussetzung ist aber, dass man nicht allzu zimperlich ist. Nicht alle Verkehrsteilnehmer halten sich an die Bestimmungen und achten sorgsam auf Radfahrer. Unbedingte **Aufmerksamkeit** ist also notwendig.

Tipps für Touren

Mountainbiker und Tourenfahrer kommen in der Region voll auf ihre Kosten, wenn sie die grundsätzlichen Probleme bedenken:

Das hügelige, teilweise gebirgige Gelände besitzt einzelne **Steigungen,** an denen nur trainierte Radfahrer Vergnügen haben dürften.

Eine zusätzliche Erschwernis bei Radtouren sind die oft sehr **hohen Temperaturen,** die eine sorgfältige Planung von Strecke (Einkehr- und Pausenmöglichkeiten) und Abfahrtzeit (je früher, desto kühler) voraussetzt.

Französische **Autofahrer** haben oft eigenwillige (böse Zungen behaupten „aggressive") Fahrweisen, die so manchen überholten oder entgegenkommenden Radfahrer verzweifeln lassen. Und viele faszinierte Urlauber fahren mit wenig Aufmerksamkeit für die Straße, dafür aber umso mehr für Sehenswürdigkeiten und Landschaft durch die Gegend.

Für die vielfältigen Touren gibt es Vorschläge im Kapitel „Touren" am Ende des vorliegenden Buches. Fahrräder vermieten etliche Agenturen. Die jeweiligen Adressen findet man in den Kapiteln „Die Stadt erleben: Sport und Aktivitäten" sowie „Orte in der Umgebung".

Radio

Neben den zahlreichen französischen Sendern gibt es den englischsprachigen Radiosender **Riviera Radio,** der in Monte Carlo sitzt und bis St. Tropez sendet. Hier erfährt man ständig Neuigkeiten aus aller Welt und wird mit aktuellster Musik sowie zahlreichen Oldies beschallt. Der Sender ist in Südfrankreich auf der Frequenz 106.5 FM zu empfangen. Da St. Tropez das am weitesten entfernte Gebiet ist, in dem man ihn noch empfangen kann, muss man je nach Antennenleistung eventuell um diesen Wert herum suchen.

Unterhaltsames bietet auch der Sender **Vitamine,** der auf 89,1 FM zu hören ist. Neben Wortbeiträgen gibt es hier vor allem aktuelle Musik.

Sicherheit

St. Tropez ist nicht weniger sicher bzw. unsicher als andere touristische Ziele des Mittelmeerraums. Wo sich Reichtum deutlich zeigt, ist Betrügern und Dieben meist ein ideales Spielfeld geboten. Dies gilt auch hier. Andererseits gilt ebenso, dass Überfälle auf der Straße oder gar auf Autos eine Seltenheit darstellen. Gleichwohl sollte man einige Tipps beachten.

Wertgegenstände sollten nie zu offen getragen werden. Bargeld, Pässe und andere Dokumente gehören nahe an den Körper. Ebenso sollte man Geld nicht bei Nacht aus Automaten ziehen und nie größere Beträge offen abzählen.

Autos sind keine Safes! Eine Binsenweisheit, die immer wieder missachtet wird. Auf Parkplätzen (auch vor dem Supermarkt) gehören Wertsachen nicht ins Auto, und wenn es schon nicht anders geht, auf jeden Fall in den Kofferraum. Taschen und Jacken im Fahrzeug verleiten zum Einbruch, da von außen nicht erkennbar ist, ob sich Wertgegenstände darin befinden. Vorsichtige raten sogar dazu, das Handschuhfach geöffnet zu lassen, um gar nicht erst zum Einbruch zu animieren.

Taschenraub vom Fahrzeug aus ist in St. Tropez eher unbekannt, häufiger kommt der „normale" Taschendiebstahl vor. Dies gilt auch für den **Strand,** denn oft bleiben Wertsachen mit dem Badetuch zurück, wenn man zur Abkühlung das Wasser aufsucht. Die Ernüchterung folgt dann später.

Im Fall der Fälle sollte man die **Polizei** benachrichtigen (s. „Notfälle") und Anzeige erstatten, um eventuell Ersatz von der Versicherung zu bekommen.

Handelt es sich um Raub oder Diebstahl aus dem Pkw, tritt in verschiedenen Fällen die Hausratversicherung ein. Eine Reisegepäckversicherung zahlt nur, wenn man überfallen wurde oder sich der gestohlene Gegenstand in sicherer Verwahrung befunden hat, nicht bei Fahrlässigkeit des Besitzers. Die wird aber meist schon dann unterstellt, wenn z.B. die Kamera auf dem Stuhl neben dem Besitzer gelegen hat, sie sich also nicht direkt „am Körper" befand. Solche Wertgegenstände sind in der Regel nur bis zu 50 Prozent der Versicherungssumme abgedeckt, wenn sie überhaupt eingeschlossen sind.

Sport und Aktivitäten

Siehe auch unter den Stichpunkten: „Bootfahren", „Strände und Baden", „Radfahren", „Tauchen" und „Wandern".

Um St. Tropez herum gibt es einige der schönsten Strände der Côte d'Azur, hier herrscht wie in der gesamten Region „Roadster-Wetter" an mindestens 260 Tagen im Jahr, wie uns *Philippe Rejer* vom MX 5 Roadster Club Côte d'Azur mitteilte. Das bedeutet, man kann an mindestens 260 Tagen mit geöffnetem Verdeck unterwegs sein. Also sind auch fast alle Arten von Sport problemlos möglich. Die Anbieter und Verleihagenturen sind in den jeweiligen Ortsbeschreibungen aufgeführt.

Wer für seine spezielle Sportart noch das nötige Outfit sucht, eine neue Sportart beginnen möchte oder auch nur grundsätzlich nach günstigen **Sportartikeln** sucht, wird garantiert bei Decathlon an der Hauptstraße von Trans-en-Provence, nördlich von St. Tropez bei Draguignan, fündig. Man achte besonders auf Sonderangebote, die man sich im Internet schon einmal anschauen kann. Alternativ bietet es sich auch an in Puget-sur-Argens (bei Fréjus) an der RN7 diesen Anbieter zu besuchen.

Segeln und Surfen

Alle Orte besitzen einen *Port de Plaisance,* einen **Freizeithafen.** Hier liegen Segelboote aller Größen und Ausstattungen, wobei die meisten schon erhebliche Ausmaße erreichen. Überall auf dem Wasser leuchten weiße Segel in der Sonne. Wer nicht mit dem eigenen Boot anreist, kann selbstverständlich **Boote mieten, Segelkurse** belegen (meist auch in Englisch, z.T. sogar in Deutsch) oder einfach mit einem Skipper auf Törn gehen. Die Kurse dauern mindestens eine Woche, meist aber zwei Wochen. Bei fast allen Segelschulen und an den Stränden können **Surfboards** geliehen werden.

Spezialisten nutzen besonders im Frühjahr die günstigen Windverhältnisse zum **Kitesurfen,** wobei der Surfer von einem Lenkdrachen über das Wasser gezogen wird.

Jetski

Diese „Motorräder fürs Wasser" machen einigen großen Spaß, andere reagieren überaus empfindlich, da die Gefährte mit großer Geschwindigkeit lärmend über das Wasser rasen. Der Fahrer bestimmt selbst, wohin die Tour führt, darf allerdings nicht in offizielle Fahrrinnen einfahren, Stränden nicht zu nahe kommen und muss Sicherheitsabstände zu anderen Wasserfahrzeugen einhalten. Die Fahrzeuge werden in Freizeithäfen und an den Stränden vermietet.

Seekajaks

An einigen Stränden gibt es mittlerweile diese Boote, mit denen man ruhig paddelnd entlang des Strandes fährt und die Küste erkundet.

Parasailing

Die Möglichkeit, den liebgewordenen Strand einmal aus luftiger Höhe zu betrachten, besteht am Strand von Pampelonne.

Hochseeangeln

In den Häfen der Küstenorte bieten etliche Bootseigner Hochseeangeltouren an. Daneben kann, wer immer dazu Lust verspürt, mit der Angel versuchen, den Speisezettel zu bereichern. Im Meer unterliegt dies keiner Reglementierung.

- **Fishmania,** Avenue du Signal 8, Cavalaire, Tel. 04.94.64.17.77. Thunfischfang ist möglich.
- **Les Bateaux Verts,** Quai Léon Condroyer, Ste. Maxime, Tel. 04.94.49.29.39.
- **CTMT MMG,** im Hafen an der Capitainerie, Ste. Maxime, Tel. 04.94.96.51.00.
- **Taxi Bateau J.P. Vasse,** Bateau Brigantin, St. Tropez, Tel. 04.94.54.40.61, 06.07.09.21.27.

Angeln in Binnengewässern

Möchte man die Bäche und Flüsse zum Angeln nutzen, benötigt man einen **offiziellen Angelschein,** muss Jahresmitglied eines regionalen Angelvereins werden (inklusive aller Kosten) und die jeweils gültigen gesetzlichen Bestimmungen (Angelverbote während bestimmter Jahreszeiten für bestimmte Arten) beachten. Informationen über alle Details gibt die Association de Pêche et de Pisciculture de Var, Tel. 04.94.69.05.56.

Tennis

Fast jedes größere Hotel, jeder etwas bessere Campingplatz und viele Gemeinden besitzen Tennisplätze, die von Gästen gegen Gebühr bespielbar sind. Die Beliebtheit des Sportes macht es allerdings unumgänglich, zumindest in den Sommermonaten die Termine zu reservieren. Während in einigen großen Hotels die Benutzung des Tennisplatzes inklusive ist, muss man auf anderen mehr oder weniger hohe Gebühren zahlen.

Golf

Das für Tennis Gesagte gilt für diesen immer noch als elitär angesehenen Sport in besonderem Maße. Platzreife mit ausreichendem Handicap vorausgesetzt (Nachweise müssen vorgelegt werden), kann man auf den Plätzen der Region spielen. Golfplätze haben hier Tradition. In Cannes entstand bereits Ende des 19. Jahrhunderts der erste Golfplatz der Côte d'Azur. Allerdings achtet man noch auf Exklusivität, das Sehen und Gesehenwerden ist hier fast noch wichtiger als in St. Tropez. Aber wer Golffan ist, sollte sich zumindest den Platz in Beauvallon (zwischen Port Grimaud und Ste. Maxime) nicht entgehen lassen.

- **Practice de Golfe de la Vernatelle,** Gassin, D559 (Richtung La Croix-Valmer), Tel. 04.94.56.15.32. 16-Loch-Platz, Pro-Shop und Clubhaus.
- **Country Club de Grimaud,** D14, Quartier Bagatin La Queste, Grimaud, Tel. 06.63.82.96.91 und 06.63.82.96.89.
- **SAFB-Golf Club de Beauvallon,** Boulevard des Collines, Beauvallon, Grimaud, Tel. 04.94.96.16.98. 18-Loch-Platz mit Golfschule.
- **Golf de Ste. Maxime,** Route du Débarquement, Ste. Maxime, Tel. 04.94.56.00.12. 18-Loch-Platz mit Golfschule.

009st Foto: ho

Die Regeln des Boulespiels sind einfach, trotzdem fasziniert dieser Sport sogar den Zuschauer

Boule

Jeder Ort besitzt seinen Bouleplatz, meist ist es der zentrale Platz im Dorf, oft nahe der Kirche, aber seit dem 18. Jahrhundert immer mindestens 250 Meter davon entfernt. Hier trifft man sich am späten Nachmittag, um mit Hingabe mit den silbernen Kugeln *(boules)* zu spielen oder den Wettbewerben zuzuschauen. Es spielen eingefleischte Mannschaften, Familien, geschlechtsgetrennte und -gemischte Gruppen, Alte und Junge, kurz gesagt: Fast jeder frönt dem Boulespiel. Vielleicht schaut der Urlauber zunächst nur zu, im Supermarkt oder beim Sportausrüster kann man aber sehr günstig die Kugelsets kaufen, die zu dieser ruhigen Sportart notwendig sind.

Gespielt wird auf einer offiziell zehn Meter langen, leicht sandigen Bahn. Zunächst wird die kleine Holzkugel (*cochonet*, das Schweinchen) geworfen. Danach gilt es, seine (größere) Kugel möglichst nahe an dieser kleinen zu platzieren. Gegnerische Kugeln darf man mit der eigenen wegstoßen, sodass sie weiter entfernt liegen *(rouler, pointer)*. Jeder Mitspieler hat pro Runde normalerweise zwei Kugeln zu stoßen. Es gewinnt derjenige, dessen Kugel am nächsten an der kleinen liegt. Ist dies strittig, wird penibel nachgemessen.

Man sollte sich in der Region nicht wundern, wenn niemand vom „Boule" spricht, sondern vielmehr vom **Petanque,** denn dies ist die provenzalische Variante des Boule. Angeblich soll ein behinderter Boulespieler darauf gedrängt haben, der jeweilige Spieler müsse mit fest geschlossenen Beinen innerhalb eines Kreises stehen *(pieds tanques)*, sodass auch der Behinderte gleiche Chancen bekam. Ein Name war geboren.

Kartbahn

Ambitionierten Fahrern (fast) aller Altersgruppen steht eine Kartbahn bei Grimaud zur Verfügung. Hier kann man auf den knatternden Kisten seine Runden drehen, ohne andere Verkehrsteilnehmer zu gefährden. Der Parcours ist etwa 800 Meter lang. Für die Kleinsten gibt es eine Art „Fahrschule".

- **Grimaud Karting Loisirs,** D61, Route des Blaquières, Tel. 04.94.56.00.12, Fax 04.94. 56.00.65.

Sprache

In St. Tropez spricht man trotz des internationalen Tourismus in erster Linie und oftmals ausschließlich Französisch. Kann man sich so nicht verständigen, gelingt dies aber meist doch auf **Englisch.** Deutsch wird fast nie verstanden, von einigen großen internationalen Hotels, Campingplätzen und wenigen Autovermietern abgesehen.

Es gibt die Möglichkeit, vor Ort **Sprachkurse** zu besuchen. Direkt am Golf von St. Tropez bietet die Azur-Sprachschule in Les Issambres Kurse an. Informationen findet man im Internet unter www.azur-sprachschule.de. Eine breite Auswahl an Sprachschulen wird auf der Internetseite www.sprach kurs-sprachschule.com vorgestellt. Hier werden Kurse in Nizza, Toulon und Hyères vermittelt.

- **Buchtipp:** Um sich mit der französischen Sprache vertraut zu machen, empfiehlt sich der Band **Französisch – Wort für Wort** aus der Reihe Kauderwelsch, der im REISE KNOW-HOW Verlag erschienen ist. Der handliche Sprechführer bietet eine auf das Wesentliche reduzierte Grammatik und viele Beispielsätze für den Reisealltag. Ein **AusspracheTrainer** auf Audio-CD ist ebenfalls erhältlich. Das Buch ist auch auf CD-Rom erschienen: **Kauderwelsch digital Französisch.** Außerdem gibt es eine mobile Version fürs Handy inklusive Vokabeltrainer. Näheres siehe auf der Homepage des REISE KNOW-HOW Verlags unter www.reise-know-how.de.

An vielen Stellen der Halbinsel ist der Zugang ins kühle Nass nur über Felsen möglich

Strände und Baden

St.-Tropez-Urlauber haben die Wahl, sich entweder an herrlich weißen Sandstränden in der Sonne zu aalen, sich auf Felsen am Meer zu sonnen oder grob- oder feinkörnigere Kiesstrände aufzusuchen. Alle Varianten haben ihre Vor- und Nachteile. Die **Sandstrände** sind zunächst mal etwas fürs Auge, denn wer kann schon dem Blick auf den weißen Sand über das türkise Wasser hinauf zum azurblauen Himmel widerstehen? Die Sandstrände sind fast alle lang und breit, liegen großteils in relativer Stadtnähe und besitzen eine entsprechende Infrastruktur. Andererseits sind sie (zumindest in der Hauptreisezeit) viel besucht, oft gar überlaufen und bereiten dann Ruhe Suchenden wenig Freude. Hinzu kommen meist happige Preise für Liegestühle und Sonnenschirme.

Felsen und Kiesstrände

Felsen gibt es überall am Meer. Abertausende anbrandender Wellen haben sie rundlich geschliffen, manchmal auch recht eben, sodass sie sich zum Sonnenbad eignen. Je näher man sich am Wasser niederlässt, desto größer ist die Chance, mal vom Meerwasser erfrischt zu werden. In aller Regel sind solche Plätze weniger bevölkert, dafür muss man aber auch **Kletterpartien** auf sich nehmen, Dinge wie Sonnenschirme selbst mitbringen und vor allem den geeigneten Platz zunächst

010st Foto: ho

011st Foto: ho

einmal finden. Gut gerüstet ist, wer neben festen Schuhen wasserfeste Trekkingsandalen eingepackt hat, eine Isomatte für den harten Untergrund besitzt, an ausreichend Getränke und eventuell Nahrungsmittel dachte und einen Sonnenschutz im Gepäck hat. Die **wasserfesten Schuhe** sollte man anziehen, wenn man baden geht, denn nur die wenigsten Plätze auf Felsen bieten bequeme Ein- und Ausstiege ins Meer.

Beim Wandern entlang der Küsten kann man hier und da ein Bad nehmen – am Cap Camarat gibt es kleine Kiesstrände zwischen den Felsen

Einfacher ist es da mit den Kiesstränden. In aller Regel sind sie **abgelegener** als die Sandstrände und am besten über die **Küstenwanderwege** erreichbar. Auch hier muss man entsprechend weit laufen, kann aber relativ einfach ins Wasser gelangen. Man ist hier nur selten allein, übervoll ist es aber auch nie.

FKK

Überall wird nackt gebadet, aber nicht überall ist es erlaubt. Wird man erwischt, drohen Bußgelder. Doch das muss nicht sein. Die Zeiten, seit *Louis de Funès* im „Gendarm von St. Tropez" Jagd auf Nacktbader machte, haben sich deutlich geändert. Mittlerweile wird praktisch überall **„oben ohne"** gesonnt und gebadet (Ausnahmen bilden oft die Hotelpools) und vielerorts ganz auf Badekleidung verzichtet. Wer absolut sichergehen möchte, hält sich an die Strände, die mit „Naturiste" ausgeschildert sind. Dies sind die **offiziellen FKK-Strände.** Wem diese Strände aber zu gut besucht sind, der weicht auf die oben erwähnten Felsen oder Kiesstrände aus. Kleine Buchten findet man überall. Hier orientiert man sich am besten am Nachbarn, d.h. trifft man auf Nacktbader, kann man getrost die Hüllen fallen lassen, sind die anderen Menschen bekleidet, sollte man sich danach richten, denn schließlich muss man niemanden brüskieren.

Tauchen

Die felsigen Küstenabschnitte rund um die Halbinsel von St. Tropez und die vorgelagerten Inseln bieten herrliche Tauchreviere für Anfänger, Fortgeschrittene und auch für Kinder. Seit der Zeit von *Jacques Cousteau,* dem berühmten Meeresbiologen und sicherlich auch Wegbereiter des Freizeittauchens, wenn man ihn denn nicht sogar als „Erfinder" des Sporttauchens bezeichnen möchte, erfreut sich das Mittelmeer einer stetig steigenden Beliebtheit wegen seiner faszinierenden Unterwasserwelt. Neben Fahrten mit dem Glasbodenboot, wie es z.B. von Ste. Maxime aus angeboten wird, ist die einzige Möglichkeit, in diese unbekannte Welt vorzustoßen, das Gerätetauchen *(plongée)* oder Scuba Diving. Diese Sportart hat sich seit den 1980er Jahren in der Region deutlich positiv entwickelt.

Tauchbasen

In den Küstenorten gibt es überall die *clubs de plongée*, die schon von Weitem anhand ihrer internationlen Flagge (roter Grund mit diagonalem weißen Balken) erkennbar sind. In erster Linie wird natürlich auf Französisch geworben, aber fast nie bereiten Englisch, manchmal auch Deutsch, Probleme. Zunächst gilt es, sich über die persönliche Qualifikation, die besten (oder individuell geeignetsten) Tauchgründe, Sichtungsmöglichkeiten von Tierarten und Zubehör auszutauschen.

Im Wesentlichen werden in Frankreichs Tauchbasen Zertifikate *(brevets)* von **CMAS** und **PADI** akzeptiert bzw. es wird nach diesen international gültigen Standards getaucht und unterrichtet. Einige Tauchbasen verlangen zusätzlich zum Brevet noch die Vorlage des **Logbuchs,** das jeder Taucher führt, um über die Anzahl geleisteter Tauchgänge seine Professionalität zu zeigen. Zudem wird oft ein **medizinisches Tauchzeugnis** verlangt, das man z.T. vom Taucharzt daheim mitbringen kann. (Erkundigen Sie sich bei der Tauchbasis in Ihrem Urlaubsort am besten vor der Anreise.)

Immer wieder stehen gerade Neulinge vor dem Problem, die richtige **Tauchschule** zu finden. Oft sind sprachliche Barrieren ein Grund, auf Tauchgänge zu verzichten. Achten Sie in diesem Fall auf deutschsprachige oder englischsprachige Tauchbasen (z.B. H2O in Ste. Maxime). Wer größere Probleme mit der französischen oder englischen Sprache hat, sollte am besten schon daheim einen Kurs belegen und (je nach Absprache) eventuell die theoretische (es müssen 50 Fragen im Multiple-Choice-Verfahren beantwortet werden) und die praktische Prüfung ablegen. Echte Praxis erhält man dann vor Ort.

Cavalaire:

- **Eau Bleue,** Les Pléiades, Avenue des Myrtes, Tel. 04.94.05.42.03, 06.08.23.72.51. CMAS-Ausbildung, Nitroxstation.
- **Eperlan,** vor dem Maison de la Mer, Tel. 04.94.05.41.82, 06.09.75.62.17. Alle Brevets, Kindertauchen, Füllstation.
- **Isadora Croisettes,** Avenue Darius Milhaud 43, Tel. 04.94.15.45.10, 06.80.32.10.57. PADI und CMAS.
- **Le Liche Club,** Rue du Port 96, Tel. 04.94.64.03.38. Organisierte Unterwasserjagd.
- **Loisirs Mediterranée,** Résidence Ophélie am Maison de la Mer, Tel. 04.94.05.43.24, 06.15.27.73.56. Tauchgänge zu allen Wracks der Region.
- **Mio Palmo Plongée,** Nouveau Port de Cavalaire, Tel. 06.09.71.96.05, 06.08.43.10.98. PADI.

Cogolin:

- **Neptune Club Plongée,** Les Marines de Cogolin, Capitainerie du Port, Tel. 04.94.56.41.70, 06.85.83.15.34. CMAS.

La Croix-Valmer:

- **Club de Plongée Subapnée,** Villa l'Oursinade – Vallon de Gaches, Gigaro, Tel. 04.94.79.50.13. CMAS und Apnoetauchen.

Port Grimaud:

- **Côte d'Azur Diving,** Camping Holiday Marina, N98, Le Ginestel, Tel. 06.80.72.04.10. PADI und Füllstation, Kurse in Englisch.

Ramatuelle:

- **European Diving School,** Hôtel Plein Air Kon Tiki, Route des Plages, Tel. 04.94.79.90.37. Deutsche Tauchbasis, CMAS und PADI, Wracktauchen und Kindertauchen.
- **Geck'eau Plongée,** Route de Bonne Terrasse, Village Vacances Léo Lagrange, Tel. 04.94.79.92.58, www.geckeau.com. Tauchschule und Zubehörhandel.

Ste. Maxime:

- **Kétos,** Jetée du Club Nautique (gegenüber dem Quai Léon Condroyer), Tel. 04.94.96.44.21. CMAS, Kindertauchen und Nachttauchgänge.
- **Le Grand Bleu,** Villa La Tramontane, Avenue du Général Leclerc 23, Tel. 04.94.96.44.21, 06.10.79.05.56. CMAS, Kindertauchen und Nachttauchgänge.
- **H2O,** Quai central du Port/Quai Léon Condroyer, Tel. 04.94.49.14.91, 06.11.13.90.04. PADI, CMAS, Kindertauchen und Nachttauchgänge.

St. Tropez:

- **Octopussy,** Parking du Port, Tel. 04.94.56.53.10. Verschiedene Brevets.

Tauchplätze rund um die Halbinsel

Neben den Felsen und ihren geheimnisvollen Höhlen bieten besonders die zahlreichen **Schiffswracks** malerische Unterwasserlandschaften. Direkt nördlich vor der Küste von St. Tropez liegt das Wrack der **Relax** in einer Tiefe von 32 bis 36 Metern. Vor dem Cap Camarat liegt das Wrack der **Rubis** in 34 bis 42 Metern Tiefe auf sandigem Grund. Das 1931 gebaute U-Boot sank am 31. Januar 1958. Es gehört zu den schönsten Tauchplätzen, da sich hier eine Vielzahl von Fischen eingefunden hat und zudem meist eine vergleichsweise gute Sicht herrscht.

Zwischen dem Cap Lardier und Gigaro liegen die L'Espignole und die Togo. Die **L'Espignole** wurde 1900 in Le Havre als Zerstörer gebaut. Das 56 Meter lange Schiff konnte damals beeindruckende 27 Knoten laufen. Aber das half ihr nicht, als sie am 4. Februar 1903 auf die Klippen bei Cap Taillat geriet und dann beim Versuch, sie nach Cavalaire zu schleppen, sank. Nach einem fehlgeschlagenen Bergungsversuch blieb das Schiff als Rückzugsort für zahlreiche Meeresbewohner in 34 bis 39 Metern Tiefe. Trotz der Tiefe herrscht hier meist gute Sicht.

Die **Togo** (mit zweitem Namen „Ville de Valence") war wohl mal einer der herrlichen alten Frachter, die dampfgetrieben oder segelnd die Weltmeere durchpflügten. Für das 1882 in Newcastle gebaute, 72 Meter lange und 10 Meter breite Schiff waren die Reisen allerdings am 12. Mai 1918 zu Ende, als es in der Bucht von Cavalaire auf eine Mine lief. Die Togo ist aber nur von besonders ausgebildeten Tauchern zu besuchen, da sie auf 45 bis 61 Metern Tiefe liegt.

So interessant Tauchgänge zu den Wracks auch sein mögen, wegen der größeren Tiefe, in denen die Schiffe liegen, sind solche Tauchgänge nur erfahrenen Tauchern möglich. Aber auch Taucher mit Brevets für weniger große Tiefen (z.B. bis zu 18 Metern) finden hier viele gute Tauchplätze, z.B. **La piste de ski,** ein Abstieg von 7 auf 42 Meter, **Les Eboulies,** Felsen in einer Tiefe ab 16 Metern mit Schwärmen von Doris, **L'Arche,** ein Felsbogen in Tiefen zwischen 7 und 42 Metern, oder **La Rabiou,** ein Gorgonengarten in Tiefen zwischen 3 und 26 Metern.

In dieser faszinierenden Unterwasserlandschaft gibt es natürlich eine reiche **Tierwelt.** Angefangen bei Quallen und Seeigeln, Seegurken und Schwämmen, reicht das Spektrum über Gorgonen, Muränen, Seenadeln, Seepferdchen und Petermännchen (Achtung, giftig!) bis zum Zackenbarsch. Letzterer ist allerdings sehr selten, da der bis zu 1,20 Meter lange Fisch infolge starker Bejagung fast ausgestorben ist. Seit 2003 laufen intensive Schutzprojekte, Fang und Jagd sind stark reglementiert. Rochen, Haie oder gar Delfine gehören zu den immer wieder gern gesehenen Tieren der Tiefe, doch ist das Mittelmeer so sehr vom Menschen beeinflusst und die Region um St. Tropez so sehr von Sportbooten frequentiert, dass sich diese Tiere extrem rar machen.

Tauchen mit Kindern

Wer mindestens acht Jahre alt ist, Mut mitbringt und gesund ist (der Kinderarzt muss besonders die Ohren auf Tauchtauglichkeit wegen des Druckausgleichs untersuchen), kann z.B. den **PADI-„Bubblemaker"-Schein** erwerben. So werden die Kleinen an die Grundbegriffe des Tauchens herangeführt. Ab einem Alter von zehn Jahren darf der erste „echte" Tauchschein erworben werden, der **„junior open water diver".** Im Gegensatz zum „open water diver" der Erwachsenen darf das Kind nur maximal 12 Meter tief tauchen und muss in Begleitung eines Elternteils und eines Tauchguides sein.

Ausrüstungstipps für Tauch-Anfänger

Bereits ausgebildete Taucher können die nächsten Abschnitte übergehen, denn dies sind wichtige Informationen für Tauchinteressierte ohne Erfahrung. Natürlich kann man sich der Gunst der Stunde bzw. den Launen des Urlaubs hingeben und einfach mal am angebotenen **Schnuppertauchen** (*discover scuba* oder *first dive*) teilnehmen. Gelegentlich wird dies gratis am Hotel- bzw. Ferienanlagenpool angeboten, man darf dann einige Minuten mit Tauchgerät seine Kreise ziehen. Der echte Kick ist das aber nicht, besser ist der Tauchgang im Meer.

Allerdings muss man sich zuvor darüber im Klaren sein, dass es sich beim Sporttauchen zwar um eine grundsätzlich sichere Sportart handelt, diese Sicherheit aber mit der Kenntnis wichtiger Regeln und naturwissenschaftlicher Gegebenheiten steht oder fällt. Sind bei Wanderungen mit ungeeignetem Schuhwerk Verletzungen zu befürchten, so können mangelhafte Ausrüstung oder fehlerhafte Kenntnisse beim Tauchen zu schwersten Verletzungen oder gar zum Tode führen.

Ideal ist es, seine eigene Ausrüstung komplett zu haben, dies bedeutet aber erhebliches Gepäck und spürbare Kosten. Für Anfänger oder zum „Schnuppern" ist dies also nicht geeignet. Wie sieht also die Ausrüstung aus?

1. Die **Taucherbrille** sollte aus Kautschuk sein, das sehr anschmiegsam ist, einen Eingriff für die Nase (um den notwendigen Druckausgleich durchführen zu können) und bruchsicheres Glas *(tempered glass)* besitzen. Die Farbe spielt keine Rolle, schwarz ist sicherlich am neutralsten. Seitliche „Fenster" vergrößern das Sichtfeld, sind aber kein Muss.

2. Der **Schnorchel** darf maximal 35 Zentimeter lang sein, sonst ist ein komplettes Ausatmen infolge der Druckverhältnisse nicht möglich. Er muss etwa zweieinhalb Zentimeter Querschnitt haben, ein weiches Mundstück mit Beißpolstern besitzen und farblich auffällig sein (Sportbootfahrer sehen Schnorchler so besser).

3. Der **Anzug** ist auch im relativ warmen Mittelmeer in jedem Fall notwendig, denn er schützt vor Unterkühlung und vor Kontakten mit der Unterwasserwelt (z.B. Quallen). Trotz recht hoher Wassertemperaturen sollte man auch im Sommer einen Long John (Ganzkörperanzug), eventuell sogar mit Kopfhaube, einem Shorty (T-Shirt-Oberteil mit kurzer Hose) vorziehen. **Handschuhe** schützen ebenfalls vor schmerzhaften Kontakten.

4. Die **Tarierweste** oder **BCD** *(bouncy control device)* dient als Halterung für die Pressluftflasche und ist ein wichtiges Sicherheitsmerkmal. Sie gibt dem Taucher den notwendigen Auftrieb und ermöglicht es, nach dem Tauchgang an der Oberfläche zu treiben und auf das Boot zu warten.

5. Die **Pressluftflasche** enthält die benötigte Atemluft in Form komprimierter Umgebungsluft. Wer speziell angereicherte Luft zum Tauchen möchte (z.B. *enriched* oder *nitrox*), braucht aus Sicherheitsgründen eine Spezialausbildung. Da die Flaschen unter sehr hohem Druck stehen, müssen sie alle zwei Jahre (Stahl) bzw. alle sechs Jahre (Aluminium) von entsprechenden Stellen überprüft werden.

6. Den Druck der Luft in der Flasche (etwa 200 bar) verringert die erste Stufe des **Regulators,** die an der Flasche befestigt ist, auf zehn bar. Von ihr gehen Druckschläuche zum **BCD** (der Schlauch steht unter Hochdruck und darf keinerlei Beschädigungen aufweisen) und zum Mundstück, dem Atemregler oder **Lungenauto-**

mat. Dies ist die zweite Stufe, die den Druck entsprechend der jeweiligen Tiefe reguliert und somit eine gleichmäßige Luftversorgung garantiert. In aller Regel gibt es dann einen weiteren Schlauch mit **Atemregler** *(octopus),* der dazu dient, den Tauchpartner mit Luft zu versorgen, wenn es bei seiner Ausrüstung zu Problemen kommt. Ein weiterer Schlauch endet im sogenannten **Finimeter,** einem Instrument, das den Druck in der Flasche anzeigt. Oft befindet sich dieses Instrument in einer Konsole zusammen mit **Kompass** und **Tiefenmesser.** Allerdings können beide auch einzeln getragen werden.

7. Da jeder Taucher zwar unterschiedlich starken, aber eben auf jeden Fall Auftrieb hat, sind **Bleigewichte** notwendig, entweder als Gürtel oder zum Einstecken ins BCD. Achten Sie darauf, das Blei im Fall der Fälle durch einen Notabwurf sehr schnell ablegen zu können.

8. Eine **Taucheruhr,** die bis mindestens 100 Meter Tiefe wasserdicht sein sollte, ist ein sehr nützliches Utensil. Auf jeden Fall unabdingbar sind die **Dekompressionstabellen,** auch wenn man über einen Tauchcomputer verfügt (denn bei diesem Gerät ist man auf Technik angewiesen, Batterien können versagen).

9. Nützlich kann auch ein **Tauchermesser** sein, wobei die besten dieser Werkzeuge aus Titan und damit rostfrei sind.

10. Man achte auf guten Sitz der **Flossen,** denn nichts stört so sehr wie zu enge oder zu große Flossen, die vom Fuß rutschen. Grundsätzlich gilt, je weicher, desto langsamer die Fortbewegung.

11. Gerade im viel befahrenen Seegebiet vor St. Tropez reagieren Sportbootfahrer am besten auf die weithin sichtbare rote **Sicherheitsflagge** mit dem diagonalen Balken, der signalisiert, dass in der Umgebung Taucher unterwegs sind und jederzeit auftauchen können. Trotz Flagge muss man beim Aufstieg immer die Wasseroberfläche im Blick haben, um gegebenenfalls „Hindernissen" ausweichen zu können.

Wer sich eine eigene Ausrüstung anschaffen möchte, sollte sich zunächst auf Brille, Schnorchel und Flossen (und gegebenenfalls technische Hilfsmittel) beschränken. Wer dann öfters taucht, kann auch einen eigenen Anzug kaufen und (noch besser) einen eigenen Lungenautomaten. Achten Sie aber darauf, dass in Deutschland vielfach DIN-Automaten verkauft werden, im Ausland aber meist INT-Anschlüsse Verwendung finden. Kaufen Sie einen entsprechenden Adapter am besten gleich mit.

- **Buchtipp:** „Tauchen in warmen Gewässern" aus der Praxis-Reihe des Reise Know-How Verlages.

Telefonieren

Will man in Frankreich anrufen, benötigt man **keine Vorwahl,** sondern wählt die angegebene Nummer, in die bereits die Ortskennziffer integriert ist. Für die Provence/Côte d'Azur ist dies die 04. Das Departement Var (zu dem St. Tropez gehört) erkennt man an der folgenden 94. So lautet z.B. die Rufnummer des Office de Tourisme in St. Tropez 04.94.97.45.21. Wer aus dem Ausland in St. Tropez anrufen möchte, wählt 0033 und dann die Nummer ohne Null, also 0033-4.94... Französische Mobiltelefone haben Nummern, die mit 06 beginnen.

Nach Deutschland muss die internationale Vorwahl 0049 gewählt werden (Österreich: 0043, Schweiz: 0041).

Auslandsgespräche können von jedem **öffentlichen Fernsprecher** geführt werden. Dazu benötigt man eine **Telefonkarte** *(télécarte),* die man bei der Post oder in der Bar-Tabac (erkennbar am roten Doppelkegel) erhält. Die Bedienungshinweise erfolgen automatisch auf dem Display, allerdings in Französisch. Zunächst muss der Hörer abgehoben werden *(décrochez),* danach schiebt man die Karte ein *(introduisez la carte)* bzw. wählt eine kostenlose Nummer *(ou faire numéro libre).* Man wird aufgefordert, die Klappe am Gerät zu schließen *(fermez le volet s.v.p.)* und zu warten *(patientez s.v.p.).* Die Information *crédit ... unité* zeigt an, wie viele Einheiten das Guthaben noch umfasst. Nun muss gewählt werden *(numérotez/composez le numéro).* Die gewählte Nummer erscheint *(numéro appelé)* und das Gespräch beginnt. Am Ende hängt man ein und zieht die Karte nach der Aufforderung *retirez vorte carte* aus dem Gerät.

Mobiltelefon

Handys aus europäischen Ländern funktionieren in Frankreich in der Regel problemlos, auch mit den meisten Prepaid-SIM-Karten (am besten vorher beim Anbieter erkundigen). Das Gerät loggt sich automatisch beim Dienstanbieter ein und los geht's. Die Landesvorwahl muss mitgewählt werden, sofern dies nicht im Handy voreingestellt ist (Deutschland 0049, Schweiz 0041, Österreich 0043, Frankreich 0033).

Achtung Kostenfalle! Wegen hoher Gebühren sollte man bei seinem Anbieter nachfragen oder auf dessen Website nachschauen, welcher der Roamingpartner günstig ist, und diesen per **manueller Netzauswahl** voreinstellen. Nicht zu vergessen sind die **passiven Kosten,** wenn man von zu Hause angerufen wird (Mailbox abstellen!). Werden Sie auf Ihrem Handy in Frankreich angerufen, zahlt der Anrufer die Gebühren nur innerhalb Deutschlands. Alle anfallenden Auslandsgebühren (und die sind happig) gehen auf Ihr Konto. Da hat schon so manche wohlmeinende Oma das Konto des Enkels unwissentlich geplündert, nur weil sie ihm die Telefonkosten nach daheim ersparen wollte!

Wesentlich preiswerter ist es, sich von vornherein auf **SMS** zu beschränken, der Empfang ist dabei in der Regel kostenfrei. Der Versand und Empfang von **Bildern per MMS** hingegen ist nicht nur relativ teuer, sondern je nach Roamingpartner auch gar nicht möglich. Die **Einwahl ins Internet** über das Mobiltelefon, um Daten auf das Notebook zu laden, ist noch kostspieliger – da ist in jedem Fall ein Gang ins nächste Internetcafé weitaus günstiger.

Falls das Mobiltelefon **SIM-lock-frei** ist (keine Sperrung anderer Provider vorhanden ist) und man viele Telefonate innerhalb Frankreichs führen möchte, kann man sich eine örtliche **Prepaid-SIM-Karte** besorgen.

- **Buchtipp:** Viele nützliche und Geld sparende Tipps zum mobilen Telefonieren bietet das Buch „Handy global – mit dem Handy ins Ausland" aus der Praxis-Reihe des Reise Know-How Verlages.

Uhrzeit

In Frankreich gilt wie bei uns die Mitteleuropäische Zeit inklusive der Umstellungen von Sommer- auf Winterzeit Ende Oktober und umgekehrt Ende März.

Unterkunft

International und chic, so ist das Image von „St. Trop" (wie es von Insidern genannt wird). Entsprechend **teuer** ist das Unterkunftsangebot. Es ist zugleich aber sehr vielfältig und z.T. auch auf individuelle Befürfnisse zugeschnitten. So gibt es sehr feine Luxushotels, Häuser mit speziellen Wellness- oder Sportangeboten, Unterkünfte am Strand oder in der Stadtmitte, aber auch solche, die an der Peripherie von St. Tropez liegen bzw. weit abgelegen im Hinterland. Um einen ersten Eindruck vom Urlaubsdomizil zu bekommen, kann man sich die entsprechenden Broschüren der Fremdenverkehrsämter schicken lassen (z.B. „Hôtels de St. Tropez"). In ihnen sind viele Unterkünfte klassifiziert verzeichnet und mit der entsprechenden Angebotspalette gelistet.

Während der Sommermonate gibt es in der gesamten Region oft Schwierigkeiten, preisgünstige Unterkünfte zu bekommen. Dies gilt auch für Ferienhäuser, Campingplätze und Mobilheime. Sogar in der gehobenen und oberen Hotelkategorie, in der ein Zimmer pro Nacht schnell so viel kostet, wie man sonst für eine ganze Woche eingeplant hätte, kann es gelegentlich zu **Engpässen** kommen. Dies gilt auch für die umliegenden Ortschaften, vor allem in den Monaten Juli und August.

Hotels

Die Hotels der Stadt und der Umgebung sind nach dem international üblichen Sternesystem kategorisiert. Allerdings nennt sich die höchste Kategorie hier **„4-Sterne Luxe"**, die in anderen Gegenden der Welt als 5-Sterne-Kategorie bezeichnet wird. In der Luxusklasse muss der Gast auf keine Annehmlichkeit verzichten, beheizter Swimmingpool, Solarium und Sauna gehören ebenso zu den Häusern wie Satelliten-TV, Bar, Sporteinrichtungen und das internationale Flair. In der folgenden **4-Sterne-Kategorie** sieht der Komfort ähnlich aus, in aller Regel sind die Häuser aber kleiner. In den oberen Kategorien zahlt man je nach Saison zwischen € 130 und € 1200 für das Doppelzimmer. Manchmal schlägt dann noch das Frühstück mit weiteren € 17–35 zu Buche.

Während in den Luxushäusern die Zimmerzahl zwischen 18 und 115 liegt (alle Häuser sind somit klein und fast familiär), trifft man in den niedrigeren Kategorien noch geringere Zimmerzahlen von 9 bis 43. Die einfachere Ausstattung der Zimmer der **3-Sterne-Kategorie** steht manchmal nicht im Verhältnis zum Preis, sodass man in solchen Fällen eventuell auf die preiswertere **2-Sterne-Kategorie** ausweichen sollte, deren Häuser oftmals deutlich günstiger sind, nahezu gleichen Komfort bieten, aber etwas weiter außerhalb des Zentrums oder an Durchgangsstraßen liegen. Bei zwei Sternen hat man zwar ein Hotel, verzichtet aber auf besonderen Service und eine komfortable Einrichtung. Dies bedeutet, dass die Zimmer sauber und ordentlich eingerichtet sind, aber eben so ausgelegt wurden, dass man sie weitestgehend nur zum Schlafen nutzt. Wer schwimmen möchte, muss zum Meer fahren. In der 3-Sterne-Kategorie liegen die Zimmerpreise zwischen € 65 und € 280. In der unteren Kategorie sind die Zimmer zwischen € 45 und € 190 (Neben- bzw. Hauptsaison) zu haben.

Müllentsorgung

Abfälle werden an zentralen Stellen im Wohngebiet in **Container** gebracht. Flaschen sowie Plastik und Dosen (also unser Gelber-Sack-Müll) wird in **gelben Wannen** einmal wöchentlich vor dem Haus deponiert und von der Müllabfuhr abgeholt. Termine kennt der Vermieter.

Chambres d'Hôtes

Bei den Chambres d'Hôtes handelt es sich um **Privatquartiere.** Einzelne Zimmer in Privathäusern werden tage- oder wochenweise vermietet. Der Komfort kann dabei sehr unterschiedlich sein, dafür wird aber fast immer Familienanschluss gewährt. Man rechne mit Preisen von € 40–60 pro Tag bzw. ab € 300 pro Woche.

Maisons d'Hôtes

Bei den Maisons d'Hôtes handelt es sich um **kleine Häuser,** die man ähnlich einer Ferienwohnung mietet. Man kann sie auch auf Tagesbasis mieten, hat somit ab ca. € 50 ein Zimmer (oft mit Frühstück), allerdings ohne den üblichen Hotelservice.

Résidences Hôtelières

Dies sind **Wohnungen in größeren Anlagen,** die sich in Privatbesitz befinden und wochenweise vermietet werden. Man rechne hier mit Preisen zwischen € 180 und € 2500 pro Woche (Neben- bzw. Hauptsaison).

Villages de Vacances

Villages de Vacances sind **Feriendörfer,** in denen man neben Bungalows auch Appartements und Einzelzimmer mieten kann. Fast immer handelt es sich um größere Anlagen, die in den Außenbezirken der Stadt bzw. im Umland liegen. Man bekommt eine Wohnung ab etwa € 200 pro Woche.

Camping-Mobil-Homes

Hierbei handelt es sich um eine Mischung aus Campingurlaub und Ferienwohnung. Die „mobilen Heime" befinden sich auf Campingplätzen bzw. auf einem eigenen Areal, das zu einem Campingplatz gehört. Fast immer sind es **kleine, einfache Holzhäuser** mit Bad, Küche und TV, die wie Wohnwagen oder Wohnmobile aufgereiht sind. Je nach Standort und Saison liegen die Wochenpreise zwischen € 210 und € 1200. Bei der Beschreibung der einzelnen Campingplätze (s. Kapitel „Orte in der Umgebung") findet sich jeweils die Angabe, ob Mobil-Homes vermietet werden.

Bed & Breakfast

Diese preiswerte Art der Unterkunft ist in erster Linie für Wanderer, Radfahrer und andere Reisende ohne festes Urlaubsdomizil interessant. Sie ist am ehesten mit einer deutschen **Pension** vergleichbar, d.h. man bekommt im fast familiären Umfeld ein Zimmer mit Bett, Waschgelegenheit oder Dusche und WC sowie ein landestypisches Frühstück. Ideal für alle, die mehr vom authentischen französischen Alltag mitbekommen möchten.

Jugendherberge

Eine Jugendherberge *(Auberge de Jeunesse)* gibt es direkt in St. Tropez nicht. Die nächste befindet sich im etwa 40 Kilometer entfernten **Fréjus.** Sie liegt nördlich des Zentrums, ist damit auch recht weit vom Meer entfernt. Allerdings besteht eine tägliche Busverbindung zum Strand und zum Bahnhof von St. Raphaël (etwa 6 km). Das Haus liegt in einem großen Pinienwald.

- **Auberge de Jeunesse,** Chemin du Counillier, 83600 Fréjus, Tel. 04.94.53.18.75, Fax 04.94.53.25.86, www.fuaj.org.

Hausboot

Das Wohnen auf einem Boot nennt man *Herbergement sur un bateau à quai.* Im Hafen eines mediterranen Küstenortes von den Wellen in den Schlaf gewiegt zu werden, stets das metallische Klimpern der Mastverstrebungen im Ohr – eine ganz andere Art von Urlaub. Allerdings ist dies nur eingeschränkt in St. Tropez selbst möglich; Hausboote liegen auch in Les Marines de Cogolin, Port de Cavalaire, Port Grimaud und Port de Ste. Maxime. Man rechne mit Preisen ab etwa € 400 pro Woche für vier Personen.

- **House Boat Location,** Quai de la Galiote 238, Tel. 04.94.56.16.59, Fax 06.63.78.76.26, www.houseboat-info.com. Zwischen 8 und 40 Meter lang sind die Boote (oder schon Schiffe), die hier im Hafen von Cogolin vor Anker liegen und wochenweise als Urlaubsdomizil gebucht werden können. Man hat die Wohnung auf dem Wasser im Segel- oder Motorboot. Für Touren stehen Skipper zur Verfügung. Die komplett ausgestatteten Boote kosten je nach Saison und Größe ab € 458 pro Woche/vier Personen. Wahlweise kann man hier auch Boote mieten, die in Port Grimaud, Port de Ste-Maxime oder im Hafen von St. Tropez vor Anker liegen.

Ferienwohnungen und -häuser

In den Katalogen der Fremdenverkehrsämter heißen sie *Locations meublés, Studios, Appartements, Chalets* oder *Villas.* Wie der Name auch lauten mag, Größe und Ausstattung schwanken erheblich. So werden hübsch umgebaute Ställe mit kleinem Bad und Küche für zwei Personen ebenso angeboten wie romantische Gehöfte oder malerisch gelegene Stadthäuschen. Wer Luxus sucht, kann den auch bei den Ferienhäusern bekommen. Topvillen für bis zu zwölf Personen mit privatem Pool, wunderschöner Lage in den Hügeln, eventuell Tennisplatz und kompletter elektronischer Ausstattung muss man in Katalogen nicht lange suchen. Die haben aber auch ihren Preis.

Während man in der Nebensaison für ein Haus für drei Personen ab etwa € 250 rechnen muss, verdoppeln sich die Preise in der Hauptsaison. Für die hochklassigen Häuser muss man in der Nebensaison etwa € 1200–1800 kalkulieren. Sie verteuern sich im Juli und August auf über € 4000/Woche. Zu den Wochenpreisen addieren sich manchmal noch die Verbrauchspreise für Strom, Gas und/oder Wasser. In den Sommermonaten kommt noch die Kurtaxe *(taxe de sejour)* von etwa € 1 pro Person und Tag hinzu.

Nahezu alle Häuser liegen **außerhalb der Stadt,** d.h. entweder an den Stränden von St. Tropez, die streng genommen nicht zum Stadtgebiet gehören, bzw. in den umliegenden Gemeinden.

Auskünfte über die Ferienhäuser erhält man über die Fremdenverkehrsämter. In den Broschüren sind in aller Regel die Häuser aufgeführt, die sich in französischem Besitz befinden. Hinzu kommen zahlreiche Häuser, die Deutschen, Schweizern, Österreichern oder Engländern gehören und ebenfalls vermietet werden. In den Tageszeitungen gibt es immer wieder Angebote, ebenso im Internet.

Die Haupttouristinformation für die ganze Region befindet sich nahe dem Kreisverkehr von La Foux bei Les Marines-de-Cogolin (gehört zum Ort Gassin). Hier bekommt man auch Informationen über Ferienwohnungen und -häuser:

- **Maison du Tourisme Golfe de St. Tropez, Pays des Maures,** Carrefour de la Foux, 83580 Gassin, Tel. 04.94.55.2.00, Fax 04.94.55.22.01, www.golfe-infos.com, tourisme@golfe-infos.com.

Sehr schöne Häuser vermittelt die Agentur Lotze. Das Düsseldorfer Unternehmen kennt die angebotenen Häuser aus eigener Anschauung und kann recht genau sagen, welches Haus den geäußerten Ansprüchen am ehesten gerecht wird. Im Internetauftritt der Agentur kann man sich ein Bild über Haus, Ausstattung und Preise machen.

- **Agentur Lotze,** Niederkasseler Weg 8, 40547 Düsseldorf, Tel. (0211) 555734, Fax 588469, www.lotze.de.

Eines der elegantesten Hotels: das Château de la Messardière

Unterkünfte in St. Tropez

Die Unterkünfte in den anderen Orten sind im Kapitel „Orte in der Umgebung" aufgeführt.

4-Sterne- und Luxus-Hotels

- **Le Byblos** €€€€€, Avenue Paul Signac, Tel. 04.94.56.68.00, Fax 04.94.56.68.01, www.byblos.com. Oberhalb der Place des Lices residiert man stilvoll und chic. Wer die Stadt von hier aus nicht mag, ist selbst schuld. Im Hotel trifft man auch immer wieder den Jetset der Welt, so feierte schon *Mick Jagger* hier seine Hochzeit.
- **Résidence del la Pinède** €€€€€, Plage de la Bouillabaisse, Tel. 04.94.55.91.00, Fax 04.94.97.73.64, www.residencepinede.com. Überaus luxuriöse Unterkunft direkt am Strand westlich des Neuen Hafens.
- **La Mandarine** €€€€€, Route Tahiti, Tel. 04.94.79.06.66, Fax 04.94.97.33.67, www.hotellamandarine.com. Kompletter Service inmitten einer schönen Gartenanlage.
- **La Tartane** €€€€€, Route des Salins, Tel. 04.94.97.21.23, Fax 04.94.97.09.16, www.latartane.com. Klein, aber fein mit einem herrlich großen Pool.
- **La Bastide de St. Tropez** €€€€€, Route des Carles, Tel. 04.94.55.82.55, Fax 04.94.97.21.71, www.bastide-saint-tropez.com. Recht kleines Hotel im Süden der Stadt im hübschen provenzalischen Stil.
- **La Bastide des Salins** €€€€€, Route des Salins, Tel. 04.94.97.24.57, Fax 04.94.54.89.03, www.bastidedessalins.com. Nur 13 Zimmer grenzen an den herrlichen Garten mit Pool im Osten der Stadt. Man ist hier außerhalb des Trubels und doch relativ rasch mittendrin.
- **Château de la Messardière** €€€€€, Route de Tahiti, Tel. 04.94.56.76.00, Fax 04.94.56.76.01, www.messardiere.com. Mit etwa 115 Zimmern ist es das größte Hotel am Ort. In dem luxuriösen Haus wohnt man abgeschieden von aller Welt inmitten eines herrlichen Pinienwaldes und genießt das süße Leben.

026st Foto: ho

Preiskategorien der Unterkünfte

In diesem Buch sind die Unterkünfte in fünf Preiskategorien unterteilt, dargestellt durch hochgestellte Eurozeichen. Diese Preiskategorien haben mit der offiziellen Einteilung nach Sternen nichts zu tun. Es handelt sich um den Preis für ein **Doppelzimmer pro Nacht in der Nebensaison.**

€€€€€	über € 200
€€€€	€ 150–200
€€€	€ 100–150
€€	€ 70–100
€	bis € 70

3-Sterne-Hotels

- **La Ponche** €€€€, Rue des Remparts 3, Tel. 04.94.97.02.53, Fax 04.94.97.78.61, www.laponche.com. Im Nordosten der Stadt und damit mitten im Geschehen genießt man den Blick vom Dachgarten über St. Trop.
- **La Maison Blanche** €€€€, Place des Lices, Tel. 04.94.97.52.66, Fax 04.94.97.89.23, www.hotellamaisonblanche.com. Wer das weiße Haus im hübschen Garten sieht, weiß, woher der Name stammt. Hier lebt man mitten in der Stadt, zahlt aber auch dafür.
- **Villa Les Chamerops** €€€€, Chemin de la Belle Isnarde, Tel. 04.94.97.57.18, Fax 04.94.97.58.30, www.villa-chamerops.com. Außerhalb der Stadt in den Hügeln mit römischem Charme.
- **Bastide du Port** €€€, Port du Pilon, Tel. 04.94.97.87.95, Fax 04.94.97.91.00, www.bastideduport.com. Oberhalb des neuen Hafens genießt man den Blick auf die Bucht und die Seealpen.
- **Hôtel des Lices** €€€, Avenue Augustin Grangeon, Tel. 04.94.97.28.28, Fax 04.94.97.59.52, www.hoteldeslices.com. Inmitten der Stadt und dennoch relativ ruhige Atmosphäre am Pool.
- **La Bastide Rouge** €€€, Route du Pinet, Tel. 04.94.97.41.24, Fax 04.94.97.73.40, www.labastide-rouge.com. Romantisch-provenzalischer Stil mit hübschem Garten und großem Pool.
- **Mas Bellevue** €€€, Route de Tahiti, Tel. 04.94.97.07.21, Fax 04.94.97.61.07, www.masbellevue.com. Vom Balkon hat man einen herrlichen Blick über Pinien auf den Strand.
- **Le Mouillage** €€€, Port du Pilon, Tel. 04.94.97.53.19, Fax 04.94.97.50.31, www.hotelmouillage.com. Nahe am Hafen und mit Pool.
- **Playa** €€€, Rue Allard 57, Tel. 04.98.12.94.44, Fax 04.98.12.94.45, www.playahotelsttropez.com. Wer mit dem Namen Strandnähe verbindet, irrt. Das Hotel liegt im Herzen des Shoppingviertels und besitzt keine Parkmöglichkeit.

2-Sterne-Hotels

- **Sube** €€, Quai Suffren 15, Tel. 04.94.97.30.04, Fax 04.94.54.89.08, www.hotel-sube.com. Wer hier absteigt, hat zwar keinen Parkplatz, muss auch mit vergleichsweise wenig Komfort auskommen, sitzt dafür aber am Hafen in der ersten Reihe. Die Schiffe liegen vor dem Balkon und das Volk flaniert zu Füßen des Balkonbesitzers.
- **Baron Lodge** €€, Rue de l'Aïoli, Tel. 04.94.97.06.57, Fax 04.94.97.58.72, www.hotel-lebaron.com.
- **Bella Vista** €, Route des Carles, Tel. 04.94.97.14.14.
- **Le Colombier** €€, Impasse des Conquettes, Tel. 04.94.97.05.31, Fax 04.94.97.32.57.
- **Les Lauriers** €€, Rue du Temple, Tel. 04.94.97.04.88, Fax 04.94.97.21.87.
- **Lou Cagnard** €€, Avenue Paul Roussel, Tel. 04.94.97.04.24, Fax 04.94.97.09.44, www.hotel-lou-cagnard.com.
- **La Mediterranée** €€, Boulevard Louis Blanc 21, Tel. 04.94.97.00.44, Fax 04.94.97.47.83, www.hotelmediterranee.org.
- **La Belle Isnarde** €€, Route de Tahiti, Tel. 04.94.97.13.64, Fax 04.94.97.57.74.
- **Bleu Plenitude** €€, Avenue Paul Signac (im Südosten der Stadt), Tel. 04.94.97.68.22, Fax 04.94.97.77.48.

Bed & Breakfast

- **Mas „Aqui Sian Ben“** €, Roger Bonnaud, Les Salins, Tel. 04.94.97.09.09. Kleine Pension für bis zu sechs Gäste. Buchbar auch über das Office de Tourisme.

- **Les Amandiers** €, Quartier Ste. Anne, Tel. 04.94.97.79.25. Es gibt nur vier Zimmer, aber einen Pool. Zum Meer sind es ca. 1,5 km, zum Zentrum etwas weniger.
- **Villa Rose-Marie** €, Chemin de la Motte, Tel. 04.94.97.25.13. 500 m vom Meer wird hier ein Zimmer vermietet. Ein Pool ist im Garten.
- **La Sitelle** €, Avenue Pierre de Coubertin, Tel. 04.94.97.44.56. Pool, Sonnenterrasse und nur 100 m bis zum Meer.
- **M. Paraud** €, Rue St. Jean 12, Tel. 04.94.97. 34.12. Sehr einfache Unterkunft für maximal drei Personen.

Gemütliche und oft sehr geräumige Ferienhäuser mit großen Gärten – ideal für Familien

Verhaltenstipps

Höflichkeit

So sehr in den letzten Jahren auch ein geeintes Europa und damit eine gemeinsame europäische Kultur als Ziel deklariert werden, so unterschiedlich ist dennoch in mancher Hinsicht das Verhalten in den verschiedenen Kulturen. Grundsätzlich ist es in Frankreich traditionell üblich, höflich und **taktvoll** zu sein. Einige der in früheren Jahrhunderten kultivierten **Umgangsformen** finden sich noch im heutigen Alltagsleben. Dabei geht es auch um das äußere Erscheinungsbild. Franzosen treten in der Regel **gepflegt** auf und erwarten dies auch von Touristen. Verpönt ist allzu große Lässigkeit: Man lümmelt sich nicht auf den Stühlen im Restaurant oder Bistro, sondern sitzt beherrscht am Tisch. Man legt nicht einen Fuß auf den Oberschenkel oder lehnt sich lässig mit in den Nacken verschränkten Händen zurück.

Doch bei all dem muss man sich bewusst sein, dass St. Tropez internationales Pflaster ist. In der Stadt ist schon manches Verhalten internationalisiert oder erscheint zumindest so, d.h. man wird nicht direkt schief angesehen, genießt aber bei „Verstößen" kein besonders hohes Ansehen.

Am wichtigsten ist aber das Beherrschen der **Sprache.** Franzosen erwarten von ihren Gästen, dass sie mehr oder weniger perfekt kommunizieren können, und das, obwohl sie selbst nur sehr eingeschränkt bereit sind, sich in anderen Sprachen zu verständigen (auch wenn sie während der Schulzeit mehrere Fremdsprachen gelernt haben). Nun reicht es aber nicht, die nötigen Vokabeln zu büffeln, es kommt auch auf die **Höflichkeit der Ausdrucksweise** an. Nur „Bonjour" zu sagen, ist extrem unhöflich. Es ist in Frankreich durchweg üblich, an den Gruß „Madame" bzw. „Monsieur" anzufügen. Dies gilt auch für ja und nein oder Entschuldigung, also „Oui, Madame", „Non, Monsieur" und „Pardon, Mademoiselle" (zu jungen Mädchen).

Allerdings bleibt im Straßenverkehr oftmals nichts von der Höflichkeit übrig. Wer da nicht „französisch" unterwegs ist – und das gelingt wohl kaum einem Deutschen aus Angst um das „heilige Blechle" –, wird oft beschimpft und mit rüden Gesten bedacht. Argumentieren ist zwecklos, regen Sie sich einfach nicht auf. Oder zeigen Sie es zumindest nicht. Auch von einer ebenso rüden Erwiderung ist eher abzuraten. Es kommt zwar nur selten zur Eskalation, aber man muss dies nicht provozieren.

Auftreten als Tourist

Die Tropéziens sind Provenzalen und damit Lokalpatrioten. Sie lieben ihr Land, ihre Region, ihre Stadt, und sie dürfen dort leben, wo andere ihren Urlaub verbringen. Doch so sehr die Tropéziens auch all dies lieben, heißt das noch lange nicht, dass sie auch die Touristen lieben. Da kommen ständig neue hellhäutige Banausen in ihre Stadt, können meist kein Französisch, parken alle Straßen zu und erwarten freundlichen Service. Gibt man sich also sehr „urlaubermäßig", ist eine gewisse Herablassung vorprogrammiert, verhält man sich aber offen und freundlich sowie sprachlich bemüht, so wird man als Gast auch mit offenen Armen empfangen.

Ein anderes Problem ist der Nepp, mit dem man als Tourist immer wieder konfrontiert wird. St. Tropez ist ein teures Pflaster, man schätzt dies und kultiviert es. Hohe Preise gehören dazu, der Gast muss das akzeptieren. So kommt es gelegentlich in Geschäften vor, dass eine scheinbar freundliche Bedienung ziemlich unwirsch reagiert, wenn man anprobierte Stücke nicht gleich kauft. Aber das ist die Ausnahme.

Frauen

Die Frau hat in Frankreich einen besonderen Stellenwert. Allen feministischen Belangen zum Trotz muss sie zwei Anforderungen erfüllen: Erfolg haben und feminin sein. D.h. zu einem chicen und sexy Auftreten gehören noch Esprit und Intellektualität. Damit müssen Französinnen nahezu allen Klischees entsprechen, die es über sie gibt und sie tun es auch überwiegend. Gibt man sich als Touristin nicht stets wie aus dem Ei gepellt, darf man sich nicht wundern, wenn man auffällt.

Manche Franzosen gehen davon aus, Frauen aus anderen europäischen Ländern seien eine „leichte Beute" und einem raschen Abenteuer selten abgeneigt. Dieses Klischee wird natürlich von manchen allein reisenden Frauen in St. Tropez tatsächlich gelebt. Am besten ist es, die Sprache gut genug zu beherrschen, um im Falle einer **Belästigung** einen potenziellen „Abenteurer" verbal in seine Schranken verweisen zu können.

- **Buchtipp:** *Kalmbach, Gabriele,* „Kultur-Schock Frankreich", erschienen im Reise Know-How Verlag (s. Anhang, Literaturtipps).

Waldbrände

Immer wieder schrecken Horrormeldungen über brennende Regionen in Südfrankreich, Spanien und Portugal das sommerliche Europa auf. Auch in der Gegend von St. Tropez, besonders in den Hügeln nördlich, kommt es immer wieder zu Waldbränden. Leider sind die nur in seltenen Fällen durch natürliche Ursachen ausgelöst worden und auch dann hat der Mensch oft seine Hand im Spiel. Es kann z.B. die Sonnenstrahlung durch achtlos **weggeworfenes Glas** scheinen und das Licht derart bündeln, dass ein Brennglaseffekt auftritt. Natürlich spielt auch die Kultivierung bestimmter Pflanzen eine große Rolle, wenn falsch aufgeforstet wird, man trockenes Unterholz nicht rechtzeitig beseitigt oder auf andere Art dem Feuer Vorschub leistet.

Dies kann der Urlauber nicht ändern, sehr wohl kann er aber auf bestimmte Dinge achten. So ist das **Rauchen** in Wäldern verboten. Zudem sollte man auch in Graslandschaften entweder gar nicht rauchen oder die Zigaretten vollständig gelöscht (am besten mit Wasser) entsorgen (noch besser mitnehmen!). Gleiches gilt für offenes Feuer. Natürlich ist ein **Grill- oder Lagerfeuer** gemütlich-romantisch, aber im Wald ist es fehl am Platz. Auch ein Grill darf in dieser Gegend nicht in freier Natur betrieben werden. Zumindest in den Sommermonaten gibt es Kontrollen durch Polizei und Forstbehörde, die Verstöße mit sehr hohen Geldbußen ahnden. Eine nicht zu unterschätzende Gefahr sind außerdem **Autos,** deren heiße Auspuffanlagen (oder der noch heißere Katalysator) auf leicht brennbarem Untergrund zu Bränden führen können.

Wandern

Geradezu ideale Verhältnisse bietet sich den Freunden ausgedehnter Wanderungen. Auf den **Küstenwanderwegen** *(Sentier du Littoral),* die meist zu einem Netz von Fernwanderwegen gehören und mit **GR** *(Sentier de Grande Randonnée)* bezeichnet sind, kann man die gesamte Küste der Halbinsel von St. Tropez erkunden. Unterwegs bieten sich immer wieder herrliche Buchten zur Rast, zum Sonnenbaden oder Schwimmen an, bevor man die Wanderung fortsetzt. Wer mag, kann von bestimmten Zielpunkten aus mit öffentlichen Verkehrsmitteln zum jeweiligen Urlaubsdomizil zurückkehren (Informationen dazu gibt es im Office de Tourisme). Diese Variante ist allerdings etwas unsicher, da man zum bestimmten Zeitpunkt am bestimmten Ort sein muss. Besser ist es, sich eventuell mit mehreren Wanderfreunden zusammenzutun und ein Fahrzeug zum Zielort zu bringen, mit dem man dann zurückfährt oder andere Fahrzeuge holt.

Neben diesen Wanderungen an der Küste bietet auch das **Hinterland** sehr gute Wandermöglichkeiten. Kürzere Routen gibt es im Gebiet von Plan-de-la-Tour und Grimaud, längere Touren kann man sehr gut in La Garde-Freinet und Collobrières beginnen. Von dort aus besteht beispielsweise die Möglichkeit, über das Kartäuserkloster Chartreuse de la Verne nach Cogolin zu wandern.

Auf dem **GR 51** kann man in mehreren Tagen von Ste. Maxime über Plan-de-la-Tour, La Garde-Freinet, Grimaud, Cogolin und La Croix-Valmer bis nach Cavalaire gelangen. Wer unterwegs ein Dach über dem Kopf sucht, findet eine Reihe von **Chambres d'Hôtes** (Fremdenzimmer mit Frühstück), **Gîtes d'Étape** (einfache Übernachtung für Wanderer) und **Gîtes Ruraux** (Zimmer in abgelegeneren, ländlichen Gebieten). Man muss solche Unterkünfte aber rechtzeitig buchen und die Tour sorgfältig planen. Eine Liste der Unterkünfte findet man unter www.gites-de-france.fr.

Gefahren

Im Sommer kommt es immer wieder zu verheerenden Waldbränden. Sofern Wanderer zu weiteren Strecken aufbrechen, sollte man zuvor den Wetterbericht beachten, Gebiete, in denen akute **Brandgefahr** besteht, meiden und Ortsansässige von der Tour unterrichten (z.B. im Quartier). Auf keinen Fall darf man Feuer anzünden, am besten auch nicht rauchen, auf jeden Fall aber Zigarettenkippen und Streichhölzer nur vollständig gelöscht entsorgen. Auch Flaschen dürfen nicht weggeworfen werden, da das Glas wie ein Brennglas wirken kann.

Gefährlich sind **Geröllhänge,** auf denen Wanderer rutschen können. Wanderstöcke geben neben festem Schuhwerk sicheren Halt.

Eine weitere Gefahr, die aber sicherlich überschätzt wird, ist die Begegnung mit Wild. Meiden Sie solche Begegnungen, auch in Frankreich gibt es **Tollwut** und jedes Tier, das sich einem Menschen unnatürlich nähert, ist potenzieller Träger der Krankheit. Außerdem gibt es, wenn auch zunehmend selten, **Schlangen** in abgelegeneren Gebieten. Einige sind giftig, z.T. mit etwas potenteren Giften als unsere Kreuzotter, und können so kleineren Kindern oder Kreislaufpatienten gefährlich werden. Wer nicht in Höhlungen oder unter Steine greift und sich nicht unbedacht im Gras niederlässt, geht keine Gefahr ein.

Zeitungen und Zeitschriften

Die größeren **Kioske** *(maisons de la presse)* und Supermärkte bieten neben französischen Zeitungen (sehr weit verbreitet ist der regionale „Var-Matin") auch internationale Medien an. Hier bekommt man problemlos den Stern, Focus und Spiegel und auch einige Tageszeitungen, natürlich etwas teurer als zu Hause.

Verschlafen liegt Plan-de-la-Tour inmitten der Hügel des Massif des Maures im Hinterland der Halbinsel

018st Foto: ho

St. Tropez und seine Region

035st Foto: ho

036st Foto: ho

Der Alte Hafen mit dem Turm der Eglise Paroissiale im Hintergrund

Feigenkakteen überziehen die Küste

Die Polizeiwache, in der Louis de Funès einst „Dienst tat“

Geografie

St. Tropez ist der bekannteste Ort im deutlich weniger bekannten Département Var, das Teil der französischen Riviera ist, die man wiederum eher unter dem Namen **Côte d'Azur** kennt und die zumindest teilweise noch der **Provence** zugerechnet wird. Die Stadt liegt an der Nordküste der nach ihm benannten Halbinsel, der **Presqu'île de St. Tropez.**

Während das eigentliche Stadtgebiet direkt an den **Golfe de St. Tropez,** eine weite Bucht, grenzt, befinden sich die großen **Strände** am offenen Mittelmeer im Osten der Halbinsel. Verwaltungsmäßig gehören sie großteils zu Ramatuelle. Im Süden erstrecken sich bewaldete Hügel bis zu einer Höhe von knapp 330 Metern. Die höchste Erhebung ist der Aussichtspunkt **Moulins des Paillas** bei Ramatuelle. Östlich der Stadt läuft das Land meist recht flach in Richtung Meer aus, obwohl es auch hier einzelne Hügel gibt, die am Cap du Pinet maximal 89 Meter erreichen. Westlich von St. Tropez, bei Les Marines-de-Cogolin bzw. Port Grimaud, münden kaum merklich mehrere Flüsse ins Meer: die Bourrian, ein schmales Rinnsal, und die Giscle, die von den Flüssen Môle, Périer und Garde gespeist wird.

Blick von Gassin über den Golf von St. Tropez

In der Stadt leben etwa **6000 Einwohner,** die **Tropéziens,** also „echte" Bewohner von St. Tropez. Viele Menschen wohnen hier nur zur Saison, also etwa zwischen Ostern und Ende September. Davor und danach erscheint die Stadt fast geisterhaft, zumindest im Vergleich zum Sommer.

Architektur

Die Architektur von St. Tropez und den Ortschaften seiner Umgebung ist weitgehend **typisch provenzalisch.** Ob es sich nun um einen Küstenort oder ein Bergdorf handelt, charakteristisch sind die **dicht gedrängt stehenden Häuser** mit ihren schmalen Fassaden; sie bilden enge, oft **winklige Gassen** oder säumen Hafenbecken. Hier wie dort sind die Außenmauern, die dem Umland eines Städtchens zugewandt sind, oft mehr oder weniger fensterlos miteinander verbunden, denn früher galt es potenzielle Feinde abzuwehren. Die Hafenbecken besaßen oder besitzen noch heute weit ins Meer reichende Kaianlagen, wehrhaft befestigt, um gegen Angriffe von See zu schützen.

Gelegentlich sind auch Gotteshäuser in die Außenmauern integriert, deren feste Bausubstanz sie zu idealen Wehr- und Rückzugsorten machte. Mit ihren hohen **Glockentürmen** ermöglichen sie einen Blick, der weit über das Land reicht. Kleinere Glockentürme auf Kirchen und Bergfrieden besitzen oft schmiedeeiserne Glockenaufsätze mit Wetterfahne, darunter Mauerwerk mit Gesims.

Neben diesen unübersehbaren Zeichen der Baukunst des 16. Jahrhunderts glänzt jeder Ort auch mit seinen **Brunnen.** Manchmal ist es ein einfacher Auslass für Wasser in einer Mauer, oft ist dieses Loch oder Rohr jedoch reich verziert. Herrliche Säulen, aufwendig hergestellte Becken, Verzierungen mit Wappen und Figuren – manch ein Brunnen verleiht dem Platz, den er schmückt, erst seinen wahren Charakter.

Die zentralen **Plätze,** über die jeder Ort der Region verfügt, atmen nicht nur den typisch mediterranen Charme, ihnen wird auch eine wichtige Bedeutung im gesellschaftlichen Leben zuteil: Hier trifft man sich zum gemütlichen Schwätzchen, hier wird Markt gehalten, hier führt der Hundebesitzer seinen Liebling aus, entspannt man auf einer Bank oder genießt ebendiese täglichen Rituale vom Tisch in Restaurant oder Café aus. Platanen oder Zürgelbäume, eine Ulmenart, sorgen für ein angenehmes Klima: Im Winter laublos, ermöglichen sie die notwendige Sonneneinstrahlung, um den Platz zu erwärmen, im Sommer halten sie mit ihrem prächtigen Grün die Hitze fern und erhöhen durch Verdunstung die Luftfeuchtigkeit, was den Staub reduziert.

Die **Wohnhäuser** der Orte sind meist in Gelb- und Ockertönen gestrichen, die schmalen, hohen Fassaden finden ihren Abschluss im Satteldach. Meist ist es mit roten Hohlziegeln gedeckt

041st Foto: ho

und besitzt Dachgauben und Schornsteine, die ebenfalls ein kleines Ziegeldach tragen. Vor den Fenstern prangen oft grüne oder blaue, hölzerne Klappläden, die das Sonnenlicht aussperren, durch ihre Lamellen aber die Luft zirkulieren lassen. Zu den Hauptstraßen hin findet man häufig schmiedeeiserne Balkone, meist überdacht mit blau-weiß gestreiften Markisen. Im Erdgeschoss sind oft Ladenlokale, Restaurants oder Büros untergebracht.

Neben dieser typischen, zusammenhängenden Bebauung findet man frei stehende Häuser, deren Besitzer nicht selten berühmte und entsprechend wohlhabende Personen sind – Gebäude mit historischer Vergangenheit oder **luxuriöse Villen** der Gegenwart. Letztere sind fast immer sehr harmonisch in das Gesamtbild der Region eingefügt, obwohl sie in ihrer Pracht oft Palästen gleichen. Glas und Marmor sind bevorzugte Baustoffe, herrliche Gärten mit Brunnen oder anderen Wasserelementen runden das Gesamtbild ab.

Die **historischen Gebäude** erstrahlen in der Regel voller Eleganz. Bei manchen ist die alte Bausubstanz erhalten geblieben und nur restauriert worden, andere mussten aufwendig rekonstruiert werden. Palmen spenden Schatten und unterstreichen den maurisch-orientalischen Baustil, der besonders in den Seebädern zu finden ist. Die Fenster sind mit maurischen Fenstergittern verblendet, Rundbögen schließen sie nach oben ab, gelegentlich mit Ornamenten verziert. Oft findet man auch Balustraden vor den Fenstern, an der Dachkante steht häufig ein Kranz aus kleinen, gelegentlich in Stufen gebauten Zinnen, Flechtornamente schmücken den Giebel: So stehen sie in ihrer ganzen Pracht inmitten großer oder kleiner Parkanlagen.

Neben Palmen zieren auch allerlei andere, zum Teil **exotische Gewächse** diese Anlagen wie Cannas, Agaven, Kakteen, Mimosen und Eukalyptusbäume, ebenso der Blauregen, ein Kletterstrauch, der um Ostern herum blüht und während dieser Zeit seinem Namen alle Ehre macht – aber Vorsicht, alle Pflanzenteile sind giftig! Beliebt sind diese Gewächse nicht nur in den Gärten, sondern auch im öffentlichen Raum: **Blumenpracht,** wohin man schaut. So ist beispielsweise die N98 zwischen Beauvallon und Port Grimaud im Sommer mit frischen Blumenschalen geschmückt.

Auch im ländlichen Raum trifft man auf Reichtum. Er dokumentiert sich im sogenannten **Mas,** dem Anwesen aus Herrenhaus, Gesinde- oder Pächterhaus sowie Ställen und Lagerräumen. Fast immer sind diese Häuser aus Natursteinen gebaut, was ihnen einen besonderen Charme verleiht.

All diese Pracht konnte sich entfalten, weil in früheren Jahrhunderten wehrhafte **Festungen** vor feindlichen Übergriffen schützten. So war es in St. Tropez die Zitadelle, die oberhalb der Stadt Land und Meer im Blick hatte und Schutz gewährte. Bei Grimaud ragen noch heute die teilweise verfallenen Mauern der Burg trutzig über das Land, La Garde-Freinet wurde vom wehrhaften Fort im Bergmassiv geschützt, in Gassin hat man die Befestigungsanlage zum Ort ausgebaut, Ramatuelles Häuserfronten zeugen noch heute von der Wehrhaftigkeit.

Stadtgeschichte

Um 599 v.Chr. errichteten **phönizische Seefahrer** aus Kleinasien ein Handelszentrum im heutigen Marseille. Um ihre zahlreichen Handelsposten problemlos zu erreichen, benötigten sie eine größere Zahl von Ankerplätzen an der Küste des Mittelmeers. Sie gründeten unter anderem **Athenopolis,** von dem man annimmt, dass es dort lag, wo sich heute St. Tropez befindet. Hier einen Ankerplatz zu errichten, war nautisch ausgesprochen geschickt, denn die West-Ost-Ausrichtung der Bucht bietet einem Hafen natürlichen Schutz.

154 v.Chr. waren Marseille und die zugehörigen Handelsposten immer wieder Ziel von **Überfällen ligurischer Krieger.** So wurde Rom um Hilfe ersucht, schickte seine Legionen und besiedelte damit einhergehend die Region. 31 v.Chr. kam es zur großen Schlacht von Actium mit dem endgültigen Sieg der **römischen Legionen.** Die 8. Legion bezog ihr Quartier im *Forum Julii,* dem heutigen **Fréjus.** Ihr Machtbereich dehnte sich über die Region aus, also auch auf die Halbinsel von St. Tropez. Bis ins erste Jahrhundert n.Chr. bauten Römer hier ihre „Villen".

Die folgenden Jahrhunderte waren vom Niedergang Roms und von auf-

Die Legende vom heiligen Tropez

Die Überlieferung erzählt die Geschichte vom Römer **Gaius Silvius Torpetius,** einem Patrizier aus Pisa (Toskana). Als brillanter Offizier wurde er von Kaiser *Nero* zum Oberbefehlshaber seines Palastes ernannt. Von *Paulus,* für dessen Bewachung er zu sorgen hatte, wurde er zum christlichen Glauben bekehrt. Bei einem Fest des Kaisers bekannte sich Torpetius zu seinem Glauben, wurde festgenommen und zum Tode verurteilt.

Die Bestien, die ihn töten sollten, legten sich jedoch friedlich zu seinen Füßen nieder. Die Säule an die er gebunden war, um ausgepeitscht zu werden, stürzte in sich zusammen und begrub dabei den Henker unter sich. So schlug man Torpetius schließlich den Kopf ab, um die Sache zu beenden. Sein Kopf wird bis heute in einer Kapelle in Pisa aufbewahrt. Sein Körper wurde zusammen mit einem **Hahn** und einem **Hund** (Symbole des bösen Schicksals in der römischen Überlieferung) in ein Boot gelegt und in den Arno gelassen. Mit der ligurischen Strömung gelangte das Boot – allen Unbilden zum Trotz –an jene Küste, an der sich heute St. Tropez befindet.

Jedes Jahr am **29. April,** dem Jahrestag der Hinrichtung des heiligen Torpetius (frz.: *Tropez*), beginnt eine **Wallfahrt** von St. Tropez nach Pisa. Das Boot mit dem enthaupteten Torpetius, dem Hund und dem Hahn ist im **Wappen** von St. Tropez verewigt.

042st Foto: ho

blühendem **Piratentum und Plünderungen** gekennzeichnet, die – will man den Überlieferungen glauben – den **Sarazenen** zuzuschreiben sind. Allerdings ist dies nicht beweisbar, denn in arabischen Karten aus damaliger Zeit fehlen Informationen über die Halbinsel, ebenso lässt man außer Acht, dass nach dem Zusammenbruch Roms alle Arten von marodierenden Gruppen durch die Lande zogen. Sicher ist jedoch, dass es *Guillaume von Arles,* dem Herzog der Provence, im Jahre 972 gelungen ist, die letzten Sarazenen zu vertreiben. Er errichtete 980 als Symbol seiner Macht den mächtigen Turm in St. Tropez, der heute als **Tour Suffren** bekannt ist.

Erste Berichte über eine Stadt namens St. Tropez finden sich in Aufzeichnungen des Abtes von St. Victor aus Marseille aus dem 11. Jahrhundert. Er spricht von einer *Ecclesia Sancti Torpetis,* also der Kirche des **heiligen Torpetius** (*St. Tropez,* siehe Exkurs), und einem benachbarten Castrum, einem Herrschaftssitz aus römischer Zeit mit angrenzenden Ländereien. Päpstliche Bullen zwischen 1079 und 1218 bestätigen die Existenz dieses Castrums.

Ab 1436 bemühte sich der Baron *René de Provence,* die gesamte Region wieder zu besiedeln, nachdem sie durch Machtkämpfe und Pest heimgesucht worden war.

Schmale Gassen bestimmen das Stadtbild

1470 kam es zur Freiheitscharta zwischen *Jean de Cossa,* dem Baron von Grimaud, und *Raphael di Garrezzio,* einem Edelmann aus Genua. Diese Charta sah vor, eine Gemeinschaft mit speziellen Rechten und Pflichten in der Stadt St. Tropez zu erschaffen. Garrezzio und etliche Genueser Familien sollten die Halbinsel (von Cavalaire bis Ste. Maxime) besetzen, wieder bevölkern, militärisch stärken und verteidigen. Im Gegenzug sollten die Bewohner der Gegend von allen Abgaben und Steuern befreit sein und uneingeschränkt Handel treiben dürfen. Somit war die **Republik von St. Tropez** geboren. Sie war weitgehend unabhängig vom französischen Königreich und blieb dies auch über etwa zwei Jahrhunderte. 1481 ratifizierte König *Louis XI.* das Abkommen, 1558 wurde ein Stadtkommandant ernannt und damit die Effizienz der Verteidigungskräfte gewürdigt. Erst 1672 wurde die Unabhängigkeit durch *Louis XIV.* aufgehoben.

Zum Schutz von Hafen und Stadt wurde ab 1589 der Hügel oberhalb des Hafens entwaldet, um dort Befestigungsanlagen zu errichten. Das endgültige Ergebnis war die auch heute noch machtvoll die Bucht überblickende **Zitadelle,** deren Fertigstellung bis 1633 dauerte. Architektonisch am eindrucksvollsten ist der sechseckige Turm, der zwischen 1602 und 1607 erbaut wurde. In der Folgezeit kam dieser Festung ein mehr oder weniger

St. Tropez und der Film oder wie alles begann

Natürlich hat nicht alles in den 1960er Jahren begonnen, aber der bis heute währende Ruf der Stadt liegt in dieser Zeit begründet. **Maler und Schriftsteller** waren schon lange vor der Hochzeit des Kinos **begeistert von Provence und Côte d'Azur** und berichteten in ihren Werken entsprechend davon. So lebten hier zeitweise z.B. *F. Scott Fitzgerald, Ernest Hemingway* und *Aldous Huxley.* In Künstlerkreisen sprach sich der Reiz der Gegend rasch herum.

Vor allem das milde Klima und die vielen Stunden Sonnenschein lockten dann die **internationale Filmwelt** an die Côte d'Azur. *François Truffaut, Jean-Luc Godard* und *Jean Cocteau* drehten hier ebenso wie *Roger Vadim,* dem es 1956 gelang, mit „Und immer lockt das Weib" *Brigitte Bardot* weltweit zur Berühmtheit zu machen. Als Nebenprodukt errang dadurch auch St. Tropez Weltruhm. *Hitchcock* hatte zuvor *Grace Kelly,* der späteren *Gracia Patrizia von Monaco,* zu Bekanntheit verholfen und der Stadt Nizza ein Denkmal gesetzt.

Aber auch andere Filmgrößen zog es in die Gegend. So drehten hier *Jean Gabin* und *Alain Delon* zahlreiche **Gangsterfilme,** *Sean Connery* kämpfte und liebte hier als **James Bond** in „Sag niemals nie" genauso wie später *Pierce Brosnan* in „Goldeneye". Auch in jüngerer Vergangenheit tummelten sich Actionhelden an den herrlichen Küsten, so z.B. *Michael Douglas* und *Kathleen Turner* in „Auf der Suche nach dem grünen Diamanten".

Doch auch wer solche Actionfilme nicht mag, kennt den Namen St. Tropez wahrscheinlich aus dem Kino bzw. Fernsehen, gab es doch eine ganze Filmreihe um den **„Gendarm von St. Tropez"** mit *Louis de Funès* in der Titelrolle. Seine Kollegen und er sind dabei stetig bemüht, die „Ordnung" im einstmals ruhigen Städtchen wiederherzustellen, das zunehmend von der Welt des Glitzers und Glamours erreicht wird. So kämpfen sie einen fast aussichtslosen Kampf für Sitte und Anstand und gegen junge Frauen, die **oben ohne** baden, oder Menschen beiderlei Geschlechts, die sich gar völlig unbekleidet der Sonne hingeben.

Somit sind diese Filme nicht nur komisch, sondern fast schon kritisch zu nennen, denn in den „wilden" 1960er Jahren geschahen solche **Skandale** gerade in St. Tro-

040st Foto: ho

Für manch einen muss es etwas größer sein ...

pez. In den Sommermonaten füllten sich die Gassen des ansonsten ruhigen und beschaulichen Ortes mit Menschenmassen aus Paris und anderen Großstädten. Alle wollten den Ruhm der Stadt genießen und einen Blick auf die international bekannten Stars erhaschen. Und die waren Trendsetter. Sie fanden es unnötig, sich beim Stadtbummel ordentlich zu kleiden, und so shoppten plötzlich zahlreiche hübsche Mädchen in ihren **Bikinis,** die übrigens in St. Tropez immer wieder ihre ersten und spektakulärsten Auftritte hatten. Angeblich soll der Monokini hier erfunden worden sein. Brigitte Bardot schlenderte einst barfuß über das Pflaster und löste damit eine wahre Welle aus.

Wer Rang und Namen hatte, sei es durch Geld oder Adelstitel, war hier zu finden und wurde gefunden, da die internationale Presse schon damals großes Interesse an Prominenten hatte und möglichst viele hautnah erleben wollte. Im Hafen und in den Restaurants tummelten sie sich vom Nachmittag bis zum frühen Morgen. Und die echten Gendarmen hatten zu tun, denn im Gefolge dieser Glitzerwelt gab es zahlreiche Skandale.

All dies festigte den Ruf der Stadt umso stärker und hält bis heute an. Wer auf sich hält, kleidet sich auffällig, denn auffallen ist hier für viele ein Muss. So genießen die Schönen und Reichen dieser Welt immer noch den Nachmittag an Deck ihres Schiffes im kleinen Hafen, so schlendern Berühmtheiten immer noch gern durch die Boutiquen in den schmalen Gassen und sitzen Filmstars wie *Mario Adorf* nach wie vor gern in einem Café an der Place des Lices, schauen dem Boule-Spiel zu oder parlieren mit Freunden. Ein Treffpunkt ist seit damals erhalten, das Hotel Byblos und die dazugehörige Disco Les Caves du Roy.

großer Ruhm bei der Verteidigung der Stadt zu. Zahlreiche Restaurierungen fanden über die Jahrhunderte statt, sodass eine perfekt positionierte Verteidigungsanlage geblieben ist, die allerdings im 19. Jahrhundert an Wert verlor, da erstens Stadt und Hafen keine Gefahr mehr von See drohte und zweitens in modernen Kriegen Festungen allenfalls eine untergeordnete Rolle spielten.

Im 17. und 18. Jahrhundert hatte die Stadt aktiven Anteil an der **Verteidigung Frankreichs.** Bis ins späte 19. Jahrhundert waren Tropéziens (die Bewohner von St. Tropez) in **Schiffbau und Seefahrt** aktiv, sie trieben Handel rund ums Mittelmeer. Wer hier als Seemann oder Navigator ausgebildet worden war, genoss großes Ansehen – sowohl in der Handelsschifffahrt als auch in der Kriegsmarine. Bekannt sind u.a. *Pierre-André de Suffren* (1729–1788), der Generalleutnant auf der „Royale“ und ein guter Freund von *Louis XVI.* war, sowie General *Allard* (1785–1836), ein Stabsoffizier *Napoleons,* der nach Waterloo in Ungnade fiel, nach Indien auswanderte, dort für einen Sikhprinzen ein Heer aufbaute, dessen Nichte heiratete und mit ihr nach St. Tropez zurückkehrte.

Im 19. Jahrhundert, mit dem Zeitalter der Dampfschifffahrt, verblasste die Bedeutung der Stadt zusehends. Zu Beginn des Ersten Weltkrieges waren nur noch 200 Schiffseigner hier registriert.

Zwischen den Weltkriegen erlebte der Ort eine leichte Blüte, denn einerseits wurden hier **Torpedos herge-**

stellt, andererseits wurde auf der Linie Toulon – St. Raphaël die **Schmalspurbahn** „petit train des pignes" in Betrieb genommen.

Am 15. August 1944 war St. Tropez die erste Stadt der Provence, die durch **alliierte Truppen** von der deutschen Besetzung befreit wurde. Ein amerikanisches US-Fallschirmbataillon stürmte den Strand von Pampelonne und konnte die Region erobern.

Schon zwischen den Kriegen, besonders aber danach, erlebte der Ort eine Blüte als **Urlaubsort.** Schöngeister entdeckten die Côte d'Azur für sich, ihnen folgten Berühmtheiten, Adelige und Industrielle. In den 1950er Jahren wurde St. Tropez von Filmteams und dem Jetset erobert. Man hatte ein Mekka gefunden, zu dem man alljährlich im Sommer pilgerte, um der Medienwelt neueste Geschichten zu liefern und im Gespräch zu bleiben. Das hat sich bis heute nicht geändert.

Aktuelle Politik und Umweltschutz

Seit der Gebietsreformen in Frankreich im Jahr 1970 ist die Region **Provence-Alpes-Côte d'Azur** in sechs Départements unterteilt. St. Tropez und die angrenzenden Orte liegen im **Département Var.** Hauptstadt des Var ist das etwa 75 Kilometer entfernte Toulon, eine Hafenstadt, die jedoch so gar nichts mit dem Glamour von St. Tropez gemein hat.

Trotzdem hat **Toulon** Einfluss auf den Ort: Galt der Süden Frankreichs einst als Hochburg politisch linker Ideen, so änderte sich dies in der Zeit des **Front National** und ihres Vordenkers *Jean-Marie Le Pen* gründlich. 2002 kam seine Partei in Nizza auf 30% der Wählerstimmen, in Toulon, der Hafenstadt mit nicht zu übersehenden ethnischen Problemen, war dies kaum anders. Doch die jüngste Vergangenheit zeigt eine andere Tendenz: *Le Pen* wurde 2004 die Kandidatur in seinem Wahlkreis Nizza verweigert, die Partei kam landesweit auf 12,6%. Im Präsidentschaftswahlkampf 2007 war sie deutlich gegenüber den anderen Parteien abgeschlagen. St. Tropez ist also sicher kein braunes Pflaster, aber unter dem Pflaster könnte es gären. Wie in zig anderen Gegenden Europas zeigt sich hier in besonderer Weise der **Unterschied zwischen Arm und Reich:** hier exorbitanter Wohlstand, da ärmliches Leben. Dass dies zu Problemen führt, ist unbestritten. Man ist natürlich bemüht, dass der Urlauber davon nichts mitbekommt – schließlich soll hier zumindest für die Sommermonate die Stimmung nicht getrübt werden.

Da der **Tourismus** ein wesentlicher Pfeiler des Wohlstands ist, wird für diese Branche (fast) alles getan. Ausbau von Straßen, Ausweitung von Neubauflächen (allerdings nicht für Hotelgiganten, sondern hauptsächlich für frei stehende Häuser oder Ferienwohnungsanlagen), Nutzung des Meeres auf alle erdenklichen Arten – dem umweltbewussten Urlauber sträuben sich zuweilen die Nackenhaare.

Immer wieder kommt es zu **Waldbränden,** begünstigt durch falsche Aufforstungen und intensive Landwirtschaft (hauptsächlich Lavendel und Wein). All dies führt zu erheblichen **ökologischen Risiken,** die allerdings derzeit noch keine gravierenden Nachteile für St. Tropez bedeuten – vom **hohen Verkehrsaufkommen** abgesehen.

Und dem Verkehr wird immer mehr Raum gegeben. 2008 hat man begonnen, die **Zufahrt** nach St. Tropez von der Autobahnabfahrt le Muy aus zu **verbreitern,** denn die kurvenreiche Strecke sorgte eben vor allem in der Hauptreisezeit immer wieder für Unfälle, da ungeduldige Fahrer jeden subjektiv zu langsam fahrenden Vordermann als potenzielles Hindernis überholten – nicht immer erfolgreich. So wird diese Straße nun **mehrspurig** – auf Kosten der Landschaft.

Andererseits gibt es aber auch stete Bemühungen um Umweltschutz: So werden etwa Gebiete großflächig unter Schutz gestellt, es wird intensiver **Küstenschutz** betrieben und die **Müllvermeidung** gefördert. Auf kommunaler wie auch auf regionaler Ebene bemüht man sich um die **Sauberkeit des Meeres.**

Doch was nützt all dies, wenn der Einzelne nicht mitzieht? Wenn überall Müll zurückgelassen und die Natur als Bedürfnisanstalt missbraucht wird, Küstenschutzmaßnahmen buchstäblich mit den Füßen getreten werden, weil Urlauber Zäune überklettern? Es sind nicht nur die Einheimischen, die mit ihren natürlichen Ressourcen zuweilen fragwürdig umgehen. Auch der Gast sollte darum bemüht sein, dass die einmalige Schönheit dieses Landstriches weiterhin erhalten bleibt.

043st Foto: ho

044st Foto: ho

Wirtschaft und Tourismus

Natürlich gibt es in der Region St. Tropez Industrieunternehmen, sie produzieren vor allem landwirtschaftliche Produkte. Wirtschaftsfaktor Nummer eins ist allerdings der Tourismus, er hat die traditionellen Erwerbsfelder Fischerei und Landwitschaft weitgehend verdrängt. Fischer und Bauern spielen nach wie vor ihre Rolle, aber man hat oft den Eindruck, sie würden als touristisches Beiwerk die Motivkiste des Urlaubsfotografen bereichern. Auch der Anbau von Wein und Lavendel hat seine Bedeutung, aber was ist das alles gegen fast zehn Millionen Besucher, die alljährlich an die Côte d'Azur reisen? So kann die gesamte Region am besten überleben (und das sehr gut), wenn der Tourismus floriert.

Nach dem Tsunami in Asien Weihnachten 2004 entwickelte sich auch an anderen Küsten die Furcht vor solchen Naturkatastrophen. Nicht auszudenken, wenn Urlauber eine latente Gefahr für St. Tropez sähen! Sofort bemühten sich nationale und internationale Blätter um Beruhigung, getreu der Devise: „Warum so etwas bei uns nicht geschehen kann!“

Tausende von Franzosen und Ausländern aus der ganzen Welt haben in der Gegend um St. Tropez ihren Zweitwohnsitz, zahlen Steuern und fördern durch ihren Urlaub die Wirtschaft in der Region. So kann der Ort die Durststrecke von November bis Ostern, in der es kaum Gäste gibt, problemlos überstehen. Ein Nachteil dieser Abhängigkeit vom Tourismus ist aber die Tatsache, dass St. Tropez außerhalb der Saison fast ausstirbt. Kaum ein Geschäft ist geöffnet, Restaurants bleiben geschlossen, viele Hotels werden in dieser Zeit renoviert.

Flora und Fauna

Die Pflanzenwelt

Besonders im Frühjahr ist die Pracht der Pflanzenwelt fast unbeschreiblich. Überall blüht und grünt es, und das gleich so exotisch, dass man sich in fernen Erdteilen wähnen könnte. Palmen, Eichen, Kiefern, Eukalyptus, Aloen, Agaven, Kakteen, Zitrusgewächse, Olivenbäume, Mimosen, Thymian, Lavendel, Jasmin, Rosen und Nelken – all diese Pflanzen findet man in reicher Zahl. Das einzigartige Klima der Region macht es möglich. Wachstum und Blüte finden im Frühjahr statt, gehen dann auf ein Minimum im heißen Sommer zurück, um im Herbst (zumindest für einige Arten) erneut zu beginnen. (Zum Lavendel und zu Pflanzen, die für die Parfumherstellung genutzt werden, finden sich Exkurse im Kapitel „Reisetipps A–Z“.)

Typische Pflanzen der Region besitzen ein extrem ausgeprägtes Wurzelsystem, um auch in großer Trockenheit an tief liegende Wasseradern zu gelangen. Auch harte und dicke Blätter, die Wasser gut speichern können und einen guten Austrocknungsschutz besitzen, findet man bei vielen Arten.

Symbolträchtiger Baum mit hochwertiger Frucht: die Olive

Ob grün oder schwarz, frisch oder aus der Konserve, mit Kern oder gefüllt – die Frucht des Olivenbaums kennt und schätzt man nicht erst, seit Pizza, Pasta und Fingerfood immer beliebter wurden. Archäologische Funde von Olivenkernen weisen nach, dass man Oliven schon vor 9000 Jahren aß. Wahrscheinlich stammten sie aber noch als reine Sammelfrüchte von wild wachsenden Bäumen. Andere Funde untermauern die Theorie, dass der Olivenbaum zumindest seit 4000 v. Chr. kultiviert wird. Diese Nutzung erfolgte wohl erstmalig im Gebiet des heutigen Syrien. Vermutungen gehen davon aus, dass einzelne Sippen den Baum kultiviert und dann Ableger an befreundete Sippen weitergegeben haben. So erklärt sich, wie der Baum zum Symbol des Friedens wurde.

Unter seinem zweiten Namen ist der Baum allerdings noch bekannter: Dem **Ölbaum** kommt in der Bibel große Bedeutung zu. In der Heiligen Schrift ist die **Taube mit dem Ölzweig** ein Symbol des Friedens. *Homer* schrieb über den Ölbaum, *van Gogh* beschrieb die Pflanze in Briefen an seinen Bruder und der Koran berichtet ebenfalls über sie.

Der im ganzen Mittelmeerraum verbreitete **Olea europaea** ist eine immergrüne Pflanze mit kleinen Blättchen, deren Farbe auf der Blattoberseite grau-grün und an der Unterseite silbrig-grau erscheint. Da der Baum an besonders **trockene Gebiete** angepasst sein muss, zeigen die Blattunterseiten feine Härchen, die an den Spaltöffnungen austretendes Wasser aufnehmen, in das Blatt zurückleiten und so quasi recyceln. Der Baum selbst zeigt meist starke Verzweigungen und eine olivgrüne, mit dem Alter immer rissiger werdende Rinde. Zuchtformen werden bis zu 20 Metern hoch, während die Wildformen durchweg kleiner bleiben.

Um eine möglichst gute Ernte zu erzielen, werden die Bäume häufig zurückgeschnitten. Erste Erträge zeigen sich nach etwa 10 Jahren, die ertragreichsten Jahre beginnen ungefähr mit dem 20. Lebensjahr. Allerdings kann man von einem solchen Baum dann über Jahrhunderte ernten. Wissenschaftliche Untersuchungen gehen davon aus, dass Olivenbäume ein **Alter von etwa 1000 Jahren** erreichen. In Italien soll ein Baum stehen, der etwa 1700 Jahre alt ist. Ähnlich alt wird ein Olivenbaum im israelischen Getsemane geschätzt, während in der montenegrinischen Stadt Bar ein Ölbaum ca. 2000 Jahre alt sein soll.

Die **Frucht** ist zunächst grün und wird mit zunehmender Reifung schwarz. Um die zahlreichen Bitterstoffe zu entfernen, muss die Steinfrucht nach der Ernte mehrfach, am besten in Salzlake gewässert werden. Erst dadurch erhält sie ihren typischen würzigen Geschmack.

Der hohe Ölgehalt lässt es zu, statt der ganzen Frucht nur das **Öl** zu verwenden. Für preiswertere Produkte gewinnt man es durch hydraulisches Pressen, z.T. unter Einsatz thermischer Verfahren. Hochwertige Öle gewinnt man durch ein Druckverfahren, bei dem das Eigengewicht der gesamten Fruchtmenge das Öl aus den Früchten presst. Solche Olivenöle sind nicht nur schmackhaft, sondern auch gesund. Neben einer Stärkung des Immunsystems wirken sie sich positiv auf den Cholesterinspiegel und das Kreislaufsystem aus und begünstigen den Fettstoffwechsel.

Neben der Frucht wird auch das **Holz** des Olivenbaums genutzt, da es sehr hart ist und sich gut verarbeiten lässt. Gelegentlich findet man Möbelstücke aus Olivenholz, verbreiteter sind allerdings Gebrauchsgegenstände, besonders Küchenutensilien, aus dem hübsch polierten Holz.

Ursprünglich war das Mittelmeergebiet durch Steineichenwälder gekennzeichnet. Die **Steineiche** wächst vornehmlich auf Kalkböden in bis zu 800 Metern Höhe. Ein kurzer, kräftiger Stamm mit grauschwarzer Färbung und eine dichte, rundliche Krone sind ein typisches Merkmal dieses Baumes. Durch die jahrhundertelange Überweidung und intensive Nutzung solcher Wälder kam es zur Erosion. Nur wenige Pflanzen kommen mit den veränderten Bedingungen zurecht, am besten aber die Gebüschformationen der Macchia und Garrigue.

Die **Macchia** kam ursprünglich nur an wenig bewachsenen Hängen mit geringer Bodenschicht vor, konnte sich aber in Folge der Holznutzung und regelmäßiger Waldbrände hervorragend ausbreiten. Sie ist durch eine relativ hohe, dichte Buschvegetation gekennzeichnet.

Werden auch diese Gebiete weiter intensiv genutzt, so entsteht die fast überall anzutreffende **Garrigue,** eine lückenhafte Gebüschformation, bestehend aus niedrigen, meist hartlaubigen und stacheligen Sträuchern, ätherisch duftenden Stauden, z.B. Lavendel und Rosmarin, und früh blühenden Zwiebelpflanzen wie Iris und Gladiolen. Wesentlicher Bestandteil der Garrigue sind die **Flaumeiche** und die **Kermeseiche,** ein immergrüner Busch, der etwa einen Meter Höhe erreicht. Die Blätter bieten den Lebensraum für die Kermesschildlaus, aus der früher ein karmesinroter Farbstoff gewonnen wurde. Auch die Garrigue ist mittlerweile stark gefährdet, denn einer zunehmenden Zahl von Waldbränden können selbst diese sehr robusten Pflanzen oft nicht standhalten.

Die **Korkeiche** – charakteristisch für den gesamten Süden Frankreichs – ist besonders gut an ihrer zerklüfteten Rinde und den dicken, fast schwarzen Eicheln erkennbar. Etwa alle acht bis zwölf Jahre wird der Stamm dieses Baumes geschält, darunter kommt dann eine auffällige rötliche Färbung zu Tage (siehe auch unten).

Typisch und unverwechselbar für die gesamte Region ist die **Pinie.** Meist steht sie einzeln und ist dann an ihrer ausladenden, schirmförmigen Krone

045st Foto: ho

Aleppokiefer

zu erkennen. Auch auf scheinbar unfruchtbaren Böden der Küstengegenden gedeiht die **Aleppokiefer.** Helle, feine Nadeln und ein häufig recht krummer Stamm sowie eine eher graue Rinde sind ein sicheres Erkennungszeichen. Sie besiedelt als Pionierpflanze gern niedergebrannte Garrigueflächen und verhindert so deren Neubesiedlung durch die Ursprungsvegetation.

Besonders im Massif des Maures (z.B. bei Collobrières) sind **Kastanien** weit verbreitet, deren Früchte zur Herstellung kulinarischer Köstlichkeiten verwendet werden (s.u.). Ein typisches Ziergewächs ist der **Mandelbaum.** Schatten spenden an Straßen und auf Plätzen die **Platane** mit ihrer fleckigen Rinde und der zu den Ulmen gehörende **Zürgelbaum.**

Auch exotischere Bäume sind an der Côte d'Azur anzutreffen, so zahlreiche Palmenarten, von denen die **Dattelpalme** am auffälligsten ist. Auch der rasch wachsende **Eukalyptus** aus Australien hat hier eine neue Heimat gefunden. Er passt sich in Parks und Gärten hervorragend ein und ist gelegentlich auch außerhalb solcher umschlossenen Areale zu sehen (s.u.).

Neben Eukalyptus-Anpflanzungen sieht man oft große Flächen mit **Schilfgräsern.** Diese Gräser werden recht dick, sind biegsam und gut zu verarbeiten. Nach der Wachstumsphase vertrocknet das Gras und wird in Form von Garben zusammengebunden. In Cogolin nutzt man es zu kunsthandwerklichen Zwecken: Es wird zu Windspielen weiterverarbeitet und in die ganze Welt exportiert.

Herrlich gelb blühende, duftende **Mimosen** findet man hauptsächlich an Berghängen. Bis zu vier Metern Höhe erreicht die **Pistazie** mit ihren kleinen, zunächst roten, später braunen Früchten. Die **Kugeldistel** ist ein unübersehbarer Vertreter der Region. Sie wird bis zu einem Meter hoch und zeigt kugelige, bläuliche Blütenstände. Aus Afrika und Amerika wurden ebenfalls zahlreiche Pflanzen eingeführt, wie die **Opuntie** (oder Feigenkaktus), die **Agave** und die **Aloe.**

Ende des 19. Jahrhunderts verbrachte der Journalist und Schriftsteller *Al-*

046st Foto: ho

Typische Macchia-Vegetation

phonse Karr seine letzten Lebensjahre in St. Raphaël an der Côte d'Azur und widmete sich seinem Hobby, der Gärtnerei. So soll er zahlreiche Arten der Riviera angesiedelt haben, deren Anbau durch ausgeklügelte Bewässerungssysteme und heizbare Treibhäuser zu einer neuen Industrie führten. Hierzu zählen auch **Rosen,** die aber nicht nur als Schnittblumen Verwendung finden, sondern auch von der Parfumindustrie geschätzt werden. So wachsen hier denn auch viele stark **duftende Pflanzen** wie Jasmin, Bitterorange, Zypresse, Basilikum, Salbei, Estragon, Melisse, Eisenkraut, Geranie, Rosmarin, Thymian und viele andere, die zu Duftwässern oder Heilmitteln verarbeitet werden.

Zwischen den schroffen Klippen wachsen Fettblattgewächse und Flechten

Korkeiche

Die Korkeiche

Die Korkeiche *(Quercus suber)* gehört innerhalb der Gattung der Eichen zur Familie der Buchengewächse. Das Hauptverbreitungsgebiet dieser immergrünen und bis zu 20 Meter hohen Eiche ist Nordwestafrika und Südwesteuropa.

048st Foto: ho

Eine Korkeiche bildet wie andere Bäume auch eine **Rindenschicht,** die aus gleichmäßig angeordneten Zellreihen besteht. Diese Korkzellen dichten ihre Zellwände vollständig mit Suberin gegen Wasser- und Gasdurchtritt ab und sterben anschließend ab, da nun kein Stoffwechsel mehr möglich ist. So bildet eine Korkeiche im Laufe der Jahre eine dicke, rissige **Korkkruste** rund um den Stamm.

Die in den ersten 20 bis 25 Jahren heranwachsende Schicht (auch „männliche Korkschicht" genannt) ist für die Verwertung schlecht geeignet und würde zudem bei völligem Abtragen nicht wieder erneuert. Nach ca. 25 Jahren wird erstmals die Kruste zusammen mit ihrem Teilungsgewebe (Kambium) sehr behutsam vom Stamm geschält, sodass das darunter liegende Gewebe nicht beschädigt wird. In diesem Gewebe entwickelt sich ein neues Kambium, das durch den Eingriff deutlich aktiver ist und schon nach etwa acht bis zehn Jahren **verwertbaren Kork** liefert. Auf diese Weise kann der Baum bis zu einem Alter von weit über 100 Jahren Korklagen produzieren. Je älter der Baum ist, bzw. je häufiger er geschält wurde, desto besser - also glatter und feiner - ist die Qualität des Korkes.

Die wirtschaftliche Verwendung des Korkes liegt in seinen **guten Dichtungs- und Dämmeigenschaften.** Kork ist sehr leicht, haltbar und undurchlässig für Gase und Wasser, außerdem leitet er schlecht Schall und vor allem Wärme. Flaschenverschlüsse werden aus Kork bester Qualität gewonnen, weniger guter Kork findet seine Verwendung in Schwimmern von Netzen, zur Herstellung von Fußbodenbelägen, Dämmstoffen und Schuhsohlen. Abfälle und recycelte Korkprodukte werden zu Korkmehl gemahlen und als Bindestoff eingesetzt. Derzeit beträgt die europäische Korkproduktion mehr als 300.000 Tonnen pro Jahr.

Die dicke Korkschicht diente dem Baum ursprünglich als Schutz vor ökologischen Einflüssen. In den Gegenden, in denen die Art beheimatet ist, treten auch unter natürlichen Bedingungen immer wieder **Brände** auf. Sie ziehen infolge der Trockenheit rasch über die Flächen hinweg und zerstören dabei alle Pflanzen, die nicht angepasst sind. So brennen solche Feuer sehr rasch wilde Gräser und altes Laub nieder und hinterlassen dem Boden eine Asche mit wertvollen Mineralien. Die dicke Korkschicht der Korkeiche schwärzt sich zwar im Feuer, doch weder die Korkschicht noch der Baum werden geschädigt, sofern sie den Flammen und hohen Temperaturen – wie unter natürlichen Bedingungen meist der Fall – nicht lange ausgesetzt sind.

Stattdessen kann die Korkeiche als eine der wenigen Pflanzen, die das Feuer überstanden haben, sofort mit der Aufnahme der Mineralien beginnen. Bei den Waldbränden in Südwesteuropa z.B. im Jahr 2005 hat sich herausgestellt, dass das Fehlen der Korkeichen großen Einfluss auf die Entwicklung und das enorme Verwüstungspotenzial der Feuer hatte. Nach früheren Bränden hatte man statt mit heimischen Pflanzen (z.B. Korkeichen) aufzuforsten, auf schnell wachsende Arten wie Nadelbäume und Eukalyptus gesetzt. Letzterer brennt nicht nur so gut wie ein Nadelbaum, er produziert auch ätherisches Öl, das den Brand noch begünstigt!

Der Eukalyptus

500 bis 600 Arten zählt die Gattung der Eukalyptusbäume. Bis auf zwei Arten wuchsen sie ursprünglich nur in Australien, wo sie das Vegetationsbild bestimmen, denn sie stellen dort etwa 90% des Baumbestandes dar. Der Eukalyptus gehört zur Familie der Myrtengewächse. Bemerkenswert ist das **rasche Wachstum** und unverwechselbar ist die Rinde, die sich ständig in langen Streifen vom Baum löst. Die Blüten besitzen meist hübsch gefärbte Staubfäden, die buschig zusammenstehen und an eine Mütze erinnern. Daher auch der Name, der übersetzt „Schönmütze“ oder „Schönhaube“ bedeutet.

In Australien können die Bäume Wuchshöhen von über 100 Metern erreichen. Ganz so groß werden die Exemplare im mediterranen Raum nicht, u.a. deshalb, weil sie regelmäßig vorher gefällt werden, denn das **Holz** ist ausgesprochen wertvoll. Einige Arten produzieren das sogenannte *iron bark,* das Eisenholz, das zu den festesten und beständigsten Hölzern weltweit gehört. Es eignet sich hervorragend als Bau-, Möbel- und Brennholz sowie zur Herstellung von Papier. Diese Festigkeit kommt u.a. durch die Einlagerung von Silicium bei einzelnen Arten zustande. Doch sie hat auch einen Nachteil: Das spezifische Gewicht liegt oft viel höher als das von Wasser, sodass Eukalyptusholz nicht geflößt werden kann.

Weitere wichtige Bestandteile der Pflanze sind die **ätherischen Öle,** die in der Pharmazie und Kosmetikindustrie Verwendung finden. Doch hat auch dieser Rohstoff einen negativen Aspekt, denn herabfallende Blätter werden wegen ihres hohen Gehaltes an Ölen nur sehr schlecht abgebaut, weshalb in Eukalyptusaufforstungen oft der Unterwuchs fehlt.

Besonders weit ist die Art *Eucalyptus globulus* verbreitet, denn sie wächst extrem schnell und vor allem auch auf

feuchteren Böden, sodass man mit dieser Baumart früher malariaverseuchte Sümpfe trocken legte, damit der Anophelesmücke die Lebensgrundlage entzog und so die tödliche Krankheit zurückdrängte.

Die Esskastanie

Maronen entwickeln sich in den stacheligen Fruchtbechern der Ess- oder Edelkastanie *(Castanea sativa),* einem Buchengewächs. Die Kastanie kommt in zwölf sommergrünen Arten in den gemäßigten Klimazonen, hauptsächlich im Mittelmeergebiet und in Kleinasien vor. Wo sie ursprünglich beheimatet war, ist heute nicht mehr schlüssig nachzuvollziehen, da die Pflanze schon viele Jahrhunderte v.Chr. wegen ihrer Früchte kultiviert wurde. Funde deuten auf ein Vorkommen schon im Tertiär hin.

049st Foto: ho

Im Mittelmeergebiet bilden Kastanien, die auf sauren und kalziumarmen Böden bei Temperaturen zwischen 8 und 15 °C am besten gedeihen, eine eigene Waldstufe in etwa 300 bis 400 Metern Höhe. Der Baum besitzt eine braune, mit zunehmendem Alter rissig werdende Rinde und bis zu 20 Zentimeter lange, länglich-elliptische Blätter. Im Mai locken die stark duftenden Blüten zur Bestäubung Käfer, gelegentlich auch Fliegen und Bienen an.

Im Herbst kann geerntet werden, wobei die Früchte vom Boden aufgesammelt werden. Sie besitzen etwa 25% Stärke, 19% Zucker und 2% Fett, lassen sich hervorragend rösten und zu diversen **Spezialitäten** verarbeiten. Produkte aus Maronen werden in Frankreich entweder unter dem Namen *marron* (Esskastanie, Marone) oder *châtaigne* angeboten.

Auch das **Holz** ist begehrt, allerdings nicht als Baumaterial, da es eine starke Tendenz zum Reißen zeigt, sondern wegen des hohen Tanningehaltes von etwa 13%, das zum Gerben verwendet wird.

Platanen werden gern auf Plätzen angepflanzt, weil sie im Sommer Schatten spenden

050st Foto: ho

051st Foto: ho

Die Griechische Landschildkröte: in der Provence erlebt man sie noch wild

Mauereidechsen gehören zu den häufigsten Reptilien der Region

Die Tierwelt

Die große Bevölkerungsdichte an der Côte d'Azur hat den Lebensraum vieler Tierarten eingeschränkt. Am häufigsten sind Begegnungen mit der Vogelwelt, auch wenn sie sich manchmal nur als Hinterlassenschaft von Möwen auf Pulli oder Jacke zeigen.

Mit großem Glück kann man im Hinterland an Bächen und Flüssen mit Steilufern den **Eisvogel** beobachten. **Flamingos** sind im Wesentlichen auf schwach salzhaltige Wasserflächen hinter der Küste beschränkt. Am besten stehen die Chancen, diese rötlich gefärbeten Vögel zu sehen, bei Hyères und Fréjus, wo sie im flachen Wasser waten.

Relativ häufig sieht man Zwergtaucher, Schwarz- und Gelbschnabelsturmtaucher, Sturmschwalbe, Basstölpel (im Winter), Krähenscharbe, Fischreiher, Seidenreiher, Rohrdommel, diverse Entenarten, Sperber, Habicht, Falke, Rohrweihe, Tüpfelsumpfhuhn, Austernfischer, Lachmöwe und Eule.

Von den Säugetieren sind die **Fledermäuse** hervorzuheben, die man recht häufig in der Dämmerung bei der Jagd nach Insekten beobachten kann. **Delfine** leben zwar auch im Mittelmeer, allerdings in immer geringerem Maße. Sie schwimmen meist in großen Gruppen, sogenannten Schulen, oft in Küstennähe.

Wo immer sich auch in bewohnten Gebieten Steinansammlungen finden, sind Reptilien meist nicht weit. Besonders häufig sieht man Echsen, so die **Zauneidechse,** die **Mauereidechse** und mit etwas Glück die hübsch grün gefärbte **Smaragdeidechse.** An Mauern und in Häusern leben auch die **Mauergeckos,** jene kleinen Reptilien, die uns zahlreiche Insekten vom Leibe halten. Erschrecken Sie also nicht, wenn hinter rustikalen Balken plötzlich ein Echsenköpfchen auftaucht.

In stillen Gewässern ist sehr selten die **Europäische Sumpfschildkröte** anzutreffen. Leider findet man viel öfter ausgewilderte Exemplare amerikanischer Zierschildkröten (z.B. die Rotwangen-Schmuckschildkröte), die den Besitzern im Aquarium zu viel Arbeit machten. Ein letztes Rückzugsgebiet der **Griechischen Landschildkröte** befindet sich im gebirgigen Hinterland der Küste (siehe Exkurs im Kapitel „Touren"). Allerdings sind auch diese Tiere sehr selten. Unnötig zu erwähnen, dass auf die Entnahme aus der Natur hohe Strafen stehen!

Immer wieder fallen **Blindschleichen** der Verwechslung mit Schlangen zum Opfer. Und dies völlig unbegründet, denn erstens sind **Schlangen** sehr selten, zweites noch seltener giftig und drittens gibt es keinerlei Grund, eine Schlange zu erschlagen. Sollten Sie eine Blindschleiche (oder vielleicht doch eine Schlange) sehen, erfreuen Sie sich an dieser Begegnung mit der Natur, verharren Sie möglichst ruhig und gehen Sie dann in großem Bogen um das Tier herum. Zu den Schlangenarten, die man hier (selten) beobachten kann, zählen Ringelnatter, Vipernnatter, Girondenatter, Gelbgrüne Zornnatter (schwach giftig), Äskulapnatter und die Eidechsennatter, die ebenfalls schwach giftig ist und besonders durch ihr lautes Zischen und den drohend vorgestreckten Kopf beeindruckt und – zugegeben – erschreckt.

Ein Vertreter der echten **Giftschlangen** ist die Aspisviper, die mit der Kreuzotter verwandt ist. Sie ist recht leicht an ihrem fast dreieckig vom Körper abgesetzten Kopf erkennbar. Eine Schlange zu entdecken ist extrem schwierig, meist handelt es ich dabei um Zufallsbegegnungen, die sich vermeiden lassen. Bei Pausen in Gegenden mit viel Strauch- und Staudenbewuchs sowie auf Felsen sollte man zunächst genau schauen, wohin man sich setzt, und nie in Höhlungen greifen. Gehören Sie zu den Sammlern von Natursouvenirs, so bedenken Sie bitte, dass Schlangen auch hohle Äste lieben. Einmal ausschütteln kann vor Überraschungen schützen.

In den Seegraswiesen (Posidonia) vor der Küste leben **Seegurken, Seeigel, Seepferdchen** und **Seenadeln.** Schwer auszumachen ist das **Petermännchen,** das sich dem Untergrund perfekt anpasst und dessen Rückenstacheln ein sehr wirksames Gift enthalten. Trägt man Badeschuhe, kann der Fisch nicht stechen. Unliebsame Begegnungen gibt es auch mit **Quallen.** Diese Tiere vermehren sich besonders gut nach einem trockenen Frühjahr und können dann zur echten Plage werden. Findet man viele angespülte Quallen, sollte man auf den sicheren Pool ausweichen.

017st Foto: ho

Die Stadt erleben

031st Foto: ho

032st Foto: ho

Flaniermeile am Vieux Port

Shopping auf der Place des Lices

Zimmer mit Hafenblick

Orientierung

Anfahrt und Parkmöglichkeiten sind im Kapitel „Reisetipps A–Z: Ankunft" beschrieben. Das eigentliche Stadtzentrum ist überschaubar klein. Da die Stadt am Wasser liegt, führen viele Straßen unweigerlich nach längerer oder kürzerer Zeit zum **Hafen** *(port)*. Im Nordosten steigt das Stadtgebiet bis zur **Zitadelle** an. Leicht steigt das Gelände auch zur südlich des Hafens liegenden **Place des Lices** an, während es nach Osten eher eben bleibt. Betrachtet man den Hafen als nordwestliche Begrenzung des Zentrums und die Place des Lices als südliche, so verlaufen fast alle Straßen parallel von Nord nach Süd. Nur drei Straßen queren diese Ausrichtung. Dabei mündet die Avenue Leclerc als Quai Suffren am Hafen. Will man zur Place des Lices, muss man der Einbahnstraßenregelung folgen und gelangt auf dem Rückweg erneut über Einbahnstraßen entweder zum Hafen oder zurück zur Stadtgrenze bei Le Pilon.

Wer besonders mit dem Anspruch des **Shoppingerlebnisses** unterwegs ist, sollte sich im Viertel zwischen der Place des Lices und dem Hafen umschauen. Wer am **Nachtleben** großes Interesse hat und Promis aus der Nähe sehen möchte, sollte sich besonders rund um den Hafen und im VIP Room oder im Caves du Roy umtun.

Infos und Stadttouren

Das **Office de Tourisme,** das direkt am Alten Hafen liegt, organisiert während der Hauptreisezeit geführte Stadttouren zu unterschiedlichen Themen, z.B. „Historisches St. Tropez" oder „St. Tropez am Abend". Informationen gibt es im Internet oder vor Ort im Büro.

- **Office de Tourisme St. Tropez,** Quai Jean Jaurès, Tel. 04.94.97.45.21, Fax 04.94.97.82.66, www.ot-saint-tropez.com.
- Informationen zu allen kulturellen Veranstaltungen erhält man beim **Service Culturel,** Place des Lices 13, Tel. 04.94.97.54.37.
- **Maison du Tourisme Golfe de St. Tropez, Pays des Maures,** Carrefour de la Foux, 83580 Gassin, Tel. 04.94.55.2.00, Fax 04.94.55.22.01, www.golfe-infos.com, tourisme@golfe-infos.com. Die Haupttouristinformation für die ganze Region befindet sich nahe dem Kreisverkehr von La Foux bei Les Marines-de-Cogolin, etwa fünf Kilometer westlich des Zentrums von St. Tropez (gehört zum Ort Gassin).

Taxiruf

- **Station de Taxis,** Quai Péri, Tel. 04.94.97.05.27.
- **Castillon Taxi,** Résidence Les Amouries, Tel. 04.94.97.40.86, 06.11.89.33.17.
- **Jean Pierre Honorat,** Station de Taxis, Tel. 04.94.97.28.56.
- **Jean Claude Monnier,** Villa Inti, Tel. 04.94.54.88.00, 06.07.02.93.41.
- **Philippe Quillon,** Station de Taxis, Tel. 04.94.97.37.83, 06.07.84.92.35.
- **Taxi Yves,** Station de Taxis, Tel. 04.94.79.10.01.

Die Tour Vieille ist ein Teil der alten Stadtbefestigung

Sehenswertes

Die **Zahlen in Klammern (xy)** hinter den Sehenswürdigkeiten sind die Legendennummern im Stadtplan St. Tropez in der hinteren Umschlagklappe und dienen dem schnellen Auffinden.

Rund um den Alten Hafen

Der **Vieux Port** (Alter Hafen) ist Hauptanziehungspunkt der Besucher und heute alles andere als alt. Modernste und luxuriöseste Jachten ankern hier, bewacht von privatem Wachpersonal, sodass Eigner oder Passagiere genüsslich ihren Kaffee oder Champagner auf den polierten Decks genießen können. Hunderte von Menschen flanieren am Wasser entlang, betrachten die Schiffe, begutachten ausgestellte Waren fliegender Händler, kehren in einem der zahlreichen Restaurants ein oder kaufen Souvenirs in den Geschäften. Wer auf sich hält, war vorher shoppen und trägt demonstrativ die Logos der In-Marken zur Schau. Stets gut besucht ist die **Eisdiele** am Quai G. Péri. Hier gibt es das sündhaft teure Eis zwar nur in Waffel oder Becher zum Mitnehmen, aber lecker und appetitlich zubereitet ist es allemal.

Direkt gegenüber dem Hauptanleger, im Zentrum des Hafens, steht die **Bronzestatue von Pierre-André de Suffren (29).** Sie wurde 1866 von *Napoleon III.* errichtet, gegossen aus der Bronze von erbeuteten britischen Kanonen, um an den Konteradmiral der „Royale" zu erinnern, der zeitweise

Die Stadt erleben

072st Foto: ho

019st Foto: ho

Befehlshaber der französischen Kriegsmarine war und zum Bailli (Landvogt) des heiligen *St. John vom Kreuz* (Malta) avancierte.

Nur wenige Schritte nördlich steht die **Porte de Poissonnerie (27),** unmittelbar neben dem **Office de Tourisme.** Das hübsche Tor, verziert mit Mosaik und Marmorplatten, war einst der Eingang zur Altstadt.

Dahinter befinden sich die malerische **Place aux Herbes** mit ihrem allmorgendlichen Marktangebot an Gemüse, Gewürzen, Blumen und anderen regionalen Produkten. Weiter nach Norden wird der Hafen von der **Mole Jean Reveille** und dem anschließenden Quai d'Estienne d'Orves begrenzt. Diese mächtigen Mauern geben dem Hafen Schutz vor der anbrandenen See, wurden aber im August 1944 bei der Landung alliierter Truppen zerstört und erst 1950 wieder aufgebaut und 1966 erweitert. Vorn an der Mole steht die Prudmommie de Pêche, die Selbstregulierungsbehörde der Fischer. Von der **Aussichtsplattform** auf der Mole hat man einen herrlichen Blick über den Hafen und die Bucht von St. Tropez.

Tour du Portalet

Nördliche Befestigungsanlagen

Unübersehbar steht die **Tour du Portalet,** ein mächtiger Turm aus dem 15. Jahrhundert, am Wasser und zeigt noch heute, wie erhaben die Befestigungsanlagen der Stadt einst waren. Am südlichen Ende der Rue Portalet befindet sich ein weiterer Turm, die Tour Guillaume, die aber besser als **Château de Suffren (40)** bekannt ist, da hier die Familie des *Pierre-André de Suffren* ihren Sitz hatte. Sie war die letzte Adelsfamilie in St. Tropez, deren Titel im Laufe der französischen Revolution getilgt wurde.

An der Tour du Portalet führt ein recht schmaler **Durchgang zum Meer.** Hier beginnt der Küstenwanderweg, der um die Halbinsel herumführt. Fast immer ist der erste Teil durch eine „Wanderung durch das Wasser" gekennzeichnet, denn er führt über schlüpfrige Steine, die zumindest bei Flut vollständig überschwemmt sind. Die erste **Bucht** heißt **La Glaye.** Der Begriff stammt aus dem Genueser Dialekt und bedeutet „Kirche". Der erste Ort des Gottesdienstes war denn auch im 15. Jahrhundert nur wenige Schritte entfernt dort, wo heute das Hôtel de Ville steht. Auf der nächsten Landzunge stehen die Reste eines weiteren Befestigungsturms, der **Tour Vieille.** Die dahinter liegende Bucht heißt La Ponche. Ursprünglich befand sich dort ein kleiner Fischerhafen (Port des Pêcheurs).

Durch die **Porte du Revelen (42),** ein Tor, das einst der einzige Zugang zur Stadt war, geht es zur Rue de la Ponche mit ihren historischen Häusern. Über die Rue St. Jean gelangt man zur Eglise Paroissiale, der wichtigsten Kirche von St. Tropez, mit ihrem herrlichen Turm.

Eglise Paroissiale

Die zentral zwischen Hafen und Zitadelle gelegene **Kirche Notre Dame de l'Assomption** überblickt die Dächer der Stadt. Sie wurde Anfang des 19. Jahrhunderts im Stil des **Neobarock** errichtet und trägt einen schmiedeeisernen Glockenkäfig auf dem Turm. Die alte Steintreppe vor der Kalksteinfassade ist mit ihren dunkelrosa- und ockerfarbenen Stufen weithin sichtbar.

In der großen und elegant wirkenden Apsis steht der Hauptaltar; zu dessen Seiten befinden sich der Altar der Jungfrau Maria und der des **heiligen Torpetius (Tropez).** Bemerkenswert ist der Unterschied zwischen der Marmorstatue der Jungfrau Maria und der Holzstatue von „Notre Dame de Bon Voyage". Ursprünglich befand sich diese Statue aus dem 17. Jahrhundert in der Kapelle des Konvents, bis diese 1792 zusammenbrach. Die Statue blieb wundersamerweise bis auf einen gebrochenen Finger erhalten.

Der zweite Altar zeigt ein großes Bildnis der Enthauptung des heiligen Torpetius. Dabei handelt es sich um die Kopie eines Bildes aus Pisa. Eine hölzerne Skulptur zeigt den Körper des Heiligen zusammen mit Hund und Hahn im Boot. Diese Relikte des Heiligen werden in goldenen Schreinen aufbewahrt. Die bemalte hölzerne Büste ist eines der Hauptelemente der

Bravades-Prozession (s. Kapitel „Reisetipps A–Z: Feste und Feiertage“).

Im Herzen der Altstadt

Jetzt sind es nur noch wenige Schritte zum Mittelpunkt der Altstadt an der **Place de l'Ormeau,** die ursprünglich als Friedhof diente. Die **Tour Jarlier** war ehemals der oberste Turm der Befestigungen. Von hier aus hatte man einen sehr guten Blick über Stadt, Land und See. Mit seinen dicken Mauern war er außerdem ein sehr sicherer Platz, um Gefangene einzuschließen.

Die Rue Miséricorde führt zur **Chapelle de la Miséricorde** aus dem 17. Jahrhundert. Beeindruckend ist ihr Portal aus Serpentin, einem seltenen grünlichen Gestein, das in der Gegend bis zum 18. Jahrhundert gebrochen wurde. Der Haupteingang befindet sich an der Rue Gambetta, der ehemaligen Grande Rue, in der die reichen Händler und Schiffseigner ihre luxuriösen Häuser errichteten. Vieles vom ehemaligen Wohlstand ist im Kirchenbereich immer noch spürbar.

Place des Lices

Nur wenige Schritte weiter gelangt man zur berühmten Place des Lices, dem **zentralen Platz.** Licht ist hier das beherrschende Element: Die große Fläche wird durch viele Platanen geziert, die ein herrliches Spiel von Licht und Schatten zaubern. Auf Bänken sitzt man und ruht oder schaut den Boulespielern zu, die hier oft zu Dutzenden ihrem Spiel nachgehen. In den angrenzenden Bistros genießt man seinen Café oder Pastis, nippt am Wein oder verzehrt ein Sandwich. Mediterrane Muße pur – aber nicht am Dienstag und Samstag, denn dann verwandelt sich der Platz in einen Hexenkessel. Hier findet der lebendigste und sehenswerteste **Markt** der Region statt! Tausende von Menschen drängen sich zwischen den Ständen hindurch, begutachten Decken, Kleider, Schuhe, Kräuter, Wurst, Käse, Antiquitäten, Ramsch und alles, was sonst noch zu finden ist, feilschen manchmal um Preise oder lassen sich einfach nur vom Strom der anderen mittragen. Um einen Parkplatz in der Garage des Lices zu ergattern, muss man rechtzeitig kommen. (Noch besser: Man kommt gleich ohne Auto!)

Das **Stadtwappen,** gut sichtbar am Ausgang des Parkhauses, symbolisiert die Verbundenheit mit dem Meer (zwei Wale), dazu die Wehrhaftigkeit des Ortes (Turm) und als Symbol für den Namen St. Tropez das Boot mit dem enthaupteten heiligen *Torpetius,* dem Hund und dem Hahn.

Neuer Hafen

Im **Nouveau Port,** der sich im Westen unmittelbar an den Alten Hafen anschließt, fahren viele Fähren zu den umliegenden Orten ab. Angrenzend liegt unübersehbar der riesige **Park-**

Markt auf der zentralen Place des Lices

platz. Ungefähr an der Linie zwischen Altem und Neuen Hafen steht ein weiterer Turm, hier endete ursprünglich die alte Hafenanlage. Heute sind in dem Turm und den angrenzenden Gebäuden die Hafenmeisterei und Versorgungseinrichtungen für Kapitäne eingerichtet.

Das angrenzende Viertel La Bourgade ist die sogenannte **Neustadt.** Sie gruppiert sich um die Annonciade-Kapelle aus dem 16. und 17. Jahrhundert, die heute nicht mehr ihrem geistlichen Zweck gewidmet ist, sondern der Kultur gehört: Sie beherbergt das Kunstmuseum der Stadt. Dies scheint ein angemessener Zweck für das ehemalige Gotteshaus zu sein, denn in der wechselvollen Geschichte nach der Französischen Revolution (damals wurde die Kirche entweiht) fiel das Gebäude an die Stadt und wurde zur Segelmacherei, Schiffswerkstatt, Schule und, in den 1920er Jahren, sogar als Tanzlokal genutzt.

020st Foto: ho

Musée de l'Annonciade

Das **Kunstmuseum (25)** zeigt vornehmlich französische Kunst aus dem 19. und der ersten Hälfte des 20. Jahrhunderts, konzentriert auf Künstler aus dem regionalen Bereich. Damit ist es einzigartig in Frankreich. Die Werke sind hervorragende Zeugnisse der Schaffenskraft der französischen nachimpressionistischen Avantgarde.

Ursprünglich planten *Henri Person* und *André Turin* eine dauernde Ausstellung, um die Künstler des 20. Jahrhunderts zu würdigen, die nach St. Tropez gekommen waren, um hier zu arbeiten. *Paul Signac* gründete dazu das Museum Troupelen im Bürgermeisteramt, in dem Person dann seine Ausstellung zeigte. Leider widmete der Magistrat der Kunst wenig Anerkennung, sodass nach Persons Tod seine Witwe einen geeigneteren Platz für die Werke suchte. 1935 gelang es einem ihrer Freunde, *Georges Grammont,* der ein reicher Kaufmann und Kunstmäzen war, die erste Etage der Annonciade-Kapelle anzumieten. Er konnte die Stadt überreden, da er sich bereit erklärte, die Renovierung auf eigene Rechnung durchführen zu lassen. Die Ausstellung erweiterte er zusätzlich um Exponate aus seiner Privatsammlung. Nach dem Krieg bekam er das ganze Gebäude von der Stadt, mit der Auflage, es vollständig zu restaurieren. Im Juli 1955 konnte es endgültig als Museum eröffnet werden. Einen Monat später schenkte Grammont seine Sammlung dem Staat, sodass sie seither ständig im Museum ausgestellt werden kann, darunter Werke von *Henri Matisse* und *Georges Braque*.

• **Musée de l'Annonciade,** Place Grammont, Tel. 04.94.97.84.10. Juli bis Oktober tgl. von 10 bis 13 und 15 bis 18 Uhr, in der übrigen Zeit tgl. außer dienstags von 10 bis 12 und 14 bis 18 Uhr, Eintritt € 5,50.

Schmetterlingsmuseum

Dany Lartigue, Sohn des berühmten Fotografen *Jacques-Henri Lartigue* und Enkel von *André Messager* (Mitglied der Academie Française, Manager der Pariser Oper und Freund von *Fauré* und *Debussy*), richtete die **Maison des Papillons (30)** im Haus der Familie an der Rue Etienne Berny ein. Über 20.000 Exponate zeigen die Welt der bunt schillernden Falter Europas, Asiens, Amerikas und des Südpazifik. Neben bekannten Arten werden auch solche ausgestellt, die entweder heute stark bedroht sind oder größere Besonderheiten aufweisen, so z.B. der Schwarze Apollo. Immer noch werden Tausende von Schmetterlingen katalogisiert und repariert, sodass die Ausstellung sich einen weltweit guten Ruf unter Entomologen erworben hat. Bei der Anlage der Schaukästen hat man sich bemüht, den natürlichen Lebensraum der Tiere grafisch so darzustellen, dass ein ganzheitlicher Eindruck vermittelt wird.

• **Maison des Papillons,** Rue Etienne Berny 9, Tel. 04.94.97.63.45. April bis Oktober tgl. außer sonntags von 14.30 bis 18 Uhr, Eintritt € 3.

Zitadelle

Machtvoll überblickt die Festungsanlage aus dem 16. Jahrhundert die Stadt und bildet, auf einem Hügel oberhalb der Küste liegend, zugleich ihre östliche Begrenzung. Doch hatte das Bauwerk wohl nie die wirkliche Macht, die es ursprünglich haben sollte. Das Militär selbst sah sich außerstande, die Festung zu halten, sodass auch das Volk nicht an ihre Überlegenheit glaubte und eher auf Selbstverteidigung setzte. Zudem war man sich nie sicher, ob die Zitadelle nun dem Schutz der Stadt oder eher zum Ausspionieren und zur Unterdrückung der Bevölkerung dienen sollte. So beäugte man sich immer schon argwöhnisch und besaß lieber seine eigenen Waffen. Dies lag auch an der Bevölkerungsstatistik der Stadt, deren Männer fast alle lange auf See waren und dann als furchtlose Kämpfer an Land auftauchten. So gelang es ihnen 1637, die spanischen Eroberer abzuwehren, 1596 und 1652 eroberten sie die Zitadelle aus den Händen von Renegaten zurück.

Die Zitadelle war ab 1589 erbaut worden, indem man zunächst den Hügel abholzte und erste Befestigungen anlegte. 1596 nahm die Bevölkerung die Zitadelle im Sturm, nachdem der Gouverneur der Provence zusammen mit dem Zitadellenkommandanten gegen den König revoltiert hatte. 1602

Die Festungsmauern der Zitadelle liegen oberhalb der Stadt

wurde das Bauwerk erneuert und u.a. um den Donjon, einen sechseckigen Wohnturm, erweitert, der 1607 fertig gestellt wurde. Um 1633 konnten dann die letzten Außenmauern gebaut werden.

1637 kam es zur Schlacht von St. Tropez. Die Miliz half der Festungsmannschaft, 22 spanische Galeonen abzuwehren. 1652 gab es erneut einen Zwiespalt zwischen Festung und Volk, denn der Kommandant hinterging das französische Königshaus, zu dem das Volk vertrauensvoll stand. Die Festung wurde erneut gestürmt. 1707 besetzte der Herzog von Savoyen die Provence, verschonte aber St. Tropez, eventuell weil er den Kampfeswillen der Bevölkerung fürchtete. 1742 begaben sich spanische Schiffe unter den Schutz der Festung (die Allianzen hatten gewechselt) gegen die Engländer. Allerdings befanden sich auf der Festung so wenige Kanoniere, dass es den Engländern gelang, fünf spanische Galeonen im Hafen zu versenken. 1747 übernahm Marschall *Bellisle* die Zitadelle als Garnison für seine in Italien kämpfenden Truppen. Er ließ die inneren Anlagen erbauen.

1793 übernahm das Volk im Verlauf der Revolution symbolisch die Festung. Der Adel schloss sich zusammen, um den König und die Zentralregierung in Paris zu schützen. Die Ergebnisse dieser Unruhen sind in jedem Geschichtsbuch nachlesbar: König *Louis XVI.* wurde noch im Januar des Jahres hingerichtet, ihm folgten zahllose Menschen unter der Schreckensherrschaft von *Danton* und *Robespierre.*

Im sechseckigen ehemaligen **Wohnturm** der Festung ist seit 1958 ein Museum zur Seefahrts- und Lokalgeschichte untergebracht, das *Musée de la Marine et de l'Histoire Locale,* kurz **Musée Naval** genannt. Schon im Hof empfängt eine Kanone aus dem 16. Jahrhundert den Besucher und demonstriert eindrucksvoll die Macht der Festung. In der Ausstellung zeigen verschiedene Exponate die Entwicklung der Stadt (mit Bildern und Stichen) sowie die Geschichte der Schifffahrt rund um die Halbinsel. Das Modell einer griechischen Galeere ist ebenso eindrucksvoll wie die Innenansicht eines Torpedos. Auch dem Ende des Zweiten Weltkriegs ist ein Teil der Ausstellung gewidmet, denn im Bereich der Halbinsel kamen 1944 alliierte Truppen an Land.

1993 wurde die Zitadelle vom Staat an die Stadt verkauft, die sie 1995 unter Denkmalschutz stellen ließ.

- **La Citadelle** und **Musée Naval,** Montée de la Citadelle, Tel. 04.94.97.59.43. Mai bis September tgl. von 10 bis 12.30 Uhr und 13.30 bis 18.30 Uhr (in der übrigen Zeit nur bis 17.30 Uhr), Eintritt € 4.

Kapelle Ste. Anne

1618 wurde im südlich ans Zentrum angrenzenden Viertel Ste. Anne die gleichnamige Kapelle erbaut, um dafür zu danken, dass die Stadt von der Pest verschont geblieben war. Seeleute gingen vor ihrem Aufbruch zur Kapelle hinauf, um für eine sichere Reise zu bitten. Kehrten sie unversehrt zurück, führte einer der ersten Wege erneut dorthin, um für die glückliche Heimkehr zu danken.

Die Kapelle spielt auch ihre Rolle bei der Prozession zum Tag der heiligen *Anne* (26. Juli) und zum Gedenken an die alliierte Landung (15. August).

Chapelle du Couvent

Die kleine Kapelle wird auch Chapelle de Saint-Tropez genannt, da sich in den Grundsteinen angeblich die Überreste des heiligen *Torpetius* befinden. Die Kapelle steht an der Avenue Augustin Grangeon in der Nähe der Einfahrt zum Parkhaus Lices.

Seefahrer-Friedhof (Cimetière Marin)

Unterhalb der Zitadelle liegt dieser ausschließlich Seefahrern vorbehaltene Friedhof mit herrlichem Blick über die Bucht von St. Tropez und die Bucht Les Canebiers.

Die Strände der Halbinsel

Obwohl St. Tropez direkt am Meer liegt und mit den Begriffen „Strand" bzw. „Strandurlaub" sicherlich sofort assoziiert wird, verfügt die Stadt genau genommen nicht über bemerkenswerte Strände. Mehrere kleinere Strände liegen zwar im Stadtgebiet, der Hauptstrand der Halbinsel gehört aber zum Nachbarort Ramatuelle. Im Folgenden werden die Strände der Halbinsel unabhängig von ihrer Ortszugehörigkeit dem Küstenverlauf folgend beschrieben.

Plage de la Bouillabaisse, Plage Golfe Azur, Plage les Catamarans

Alle drei Strände liegen **westlich des Zentrums** von St. Tropez direkt nebeneinander an der N98, der Hauptstraße, die von Les Marines-de-Cogolin nach St. Tropez hineinführt. Sie befinden sich so nahe an der Stadt, dass man sie zu Fuß erreichen kann, wenn man z.B. den Wagen auf dem großen Parkplatz am Hafen geparkt hat. Sonst steht nur sehr begrenzter Parkraum unmittelbar am Straßenrand zur Verfügung.

Die Strände unterscheiden sich von ihrer Beschaffenheit her kaum, fast überall findet man einen recht **schmalen Sand- bzw. feinkörnigen Kiesstreifen.** Man kann relativ gut ins Wasser gehen, das hier aber recht schnell tief wird, sodass kleinere Kinder gut beaufsichtigt werden müssen. Oft herrscht **stärkerer Wind,** was Surfer freut, Sonnenanbeter aber eher abschreckt.

Eine echte Infrastruktur gibt es nicht, sodass reine Strandrestaurants vergeblich gesucht werden, Snacks und Erfrischungsgetränke werden von fahrbaren Kiosken aus verkauft. Duschen oder Sonnenschirme gibt es ebenfalls nicht.

Plage de la Glaye

Direkt hinter der **Tour du Portalet** unterhalb der Altstadt kann man in der ersten Bucht baden gehen. Allerdings ist der Zugang zum Wasser nur über **felsigen Untergrund** möglich. Wer sich sonnen möchte, sitzt auf grobem Kies oder Steinen, Spaziergänger aus der Stadt flanieren stets vorbei. Dafür ist die Stadt bzw. der Hafen in zwei Minuten erreicht, sodass man problemlos auf die Gastronomie im Ort zurückgreifen kann. Für Kinder ist dieser Strand eher ungeeignet.

Plage de la Fontanette

Hinter dem **Port des Pêcheurs** (Fischerhafen) liegt dieser kleine Sand-Kiesstrand, z.T. mit Bootsanleger. Auch hier gibt es keine Infrastruktur; allerdings sind alle Lokale der Stadt problemlos zu Fuß erreichbar.

022st Foto: ho

Kleiner Stadtstrand La Glaye

Plage des Graniers

Der Kiesstrand unterhalb der **Zitadelle** ist einer der meistbesuchten Stadtstrände. Ein Vorteil ist die gute Erreichbarkeit zu Fuß oder mit dem Rad, während die Parksituation eher eingeschränkt ist. Kioske bieten Erfrischungen und Snacks.

Plage des Canebiers

Die Plage des Canebiers zieht Fans von *BB* an, denn die Filmdiva besitzt oberhalb des Strandes ihr Anwesen „Madrague". Weniger bekannt ist das Haus „Treile Muscade" von *Colette,* das hier ebenfalls steht. Segler, Surfer und Badegäste tummeln sich im zunächst flachen, allmählich aber tiefer werdenden Wasser. Der **Naturstrand** ist breit genug zum Sonnenbaden und für Strandspiele. Vereinzelt werden Sonnenschirme angeboten. Der Parkraum ist an diesem Küstenabschnitt sehr begrenzt, sodass man am besten mit dem Rad hinfährt.

Plage de la Moutte

Völlig ohne Infrastruktur, dafür aber mit **feinem Sand** zeigt sich dieser kleine Strandabschnitt im **Nordosten der Halbinsel.** Man erreicht ihn entweder zu Fuß von der Plage des Salins aus oder über den Chemin du Fond de la Treille. Die Parksituation ist schwierig, zumindest, wenn man nicht schon frühmorgens ankommt. Parkplätze befinden sich nur am Straßenrand.

Plage des Salins

Die Route des Salins führt aus der Stadt genau nach Osten zum **Kiesstrand.** Parkplätze gibt es kaum, der Weg ist aber gut mit dem Rad befahrbar. Auch in den umliegenden Straßen gibt es wenige Parkmöglichkeiten. Fürs leibliche Wohl sorgen einige Kioske und ein vergleichsweise teures Restaurant (dafür aber mit Parkplatz!).

- **Lei Salins,** Plage des Salins, Tel. 04.94.97.04.40. Regionale und provenzalische Gerichte stehen hier auf der Karte. Sehr gut sind Grill-Fischgerichte. Ab etwa € 30.

Plage de Pampelonne

Der **fünf Kilometer lange, feinsandige Strand** ist der bekannteste von St. Tropez (gehört aber zum Ort Ramatuelle). Der nördlichste Abschnitt ist auch als **Plage de Tahiti** bekannt. Er ist entweder über die Route du Pinet oder die Route de Tahiti erreichbar. Zu allen anderen Abschnitten gelangt man über die **Route des Plages,** die parallel zur Küste verläuft und vier Abzweigungen zum Strand bietet (von Nord nach Süd): Route des Tamaris, Boulevard Patch, Route de l'Epi und Chemin des Barraques. Der äußerste Süden ist zudem über die Route de Bonne Terrasse zu erreichen.

Von diesen Zufahrtsstraßen führen insgesamt **sieben Accès** (Zugänge) zu den Stränden. Der Einfachheit halber sind sie von 1 bis 7 durchnummeriert, wobei 7 den nördlichsten (Tahiti) und 1 den südlichsten Zugang (Bonne Terrasse) meint. Accès 2 und 3 führen von der Route de l'Epi bzw. vom Boulevard Patch zum Strand, Accès 4 und 5 von der Route des Tamaris, die sich kurz vor dem Strand gabelt. Der Chemin des Moulins führt zu Accès 6.

An den Zufahrtsstraßen Route de Tahiti, Route des Tamaris, Boulevard Patch, Route de l'Epi und Bonne Terrasse stehen **gebührenpflichtige Parkplätze** zur Verfügung, aber zumindest in der Hauptsaison nicht in ausreichender Zahl, da dann täglich bis zu 30.000 Menschen an diesen Küstenabschnitt drängen. Die vergleichsweise hohe Zahl verteilt sich aber gut, sodass es nur selten wirklich zu voll wird. Zu den Gästen zählen natürlich auch diejenigen, die in den angesagten Lokalen Champagner für 200 Euro pro Glas trinken und wahre Exzesse feiern.

Für **Kinder** ist Pampelonne sehr gut geeignet. Sie können hier spielen, im Wasser planschen und Sandburgen bauen, während sich die Eltern unter **Sonnenschirmen** in gemieteten **Liegestühlen** aalen. Doch dieser Luxus ist sehr teuer, man rechne mit € 50 für zwei Stühle und Schirm pro Tag.

Selbstverständlich gibt es hier zahlreiche größere und kleinere **Imbisse und Restaurants,** wobei Letztere oft stark überhöhte Preise verlangen. Etliche Wassersportanbieter versorgen Badegäste mit dem kompletten Programm des Strand- und Wassersports.

Gastronomie:

- **Les Bronzés,** Accès 1, Tel. 04.94.79.81.04. Mediterrane Küche mit vielen Fischspezialitäten ab € 12.
- **Polynésie Plage,** Accès 2, Tel. 04.94.79.82.62. Salate, Muscheln, Fisch- und Fleischgerichte im exotischen Ambiente ab € 20.
- **Plage de l'Orangerie,** Accès 3, Tel. 04.94.79.84.74. Die Füße baumeln im Sand, das Auge schwelgt im asiatischen Ambiente und der Gaumen wird von unterschiedlichsten Leckereien gekitzelt, ab € 30.
- **Key West Beach,** Accès 3, Tel. 04.94.79.86.58. Trotz des amerikanischen Namens erwarten den Gast hier Gerichte der Thaiküche und aus anderen südostasiatischen Ländern, ab € 30.
- **Cap 21 les Murènes,** Accès 3, Tel. 04.94.79.83.15. Spezialisiert auf Fischgerichte, gutes Preis-Leistungs-Verhältnis, allerdings auf höherem Niveau, ab € 30.
- **Le Liberty,** Accès 4, Tel. 04.94.79.80.62. Regionale Küche mit Grillfleisch, Grillfisch und Krustentieren, ab € 30. Auch für FKK-Anhänger.
- **Le Lagon,** Accès 5, Tel. 04.94.79.81.62. Das übliche Angebot, allerdings wird auch Deutsch gesprochen und das Restaurant ist für Rollstuhlfahrer geeignet, ab € 30.
- **Millesim Beach,** Accès 7, Tel. 04.94.97.20.99. Hauptsächlich exotische Gerichte ab € 19.
- **Snack Chez Syndie,** Route des Plages, Tel. 04.94.97.78.85. Für den kleinen und schnellen Hunger zwischendurch. Mit Preisen ab € 1,50 sehr günstig.
- **Le Will,** Route des Plages, Quartier du Plan, an der D93 nahe der Zufahrt zum Strand von Bonne Terrasse, Tel. 04.94.79.81.45. Im familiären und herzlichen Ambiente findet man zwar nur wenige Gerichte (Fleisch und Fisch), aber die sind wirklich gut, ab ca. € 15.
- **Le Mignon,** Plage de Pampelonne, Route de l'Epi, Tel. 04.94.79.93.85. Hier gibt es sehr leckere Fischgerichte, Bouillabaisse und Artischockenzubereitungen, um € 23.

Wassersport:

- **Sun Force Beach,** Route des Tamaris, Accès 5, Tel. 04.94.79.90.11, www.sunforce.fr. Jet Ski, Paragliding und Wasserski. Hier finden Wassersportfans fast alles, was das Herz begehrt.
- **Team Water Sport,** Route de l'Epi, Accès 2, Tel. 04.94.79.82.41, 06.84.84.75.69. Jet Ski, Wasserski und Paragliding.
- **Club Sportif de l'Escalet,** Le Patio Domaine de l'Escalet, am Strand von Escalet, Tel. 04.94.79.23.47. Bootsverleih, Tenniscourt und andere Sportangebote.
- Bei diesen Vermietern erhält man **Kayaks, Wake-Boards, Kite-Boards, Katamarane** und viele andere Arten nichtmotorisierter

Wassersportgeräte: M. Corti, Boulevard Patch, Accès 3, Tel. 06.09.21.19.80; M. Pezzotti, Boulvard Patch, Accès 3, Tel. 04.94.79.13.10, 06.21.12.91.09; M. Leonard, Route des Tamaris, Accès 5, Tel. 06.12.75.11.03; M. Lombardi, Route de Tahiti, Accès 7, Tel. 06.10.46.24.89, 06.11.56.68.47; M. van de Casteele, Route de l'Epi, Accès 2, Aqua Club, Tel. 04.94.79.91.63.

Tauchen:

- **Geck'eau Plongée,** Route de Bonne Terrasse, Accès 1, Village Vacances Léo Lagrange, Tel. 04.94.79.92.58, www.geckeau.com. Tauchschule für alle Stufen von PADI und CMAS, Zubehörhandel.
- **European Diving School,** Hôtel de Plein-Air Kon-Tiki, Route des Plages, Accès 4, Tel. 04.94.79.90.37, www.europeandiving.com. Deutsche Tauchbasis, auf der Tauchkurse (auch Schnuppertauchen), Wracktauchen und Tauchen für Kinder angeboten werden, CMAS und PADI.

Radfahren:

- **Azur Quad Pampelonne,** Route des Plages, Tel. 06.10.61.67.54, Fax 04.94.97.79.64, azur.quad@laposte.net. Vermietung von Fahrrädern und Rollern.

Für Kinder:

- **Poney Club de Pampelonne,** Route des Plages, Tel. 04.94.79.83.84. Ponyreitanlage mit täglicher Kinderbetreuung von 9 bis 12 Uhr. Ausritte im Wald und am Meer.
- **Mini Club Trop-Kids,** Boulevard Patch, Avenue des Lauriers Roses, Tel. 06.08.06.02.08. Programme für Kinder und Jugendliche von 3 bis 16 Jahren.

Am Cap Camarat

Auf dem Weg von Bonne Terrasse entlang der Küste bzw. vom kleinen Parkplatz am Leuchtturm von Camarat aus kann man etliche **kleine Badestellen** erreichen. Allerdings ist gutes Schuhwerk und etwas Wanderfreude notwendig, denn man muss mindestens 20 Minuten über den schmalen Küstenwanderweg laufen, um dann zu teilweise winzigen Buchten über halsbrecherische Pfade hinabzuklettern. Der Andrang ist meist vergleichsweise gering, völlige Einsamkeit ist hier aber auch nicht garantiert. Zudem gilt, je einsamer der Platz, desto weniger bekleidet die Badenden. Allerdings sind diese Badestellen nichts für (kleinere) Kinder, denn die Wege sind oft zu steil. Dass es hier keinerlei Infrastruktur gibt, versteht sich von selbst.

Plage de l'Escalet

Im **Südosten der Halbinsel** erreicht man über die D61 eine Bucht, die über einen knapp einen Kilometer breiten Sandstrand verfügt. An der Plage de l'Escalet gibt es einen Parkplatz, Kioske für das leibliche Wohl sowie Toiletten und Duschen. Kinder können am naturbelassenen Strand gut spielen. Wassersport wird nicht angeboten.

Wer hier keinen Platz findet, kann nach Norden oder Süden (Richtung Cap Camarat oder Cap Lardier) wandern. Überall lassen sich **winzige Sand- oder Kiesbuchten** oder Badestellen an den Felsen finden. Hier ist für Kinder Vorsicht geboten, da das Wasser oft rasch tief wird. Auch Erwachsene sollten dringend Badeschuhe tragen, da man über die **Felsen** auch wieder aus dem Wasser steigen muss. Selbstverständlich müssen alle Arten von Verpflegung, Sonnenschutz usw. hierher transportiert werden.

Der schmale Küstenwanderweg „Sentier du Littoral" verbindet die Strände

Dies kann bei längerem Weg sehr aufwendig werden.

Plage de la Briande

Ein größerer Strand befindet sich etwa 45 Gehminuten südlich von Escalet. Direkt unterhalb des **Cap Taillat** liegt die Plage de la Briande. Feiner Kies und Sand bestimmen das Bild des Naturstrandes, der sich im Süden weiter auf das **Cap Lardier** erstreckt. Auch hier fehlt die Infrastruktur, obwohl trotz der Entfernung zahlreiche Besucher kommen. Mit einem guten Moutainbike kann man den Strand auch vom Col de Collebasse aus erreichen. Größere Kinder schaffen den Weg zum Strand von Briande problemlos und können im recht seichten Wasser auch gut spielen.

Plage de Gigaro

Der nächste Strand ist die Plage de Gigaro an der Südküste der Halbinsel. Er gehört zum Ort **La Croix-Valmer** und bietet Gastronomie und Wassersportmöglichkeiten (s. Kapitel „Orte in der Umgebung").

Küstenwanderungen

Die Halbinsel von Ramatuelle, an deren nördlicher Küste St. Tropez liegt, ist für (Küsten-)Wanderungen perfekt. Wanderfreunde finden hier insgesamt 33 Kilometer ausgeschilderte Wanderwege, von denen der längste 12,5 Kilometer umfasst, der kürzeste nur etwa 500 Meter. Diese Zahlen mögen nicht besonders eindrucksvoll sein, es

023st Foto: ho

gilt aber zu bedenken, dass zum großen Teil nur recht **schmale Pfade** benutzt werden können, stellenweise der Untergrund nur wenig Halt bietet und es zudem regelmäßig bergauf und bergab geht. Für solche Wanderungen sind feste Schuhe ein Muss. Zudem sollte man Getränke, bei Bedarf etwas zu essen, Sonnenöl und -brille, eine Kappe sowie im Idealfall ein Handy dabei haben. Ein Kompass ist nicht unbedingt notwendig, da viele Pfade direkt an der Küste entlangführen und mit **gelben Markierungen** versehen sind.

Wir beginnen die Beschreibung der Wanderungen in St. Tropez und folgen dem Küstenverlauf **um die Halbinsel herum,** sodass alle Strände der Halbinsel berührt werden. Die angegebenen Entfernungen entsprechen den Angaben des Office de Tourisme. Die Wanderzeiten beziehen sich auf mittlere Geschwindigkeiten bei Erwachsenen mit normaler Kondition.

Von St. Tropez zur Plage de Pampelonne

- ca. 12,5 km, etwa 3½ Stunden

Der Küstenwanderweg *(Sentier du Littoral)* beginnt unmittelbar am **Hafen von St. Tropez,** an der Tour du Portalet. Unterhalb der Stadtmauer bzw. der Häuser führt der Weg aus der geschäftigen und quirligen Stadt in die Ruhe hinaus. Vorbei am Port des Pêcheurs (Fischerhafen) und der Plage de la Fontanette geht es unterhalb der **Zitadelle** in Richtung **Plage des Graniers.** Hier oder an der **Baie des Canebiers** kann man ein erfrischendes Bad nehmen, bevor man dem Chemin de l'Estagnet folgt.

Die Straße wird zunächst zu einem Feldweg und geht dann in einen Pfad über, auf dem man zum **Cap St. Pierre** gelangt. Heute genießt man hier den guten Ausblick, einst stand an dieser Stelle die Kanonenbatterie St. Pierre, die die gesamte Bucht kontrollierte.

Der Pfad führt nun von der Küste weg ins Hinterland, schwenkt aber wenig später wieder zurück in Richtung Meer, das man an der **Pointe des Rabiou** erreicht. Über die Pointe de l'Ay gelangt man über die Felsen von La Moutte zum östlichsten Zipfel der Halbinsel, dem **Cap de St. Tropez,** schon auf der Ostseite. Kurz dahinter beginnt am Cap des Salins die **Plage des Salins** (ca. 2½ Std. bis hierher).

Vorbei an der Pointe de Capon (hier befand sich zu napoleonischer Zeit

Der Strand von Pampelonne im Zweiten Weltkrieg

Dass der Strand von Pampelonne nicht nur lang, sondern auch ziemlich breit ist, hat einen historischen Hintergrund. Um bei einer **Landung alliierter Streitkräfte** ein besseres Schussfeld zu haben, wurden ab 1943 von den **deutschen Truppen** die eindrucksvollen Schirmpinien großflächig abgeholzt. Am 15. August 1944 war es dann soweit: Die 3. amerikanische Division unter General *O'Daniel* stürmte den Strand von Pampelonne, der damals „Alpha Yellow" genannt wurde, und konnte die Region erobern. Dies und die **Befreiung von St. Tropez** gelang wohl nur deshalb problemlos, weil das 509. US-Fallschirmbataillon auf den Hügeln im nördlichen Strandabschnitt gelandet war, statt im eigentlichen Zielgebiet von Le Muy.

die Batterie de Capon) führt der Pfad die Klippen hinauf in Richtung **Cap du Pinet.** Nun ist schon die über fünf Kilometer lange **Plage de Pampelonne** zu sehen, deren erster Abschnitt **Plage de Tahiti** genannt wird.

Abkürzungen: Wer einen kürzeren Weg zu den Stränden wandern möchte, kann bereits an der **Baie des Canebiers** den Küstenwanderweg verlassen und auf Straßen weitergehen. Man gelangt so entlang der Route des Salins direkt zur **Plage des Salins.** Zur **Plage de Tahiti** folgt man der etwa vier Kilometer langen Route de Tahiti.

Von der Plage de Tahiti zur Plage le Migon

● ca. 5 km, etwa 1½ Stunden

Dieser Wanderweg bietet die am wenigsten reizvollen Ausblicke, da er ausschließlich – von Norden nach Süden – am **Strand von Pampelonne** entlang verläuft. Der Vorteil dieses Abschnitts ist aber die ständige Präsenz von **Gastronomie,** sodass man überall etwas zu trinken oder zu essen bekommt. Alle Zufahrten von Accès 7 (Plage de Tahiti) bis Accès 1 (Le Migon) passierend, sieht man Sonnenhungrige, Badende und allerlei Wassersport Treibende.

Von der Plage le Migon zum Leuchtturm von Camarat

● ca. 3 km, etwa 45 Minuten

Vom Südende der Plage de Pampelonne, Plage Le Migon genannt, führt ein 500 Meter langer Steckenabschnitt zum **Lou Pous** (provenzalisch für Brunnen), einer nahezu runden Karstquelle, die von der Form her an einen Brunnen erinnert. Wer mag, kann hier die Ruhe des südlichen Strandabschnittes genießen, sich ein kühlendes Bad gönnen oder einfach nur Kraft für die weitere Wanderung tanken.

Ein Pfad über recht unwegsames Gelände führt nun zur **Plage de Bonne Terrasse.** Stetiges Bergauf und Bergab erschwert das Wandern, aber dann ist es geschafft. Kurz vor der Abzweigung zum Leuchtturm besteht die Möglichkeit, hinunter zur Landzunge, dem **Cap Camarat,** zu wandern. Von dort hat man einen herrlichen Blick auf den Portes-Felsen, der wegen seines Vogelreichtums auch als Ile aux Oiseaux bekannt ist.

Der **Phare de Camarat** ist mit seinem 130 Meter über dem Meer stehenden Leuchtfeuer der zweitgrößte Leuchtturm Frankreichs. 1831 wurde der erste Turm in Berieb genommen, der heutige Bau stammt vom Ende des 19. Jahrhunderts. Zunächst wurde das Leuchtfeuer noch mit Petroleum betrieben, 1946 dann auf Stromversorgung umgestellt. Es ist aus bis zu 60 Kilometern Entfernung zu sehen.

Vom Cap Camarat zur Plage de l'Escalet

● ca. 4,5 km, etwa 1½ Stunden

Dies ist einer der besten Wanderwege für Touren mit Kindern. Obwohl natürlich grundsätzlich beide Richtungen möglich sind, ist im Sommer diese Route idealer, da sich an der Plage de

024st Foto: ho

l'Escalet eher Parkplatzprobleme ergeben. Zunächst führt der Weg vom Cap Camarat fast direkt über die **Felsen am Meer,** stellenweise auch über regelmäßig überspülten Untergrund.

Dann geht es vorbei an den Relikten einer weiteren Batterie aus napoleonischer Zeit mit Pulvermagazin (1804) und die Klippen hinauf zum Fahrweg unterhalb des **Château Volterra.** Dieses Schloss ist eines der herrlichsten Anwesen der Region. Es wurde zwischen 1906 und 1912 als Château Camarat für eine reiche englische Familie erbaut und 1926 von *Simone Volterra* gekauft und berühmt gemacht. Sie veranstaltete hier rauschende Feste, zu denen so illustre Persönlichkeiten wie *Jean Cocteau, Josephine Baker* und *Colette* geladen waren.

Nach wenigen Hundert Metern über die staubige Straße führt der Weg in die reichlich bewachsenen Klippen zurück. Bergab geht es bis auf Meeresniveau und dann nur noch geringfügig auf und ab. Immer wieder bieten **kleine, geschützte Buchten** ideale Verweilplätze. Am Roche Escudier erinnert eine Gedenktafel an den Einsatz alliierter U-Boote während des Zweiten Weltkriegs. An der **Plage de l'Escalet** ist dann wieder die Zivilisation erreicht: Man bekommt Getränke, Snacks und Eis.

Von der Plage de l'Escalet zum Cap Taillat

- ca. 2 km, etwa 40 Minuten

Ähnlich dem vorigen Streckenabschnitt führt der Pfad zunächst oberhalb des Strandes durch dichtes Strauchwerk. Später geht es dann über den Felsen mal auf Meereshöhe, dann wieder etliche Meter oberhalb entlang der Küste vorbei an der Pointe du Canadel zum kleinen **Sandstrand am Cap Taillat.** Die Landzunge ragt weit ins Meer hinein und ist ein besonders sehenswertes Naturschutzgebiet, in dem seltene Pflanzen wachsen, u.a. die als „Barbe de Jupiter" bekannten Zwergpalmen. Aus dem 19. Jahrhundert stammen die **Ruinen des Zollhauses,** zu denen auch ein alter **römischer Brunnen** gehört.

1935 wurden oberhalb der Bucht, ca. 15 Minuten vom Strand entfernt, **Ausgrabungen** am **Dolmen de la Briande** durchgeführt. *Dolmen* bedeutet „Steintisch", was auf eine bestimmte Konstruktion hinweist: In parallelen Reihen aufgestellte Steine werden von einer steinernen Platte bedeckt. Auf diese Weise entstanden in prähistorischer Zeit (hier um ca. 2000 v.Chr.) Gräber. Bei den Ausgrabungen wurden zahlreiche Grabbeigaben, darunter Pfeilspitzen, Ohrgehänge und andere Funde zutage gefördert.

„Wanderschuhe empfohlen"
auf dem Sentier du Littoral

Vom Cap Taillat zur Plage de Gigaro

- ca. 6 km, etwa 2 Stunden

Das letzte Stück des Küstenwanderweges, nun an der Südküste der Halbinsel, führt aus dem Bezirk von Ramatuelle in den Bezirk von La Croix-Valmer. Zunächst oberhalb der **Plage de la Briande** geht es zur Landzunge am **Cap Lardier** (Beschreibung siehe La Croix-Valmer, Umgebung). Entlang der bewaldeten Küste gelangt man nach etwa vier Kilometern zur **Plage de Gigaro** in der großen Bucht von Cavalaire.

Gastronomie-Tipps

Das gastronomische Angebot der Stadt ist enorm. Vom feinen Restaurant bis zu Crêpes auf die Hand ist (fast) alles möglich (siehe auch Kapitel „Reisetipps A–Z: Essen und Trinken").

Jedes Jahr veröffentlicht das Fremdenverkehrsbüro eine Broschüre unter dem Namen **„Les Tables de St. Tropez".** Darin werden etwa 60 gastronomische Einrichtungen aufgelistet und anhand einer Kurzbeschreibung erläutert. Sehr hilfreich ist auch die Eingruppierung in Preisklassen (ab € 10, ab € 22, ab € 32 und ab € 50).

Restaurants

- **Le Café,** Place des Lices, Tel. 04.94.97.44.69, www.lecafe.fr. Das gemütliche Bistro-Café ist *der* Platz an der zentralen Place des Lices. Hier kann man sehen und gesehen werden, trifft man sich vor, während und nach dem Markt und schaut den Boulespie-

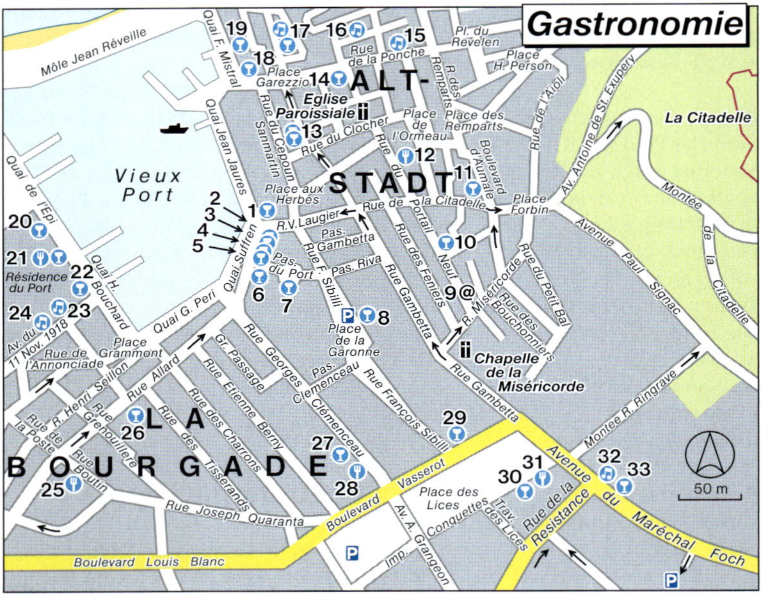

lern zu. Traditionelle provenzalische Gerichte stehen auf der Karte, *plats du jour* gibt es ab etwa € 15.

● **Auberge des Maures,** Rue du Docteur Boutin 4, Tel. 04.94.97.01.50, www.aubergedesmaures.com. Das legendäre Restaurant (siehe Exkurs) liegt im Viertel La Bourgade, nahe dem Neuen Hafen. Neben sehr guten regionalen Gerichten bietet die Karte eine gute Auswahl an Grill- und Fischgerichten. Ein echtes kulinarisches Erlebnis sind die Menüs, bei denen man zwischen 10 Vorspeisen, Hauptgerichten und Nachspeisen wählen kann. Ein Menü kostet ab ca. € 45.

● **Le Bistrot du Phare,** Quai de l'Epi 1, Tel. 04.94.97.46.00. Das preiswerte Restaurant unmittelbar am Hafen ist auch unter dem Namen *Chez Josie* bekannt. Auf der Karte stehen Fisch, Muscheln und andere Meeresfrüchte. Menüs ab € 15.

● **Au Caprice des Deux,** Rue du Portail Neuf 40, Tel. 04.94.97.76.78, www.aucapricedesdeux.com. Das sehr schicke Restaurant im Herzen der Altstadt wird auch im Gault Millau empfohlen. Die Küche bietet Regionales, allerdings sehr raffiniert zubereitet. Genau der richtige Treffpunkt für einen gelungenen romantischen Abend. Menüs um die € 55.

● **La Table du Marché,** Rue Georges Clémenceau 38, Tel. 04.94.97.85.20. Nahe dem Marktplatz genießt man hier traditionelles Ambiente und regionale Gerichte, z.B. *Tarte fraîche à la tomate et basilic* zu moderaten Preisen (Menü ab € 18).

	1	Sénéquier
	2	Le Gorilla
	3	Le Bailli
	4	Bar du Port
	5	Bar du Sube
	6	Le Café de Paris
	7	Cabane Café
	8	L'Octave Café
@	9	La Giraffe
	10	Cubana Café
	11	Le Barock
	12	Au Caprice des Deux
	13	Chez Nano/Nano Salon/ Chez Maggy
	14	Joseph
	15	Le Pigeonnier
	16	L'Esquinade
	17	Le Stéréo Club
		El Camino del Havanna
	18	Kelly's Irish Pub
	19	La Jetée
	20	Le 66
	21	La Bodega du Papagayo,
		Le Bistrot du Phare
	22	Papagayo (Bar)
	23	Papagayo (Disco)
	24	VIP Room
	25	Auberge des Maures
	26	Bistrot du Port
	27	Le Clémenceau
	28	La Table du Marché
	29	Bar de la Maison Blanche
	30	Le Sporting
	31	Le Café
	32	Les Caves du Roy
	33	Piano Bar du Byblos

- **Les Graniers,** Chemin des Graniers, Tel. 04.94.97.38.50. An der Plage des Graniers (ca. 10 Minuten von der Stadt entfernt, hinter der Zitadelle) gibt es leckere traditionelle Meeresgerichte zu Preisen um € 19.
- **Lei Salins,** Plage des Salins, Tel. 04.94.97.04.40. Etwa drei Kilometer östlich der Stadt an der Plage des Salins gelegen. Regionale und provenzalische Gerichte stehen hier auf der Karte. Sehr gut sind die Grill-Fischgerichte. Ab € 30.
- **Les Trois Saisons,** Route du Tahiti, Tel. 04.94.56.76.80. Das Restaurant des Hotels *Château de la Messardière* bietet neben einer erlesenen Speisekarte mit mediterranen Gerichten einen herrlichen Blick über die Plage de Pampelonne. Auch wenn es teuer ist (Menü ca. € 50), sollte man sich einen Abend auf der Terrasse gönnen. Den Sternenhimmel gibt es gratis! Kommt man etwas eher, nimmt man den Sundowner in der **Bar du Château.**
- **Bayader,** Avenue Paul Signac, Tel. 04.94.56.68.19. Das Restaurant im Hotel Byblos in der Innenstadt bietet perfekten Service und sehr gute traditionelle Küche. Menüs ab € 44.
- **Spoon Byblos,** Avenue du Maréchal Foch, Tel. 04.94.56.68.20, www.byblos.com/spoonbyblos. Chic und teuer, bietet der In-Treffpunkt Köstlichkeiten aus aller Herren Länder und die Möglichkeit, mit Berühmtheiten dieser Welt zu speisen. Menüs ab € 65.

Snackbars

Wer beim Spaziergang durch die Gassen plötzlich den „kleinen Hunger" verspürt, bekommt in Snackbars belegte **Sandwiches, Pizza, Salate, Crêpes** oder auch schon mal **Pommes Frites.** Die Preise liegen dabei auf einem durchaus noch vertretbaren Niveau. Man rechne mit etwa € 3,50 für ein Sandwich. Überall in der Altstadt findet man solche Snackbars. Je sauberer sie aussehen und je mehr Menschen hier kaufen, desto besser ist in der Regel das Gebotene. Besonders lecker sind die Snacks bei den folgenden Adressen:

- **Delices des Lices,** Boulevard Vasserot 7, an der Place des Lices.
- **Thierry et Roland,** Rue Sibilli (nur wenige Schritte von der Place des Lices entfernt) und im Marché Couvert.
- **Vitamine,** Rue Clémenceau. Hier liegt das Augenmerk hauptsächlich auf frischen und gesunden Produkten.

Eisdielen/-verkäufer

Steht der Sinn eher nach etwas Süßem, helfen die Eisstände und Eisdielen weiter. Ein Eis in der Waffel *(gauffre)* oder im Becher *(coupe)* kann allerdings ziemliche Löcher in die Urlaubskasse reißen, denn bei zwei Kugeln werden im Durchschnitt etwa € 3 fällig. Zusätzlich gibt es noch die *glaciers ambulants,* also die mobilen Eishändler, die mit ihren Wägelchen und Wagen im Stadtgebiet unterwegs sind. Sollte es ganz dringend werden, kann man unter Tel. 06.09.57.55.66 *Chez Alfred* um (Eis-)Hilfe bitten.

- **Barbarac,** Quai Péri. Nahe dem Suffren-Denkmal gibt es die besten „Eisblumen", leider auch recht teuer.
- Wem es in dieser Eisdiele zu voll ist, der wird sicherlich an der gegenüberliegenden Hafenseite, dem Quai Frédéric Mistral, nahe der Tour du Portalet fündig. Hier bietet **Ben & Jerry's** schmackhaftes, naturbelassenes Speiseeis.
- Als Alternative gibt es nur wenige Schritte entfernt am Kai den **Glacier du Vieux Port.**

Bars, Cafés und Brasserien

Am besten genießt man das Leben in einer dieser gastronomischen Einrichtungen natürlich am Außentisch. Lokale mit der Möglichkeit zum Draußensitzen findet man z.B. am **Hafen** oder an der **Place des Lices.** Man bekommt hier einfache Snacks und gelegentlich auch aufwendigere Gerichte.

- **Bar du Port,** Quai Suffren 7, Tel. 04.94.97.00.54. Durchgestylte Musikkneipe am Hafen, die neben den klassischen Bars besonders hervorsticht.
- **Cubana Café,** Rue du Portail Neuf 23, Tel. 04.94.97.26.20. Kubanische Bar mit karibischem Flair und ebensolcher Musik.
- **Kelly's Irish Pub,** Quai Frédéric Mistral, Tel. 04.94.54.89.11. Irische Atmosphäre mit mediterranem Einschlag.
- **La Giraffe,** Rue du Portail Neuf 36, Tel. 04.94.97.13.09. Cybercafé.
- **Papagayo,** Quai Bouchard, Tel. 04.94.79.29.50. Sehr angesagte Lounge-Bar.
- **La Bodega du Papagayo,** Quai d l'Epi, Tel. 04.94.97.76.70. Musikrestaurant am Hafen mit DJ, Live-Musik und Cocktailbar.
- **Le Café de Paris,** Quai Suffren, Tel. 04.94.97.00.56. Schicke Sushibar mit Musik am Hafen.
- **Le Barock,** Rue de la Citadelle 21, Tel. 04.94.97.25.01. Musikbar, Pub und Cocktailbar.
- **Sénéquier,** Quai Jean Jaurès, Tel. 04.94.97.00.90. Eine der bekanntesten Bars am Hafen. Weltberühmt sind die dreieckigen roten Tische, an denen man mitten im Geschehen sitzt. Am schönsten ist die erste Reihe, denn hier hat man den besten Blick. Gut ist aber auch die zweite Reihe, hier sitzt man ohne den direkten Kontakt zu Fußgängern, Fahrzeugen und Hunden mit immer noch gutem Blick besonders schön.
- **Bistrot du Port,** Rue Allard 28, Tel. 04.94.97.24.30. Typisches Bistro, in dem man leicht einen Platz bekommt, da es nicht direkt am Wasser liegt.
- **Cabane Café,** Passage du Port, Tel. 06.10.25.37.26. Mitten in der Ladenpassage, hier ist

Die Auberge des Maures – wiedererstandenes Relikt des glamourösen St. Tropez

Man schrieb das Jahr 1931, als *Fernand Capello* ein **Restaurant** eröffnete, das **Geschichte schreiben sollte.** Schon zuvor gehörten ihm verschiedene andere Lokale, doch die Auberge des Maures in der Rue Allard sollte zum Highlight des aufstrebenden Ortes werden. Maurische Türen zierten den Eingang, daher angeblich auch der Name, und provenzalische Küche stand auf der Karte. Besonders Fischgerichte zauberte Capello mit wohl einzigartiger Kunst auf die Teller, die den Gästen von traditionell gekleidetem Personal serviert wurden.

In den Folgejahren gehörten die **bekannten Stars Frankreichs** zu den regelmäßigen Gästen. *Colette* signierte das Gästebuch 1933, *Charlie Chaplin* dinierte hier, ohne sich trotz des aufkommenden Nationalsozialismus von Sympathisanten der deutschen Bewegung stören zu lassen. Politiker aller Couleur speisten hier einmütig miteinander, auch wenn sie sich noch kurz zuvor heftige Wortduelle geliefert hatten. Adelige waren ständige Gäste und bekamen natürlich bevorzugt Zutritt, während es an etlichen Tagen lange Schlangen von Wartenden entlang der Rue Allard gegeben hat.

Doch 1942 war fast alles vorbei. Man musste die Rue Allard räumen und in die Rue Docteur Boutin 4 umziehen, in der die Familie Capello lebte. Hier wurde das Restaurant neu eröffnet und hier befindet es sich auch heute noch (siehe Gastronomie-Tipps). Am ursprünglichen Platz ist mittlerweile das italienische Restaurant Luna Rossa heimisch geworden.

Kann man den Erfolg eines Restaurants an anderer Stelle wiederholen? Capello und seinen Nachfolgern *Evelyne Bouchet* und *Philippe Salinesi* ist dies auf jeden Fall gelungen. **Authentische provenzalische Küche** steht immer noch als Schwerpunkt auf der Karte und begeistert die Gäste wie eh und je. *Pablo Picasso* speiste hier so gern wie *Tyrone Power* und *Jean-Paul Sartre, Jean Cocteau, Deborah Kerr* und *Yves Saint-Laurent*. Weitere bekannte Gäste, die immer wiederkehrten, waren *Georges Pompidou, Brigitte Bardot, Catherine Deneuve* und *Marcello Mastroianni*. Prominente gehören auch heute noch zu den häufigen Besuchern. Schauen Sie selbst!

immer etwas los, der ideale Platz auch bei Regen.

- **La Jetée,** Quai Frédéric Mistral, Tel. 04.94.97.01.49. Nicht mitten im Geschehen, dafür aber mit etwas ruhigerem Blick auf den Hafen.
- **Le 66,** Quai de l'Epi, Tel. 04.94.43.37.03. Angesagter Treffpunkt.
- **Le Bailli,** Quai Suffren, Tel. 04.94.49.31.18. Unmittelbar am Hafen mit Blick auf die Statue, Luxusjachten und flanierende Menschen.
- **Le Clémenceau,** Rue Clémenceau 42, Tel. 04.94.97.60.78. In der schmalen Gasse hat man einen guten Blick auf das Shoppingverhalten der Mitmenschen.
- **Le Gorilla,** Quai Suffren 1, Tel. 04.94.97.03.93. Hafen, Touristinfo und Zufahrt gut im Blick, dafür aber etwas unruhig.
- **Le Sporting,** Place des Lices, Tel. 04.94.97.00.65. Der ideale Platz, um die Boulespieler zu beobachten.

Abends unterwegs

Das nächtliche St. Tropez hat sein ganz besonderes Flair. Natürlich gibt man sich edel und chic, auf jeden Fall geht es darum aufzufallen.

Discos und Nightclubs

- **Les Caves du Roi,** Hôtel Byblos, Avenue du Maréchal Foch, Tel. 04.94.97.16.02. Hier feiern auch die internationalen Stars und Sternchen. Es besteht die beste Chance, Promis zu treffen. Dieser angesagteste Club der Stadt ist nur ab April an Wochenenden geöffnet, im Juli und August jeden Abend.
- **VIP Room,** Résidence du Port, Tel. 04.94.97.14.70. Club mit Restaurant und Musikbar. Jeden Abend pulsiert hier das nächtliche St. Trop. Auch der VIP Room gehört zu „den" Clubs der Stadt. Gelegentlich gibt es Live-Auftritte und besondere Events.
- **Papagayo,** Résidence du Port, Tel. 04.94.54.82.89, 06.09.79.01.13. Jedes Wochenende herrscht hier ausgelassene Stimmung.
- **L'Esquinade,** Rue du Four, Tel. 04.94.97.87.44. Kleine Disco für Freunde von Techno und House.
- **Le Pigeonnier,** Rue de la Ponche, Tel. 04.94.97.84.26. Der Club in der Altstadt nahe der Kirche ist in der Wintersaison an Wochenenden geöffnet, im Juli/August jeden Abend.
- **Le Stéréo Club,** Rue de Puits 6, Tel. 06.19.18.47.27. Warmes Ambiente und gelegentlich Live-Auftritte.
- **El Camino del Havanna,** Rue de Puits 6, Tel. 04.94.97.37.93. Der DJ des Clubs im lateinamerikanischen Ambiente legt vor allem lateinamerikanische Rhythmen und Salsa auf.

Piano Bars

- **Piano Bar du Byblos,** Hotel Byblos, Avenue du Maréchal Foch, Tel. 04.94.56.68.00. Leichte Klaviermusik im Hintergrund zum Sundowner.
- **L'Octave Café,** Place de la Garonne, Tel. 04.94.97.22.56. Gemütliches Ambiente und Live-Musik zwischen April und Dezember.

025st Foto: ho

Am Quai Suffren

- **Chez Nano/Nano Salon,** Rue Sibille 2, Tel. 04.94.97.72.59. Musik- und Cocktailbar, die ab 19 Uhr geöffnet ist (nicht im Januar und Februar).
- **Joseph,** Place de l'Hôtel de Ville 1, Tel. 04.94.97.01.66. Sehr gemütliche Bar mit Live-Musik.
- **Chez Maggy,** Rue Sibille 5, Tel. 04.94.97.16.12. Musikbar mit Live-Auftritten und DJs.

Bars und Pubs

Hier zwei Adressen, die auf den Abend spezialisiert sind:

- **Bar de la Maison Blanche,** Hôtel la Maison Blanche, Place des Lices, Tel. 04.94.97.52.66. Nach Voranmeldung genießt man hier stilecht Champagner, Kaviar und Gänseleber.
- **Bar du Sube,** Hôtel Sube, Quai Suffren, am Hafen, Tel. 04.94.97.30.04. Man kann sie zwar auch am Tag besuchen, doch abends gibt es hier erst das herrliche Feeling.

Shopping-Tipps

Überall findet man Boutiquen, Schuhgeschäfte, Schmuck- und Uhrenhändler, Souvenirläden usw. Fast immer handelt es sich um **ausgefallene Waren,** schließlich ist St. Tropez ein nobles Pflaster. Doch Schnäppchen lassen sich immer wieder ergattern (siehe auch Kapitel „Reisetipps A–Z: Einkaufen und Souvenirs").

Fast alle aufgeführten Geschäfte befinden sich im Zentrum der Stadt zwischen Hafen, Rue du Portail Neuf, Rue Gambetta, Place des Lices und Rue de la Poste.

Lebensmittel

Lebensmittel und alle anderen Dinge des täglichen Bedarfs kauft man am besten im großen **Supermarkt Géant** in Les Marines-de-Cogolin. Lohnt die etwa fünf Kilometer lange Fahrt (vom Zentrum) den Aufwand nicht, wird man auch in den kleinen Supermärkten **Petit Casino** (Rue G. Allard 39; Rue des Commerçants 13; Avenue du Général Leclerc) und **Monoprix** (Avenue du Général Leclerc) fündig.

Der **Markt** auf der Place des Lices findet dienstags und samstags statt, die **Halle aux poissons** (Fischhalle), die sich im Durchgang von der Rue V. Laugier zur Rue du Marché (unmittelbar neben der Touristinformation am Hafen) befindet, ist täglich geöffnet.

Delikatessen

- **Calins de St. Tropez,** Route des Plages, Z.A. St. Claude. Hier findet man feinste Pralinen und andere Süßigkeiten.
- **Pâtisserie Sénéquier,** Quai Jean Jaurès. Französisches Nougat und andere Süßigkeiten für echte Leckermäuler.
- **La Tarte Tropézienne,** Place des Lices, Rue Georges Clémenceau und Boulevard Louis Blanc. Beim Traiteur gibt es „hausgemachte" Spezialitäten für den Hunger zwischendurch, leckeres Gebäck und Kuchen sowie viele Brotsorten, natürlich auch Baguette.
- **Oliviers & CO,** Rue G. Clémenceau 11. Liebhaber von sehr guten Olivenprodukten kommen hier auf ihre Kosten.
- **Autour des Oliviers,** Place de l'Ormeau 2. Sehr gute Olivenöle aus den Mühlen der Provence.
- **Serrati la Maison des Pâtes,** Rue du Portal Neuf 31. Frische, hausgemachte Pasta lässt das Wasser im Munde zusammenlaufen.
- **Les Vignerons de la Cave de St. Tropez,** Avenue Paul Roussel. Allerlei Produkte der Region sowie gute Weine werden hier ansprechend ausgestellt und verkauft.

Schmuck

- **Bijouterie Schaming,** Place des Lices. Schmuck und Uhren bekannter Marken werden hier verkauft und notfalls repariert.
- **Frojo,** Place de la Garonne. Wer ausgefallenen Schmuck sucht, sollte mal einen Blick riskieren.
- **Fric Frac Swatch,** Résidence du Port 6. Swatch-Uhren in allen Farben und Designs.
- **Julian Joalliers,** Passage du Port. Auch hier findet „Frau" interessante Schmuckkreationen.
- **Regis Hurlin,** Rue du Clocher 5. Handgearbeitete Schmuckstücke mit Seltenheitswert.

Tabakwaren

- **Les Pipes de Cogolin Courrieu,** Quai G. Péri 25. Hübsche Pfeifen, gute Zigarren sowie alle Artikel der Marken Mont Blanc und Dupont.
- **Chez Fuchs,** Rue des Commerçants 7. Der ultimative Zigarrenladen.

Ateliers und Galerien

Am Hafen stellen alltäglich diverse Künstler ihre Werke auf Staffeleien

Eine Jahrhunderthochzeit des Rock'n'Roll

Auch wenn die *Celebrities* (so nennt man im englischen Sprachraum die internationalen Stars) in St. Tropez seit langer Zeit zum Alltagsbild gehören, so war und ist der **12. Mai 1971** für die Stadt ein besonderes Datum. **Mick Jagger,** dessen voller Name *Michael Philip Jagger* lautet, heiratete hier an diesem Tag **Bianca Rosa Perez-Mona,** die Tochter eines nicaraguanischen Geschäftsmannes.

Kennengelernt hatte man sich in St. Tropez, so will es zumindest die Legende, während Mick Jagger mit seiner damaligen Verlobten *Marianne Faithfull* urlaubte und Bianca sich gerade von einer Affäre mit *Eddie Barclay* erholte. Der Sänger der Rolling Stones war damals oft in der Stadt, er wohnte meist im **Hotel Byblos,** wobei er selten aus dem Haus ging und wenn, dann abends, um im **Escale,** dem **Café des Arts** oder dem **Krak des Chevaliers** zu feiern.

Geschichten ranken sich zahlreich um die Hochzeit, die bis kurz vor dem Termin geheimgehalten werden konnte. Wahr ist wohl, dass man St. Tropez aussuchte, weil man die Stadt mochte, sie zum Jetset gehörte und man hier Freunde hatte. Zu viele Gäste sollten nicht dabei sein, so die ersten Überlegungen, doch dann wurden aus zunächst 20 Gästen über 200. Die Liste liest sich noch heute wie das Who's who des Rock'n Roll: *Keith Richards, Eric Clapton, Ringo Starr* und *George Harrison, Elton John, Keith Moon, Stephen Stills, Peter Frampton, David Brown, Ron Wood* und *Mi-*

Das legendäre Hotel Le Byblos

012st Foto: ho

chael Shrieve, um nur einige zu nennen. Die Feier fand außer im Byblos auch im Eldorado und im Café des Arts statt. Und natürlich auf der **Place des Lices,** denn hier hatten sich Fanmassen versammelt, um die geliebten Stars zu feiern.

Nach den standesamtlichen Formalitäten im Bürgermeisteramt ging man zur kirchlichen Trauung in die **Chapelle Ste. Anne.** Obwohl man Fotografen eigentlich den Zutritt verweigern wollte, hat es angeblich einer geschafft, unter den Altar zu schlüpfen, um Bilder aus der „ersten Reihe" zu bekommen. Auch wenn Mick und Bianca Jagger mittlerweile seit einer Ewigkeit wieder geschieden sind – heute erinnern immer noch zahlreiche Fotos und Zeitungsausschnitte in den **Bars des Byblos** und im **Les Caves du Roy** an das große Ereignis.

aus. Teilweise wird hier auch gemalt. Der häufigste Verkauf findet in den Ateliers und Ausstellungsräumen statt, die man überall im Zentrum findet. Die meisten befinden sich in der Nähe des Hafens bzw. in den Haupteinkaufsstraßen, hier eine Auswahl:

- **Galerie Atelier Corinne Kowalski,** Place de l'Ormeau, Rue d'Aumale.
- **Galerie Terre des Arts,** Rue G. Allard 5, Le Grand Passage.
- **Atelier 11,** Rue St. Jean 11. Skulpturen und Bilder.
- **Benjamin,** Rue Allard 22. Überwiegend exotische Malereien.
- **Cabane du Nomade,** Rue du Petit St. Jean 10.
- **Atelier Delphine Michel,** Rue des Charrons 9. Großteils Lavendel-Landschaften und Blumen in St. Tropez.
- **Andréa Andriya,** Passage du Port.
- **Atelier du Porche,** Rue de la Citadelle 10.
- **Gérard Le Roux,** Place de l'Hôtel de Ville.
- **Victoire de la Messardière,** Route de Tahiti, im Château de la Messardière. Die hier gezeigten Kunstobjekte gehören zu den höheren Preiskategorien, sind aber auch sehr ausgewählt.

Strandartikel

- Sofern man im Supermarkt nicht fündig wird, kann man es in der **Droguerie Denan,** Rue Gambetta 40, versuchen.

CDs

- Der erste Weg sollte auch in diesem Fall zum Géant führen. Sonst hilft **Rapsodie,** Rue François Sibilli 18. Hier gibt es die ganze Welt der CDs, Kassetten und Videospiele.

Bücher

Deutschsprachige Bücher zu finden, ist nicht ganz einfach, aber möglich. Im Ladenzentrum des **Géant** befindet sich ein Zeitschriften- und Buchladen, der auch eine Reihe deutscher Romane (Taschenbücher) verkauft, allerdings mit Aufschlag zum deutschen Verkaufspreis. In St. Tropez selbst gibt es nur Buchläden, die schon mal englische Bücher und z.T. deutsche Zeitungen und Zeitschriften anbieten.

- **Librairie du Port,** Rue des Commerçants 11.
- **Le Tropézien/Le P'tit Tropézien,** Chemin du Capon.
- **La Revue du Golfe Pure St. Tropez,** Résidence du Port 20.

Koffer und Taschen

- Sehr elegante Stücke findet man bei **Louis Vuitton** (Rue François Sibilli), **Longchamp** (Rue G. Allard 19) oder **Claudia Mangano** (Rue Georges Clémenceau 22). Alternativ kann man natürlich auch im Supermarkt **Géant** fündig werden.

Mode

Die Liste der Boutiquen ist lang und ständig im Wandel begriffen. Fast alle Geschäfte führen exklusive und bekannte Designer oder eher unbekanntere Marken, die aber dennoch im höheren Preissegment angeordnet sind. Glücklicherweise sind die Läden alle nicht weit voneinander entfernt, sodass man überall zunächst nur schauen und erst nach einem ausgiebigen Bummel seine Wahl treffen kann.

Für Sie und Ihn

- **Anarchic,** Galerie Hotel Byblos, Avenue Foch. Elegante Garderobe mit Pfiff.
- **Bill Tournade,** Rue Gambetta 5. Sportlich-elegante Kleidung.
- **Blanc-Bleu,** Rue Allard 1 und 3. Sportliche Bekleidung.
- **Body Art,** Rue François Sibilli 30. Bekannte Designer.
- **Hip Up,** Rue Allard 29 und Rue Gambetta 22. Der Name sagt alles, hippe Kleidung für den ganzen Tag.
- **Kenzo,** Rue Gambetta 34. Der Name des bekannten Designers sagt alles.
- **Offshore Legends,** Rue Allard 8. Sportliches Outfit für (fast) jede Gelegenheit.
- **Quicksilver,** Rue Allard 33. Die sportive Bekleidungsmarke ist weltbekannt.
- **Tommy Hilfiger,** Rue Gambetta 42. Jeans der angesagten Marke.
- **Les Halles,** Rue Gamebtta 19. Boss, Dior und Dolce & Gabbana heißen hier die großen Labels.

Kindermode

- **Bill Tournade Enfants,** Rue Gambetta 20. Wer seine Kinder in hübsche, angesagte Kleidung stecken möchte und das nötige Kleingeld hat, ist hier richtig.
- **C.P. Company,** Rue Gambetta 15. Bekannte Marken für kleine Kinder.
- **Tropezino,** Passage du Port. In dem sehr kleinen Laden fühlen sich Kinder wohl, die sich manchmal gern in angesagte Labels kleiden. Bei der freundlichen Bedienung tut der Griff ins Portemonnaie nur halb so weh.

Mode für Ihn

Modegeschäfte nur für den Herrn sind weitaus seltener als für die Damen, trotzdem hat Mann eine recht gute Auswahl.

- **Adam,** Rue Allard 43. Badebekleidung und alles für drunter.
- **Peter Polo,** Passage du Port. Lässige Poloshirts und anderes sportives Outfit.
- **Lord Jim Gentleman,** Rue Georges Clémenceau 6. Outfit für den Mann, der den Touch des Abenteuerlich-Exotischen mag.
- **North Sail,** Rue Gambetta 27. Outfit mit maritimem Schick.
- **Timberland,** Quai de l'Epi 18. Edles Outfit für den Großstadtcowboy.
- **Chevignon,** Rue Gambetta 33. Hochpreisige Jeans.

027st Foto: ho

028st Foto: ho

Mode für Sie

Fast 100 Boutiquen kümmern sich nur um das Aussehen von „ihr". Hier eine kleine Auswahl, die Geschäfte liegen fast alle benachbart.

- **Alain Manouikan,** Place des Lices. Schickes Outfit für den Abend.
- **Antik Batik,** Place de la Garonne 28. Strand- und Stadtbummel-taugliche Mode mit Ethnoeinschlag.
- **Bleu Marine,** Résidence du Port. Sportliches mit maritimem Charme.
- **Candice Bis,** Bis Avenue Maréchal Foch 3. Hier gibt es die ganz großen Marken zu ebensolchen Preisen. Ist aber alles alltagstauglich?
- **Claire L'Insolite,** Rue François Sibilli 1. Hier findet man Cerruti, Ungaro, Versace und viele andere Marken.
- **Escada,** Place de la Garonne 1. Elegantes für jede Gelegenheit.

Bildverkauf direkt ab Hafen

- **Fidji,** Rue François Sibilli. Auch hier steht Eleganz im Vordergrund, allerdings mit exotischem Touch.
- **Guess,** Rue des Commerçants 9. Jeans und anderes sportives Outfit.
- **Lulu Castagnette,** Boulevard Louis Blanc 6 und Rue Georges Clémenceau 8. Sportlich-Elegantes für den ganzen Tag.
- **Marysa,** Résidence du Port. Sportlicher Schick.
- **Naf Naf,** Quai de Suffren 25. Jugendliche Mode für jeden Typ.
- **Oz,** Traverse de la Garonne 9. Auch hier findet man hippe Kleidungsstücke für jede Gelegenheit.
- **Plein Sud,** Place des Lices. Tolle Kleidung, manchmal ein bisschen frech.
- **Sonia Rykiel,** Place des Lices. Elegantes und Alltagstaugliches.
- **Ventilo,** Rue Allard 31. Designerschick, den man mögen muss.
- „Freche" Mode bekannter Designer kann man auch in der Ladengalerie des schon oft genannten Supermarkts **Géant** bekommen. Hier findet man z.B. D&G, Diesel und Anti-Flirt.

Bademoden/Dessous

- **Arianie,** Place de la Garonne.
- **Beach Store,** Rue Allard 24. Alles für den Strand.
- **Body One,** Rue Allard 58.
- **Pain de Sucre,** Rue Allard 54.
- **La Perla,** Quai G. Péri. Der Name spricht für sich.

Schuhe

Auch die Auswahl an Schuhen ist riesig, allerdings überwiegend für die Damen.

- **Cap Hoorn,** Résidence du Port.
- **Carla Conti,** Rue des Commerçants 9.
- **David Ackermann,** Passage du Port 104.
- **Hogan,** Rue François Sibilli 6.
- **Mequignon,** Rue Georges Clémenceau 13.
- **Mini Momes,** Résidence du Port.
- **Mosquitos,** Rue Gambetta 29.
- **Nouchka,** Résidence du Port.
- **No. 8,** Rue Gambetta 8.
- **Sandales Tropéziennes Rondini,** Rue G. Clémenceau 16. Seit drei Generationen (1927) werden hier die bekannten Sandalen gefertigt.
- **Shoe Cream,** Traverse de la Garonne 9.
- **Stephane Kelian,** Traverse de la Garonne.
- **Supafly,** Traverse de la Garonne.
- **Tod's,** Rue François Sibilli.
- **Via Spiga,** Rue du Marche 6.
- **Woo's,** Rue François Sibilli 30.

029st Foto: ho

030st Foto: ho

Sport und Aktivitäten

Die Sportmöglichkeiten sind ausführlich im Kapitel „Reisetipps A–Z" unter den Stichpunkten „Bootfahren", „Strände und Baden", „Radfahren", „Tauchen", „Wandern" sowie „Sport und Aktivitäten" beschrieben, daher hier nur einige Kontaktadressen, an die man sich wenden kann.

Vermietung von Fahrrädern und Rollern

- **Espace 83,** Avenue G. Leclerc 2, Tel. 04.94.55.80.00, Fax 04.94.55.80.01, espace83.sttropez@ymf-reseau.com.
- **Rolling Bikes,** Avenue G. Leclerc 14, Tel. 04.94.97.09.39, Fax 04.94.97.25.90, www.rolling-bikes.com, auch deutschsprachig.
- **Locazur,** Z.A. St. Claude 9, Route des Plages, Tel. 04.94.97.57.85, Fax 04.94.97.31.94, www.sttropez.cc.
- **Lucky Loc,** Quartier du Pilon, Avenue du G. de Gaulle, Tel./Fax 04.94.97.29.03, www.luckyloc.com, auch deutschsprachig.
- **Mas Location,** Rue Joseph Quaranta 3, Tel./Fax 04.94.97.00.60.
- **Cycles Peretti,** Z.A. St. Claude, Route des Plages, Tel. 04.98.12.91.91, Fax 04.98.12.91.94, www.peretti-saint-tropez.com, auch deutschsprachig.

Radtouren

- **Union Sportive Tropézienne,** Les Aumarets, Chemin de Portonfus (Cogolin), M. J. Poirson, Tel. 06.18.48.10.79. Radtouren ab dem Kreisverkehr bei Les Marines-de-Cogolin jeden Dienstag, Donnerstag und Sonntag.

Tauchen

- **Octopussy,** Parking du Port, Tel. 04.94.56.53.10. Verschiedene Brevets.

Wassersport

- **Marine Air Sports,** Quartier la Bouillabaisse, Plage des Catamarans, Tel. 06.07.22.43.97. Wasserski, Jet Ski und Paragliding.
- **MSC Yachting,** Espace des Lices, Boulevard Louis Blanc 7, Tel. 04.94.97.73.86. Wasserski und Bootstouren.
- **Ecole Municipale de Voile,** Route des Salins, Baie des Canebiers, Tel. 04.94.97.12.58. Segelschule mit Katamaran und Optimist.
- **Union Sportive Tropézienne Club de Voile et Aviron,** Route des Salins, Baie des Canebiers, Tel. 04.94.97.73.07. Segel- und Ruderschule.

Hochseeschifffahrt

- **MSC Yachting,** Espace des Lices, Boulevard Louis Blanc 7, Tel. 04.94.97.73.86. Segel- und Motorjachtvermietung.
- **Suncap Company,** Quai de Suffren 15, Tel. 04.94.97.11.23. Auch längere Törns.

Bootsfahrten

- **Taxi Bateau Vasse,** Quai Suffren, Tel. 04.94.54.40.61, 06.07.09.21.27. Alle Arten von privaten Touren entlang der Küste, auch Hochseefischen.
- **Taxi de mer „La Royale",** Tel. 06.09.53.15.47. Taxidienste zwischen dem Hafen und den Stränden sowie Vergnügungsfahrten.
- **Bateau Le Pouncho,** Villa Célerine, Route des Salins, Tel. 06.84.07.41.87. Touren nach Ste. Maxime und Port Grimaud.
- **EMT,** Port de St. Tropez, Tel. 04.94.54.53.54, 06.08.31.99.28. Pendelverkehr nach Les Marines-de-Cogolin, Port Grimaud und Ste. Maxime und Ausflugsfahrten entlang der Küste.
- **Transports Maritimes Raphaëlois,** Tel. 04.94.95.17.46. Täglicher Liniendienst zwischen St. Tropez und St. Raphaël.
- **Les Bateaux Verts,** Port de St. Tropez, Tel. 04.94.49.29.39. Ganzjähriger Linienverkehr zwischen St. Tropez und Ste. Maxime, im Sommer zusätzlich Ausflugsfahrten zu den Iles d'Hyères sowie zur Baie des Canebiers. Touren finden auch mit deutscher oder englischer Führung statt.

Tennis

- **Tennis Club de L'Union Sportive Tropézienne/Academy Fournerie,** Centre Philippot, Route des Plages, Tel. 04.94.97.15.52, 06.20.02.38.60. Acht Plätze.

034st Foto: ho

Orte in der Umgebung

052st Foto: ho

086st Foto: ho

Im mittelalterlichen Grimaud

Schmale Gassen prägen das Ortsbild provenzalischer Städte

Abendstimmung an der Küste

Les Marines-de-Cogolin

An der nördlichen Zufahrtsstraße zur Halbinsel von St. Tropez liegt der Ferienort Les Marines-de-Cogolin. Fünf Kilometer von St. Tropez entfernt, ist hier eine Art lokaler Verkehrsknotenpunkt. Verwaltungsmäßig gehört das 56 Hektar umfassende Areal am Golfe de St. Tropez zu Cogolin, das ein paar Kilometer südwestlich im Hinterland liegt. Am **Kreisverkehr** von La Foux befindet sich mit dem **Géant** der größte Supermarkt der Region.

Der Ort bietet einen Sandstrand, eine Feriensiedlung, einen **Jachthafen** und vollständiges Entertainmentprogramm. In den vier großen Hafenbecken finden über 1500 Boote und Schiffe einen Liegeplatz. Wer maritimes Leben schätzt, kann sich in einer der Bars ausruhen und dem Treiben auf dem Wasser zusehen.

Information

- Das zuständige **Office de Tourisme** befindet sich in Cogolin: Place de la République, 83310 Cogolin, Tel. 04.94.55.01.10, Fax 04.94.55.01.11, www.cogolin-provence.com.
- Die Haupttouristinformation für die ganze Region befindet sich nahe dem Kreisverkehr von La Foux (gehört zum Ort Gassin): **Maison du Tourisme Golfe de St. Tropez, Pays des Maures,** Carrefour de la Foux, 83580 Gassin, Tel. 04.94.55.2.00, Fax 04.94.55.22.01, www.golfe-infos.com, tourisme@golfe-infos.com.

Unterkunft

- **House Boat Location,** Quai de la Galiote 238, Tel./Fax 04.94.56.16.59, 06.63.78.76.26, www.houseboat-info.com. Eine Unterkunft der anderen Art auf dem Wasser: Zwischen 8 und 40 m lang sind die Boote (oder schon Schiffe), die hier im Hafen von Cogolin vor Anker liegen und wochenweise als Urlaubsdomizil gebucht werden können. Man hat die Wohnung auf dem Segel- oder Motorboot, für Touren stehen Skipper zur Verfügung. Die komplett ausgestatteten Boote kosten je nach Saison und Größe ab € 458 pro Woche für vier Personen.

Camping

- **Le Yotel,** Carrefour de la Foux, Tel. 04.94.56.20.44, Fax 04.94.56.07.45, www.yotelcogolin.com. Drei Sterne, 80 Stellplätze, 500 m zum Strand. Lebensmittelgeschäft, Restaurant, Bar, Mitnahmegerichte, Mobil-Homes, Mietbungalows, Gasstation, Kühleis, Pool, Tennis, Sportmöglichkeiten, Disco, Fernsehraum, Veranstaltungsprogramm, Kinderbetreuung, 80% Schatten. Geöffnet 28.5. bis 16.9.

Essen und Trinken

- **L'Olivier sur le Port,** Quai de la Galiote, Tel. 04.94.56.19.27. Herrlicher Hafenblick und dafür recht moderate Preise für leckere Fisch- und Gemüsegerichte. Menü ab € 15.
- **Le Gallon,** Quai de la Galiote, Tel. 04.94.56.18.18. In der Snack-Bar/Crêperie gibt es neben leckeren Kleinigkeiten gute Tagesgerichte (€ 10) und Menüs ab € 11,80.

Einkaufen

Neben dem oben erwähnten **Supermarkt Géant** finden sich am Kreisverkehr diverse Geschäfte. Günstiger als der Géant und vor allem nicht so stark frequentiert ist der **E. Leclerc Supermarkt,** der sich an N98 fast schon am Ortsausgang Richtung La Mole befindet. Hier gibt es auch günstig Benzin und Diesel.

- **Maison des Confitures,** Chemin du Bourrian (am Kreisverkehr von La Foux), Tel. 04.94.43.41.58, geöffnet tgl. außer sonntags. Für Liebhaber süßer Brotaufstriche das richtige Fleckchen.
- **Petit Villane,** N98, am Kreisverkehr, Tel. 04.94.56.40.17, tgl. geöffnet (im Winter sonn-

tags geschlossen). Im kleinen Dorf Petit Villane gibt es zahlreiche regionale Produkte, z.B. Wein, Honig, Olivenöl, Töpferwaren sowie viele andere Artikel, die das Land bietet.

- **Markt,** Montag- und Freitagvormittag von Juni bis September.

Sport und Aktivitäten

Tauchen:

- **Neptune Club Plongée,** Capitainerie du Port, Tel. 04.94.56.41.70, 06.85.83.15.34. Ausbildung nach CMAS-Standard, Tauchgänge ab € 25.

Segeln:

- **Bateau Ecole Griffon,** Tel. 04.94.54.46.51, 06.14.59.24.35. Die Segelschule ist zwischen Februar und Oktober geöffnet.
- **Bateau Ecole Tavernier,** Boulevard de Lattre de Tassigny, Tel. 04.94.54.66.66.
- **Centre Nautique de Cogolin,** Plage des Marines, Tel. 04.94.56.05.95, www.marines-de-cogolin.com. Neben einer Segelschule (u.a. für Katamarane) gibt es auch eine Segelschule für Kinder sowie einen Bootsverleih.

Bootsfahrten:

- **Transports Maritimes Tropéziens,** Route des Mines 402, Tel. 04.94.55.09.92, 06.88.89.18.13. Linienverkehr zwischen Les Marines de Cogolin, St. Tropez und Ste. Maxime sowie Ausflugsfahrten „Tour du Golfe" tgl. außer sonntags.

Minigolf:

- **Aqua City Golf,** N98, Tel. 04.94.56.56.56. Von Ste. Maxime kommend, muss man schon vor dem Kreisverkehr in Richtung Les Marines-de-Cogolin abbiegen und dann auf unasphaltierter Strecke bis zum Platz fahren. Geöffnet von Februar bis Oktober tgl. von 10 bis 1 Uhr (im Winter bis 19 Uhr). Eine Runde kostet für Erwachsene € 9, für Kinder € 6.
- **Tropical Golf,** Tel. 04.94.56.48.39. Vom Kreisverkehr fährt man zunächst in Richtung St. Tropez (N98) und biegt dann zum Luna Park/Minigolf ab. Geöffnet von April bis Oktober tgl. von 10 bis 1 Uhr. Erwachsene € 9, Kinder € 6.

Kirmes:

- **Lunapark,** N98, Carrefour de la Foux (Kreisverkehr), Tel. 04.98.12.62.90. Zahlreiche Fahrgeschäfte und andere Attraktionen. 1. April bis 31. Mai tgl. 20.30–1 Uhr, 1. Juni bis 30. September bis 2 Uhr, sonn- und feiertags ab 16 Uhr.

Radtouren:

- **Union Sportive Tropézienne,** Les Aumarets, Chemin de Portonfus, M. J. Poirson, Tel. 06.18.48.10.79. Radtouren ab dem Kreisverkehr von La Foux jeden Dienstag, Donnerstag und Sonntag.

Ramatuelle

Zur kleinen **Bergstadt im Zentrum der Halbinsel** gehört verwaltungsmäßig ein großes Gebiet, einschließlich der meisten umliegenden Strände. Auch der lange Strand von Pampelonne gehört nicht zu St. Tropez, sondern zu Ramatuelle.

Historiker bemühen sich schon lange, den **Ursprung des Namens** zu erforschen. Bis heute gibt es mehrere Deutungen, von denen die bekanntesten den Namen auf „Rahmatu'llah" oder „Camatullici" zurückführen. Der erste Name bezieht sich auf das arabische Wort für „göttliche Vorsehung" und soll aus der Zeit der Besatzung durch die Sarazenen stammen, der zweite auf eine Volksgruppe, die an den Ufern des Gapeau siedelte, nachdem die Römer die bis dahin hier ansässigen Kelten vertrieben hatten. Aus dem „Camatullici" soll dann „Ramatullici" geworden sein, eine Abkürzung für „Region der Camatullici", was später zu „Ramatuelle" wurde. Möglicherweise sind aber beide Theorien falsch.

Sehenswertes

Ramatuelle ist ein sehr hübsches, typisch provenzalisches Städtchen mit viel Charme, das auf den ersten Blick viel kleiner erscheint, als es bei näherem Hinsehen ist. Verwinkelte Gassen laden zur Erkundung ein. Da der Parkraum an der zentralen Place de l'Ormeau sehr knapp ist, sollte man versuchen, schon vorher am Boulevard du 8. Mai zu parken. Von hier aus ist auch ein erster Panoramablick über Weingärten, den Leuchtturm von Camarat und einen Teil der Bucht von Pampelonne möglich.

Rundgang

Ein Rundgang führt über die Route du Moulin de Paillas nach links zur Place de l'Ormeau. Kurz vor dem Platz lohnt ein weiterer Aussichtspunkt am Rathaus. An der **Place de l'Ormeau,** dem Ulmenplatz mit seinem Brunnen, wurde einst eine Ulme als zentraler Baum gepflanzt, um an den Frieden in der Provinz und die Bekehrung *Heinrichs IV.* zu erinnern. Die Ulme ist auch auf dem Stadtwappen verewigt, musste auf dem Platz aber 1983 einem Olivenbaum weichen.

An diesem Platz steht auch die romanische **Kirche Notre Dame** mit einem Portal von 1620, deren unübersehbarer Turm wohl einst als Wachturm genutzt wurde. Diese Vermutung wird u.a. dadurch gestützt, dass der Wehrgang der Stadtmauer über das Dach der Kirche führt. Im Inneren lohnt der Blick auf die vergoldeten Holzstatuen des heiligen Josef und der Jungfrau Maria aus dem 16. und zwei Barockaltäre aus dem 17. Jahrhundert. Die Büste des heiligen Andreas, der der Schutzpatron Ramatuelles ist, wurde aus dem Holz eines Feigenbaumes geschnitzt.

An eher traurige Vorgänge in der Geschichte der Stadt erinnern drei Gedenktafeln in der Kirche: Drei U-Boote der französischen Marine sind seit 1952 vor der Küste bei Cap Camarat gesunken: die „Sibylle" am 24.9.1952, die „Minerve" am 27.1.1968 und die „Eurydike" am 4.3.1970.

Unmittelbar neben der Kirche befindet sich im Postamt ein **Tordurchgang,** der in den ältesten Teil der Stadt führt. Stellenweise sieht man noch Fenster- oder Türeinfassungen, die aus dem 17. Jahrhundert stammen. Eine echte Zierde ist die **Place Gabriel Péri,** an deren Westseite sich der Wohnsitz der Familie *Audibert* (Herren von Ramatuelle) befindet.

Am südöstlichen Ende der Altstadt gelangt man durch das **Sarazenentor** auf die Rue Victor Léon. Das Tor zeigt noch viel von seinem ursprünglichen Aussehen, so sind z.B. innen die Laufschienen zu sehen, in denen die Fallgitter heruntergelassen werden konnten. Sichtbar sind auch noch die Torangeln von 1792 sowie zwei Mauervorsprünge oberhalb der Außenseite, an denen einst ein Wachhäuschen angebracht war.

Maurisch mutet das Gebäude nur wenige Schritte entfernt an, das sich an die Mauer an der Rue du Moulin Roux schmiegt. *Napoleon III.* ließ dieses Gebäude als **Gefängnis** errichten.

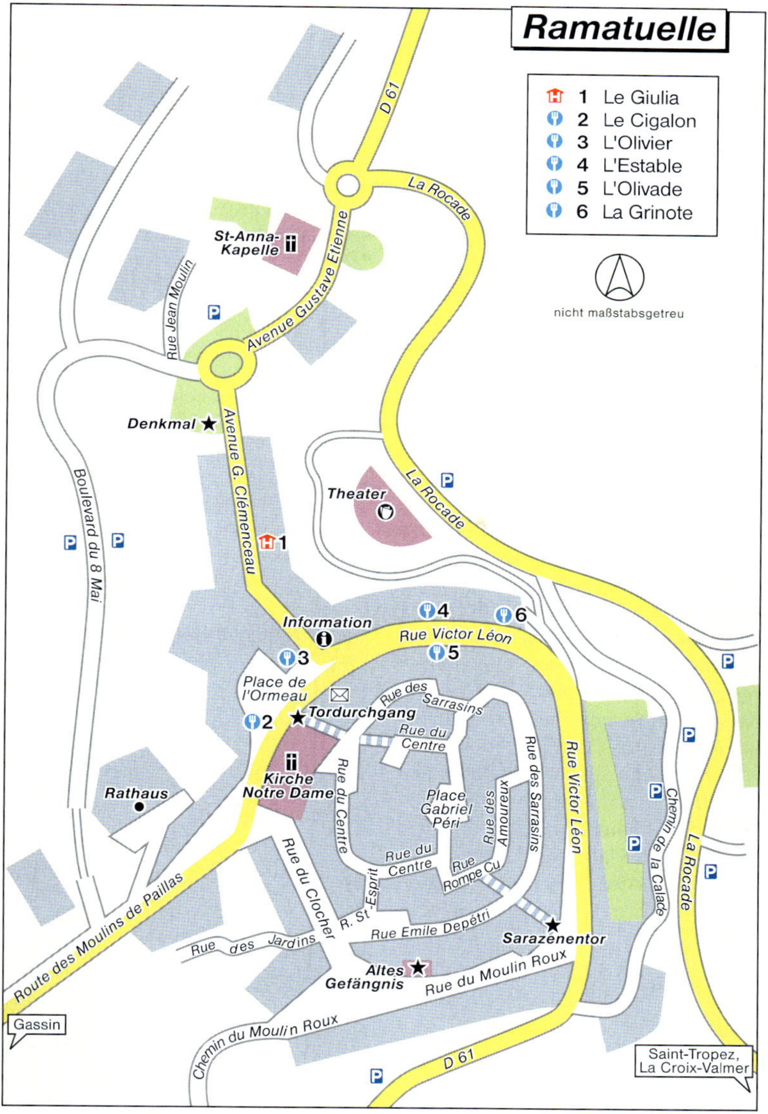
Ramatuelle
1 Le Giulia
2 Le Cigalon
3 L'Olivier
4 L'Estable
5 L'Olivade
6 La Grinote
nicht maßstabsgetreu
D 61
La Rocade
St-Anna-Kapelle
Avenue Gustave Etienne
Rue Jean Moulin
Denkmal
Avenue G. Clémenceau
Boulevard du 8 Mai
Theater
Information
Rue Victor Léon
Place de l'Ormeau
Tordurchgang
Rue des Sarrasins
Rue du Centre
Kirche Notre Dame
Rathaus
Place Gabriel Péri
Rue des Amoureux
Rue Rompe Cu
R. St-Esprit
Rue du Clocher
Rue des Jardins
Rue Emile Depétri
Sarazenentor
Altes Gefängnis
Rue du Moulin Roux
Chemin du Moulin Roux
Chemin de la Calade
Route des Moulins de Paillas
Gassin
Saint-Tropez, La Croix-Valmer

Allerdings verballhornte der Volksmund das Gebäude wegen seines Baustils zu einem „Badehaus der Sarazenen".

Kriegsdenkmal

Etwas unterhalb des Ortskerns steht das 1959 eingeweihte „Denkmal für die Gefallenen der Spezialeinheit der Landesverteidigung". Es erinnert an die Einsätze französischer **U-Boote** im Zweiten Weltkrieg vor der Küste, die Agenten zwischen Algerien und Frankreich beförderten. Spektakulär war der Einsatz der „Casablanca", deren Agenten nur mit Hilfe einer Gruppe der Résistance aus Ramatuelle an Land gehen konnten.

Chapelle Ste. Anne

Außerhalb des eigentlichen Zentrums steht die St.-Anne-Kapelle aus dem 16. Jahrhundert. Sie blieb als einzige von ehemals vier Kapellen erhalten und wurde in den 1960er Jahren restauriert. Am 26. Juli wird hier eine Messe zum Fest der heiligen Anna zelebriert.

Neben der Kapelle liegt der kleine **Friedhof** Ramatuelles. Auf ihm fand 1959 der Schauspieler *Gérard Philipe* (bekannt aus „Fanfan der Husar") seine letzte Ruhestätte, die bis heute eine der schlichtesten Grabstätten des Friedhofs ist.

Praktische Tipps

Information

- **Office de Tourisme,** Place de l'Ormeau, 83350 Ramatuelle, Tel. 04.98.12.64.00, Fax 04.94.79.12.66, www.ramatuelle-tourisme.com.

Nützliche Adressen

- **Apotheke,** Avenue Georges Clémenceau.
- **Post,** Place du Général de Gaulle.
- **Polizei,** im Rathaus, Route des Moulins de Paillas, Tel. 04.98.12.66.67.

Unterkunft

Hotels:

Ähnlich wie in St. Tropez sind auch hier die Zimmer recht teuer, zumindest dann, wenn man ein ansprechendes Ambiente, eventuell gar mit Garten und Pool wünscht.

- **Dei Marres** (ab) €, Route des Plages, Gabelung Route des Plages/Route des Marres im Stadtteil Les Marres, südlich von St. Tropez, Tel. 04.94.97.26.68, Fax 04.94.97.62.76, www.hotel-dei-marres.fr. Kleines, ruhiges Hotel in provenzalischem Stil mit Garten und Pool.

053st Foto: ho

Aussichtspunkt mit Windmühle: Moulins de Paillas zwischen Ramatuelle und Gassin

- **La Vigne de Ramatuelle** (ab) €, Route de La Croix-Valmer, südlich von Ramatuelle etwa fünf Minuten vom Meer entfernt an der D93, Tel. 04.94.79.12.50, Fax 04.94.79.13.20, www.hotel-vignederamatuelle.com. Sehr hübsche Hotelanlage im Hacienda-Stil.
- **L'Amphore** (ab) €, Route de l'Escalet, oberhalb des Strandes von Escalet im Südosten der Halbinsel, Tel. 04.98.12.90.90, Fax 04.98.12.91.76, www.hotel-amphore.com. Charmantes, kleines und typisch provenzalisches Hotel.
- **L'Ecurie du Castellas** (ab) €, Route des Moulins de Paillas, an der Stadtgrenze von Ramatuelle Richtung Moulins de Paillas, Tel. 04.94.79.20.67, Fax 04.94.79.20.67, www.lecurieducastellas.com. Das Hotel verfügt über 11 Zimmer und bietet einen herrlichen Blick über Pampelonne und l'Escalet.
- **Le Giulia** €, Avenue Georges Clémenceau, Tel. 04.94.79.20.46. Im Herzen der Stadt bietet das Hotel 6 Zimmer und eine familiäre Atmosphäre.

Bed & Breakfast:

- **Les Eucalyptus,** Pampelonne, Chemin des Moulins, Tel. 04.94.97.16.74, Fax 04.94.97.38.77, www.les-eucalyptus.com. Sehr gemütliches Bed & Breakfast in Strandnähe.

Ferienwohnungen:

- **Village de Vacances Léo Lagrange,** Route de Bonne Terrasse, an der Zufahrt zum Strand Bonne Terrasse, fünf Gehminuten vom Strand entfernt, Tel. 04.98.12.90.00, Fax 04.94.79.90.00, www.touristraleoramatuelle.com. Die 160 sehr gut ausgestatteten Wohnungen kosten ab € 315 pro Person und Woche/Vollpension bzw. ohne Verpflegung ab € 325 pro Woche für vier Personen oder ab € 400 pro Woche für sechs Personen.

Wohnungen/Zimmer in Privathäusern:

- **La Bonne Enseignure,** Quartier le Colombier, in der Nähe des Kreisverkehrs D93/D61, südöstlich von Ramatuelle, Tel. 04.94.79.23.63, Fax 04.94.79.14.67, www.bonne-enseignure.com. Zimmer kosten ab € 61, ein komplettes Stadthaus ab € 72.
- **La Villa d'Andrea,** Route de l'Escalet, oberhalb des Strandes von Escalet direkt an der Zufahrtsstraße, Tel. 04.98.12.65.00, Fax 04.98.12.65.15. Zwischen Pinien, Strand und Pool wohnt man ab € 69 sehr ruhig und gemütlich.
- **Ferme de l'Audrac** €, Quartier de l'Audrac, an der D93, der Route de La Croix-Valmer, südlich von Ramatuelle, Tel. 04.98.12.91.00. Drei einfache Zimmer auf dem Bauernhof.
- **Lei Souco** €, Route des Plages, an der D93 zwischen den Strandzugängen Accès 1 und 2, Tel. 04.94.79.80.22, Fax 04.94.79.88.27, www.leisouco.com. Inmitten eines Olivenhains liegt der Bauernhof mit acht Zimmern.
- **La Ferme Ladouceur** €, Quartier La Rouillère, an der D61 nördlich von Ramatuelle, Tel. 04.94.79.24.95, Fax 04.94.79.12.14. Sehr gemütliche Zimmer auf einem kleinen Bauernhof, der hauptsächlich vom Fremdenverkehr lebt. Abende am Kamin und ruhiger Garten.

Camping

- **La Croix du Sud,** Route des Plages, Quartier La Plan, Tel. 04.94.55.51.23, Fax 04.94.79.89.21, www.campingcroixdusud.fr, drei Sterne. In einem Pinienwald knapp zwei Kilometer von der Plage de Pampelonne entfernt. Sehr gut ausgestattet mit Pool und Sauna. Wochenpreis Caravan (Neben-/Hauptsaison) € 336/793. Lebensmittelgeschäft, Restaurant, Bar, Mitnahmegerichte, Mietwohnwagen, Mobil-Homes, Platzbewachung, Gasstation, Kühleis, Pool, Tennis, Disco, Fernsehraum, Veranstaltungsprogramm, warme Duschen, Kinderbetreuung, Hunde erlaubt, Deutsch und Englisch werden gesprochen, 80% Schatten. Geöffnet 1.4. bis 1.10.
- **Les Tournels,** Route des Tournels, Tel. 04.94.55.90.90, Fax 04.94.55.90.99, www.tournels.com, vier Sterne. Der Platz liegt in einem Pinienwald zwischen den Stränden von Pampelonne und l'Escalet. Pool und Sportstätten sind vorhanden. Wochenpreis Caravan (Neben-/Hauptsaison) € 399/679. Lebensmittelgeschäft, Restaurant, Bar, Mitnahmegerichte, Mobil-Homes, Mietbungalows, Platzbewachung, Gasstation, Kühleis, Pool, Tennis, Sportmöglichkeiten, Disco, Fernsehraum, Veranstaltungsprogramm, warme Duschen, Kinderbetreuung, Hunde erlaubt, Deutsch und Englisch werden gesprochen, 80% Schatten. Geöffnet 1.3. bis 1.9.

●**La Cigale,** Route de l'Escalet, Tel. 04.94.79. 22.53, Fax 04.94.79.12.05, www.camping-la cigale.fr, drei Sterne. Nur 800 m trennen den Platz vom Strand l'Escalet. Wochenpreis Caravan (Neben-/Hauptsaison) € 342/565. Lebensmittelgeschäft, Restaurant, Bar, Mitnahmegerichte, Mietzelte, Mietbungalows, Platzbewachung, Gasstation, Kühleis, Pool, Tennis, Kinderbetreuung, Deutsch wird gesprochen, 80% Schatten. Geöffnet 1.4. bis 1.10.

●**La Rouillère,** Route Départementale 61, Quartier La Rouillère, Tel. 04.94.79.28.67, Fax 06.70.97.98.68, drei Sterne. Im Landesinneren zwischen St. Tropez und Ramatuelle. Wochenpreis Caravan (Neben-/Hauptsaison) € 305/519. Restaurant, Bar, Mitnahmegerichte, Mietwohnwagen, Mobil-Homes, Mietbungalows, Gasstation, Kühleis, Pool, Tennis, Disco, Kinderbetreuung, Deutsch und Englisch werden gesprochen, 100% Schatten. Geöffnet 1.4. bis 31.10.

●**Hôtel de plain air La Toison d'Or** und **Kon Tiki,** Plage de Pampelonne, Tel. 04.94.79. 83.54, Fax 04.94.79.85.70 (Toison), Tel. 04.94.55.96.96, Fax 04.94.55.96.95 (Kon Tiki), www.campazur.com, drei Sterne. Die beiden Plätze liegen unmittelbar am langen Strand von Pampelonne. Während La Toison d'Or eher für Camper gedacht ist, bietet Kon Tiki viele Strandbungalows. Die Lage bestimmt hier den Preis: Wochenpreis Caravan (Neben-/Hauptsaison) € 399/1199. Lebensmittelgeschäft, Restaurant, Bar, Mitnahmegerichte, Mietbungalows, Platzbewachung, Kühleis, Pool, Sportmöglichkeiten, Disco, Veranstaltungsprogramm, warme Duschen, Kinderbetreuung, Deutsch und Englisch werden gesprochen, 30% Schatten. Geöffnet 19.3. bis 31.10.

Auf beiden Plätzen kann man auch Wohnwagen und Wohnmobile mieten: Ysam Caravaning, Tel. 04.94.79.88.79, Fax 04.94.79. 89.54, ysamfrance@hotmail.com; Locasoleil S.A.R.I, Tel. 04.94.79.86.94, 06.11.89.34.74, Fax 04.94.79.90.89; Lilley Mobiles, Tel. 06.68.68.27.99, Fax 04.94.79.94.03, jili14@ hotmail.com.

Camping à la Ferme:

Neben diesen Möglichkeiten gibt es zahlreiche Campingplätze auf **Bauernhöfen.** Die Anbieter stellen auf ihren Höfen zwischen 10 und 20 Plätzen, meist einfach ausgestattet, dafür aber auch recht preisgünstig.

Wohnmobilstellplatz:

●**Aire de Stationnement pour Camping-Cars,** Plage de Pampelonne, Route de Bonne Terrasse. Auf dem Gelände gibt es Dusche, WC und Entsorgungseinrichtungen. Der Aufenthalt ist auf maximal 48 Stunden beschränkt und kostet € 6,70.

Essen und Trinken

Restaurants und Imbisse am Strand sind im Kapitel „Die Stadt erleben" unter „Die Strände der Halbinsel" aufgeführt.

●**La Ferme Ladouceur,** Quartier La Rouillère, an der D61 nördlich von Ramatuelle, Tel. 04.94.79.24.95, Fax 04.94.79.12.14. Immer nur abends, nur nach Voranmeldung und immer nur ein Gericht, das auch nur bar bezahlt werden kann. Hört sich skurril an, dafür schmeckt das Essen sehr gut. Dazu gibt es Wein, soviel man verträgt. Und der ist im Preis enthalten. Je nach Menü etwa ab € 25.

●**L'Olivade,** Rue Victor Léon 5, Tel. 04.94.96. 17.57. Hier schmecken vor allem die leckeren Pizzen. Auf jeden Fall sollte man sich den Genuss eines hausgemachten Desserts gönnen. Gerichte ab € 14,50.

●**L'Olivier,** Place de l'Ormeau, Tel. 04.94.79. 19.82. Snacks, Fruchtcocktails und leckeres Eis ab € 5.

●**L'Estable,** Rue Victor Léon 6, Tel. 04.94.79. 10.76. Regionale Gerichte und hausgemachte Pizza, *plat du jour* um € 14.

●**L'Ecurie du Castellas,** Route des Moulins de Paillas, Tel. 04.94.79.11.59. Spitzenrestaurant mit einem atemberaubenden Blick über den Ort und das dahinterliegende blaue Meer. Die tolle Küche hat aber mit Menüs ab € 35 auch ihren Preis.

●**La Grinote,** Rue Victor Léon 15, Tel. 04.94. 79.11.75. Schnelle Küche für zwischendurch (Pizza, Crêpes und Eis) auch zum Mitnehmen ab € 5,50.

●**Le Cigalon,** Place de l'Ormeau, Tel. 04.94. 79.21.08. Pizza, Salate, leckere hausgemachte Fischsuppe und Crêpes, *plat du jour* ab € 12.

Einkaufen

- **Supermarché SPAR Les Tournels,** Route de la Quessine, nördlich des Strandes von Escalet, an der Nebenstraße zum Strand von Bonne Terrasse. Wer nicht zum großen Géant fahren möchte, findet hier alle Dinge des täglichen Lebens.
- **Terre de l'Olivier,** Rue St. Esprit 28 bis, in der Altstadt. Olivenöl, -balsam, -lotion ... hier findet man alles zum Thema „Olive" sowie weitere typische Produkte der Region.
- **Markt,** Place de l'Ormeau, donnerstags und sonntags.
- **La Caverne Ali Baba,** Rue du Centre, Tel. 04.94.79.16.13. Im höhlenartigen Laden gibt es allerlei hübschen Schmuck und einzelne Wohnaccessoires.

Sport und Aktivitäten

- **Tennis & Practise de Golf de la Vernatelle,** zwischen La Foux und La Croix-Valmer, Tel. 04.94.56.15.32. Tennis- und Golfkurse.
- **Tennis Club de Ramatuelle,** La Rocade, neben dem Fußballstadion, Tel. 04.94.79.29.38. Vier Plätze, auf denen auch Kurse angeboten werden.
- **Ramatuelle Mountain Bike,** Mme. Hélène Gilet, Tel. 04.94.79.26.31. Rundtouren.

La Croix-Valmer

Seit den 1950er Jahren gilt der kleine Ort im Tal hoch über dem Mittelmeer auf der Halbinsel von St. Tropez als einer der malerischsten Badeorte Frankreichs. Zunächst erscheint dies nicht so einleuchtend, denn schließlich liegt der eigentliche Ort nicht direkt am Meer. Aber auf den zweiten Blick erschließt sich dem Betrachter der Reiz von La Croix-Valmer. Im Gegensatz zu anderen Badeorten fehlt hier das laute, lärmende Strandleben, obwohl man stolz auf etwa **sechs Kilometer Sandstrand** blickt. Aber der liegt eben nicht direkt am Ort, sondern einige Fahrminuten entfernt an der Südküste der Halbinsel. Vom Ort aus hat man einen herrlichen **Panoramablick** über die Region, vor allem nach Süden und Südwesten, denn im Norden und Osten steigen bewaldete Hänge an.

Am besten erkundet man Ort und Umgebung zu Fuß, eventuell auch mit dem Rad, doch hierbei muss man vorsichtig sein: Sehr enge und oft nicht gut einsehbare Straßen mit relativ viel Verkehr schmälern das Vergnügen.

Die Geschichte des Ortes beginnt in prähistorischer Zeit, als der Dolmen von Taillat errichtet wurde (s.u.). Der Ort verdankt seinen Namen der Legende nach dem römischen Kaiser *Konstantin.* Als dieser um 312 n.Chr. nach Rom zurückreiste, sah er in der Gegend des heutigen La Croix-Valmer angeblich ein Kreuz am Himmel, das von den Worten „in hoc signo vinces" umgeben war. Die Worte „In diesem Zeichen wirst du siegen" sollten sich kurz darauf bewahrheiten und so konvertierte *Konstantin* zum Christentum und ließ fortan das „Labarum" tragen, eine Fahne mit dem Kreuzzeichen.

Noch heute erinnert ein steinernes Kreuz an dieses „Wunder". Das **Croix de Constantin** wurde 1893 an der Kreuzung der D559 und D93, die zum Strand von Gigaro führt, errichtet. An dieser Stelle soll *Konstantin* seine göttliche Botschaft empfangen haben.

Das Dorf selbst wurde 1882 als Erweiterung des Weingutes „Domaine de la Croix" gegründet. Es bekam zunächst die Namen „La Croix", dann

„La Croix de Cavaliare“ und „La Croix des Mimosas“, um 1934 schließlich den Namen „La Croix-Valmer“ zu erhalten.

Sehenswertes

Ende des 19. Jahrhunderts wurde der Ort zum geschätzten Winter- und Sommerquartier für die Reichen der Welt. Natürlich wollte man standesgemäß wohnen, sodass zahlreiche **Villen und Hotels** entstanden, von denen auch heute noch einige zu sehen sind.

Hôtel des Pères du St. Esprit

Weithin sichtbar thront das große Gebäude oberhalb der Stadt. Ursprünglich als Hôtel de Bon Repos gebaut, wurde es schon sehr schnell auch anderweitig genutzt, denn die exponierte Lage ließ es zum idealen Navigationshilfspunkt für Seeleute werden. Im Laufe seiner Geschichte war es vornehmlich ein Hotel für gutbetuchte Engländer, was sich auch in seinen Namen *Hôtel d'Angleterre* und *Hôtel d'Angleterre et Kensington* widerspiegelte, bis es schließlich zum **Grand Hotel** avancierte. Schon seit den 1960er Jahren hat es allerdings als Hotel ausgedient und wird seitdem als Erholungsheim und Ruhesitz für Nonnen und Mönche genutzt.

Parc Hôtel

Das 1900 erbaute Haus am Boulevard Georges Selliez war ursprünglich als Waisenhaus geplant. Aufgrund finanzieller Engpässe des zuständigen Klosters wurde das Gebäude aber veräußert und erlebte eine Renaissance als Grand Hotel. Heute ist es als Parc Hôtel immer noch diesem Zweck verbunden.

Sylvabelle

Am gleichnamigen Boulevard liegt das zu Beginn des 20. Jahrhunderts als Hotel errichtete Gebäude Sylvabelle. Bis 1914 wurde es überwiegend als Kurhotel genutzt, was ihm den Namen *Solarium* einbrachte. Im Ersten Weltkrieg hatte man dann aber keine Verwendung mehr für solche Hotels. Man brachte hier stattdessen ein Lazarett unter und nahm auch nach Kriegsende den Hotelbetrieb nicht mehr auf. Nachdem zunächst eine Art Gesundheitsbehörde für Kinder ihren Sitz in dem Gebäude einrichtete, wird es seit 1969 als Internat genutzt.

Villen

Zu Beginn des letzten Jahrhunderts kamen zahlreiche Industrielle und andere wohlhabende Persönlichkeiten an die Côte d'Azur. Sie liebten diese Küste so sehr, dass sie sich hier niederließen oder Sommerresidenzen bauten. Von ihnen sind bis heute die Villa Andalousie, die Villa Alleluia, die Villa Couadan und das Manoir erhalten.

Zu den besonders bemerkenswerten Villen gehört die **Villa Turquoise** am Boulevard de Tahiti, ein herrliches Haus im Stil der Belle Epoque. Ein tul-

Dolmen de la Briande – prähistorische Steine nahe dem Cap Lardier penförmiges Dach, Fresken an der Fassade und eine sehr aufwendig gestaltete Decke zieren das Gebäude, in dem es eine kleine Ausstellung zur Ortsgeschichte gibt.

Wohlstand und Prachtvillen müssen aber nicht immer mit Eigennutz einhergehen. Dies lehrt das Beispiel der **Villa Louise.** Ursprünglich war sie das Haus einer Familie, die mit Bekleidung zu großem Reichtum gekommen war. 1925 besann man sich seiner sozialen Verantwortung und schenkte den Besitz den Hospices civils in Lyon und Reims, sodass diese Organisation hier ein Ferienheim für Kinder aus unteren sozialen Schichten schaffen konnte. Bis heute wird das Haus für Kinderferien genutzt.

In der Umgebung

Col de Collebasse

Etwa sieben Kilometer östlich von La Croix-Valmer liegt der 131 Meter hohe **Pass** Col de Collebasse. Man erreicht ihn über die kurvenreiche D93 (Route du Col de Collebasse) Richtung Ramatuelle. Zu Fuß kann man vom Ort aufsteigen (am besten ist der Ausgangspunkt am Office de Tourisme, hier bekommt man auch eine Wanderkarte). Vom 197 Meter hohen Gipfel nahe dem Pass hat man einen herrlichen Blick über das Mittelmeer, die Strände von Briande und La Bastide Blanche und Gassin. Feste Schuhe sind ein Muss, um den Wald aus Aleppo- und Schirmpinien sicher zu durchqueren.

054st Foto: ho

Der Klang von Wiesen und Buschwerk – Zikaden

Wanderungen durch Haine oder ruhige Abende vor dem Haus sind im Mittelmeergebiet kaum ohne das **Zirpen** der Zikaden denkbar. Man hört die Geräusche meist aus Bäumen und Buschwerk. Doch so allgegenwärtig die Laute sind, so schwierig ist es, ihre Erzeuger zu beobachten. Kaum wendet man sich in die Richtung, aus der das Geräusch kommt, und nähert sich der Quelle, verstummt es auch schon, um kurz darauf anderswo zu ertönen. Fast eine Geschichte wie „Hase und Igel"!

Biologisch-systematisch betrachtet, handelt es sich bei den entfernt mit den Grillen verwandten Zikaden (frz.: *cigales,* lat.: *Auchenorrhyncha*) um Fluginsekten der Ordnung Schnabelkerfe und der Unterordnung Pflanzensauger. Zu dieser Unterordnung gehört u.a. die Familie der Zikaden, zu denen wiederum die Singzikaden gehören. Letztere sind in der Lage, die typischen schnarrenden Geräusche zu erzeugen. Ihre Verbreitung erstreckt sich über weite Teile der Erde, bevorzugt aber klimatisch warme Gegenden. So kommen denn Singzikaden im Süden Deutschlands vor, leben in Nordamerika und den Tropen, sind aber am häufigsten im **Mittelmeergebiet** verbreitet.

So beliebt die Tiere bei Urlaubern auch sein mögen, so unbeliebt sind sie bei den Landwirten, denn im Verlauf ihrer Entwicklung können sie zu echten **Schädlingen** werden. Die weiblichen Tiere legen ihre Eier mit einem gut ausgeprägten Legebohrer tief in verholzte, oberirdische Pflanzenteile hinein. Sobald die Larven geschlüpft sind, wandern sie an der Pflanze entlang in den Boden, setzen sich hier an die Wurzeln und beginnen zu saugen. Massive Grabschaufeln an den Vorderbeinen befähigen die Larven zur perfekten Fortbewegung im Erdreich. Da die Tiere eine extrem lange Larvenzeit durchlaufen, ist auch die Schädigungszeit für die Pflanzen entsprechend lang. Am extremsten ist dies bei der amerikanischen *Magicicada septendecin* oder Siebzehnjahr-Zikade ausgebildet. Im Süden der USA benötigt diese Art 13 Jahre, um von der Larve zum Vollinsekt heranzuwachsen, im Norden sogar 17 Jahre (zum Vergleich: Der Maikäfer entwickelt sich in nur etwa drei bis vier Jahren).

Nach dieser langen Phase der Reifung folgen für das erwachsene Tier nur noch wenige Wochen des Lebens. Es geht nur noch um die Vermehrung, d.h. die Erhaltung der Art. So bleibt denn auch während dieses vier bis sechs Wochen währenden Lebensabschnittes keine Zeit für die Nahrungsaufnahme. Stattdessen gilt es für die Männchen, möglichst viele **Weibchen anzulocken** und zu begatten. Dazu dienen die Laute, die bei fast allen Zikaden nur von Männchen erzeugt werden. (Bei den Arten, bei denen beide Geschlechter Laute erzeugen, ist die Frequenz für das menschliche Gehör nicht wahrnehmbar.) Diese Eigenart war schon im alten Griechenland bekannt und ließ Philosophen zu der Überzeugung gelangen: „Glücklich sind die Zikaden, denn sie haben stumme Weiber."

Zikaden als Souvenir

Im Hinterleib des Männchens sitzen von Muskeln betätigte, **gewölbte Platten,** auch „Schallplatten" genannt. Durch rasches Ein- und Ausbuchten der Wölbung wird jeweils ein **Knackgeräusch** erzeugt. Ein großer Luftsack im Hinterleib dient der Verstärkung des Schalls. Die Geschwindigkeit des Ein- und Ausbuchtens der Platte bestimmt die Tonhöhe. Bisher ist bekannt, dass die Frequenz bei 120 bis 600 Knackgeräuschen pro Sekunde liegen kann – ein rasselndes Schnarren, das ganze Küstenstriche zum Klingen bringt.

055st Foto: ho

Cap Lardier

Das Cap Lardier markiert den **südlichsten Punkt der Halbinsel** von St. Tropez und kann nur zu Fuß bzw. mit dem Rad erreicht werden. Wanderungen führen vom Strand von Gigaro (im Westen) und vom Strand von Escalet (im Osten) zur **Bucht von Briande.** Im Süden dieser Bucht schiebt sich das felsige, zum Teil dicht bewachsene Kap weit ins Meer hinaus. An seinen Ufern kann man sich auf kleinen und schmalen **Sand- bzw. Kiesstränden** sonnen, sofern man rechtzeitig angekommen ist und noch einen Platz findet. Meist ist die Westseite weniger gut besucht, da hier stetiger Wind weht, während die Ostseite windabgewandt ist. Dafür ist hier die Liegemöglichkeit eingeschränkt. Wer mag, kann auf den ausgetretenen Pfaden das Kap genauer erkunden, ganz im Süden den Blick aufs Meer genießen oder ein Bad nehmen. Der Zugang zum Wasser führt aber immer über Felsen.

Dolmen de la Briande

Wenn man die Bucht von Briande von der Plage de l'Escalet aus erreicht, kann man am alten Zollhäuschen nach Norden den Hügel hinaufsteigen. Nach etwa 15 Minuten (moderate Gehgeschwindigkeit) erreicht man die Reste des Dolmen de la Briande. Mehrere aufrecht stehende Steine rechts des Weges sind die Überbleibsel dieses **prähistorischen Steingrabes,** das ursprünglich von einer Steinplatte bedeckt war und nur über einen Kriechgang als Zugang verfügte. Da die Steinplatte auf den Seitensteinen ruht, nennt man diese Konstruktionen Steintisch oder Dolmen.

Praktische Tipps

Information

- **Office de Tourisme,** Esplanade de la Gare, 83420 La Croix-Valmer, Tel. 04.94.55.12.12, Fax 04.94.55.12.10, www.lacroixvalmer.fr.

Nützliche Adressen

- **Post,** Place Foisy, Tel. 04.94.55.06.70.
- **Polizei,** Odyssée 80, Tel. 04.98.12.68.90.
- **Holiday Bikes,** Boulevard Georges Selliez, Tel. 04.94.79.75.12, Fax 04.94.79.68.99, www.holidaybikes.com. Vermietung von Fahrrädern, Motorrollern, Motorrädern und Mietwagen.

Unterkunft

- **Parc Hotel** (ab) €, Boulevard Georges Selliez, an der D93 in Richtung Ramatuelle, ca. 500 m vom Ortskern entfernt, Tel. 04.94.55.27.27, Fax 04.94.54.38.91, www.golfe-infos.com/parc-hotel. Wer den Charme der Belle Epoque auch als Gast genießen möchte, ist hier genau richtig.
- **La Bienvenue** €, Rue Louis Martin, in der Ortsmitte, Tel. 04.94.17.08.08, Fax 04.94.79.70.08, www.hotel-la-bienvenue.com. Charmantes, kleines Stadthotel mit sehr familiärem Charakter.
- **Hôtellerie de la Ricarde** €, Quartier de la Plage, Tel. 04.94.79.64.07, Fax 04.94.54.30.14, www.golfe-infos.com/la-ricarde. Gemütliches, kleines Hotel, nur etwa 150 m vom Meer entfernt.
- **La Rotonde** (ab) €, Rue Frédéric Mistral, Tel. 04.94.54.21.21, Fax 04.94.54.30.00, www.hotel-la-rotonde.com. Gleich am Ortseingang bieten die 14 Zimmer einen herrlichen Blick über das Massif des Maures und das Meer.
- **Chambres d'Hôtes La Sultanine** €, Quartier de la Galiasse, Tel./Fax 04.94.79.72.07. Etwas abseits des Ortes liegt das Haus mit drei großen Gästezimmern inmitten einer reizvollen Landschaft.

Bed & Breakfast:

- **Le Vergeron** €, Les Lauriers Roses, Route de Gigaro, in der Nähe des Strandes von Gigaro, Tel. 04.94.50.93.93. Drei Räume für vier bis fünf Personen.

Ferienwohnungen und -häuser:

Das Gebiet von La Croix-Valmer bietet eine Vielzahl dieser Mietobjekte. Man wendet sich am besten (rechtzeitig) an das Office de Tourisme. Hier gibt es die Broschüre „Les Locations Saisonnières de La Croix-Valmer" mit einer großen Anzahl empfehlenswerter Häuser und Appartements.

- Ferienwohnungen findet man z.B. in der **Résidence Maeva Les Terrasses de Sylvabelle,** Tel. 04.94.55.16.66, Fax 04.94.54.26.57, www.maeva.com. Die vollständig ausgestattete Anlage bietet Wohnungen ab € 266 pro Woche.
- **S.A.S. Vacances Bleues Résidences – Grand Cap,** Boulevard Georges Selliez, an der D93 ca. 1 km vom Ortskern entfernt in Richtung Ramatuelle, Tel. 04.94.55.46.00, Fax 04.94.55.45.30, grandcap@vacancesbleues.com. Auch diese Anlage bietet allen Komfort ab € 210/Woche.

Camping

- **Sélection Camping,** Boulevard de la Mer 12, La Ricarde, Tel. 04.94.55.10.30, Fax 04.94.55.10.39, www.selectioncamping.com, vier Sterne. 210 Stellplätze, etwa 500 Meter vom Meer entfernt. Lebensmittelgeschäft, Restaurant, Bar, Mitnahmegerichte, Mobil-Homes, Mietbungalows, Platzbewachung, Kühleis, Pool, Tennis, Disco, warme Duschen, Kinderbetreuung, 80% Schatten. Geöffnet 15.3. bis 15.10.

Essen und Trinken

- **La Cigale,** D559, in der Ortsmitte nahe dem Office de Tourisme, Tel. 04.94.54.34.76. Traditionelle Küche mit Menüs ab € 12.
- **Le Retso,** D559, in der Ortsmitte nahe dem Office de Tourisme, Tel. 04.94.79.67.76. Auch hier ist man auf regionale Küche spezialisiert, sehr lecker ist gegrillter Fisch. Menü ab € 12,50.

●**Château de Valmer La Palmerie,** Plage de Gigaro, Tel. 04.94.55.15.15. Top-End-Gastronomie mit provenzalischer Küche. Geeignet auch für Rollstuhlfahrer, Reservierung erforderlich. Menü um € 50.
●**Le Bar de la Plage La Salmandre,** Plage de Gigaro, Tel. 04.94.54.25.05. Leckere Fischgerichte und andere regionale Spezialitäten, für Rollstuhlfahrer geeignet. *Plat du jour* ab € 12.
●**La Galinette,** Plage du Débarquement, Tabarin Vergeron, Tel. 04.94.54.25.51. Snacks für zwischendurch und traditionelle Küche. *Plat du jour* ab € 10.
●**Le Nautic,** Plage du Débarquement, Tabarin Vergeron, Tel. 04.94.79.61.55. Gute Pizza und leckeres Eis, ab € 8.
●**La Petite Auberge de Barbigoua,** Avenue des Gabiers, Tel. 04.94.54.21.82. Am Ortsausgang auf dem Weg nach Cavalaire biegt man am Kreisverkehr links ab auf den Boulevard de la Mer bis zur Avenue Neptune. Hier zweigt die Avenue des Gabiers ab. Ruhiges Ambiente mit viel Sinn für antike Gemütlichkeit. Im kleinen Restaurant ist eine Reservierung unbedingt notwendig. Ein komplettes Menü kostet um € 30.

Einkaufen

●**Markt,** im Zentrum, sonntags.

Sport und Aktivitäten

Auch in La Croix-Valmer steht **Wassersport** an erster Stelle. Wer möchte, kann segeln und tauchen lernen, zumal gerade die Unterwasserwelt bei Gigaro sehr viel Reizvolles bietet.
●**La Voile Blanche,** Plage de Gigaro, Tel. 06.71.26.23.89. Ausbildung auf Hobie-Catamaran.
●**Club Nautique de la Croix-Valmer,** Plage du Débarquement, Tel. 04.94.79.68.01. Segelschule mit Bootsverleih.
●**Parasailing,** Plage du Débarquement, Tel. 06.80.23.42.16. Wasserski, Parasailing und andere Wassersportaktivitäten.

Tauchen:
●**Club de Plongée Subapnée,** Villa l'Oursinade – Vallon de Gaches, Gigaro, Tel. 04.94.79.50.13. CMAS und Apnoetauchen.
●**Espadon Croisières,** Allée Manon des Sources 62, Tel. 04.94.55.22.74, 06.73.47.31.99. PADI, Nitrox- und Füllstation.
●**Sarl Mio Palmo Plongée,** Résidence du Cap Lardier 35, Tel. 06.09.71.96.05, Fax 04.94.15.43.10, www.moi.palmo.free.fr. Tauchschule für alle Anforderungen.

Tennis:
●**Tennis Club Maurice Vigié,** Rue Frédéric Mistral, Tel. 04.94.79.56.77. Fünf Plätze mit Clubhaus.

Radfahren:
●**MJC,** Boulevard Georges Selliez, M. Laurent Morais, Tel. 04.94.79.79.37. Organisierte Radtouren.

Gassin

Etwa 200 Meter über dem Meer thront das kleine **Bergdorf** im Zentrum der Halbinsel, ein paar Kilometer nordwestlich von Ramatuelle. „Typisch provenzalisch" ist die beste Beschreibung des Ortsbildes, das bis heute weitgehend erhalten ist. Schmale Gassen, dicht gedrängte Häuser und hin und wieder verbindende Treppen geben dem Dorf ein so friedvolles Bild, dass es alljährlich Tausende von Besuchern anlockt. Beim Weg hinauf fährt man durch Weinberge und Korkeichenwälder.

Östlich und westlich des Dorfes findet man große Parkplätze, denn Gassin ist weitgehend autofrei. Auf jeden Fall sollte man einmal die Leï Barri zur **mittelalterlichen Terrasse Barri** entlanggehen, um den herrlichen Blick über den Golf von St. Tropez, die Seealpen (oft verschneit) und die Bucht von Cavalaire bis zu den Iles d'Hyères zu genießen.

Trotz seines heute ruhig anmutenden Charakters muss man bedenken, dass Gassin als wehrhaftes Dorf entstanden ist. Die besondere Lage, etwa vier Kilometer von der Küste entfernt auf einem felsigen Hügel thronend, ließ es schon in römischer Zeit zu einer wehrhaften Anlage werden. „Oppidum Celto Ligure" nannten die Römer den Ort. Die Herkunft des heutigen Namens liegt im Dunkeln, allerdings gibt es Vermutungen: Eine Deutung besagt, dass der Name von „guardia sinus" (Wächter des Golfes) stammt, eine andere geht davon aus, er sei aus den Namen *garcinum, garcino* oder *garcin* entstanden, die wohl auf die besondere Lage auf dem Berg hindeuten sollen.

Eines ist jedoch unstrittig: Sarazenen und Kreuzritter hatten hier ihre Aussichtsposten, und der moderne Eroberer, auch als Tourist bekannt, genießt ein 360-Grad-Panorama. „Ich habe St. Tropez, La Croix-Valmer, Grimaud und Ste. Maxime gesehen – aber ich war in Gassin", könnte denn auch das stolze Motto des Ortes oder seiner Besucher lauten.

Rund um den Berg, auf dem der Ort liegt, wird in langer Tradition **Wein** angebaut. Aber nicht irgendein Wein, sondern der weltbekannte „Côtes de Provence" AOC, der hier in idealem Klima gedeiht. Sonnenverwöhnte Hanglagen und ein stetiger leichter Seewind, dazu genügend Feuchtigkeit – das ist die Basis für die guten Erträge und beste Weine.

Sehenswertes

Die Altstadt

Der Rundgang beginnt am besten am Parkplatz an der **Place du Portail Neuf,** dem nördlichen Ortseingang. Hier hat man einen ersten guten Überblick über die Region, zunächst vom Brunnen aus und später von immer höheren Blickwinkeln. Man folgt der Leï Barri an der ehemaligen **Stadtmauer** entlang zur Place deï Barri. Hier wird der Wehrcharakter des Orts deutlich, wandelt man doch auf den Mauern, hoch über den tiefer liegenden Zufahrten. Auf der Häuserseite steht ebenfalls eine feste Mauer. Erst an der Place deï Barri weicht diese Mauer zurück. Hier gibt es mehrere gastronomische Betriebe, deren Terrassen zum Sitzen einladen.

Entweder vom Ende des Platzes aus oder über die Treppen der Restaurants Bello Visto und Le Pescadou gelangt man in die verwinkelten Gassen des Ortes. Kleine Plätze (besser Plätzchen), hohe, wehrhafte Häuser, die sich dicht aneinander drängen, schmale Türen und Fenster, Räume, die in den Felsen gebaut zu sein scheinen, Brunnen und ein alter Backofen – dies alles blieb über die Jahre erhalten, wurde gepflegt und restauriert, sodass der Ort kürzlich den Preis „Marianne d'Or" für die hervorragenden Restaurierungsarbeiten erhielt, die von *François Spoerry* (der auch Port Grimaud entwarf) konzipiert wurden. Weitere Preise sind eine Auszeichnung auf europäischer Ebene sowie der Titel **„Frankreichs schönstes Dorf".**

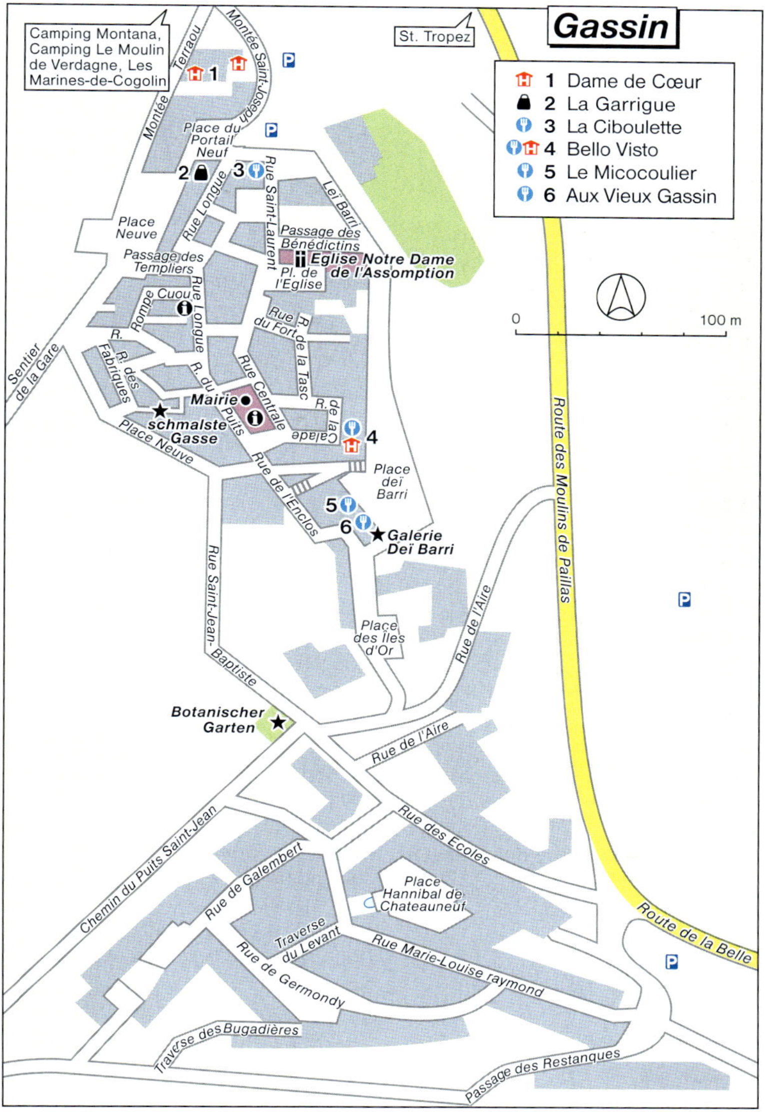
Gassin
1 Dame de Cœur
2 La Garrigue
3 La Ciboulette
4 Bello Visto
5 Le Micocoulier
6 Aux Vieux Gassin
0
100 m
Camping Montana, Camping Le Moulin de Verdagne, Les Marines-de-Cogolin
St. Tropez
Montée Terraou
Montée Saint-Joseph
Place du Portail Neuf
Rue Saint-Laurent
Leï Barri
Place Neuve
Rue Longue
Passage des Bénédictins
Eglise Notre Dame de l'Assomption
Pl. de l'Eglise
Passage des Templiers
Rompe Cuou
Rue du Fort
R. de la Tasc
R.
R. des Fabriques
R. du Puits
Rue Centrale
R. de la Calade
Mairie
schmalste Gasse
Place Neuve
Sentier de la Gare
Rue de l'Enclos
Place deï Barri
Galerie Deï Barri
Rue Saint-Jean-Baptiste
Place des Îles d'Or
Rue de l'Aire
Route des Moulins de Paillas
Botanischer Garten
Rue des Ecoles
Chemin du Puits Saint-Jean
Rue de Galembert
Place Hannibal de Chateauneuf
Traverse du Levant
Rue Marie-Louise raymond
Rue de Germondy
Route de la Belle
Traverse des Bugadières
Passage des Restanques

056st Foto: ho

Sonnenverwöhnte Restaurants in Gassin

Besondere Einblicke in die Geschichte gewinnt man z.B. in der **Passage des Templiers,** wo noch erkennbar ist, wie einst die Keller aus Verteidigungszwecken miteinander verbunden waren. Über die Rue Longue gelangt man nach Süden zur Rue du Moulin, wo einst Olivenöl hergestellt wurde. Sie ist der Zugang zur angeblich **schmalsten Gasse der Welt,** der l'Androuno. Sie ist so schmal, dass sich hier nie zwei Personen begegnen dürfen. Wer hindurch möchte, muss schon recht schlank sein!

Notre Dame de l'Assomption

Ab dem 11. Jahrhundert entwickelte sich Gassin zu einem religiösen Zentrum der Region. Schutzheiliger war und ist *St. Laurent.* Sein Grab befindet sich in der den Ort überragenden **Kirche,** deren heutiger Bau aus dem Jahr 1558 stammt. Der älteste Teil ist der frei stehende Glockenturm. Neben dem Schrein lohnt im Inneren ein Blick auf die goldene Marienstatue sowie die zahlreichen Wand- und Deckenmalereien. Herrlich sind auch der Taufstein aus weißem Marmor mit vier Engelsgesichtern (16. Jahrhundert) sowie die Christusstatue in spanischer Tradition. Ein Kontrapunkt dazu ist das moderne Kreuz von 1968.

Botanischer Garten

Ein kleiner botanischer Garten befindet sich an der Rue St. Jean Baptiste, Ecke Chemin du Puits St. Jean.

Kapelle

Die kleine romanische Kapelle **Notre Dame de Consolation,** etwa 500 m nördlich des Ortes, wurde im 16. Jahrhundert erbaut, nachdem die Pest das Land fest im Griff hatte.

Moulin à Vent de Verdagne

Über die Route du Broust (Richtung La Croix-Valmer) gelangt man zu einer **Windmühle** aus dem 19. Jahrhundert. Sie ist heute nicht mehr in Betrieb, der Turm steht aber nach wie vor.

Praktische Tipps

Information

- **Mairie** (Bürgermeisteramt), Rue Central, Tel. 04.94.56.62.00, nur in der Hauptsaison geöffnet.
- **Maison du Tourisme Golfe de St. Tropez, Pays des Maures,** Carrefour de la Foux, 83580 Gassin, Tel. 04.94.55.2.00, Fax 04.94. 55.22.01, www.golfe-infos.com, tourisme@ golfe-infos.com. Die Haupttouristinformation für die ganze Region befindet sich nahe dem Kreisverkehr von La Foux bei Les Marines-de-Cogolin.

Nützliche Adressen

- **Polizei,** Tel. 04.94.56.62.17.
- **Internet,** Cybercave, Rue du Puits 14, nahe der Mairie, Tel. 04.94.43.45.50.

Unterkunft

- **Bello Visto** €, Place deï Barri, Tel. 04.94.56. 47.33, Fax 04.94.43.45.36. Kleines, gemütliches Hotel mit herrlichem Blick.
- **Dame de Cœur** €, Montée St. Joseph, Tel. 04.94.56.20.10. Im Norden der Stadt wohnt man mit Blick auf La Croix-Valmer und Cogolin.

Camping

- **Parc Saint-James Montana,** Le Bourrian, Tel. 04.94.55.20.20, Fax 04.94.56.34.77, www. camping-parcsaintjames.com. Vier Sterne, 650 Stellplätze, ca. 2,5 km vom Meer entfernt an der D559. Lebensmittelgeschäft, Restaurant, Bar, Mitnahmegerichte, Mietbungalows, Platzbewachung, Tennis, Sportmöglichkeiten, Disco, Fernsehraum, Veranstaltungsprogramm, warme Duschen, Deutsch und Englisch werden gesprochen, 90% Schatten.
- **Le Moulin de Verdagne,** Route de Brost, Tel. 04.94.79.78.21, Fax 04.94.54.22.65, www.moulindeverdagne.com. Drei Sterne, 170 Stellplätze auf z.T. unbeschattetem Gelände, etwa 4 km vom Meer entfernt an der D559. Lebensmittelgeschäft, Restaurant, Bar, Mitnahmegerichte, Mietwohnwagen, Mietzelte, Mobil-Homes, Mietbungalows, Platzbewachung, Gasstation, Pool, Tennis, Disco, Fernsehraum, Veranstaltungsprogramm, Kinderbetreuung, Deutsch und Englisch werden gesprochen, 50% Schatten. Geöffnet 1.4. bis 31.10.

Camping à la Ferme:

- **Camping Jaufret,** Mme. Durbec, Tel. 04. 94.56.27.78. 20 Stellplätze, Verkauf von landwirtschaftlichen Erzeugnissen.
- **M. Patrice Blengini,** Quartier Barbarie, Tel. 04.94.56.14.12. 20 Stellplätze.
- **M. Jean-Claude Rocchia,** Campagne Bonne Fontaine, Tel. 04.94.56.13.70. Sechs Stellplätze.

Essen und Trinken

Die meisten Restaurants befinden sich an der Place deï Barri. Von hier hat man die schönste Aussicht. Da viele Menschen dies schätzen, sollte man einen Tisch reservieren.

• **Au Vieux Gassin,** Place deï Barri, Tel. 04.94.56.14.26. Regionale Gerichte, internationale Küche und Salate. Menü ab € 24.
• **Bello Visto,** Place deï Barri, Tel. 04.94.56.47.33. Provenzalische Gerichte und herrliche Aussicht. Menü ab € 22.
• **Le Micocoulier,** Place deï Barri, Tel. 04.94.56.14.01. Sehr gute Fischgerichte, lecker ist auch der Hummer. Menü um € 25.
• **La Ciboulette,** Rue St. Laurent, Tel. 04.94.56.25.52. Spezialisiert auf Fischgerichte. Ab etwa € 18.
• **Auberge la Verdoyante,** Chemin de la Coste-Brigade 866, etwa einen Kilometer außerhalb des Ortes, erreichbar über die kleine Straße rechts vom Friedhof, Tel. 04.94.56.16.23. Ländliches Ambiente und bodenständige Gerichte, z.B. Hase, provenzalische Pute und sehr gute Fischgerichte. Am schönsten sitzt man auf der Terrasse. Menü ab € 28.

Einkaufen

Zahlreiche kleine Läden bieten die üblichen Souvenirs an.
• Ganz hübsch und vielfältig ist **La Garrigue** an der Place du Portail Neuf.
• Artikel, die man nicht schon allzu oft anderswo entdeckt hat, bietet **Gassin Décors,** hinter der Kirche an der Rue deï Barri.
• **Galerie Deï Barri,** Place deï Barri, Tel. 04.94.56.13.52. Die kleine Galerie regt mit allerlei Bildern zum Stöbern an.

Sport und Aktivitäten

• **Avenir Cyclyste Gassinois,** Rue des Ecoles, Tel. 04.94.56.35.20. Radtouren und Crossfahrten, mittwochs und samstags ab 15 Uhr (im Winter ab 14 Uhr). Traning für 7- bis 16-Jährige.
• **Ecole de Voile „La Moune",** N98, Quartier du Treizain, Tel. 04.94.97.71.05. Segelschule und Bootsverleih im an der Küste gelegenen Ortsteil Les Marines-de-Gassin.
• **Practice de Golfe de la Vernatelle,** D559 Richtung La Croix-Valmer, Tel. 04.94.56.15.32. 16-Loch-Golfplatz, Pro-Shop und Clubhaus, fünf Tennisplätze.

Cogolin

Laut Legende soll der Körper des heiligen *Torpetius* mit einem Boot von Italien aus an die Küste des heutigen St. Tropez gelangt sein. An Bord befanden sich auch ein Hund und ein Hahn. Am Ufer angelangt, flog der Hahn (frz. *coq*) los und landete in einem nahen Flachsfeld (frz. *lin*). Der Name Cogolin *(coq au lin)* war geboren. Die Legende schweigt allerdings über den Verbleib des Hundes.

Das Städtchen liegt knapp zehn Kilometer westlich von St. Tropez an den Ausläufern des Massif des Maures und damit nicht auf der Halbinsel. Der Ortsteil Les Marines-de-Cogolin an der Küste ist am Anfang dieses Kapitels beschrieben.

057st Foto: ho

Über Jahrhunderte wurde der Ort durch die Herrscher der Provence, die Religionskriege und später die Landung der Alliierten und andere historische Ereignisse in Mitleidenschaft gezogen und trotzdem gelang es ihm, sich eine Ursprünglichkeit zu bewahren, die ihresgleichen sucht. In Cogolin ruht die Wirtschaftskraft im Gegensatz zum etwa gleich großen St. Tropez auf mehreren Säulen. Neben dem Tourismus setzt man hier auf **Handel, Handwerk und Industrie.** Doch Cogolin ist alles andere als eine Industriestadt. Hier lebt man von der Herstellung von Pfeifen, Teppichen, Flaschenkorken, Angelruten, Möbeln und dem Bootsbau. Hinzu kommen die **Winzer** der Umgebung, die ein leckeres Tröpfchen in ihren Kellern lagern.

Viele der produzierten Waren sind aber nicht Massenware, die man überall bekommt, sondern kunsthandwerkliche Produkte von großem Wert. So werden hier seit den 1920er Jahren wertvolle **Jacquard-Teppiche** in der „Tufté"-Knüpftechnik hergestellt, die die traditionelle Dickflor-Technik ablöste. Einige dieser Teppiche zieren die Flure im Elysée-Palast und im Weißen Haus. Aus Cogolin stammen auch die **Bruyère-Pfeifen,** die aus dem Wurzelholz des im Massif des Maures heimischen Heidekrautes geschnitzt werden. Sie begeistern Pfeifenraucher auf der ganzen Welt und schmücken auch das Maskottchen der World-Cup-Segelregatta.

Bekannt und schmackhaft ist die **Tarte Tropézienne,** die in Cogolin hergestellt wird. Der große, cremige und süße Kuchen wird traditionell zum Grand Prix der Formel 1 serviert.

Schilfrohr nutzt man zur Herstellung von Windspielen und für die Mundstücke von Blasinstrumenten, wobei die der Marke „Rigotti" am bekanntesten sind. Sie sind weltweit so beliebt, dass sich amerikanische Musikstars diese Schilfrohrblättchen schicken lassen.

Sehenswertes

Stadtrundgang

Ausgangspunkt eines etwa einstündigen Ganges ist die **Place de la République** am Office de Tourisme. Nach links geht es, vorbei am Rathaus, dem Hôtel de Ville, in die Rue du 11 Novembre, die zur romanischen **Kirche St. Sauveur** führt. Sie zeigt noch bauliche Überbleibsel des 11. Jahrhunderts, stammt in der heutigen Form aber fast ausschließlich aus dem 16. Jahrhundert. Beeindruckend sind das Renaissanceportal und der Altaraufsatz von 1540, der die heiligen *Antonius, Eligius* und *Pontianus* zeigt. Es lohnt auch ein Blick auf das Triptychon von *André Craton* aus dem 20. Jahrhundert.

Über die Rue Nationale gelangt man zur **Rue de l'Horloge.** Hier findet man noch herrliche Vorbauten und Veranden, die teilweise auf das 15. Jahrhundert zurückgehen und aus Basalt und einem grünlichen Stein (Serpentin) hergestellt wurden, der im Massif des Maures gebrochen wird. Die Straße führt zum ehemaligen Eingangstor in der Stadtmauer, das sich in der **Tour de l'Horloge** befindet. Hier sieht man auch noch die alte **Zugbrücke,** die unliebsamen Gästen den Zutritt verwehren sollte.

Zurück geht es über die Rue du Piquet, an der man zahlreiche **Keramik-Ateliers** findet, bis links der Durchgang zur Maison Sellier auftaucht (s.u.). Verlässt man das Gebäude über die Rue Nationale, so befindet sich links die **Kapelle St. Roch,** die man im 16. Jahrhundert erbaute, als die Stadt von der Pest heimgesucht wurde. Im 19. Jahrhundert wurde sie renoviert und dient heute als Ausstellungsraum für zeitgenössische Kunst.

Die Rue Bianqui führt zur Rue Edgar Quinet. Von hier aus gelangt man, vorbei am Altersheim, zur **Musée des Templiers.** Dieses Museum beschäftigt sich mit den Tempelrittern, ist aber nur nach Voranmeldung geöffnet (Tel. 04.94.54.08.42).

Der letzte Abschnitt des Rundgangs gehört den Antiquariaten und der Pfeifenherstellung. Von der Rue du Général de Gaulle erreicht man die Avenue Georges Clémenceau. Nach etwa 500 Metern kommt man zur **Passage des Antiquaires,** in der zahlreiche Geschäfte ihre Antiquitäten anbieten. Wenige Schritte weiter befindet sich die Firma Courrieu. Hier kann man zwischen den schönsten Bruyère-Pfeifen stöbern.

Pfeifenfabrikation

Seit Jahrhunderten wird die Tradition der Pfeifenherstellung gepflegt, im Hause **Courrieu** schon seit 200 Jahren. Hier gewinnt man Einblicke in die unterschiedlichen Produktionstechniken und -abläufe, kann eine Sammlung besonders hübscher Stücke bewundern und natürlich so manches Exemplar im Fabrikshop kaufen.

- **La Fabrique de Pipes Courrieu,** Avenue Georges Clémenceau 58, Tel. 04.94.54.63.82, www.courrieupipes.fr, Atelier wochentags von 9 bis 12 und 14 bis 18 Uhr, samstags nur bis 17 Uhr. Der Verkauf ist tgl. von 9 bis 19 Uhr geöffnet.

Oberstadt

Die **Ville haute** hat sich mit ihren kleinen Gassen und Winkeln hinter dem Rathaus noch viel mittelalterlichen Charme bewahrt. Herrliche Fassaden, Türverkleidungen und Brunnen zieren den Ort, besonders im Bereich der Rue Nationale. Besonders hübsch ist hier das Haus Nr. 46, die **Maison Sellier** (oder auch Château Sellier), in dem neben der Bibliothek eine permanente Ausstellung moderner Kunst zu sehen ist.

- **Demeure Musée Sellier,** Rue Nationale 46, Tel. 04.94.54.63.28, montags bis samstags zwischen Juni und September 10–13 und 15–18 Uhr, im Juli und August 10–12.30 und 14.30–17.30 Uhr. Eintritt € 2,30.

Musée Raimu

Orson Welles sagte angeblich über den Schauspieler *Jules-Auguste César Muraire* (1883–1946), genannt *Raimu,* er sei der weltbeste Darsteller. Zumindest in Frankreich gehörte er zur Prominenz des Films. Er lebte seine Rollen in so berühmten Filmen wie „Die Frau des Bäckers“, „César“ und „Die Tochter des Brunnenmachers“. Das Museum (im Erdgeschoss des städtischen

Kinos) zeigt in einer privaten Ausstellung zahlreiche Plakate, private Gegenstände sowie Fotos und Briefe und zeichnet so sein Leben nach.

- **Musée Raimu,** Avenue Georges Clémenceau 18, Tel. 04.94.54.18.00. www.musee-raimu.com, tgl. 10–12 und 15–18 Uhr, sonntags vormittags geschlossen, im Juli und August tgl. 10–12 und 16–19 Uhr. Eintritt € 3,50.

Teppichmanufaktur

In den 20er Jahren des letzten Jahrhunderts ließen sich in Cogolin Weber aus Armenien nieder und gründeten 1928 eine Teppichmanufaktur, die bis heute hochwertige handgeknüpfte Nadel- und Niedrigflorteppiche herstellt.

- **La Manufacture de Tapis,** Boulevard Louis Blanc 6, Tel. 04.94.55.70.65, www.tapis-cogolin.com, ganzjährig (im August zwei Wochen Betriebsferien) montags bis donnerstags von 8.30 bis 12 und 14 bis 17.30 Uhr, freitags bis 17 Uhr.

Établissements Rigotti

In diesem Unternehmen werden Instrumententeile aus Schilfrohr hergestellt. Die **Rohrblättchen** für die Mundstücke von Klarinetten und Saxophonen sind weltberühmt. Eine Besichtigung der Fabrikation ist möglich.

- **Fabrique de Anches Rigotti,** Rue François Arago 5, Tel. 04.94.54.62.05, rigotti-reeds.com, montags bis freitags 8–12 und 13.30–17.30 Uhr.

Moulin de l'Isle

Die **Wassermühle** aus dem 16. Jahrhundert befindet sich auf dem Gelände der Domaine de la Giscle, einem **Weingut,** dessen Keller zu besichtigen ist. Einst nutzte man hier die Wasserkraft der Giscle, um den Weizen zu mahlen, ab 1830 erhielt die Mühle einen Dampfantrieb.

- **Moulin de l'Isle,** Quartier de l'Amirauté, erreichbar über die D14, Tel. 04.94.43.21.26, tgl. 10–12.30 und 14.30–17 Uhr außer sonntags nachmittags.

Praktische Tipps

Information

- **Office de Tourisme de Cogolin,** Place de la Répubique, 83310 Cogolin, Tel. 04.94.55.01.10, Fax 04.94.55.01.11, www.cogolin-provence.com.

Unterkunft

- **Le Coq'Hôtel** €, Place de la République, im Zentrum nahe dem Office de Tourisme, Tel. 04.94.54.13.71, Fax 04.94.54.03.06. Nettes, kleines Hotel mit renovierten Zimmern, z.T. mit Balkon.
- **Clémenceau** €, rue Carnot 1, sehr zentral, in der Nähe des Office de Tourisme, Tel. 04.94.54.15.17, Fax 04.94.54.42.78. Einfache Zimmer, die aber fast alle zur Straße liegen.
- **Hôtel du Golfe de St. Tropez** €, Avenue Georges Clémenceau 13, an der Hauptstraße in Richtung St. Tropez, Tel. 04.94.54.40.34, Fax 04.94.54.14.48, www.hoteldugolfe.free.fr. Auch hier sind die Zimmer recht einfach ausgestattet, unterscheiden sich aber z.T. deutlich voneinander (besser vorher anschauen!).
- **La Maison du Monde** €€-€€€€, Rue Carnot 63, wenige Hundert Meter nördlich des Zentrums in Richtung Grimaud, Tel. 04.94.54.77.54, Fax 04.94.54.77.55, www.lamaisondumonde.fr. Das Haus gehört zur Gruppe Châteaux et Hôtels de France. Hier findet man sehr gut eingerichtete Zimmer, guten Service, einen hübschen Garten mit Pool, alles im Villenstil aus dem 19. Jahrhundert. Perfekt!
- **Le Relais de Font Mourier** €€, Quartier Font Mourier, Résidence Bellevue, außerhalb

der Stadt an der N98 in südlicher Richtung, Tel. 04.94.56.60.61, Fax 04.94.56.04.08, www.relais-defontmourier.com. Komplett eingerichtetes Hotel, das auch für Tagungen genutzt wird.

Auch **Bed & Breakfast-Unterkünfte** stehen in Cogolin zur Verfügung:

- **Gîte de France** €, Chemin des Mines, ca. 1 km westlich der Stadt, Tel. 04.94.50.93.93. Hier können vier Personen wohnen.
- **Le Gîte des Grenaches** €€, Chemin des Mines 218, ca. 1 km westlich der Stadt, Tel. 04.94.54.57.89. Unterkunft für maximal drei Personen, Pool vorhanden.
- **Le Gîte du Bourru** €, Campagne du Canadel, etwa 4 km südlich der Stadt, erreichbar über die N98, Tel./Fax 04.94.54.62.21. Unterkunftsmöglichkeit für bis zu fünf Personen.
- **Les Gîtes du Merle** €-€€, Chemin de la Gravière, über die N98 erreichbar, etwa 1 km südlich der Stadt, Tel. 04.94.54.43.90, Fax 04.94.54.04.75, www.gitesdumerle.com. Hier gibt es fünf Zimmer für jeweils bis zu vier Personen, Pool vorhanden.

Camping

- **L'Argentière,** D48 Chemin de l'Argentière, Route de Collobrières, Tel. 04.94.54.63.63, Fax 04.94.54.06.15, www.camping-argentiere.com. Drei Sterne, 183 Stellplätze, 5 km vom Meer, 2 km vom Ortszentrum, 10 km von St. Tropez entfernt. Lebensmittelgeschäft, Restaurant, Bar, Mitnahmegerichte, Mietwohnwagen, Mobil-Homes, Mietbungalows, Platzbewachung, Gasstation, Kühleis, Pool, Tennis, Sportmöglichkeiten, Disco, Fernsehraum, Veranstaltungsprogramm, warme Duschen, Kinderbetreuung, Deutsch und Englisch werden gesprochen, 80% Schatten. Geöffnet 1.3. bis 30.9.
- **Les Caramagnols,** Camping à la Ferme, Mme. Pauline Fontanini, N98 (Richtung Toulon), Tel. 04.94.54.40.06, Fax 04.94.54.19.02. 20 Stellplätze.

Essen und Trinken

- **La Grange,** Rue du 11 Novembre 7, im Zentrum nahe dem Office de Tourisme, Tel. 04.94.54.60.97. Hier findet man bodenständige Gerichte der Region zu moderaten Preisen im typischen Ambiente. Menü ab € 16.
- **Le Coq au Lin,** Rue Marceau 40, südlich des Zentrums Richtung Les Colombes, Tel. 04.94.54.60.50. Im Sommer speist man im kleinen Garten rustikale Gerichte, besonders empfehlenswert ist Coq au vin. Menü ab € 12,50.
- **Pizzeria del Sol,** Rue Gambetta 34, im Zentrum, Tel. 04.94.54.47.39. Leckere Pizzen und Grillgerichte, die auch von Einheimischen geschätzt werden. Menü ab € 11.
- **Allan Restaurant,** Boulevard de Lattre-de-Tassigny 24, südöstlich des Zentrums, Tel. 04.94.54.47.70. Hervorragende Gerichte der Region (z.B. Lamm), aber auch Exotisches. Gutes hat seinen Preis, Menü ab ca. € 23.

Einkaufen

- **Markt,** Place Victor Hugo: Mittwochvormittag; Place Etienne Dolet (Platz vor dem Rathaus): Samstagvormittag.
- Der noch recht neue **Supermarkt E. Leclerc** bietet alles, was das Herz begehrt. Im Gegensatz zum Géant am Kreisverkehr ist es hier auch in der Saison noch vergleichsweise leer. Zudem bietet die moderne Architektur einen großen, lichtdurchfluteten Raum. Die Preise sind günstiger als in anderen Supermärkten.

Sport und Aktivitäten

- **Tennis Club,** Quartier Négresse, Tel. 04.94.54.61.16. Sechs Rasenplätze, auch für Kinder.

Burg Grimaud

Grimaud

Weithin sichtbar überragt der kleine, typisch provenzalische Ort das Hinterland der Halbinsel. Noch deutlicher als der Ort selbst ist aber die prächtig gen Himmel ragende Ruine der Burg. Der Ortsname erinnert an die ehemaligen Herrscher der Stadt, die Familie *Grimaldi* (nicht verwandt mit der gleichnamigen Fürstenfamilie von Monaco), die im 10. Jahrhundert für ihre Verdienste im Kampf gegen die Sarazenen die Rechte an Stadt und Land von den Grafen der Provence erhielt. Auf das 11. Jahrhundert datieren die Anfänge der Burg, die bis ins 15. Jahrhundert immer weiter verändert wurde.

Heute ist der Ort fast eine Oase der Ruhe inmitten des oftmals hektischen Urlaubslebens. Die Gassen sind schmal bis sehr schmal, nur auf wenigen „Straßen" können Pkw fahren und überall findet man schattige Plätze, munter plätschernde Brunnen sowie hübsch herausgeputzte Häuser mit herrlichen Blumenarrangements. Dies liegt auch daran, dass sich der Ort schon seit Längerem wachsender Beliebtheit beim französischen und internationalen Publikum erfreut, das hier Häuser oder Wohnungen besitzt. So findet man beim Stadtrundgang auch relativ viele Makler, die attraktive Domizile anbieten.

Parkplätze findet man an der Place Neuve, am Pré de Foire und (ideal, weil recht groß) am Friedhof an der Allée du Souvenir Français, in Richtung der Mühle.

089st Foto: ho

Sehenswertes

Rundgang

Am besten erkundet man die Stadt bei einem ausgeschilderten Rundgang. Er beginnt im Zentrum an der **Eglise St. Michel** aus dem 12./13. Jahrhundert. Die Kirche ist, weil weitgehend unverändert, ein Schmuckstück romanischer Baukunst der Provence. Im 16. Jahrhundert bekam sie einen Glockenturm und im 18. Jahrhundert ihre Sakristei. Modern sind die Fenster, die *Jacques Gautier* 1975 entwarf. Im Inneren erinnert ein Weihwasserbecken aus dem 16. Jahrhundert an die Familie *Grimaldi* („Presbit Monachus de Grimaldi"). Über dem Altar zeigt eine Szene den heiligen *Michel,* der das Böse (einen Drachen) besiegt.

Unmittelbar vor der Kirche befindet sich die **Place de l'Eglise.** Der Platz diente bis 1885 als Friedhof des Ortes. Aufgrund des einsetzenden Platzmangels auf diesem Friedhof entschloss man sich, einen neuen an der Mühle (s.u.) anzulegen, und bettete die bereits bestatteten Toten um.

Beim weiteren Rundgang wird vielleicht eine Besonderheit des Ortes auffallen: Die **Straßennamen** erinnern nie an berühmte Personen. Dies geht auf einen Beschluss des Stadtrats vom 11. Mai 1958 zurück, wonach man durch rein provenzalische Namen den Charakter des Ortes erhalten möchte.

Die Rue du Balladou (provenzalisch für *petit bal,* also „kleiner Tanz") führt hinauf zur Place des Remparts, an der die Wehrmauern der **Burg** beginnen. Ursprünglich gab es drei Befestigungs-

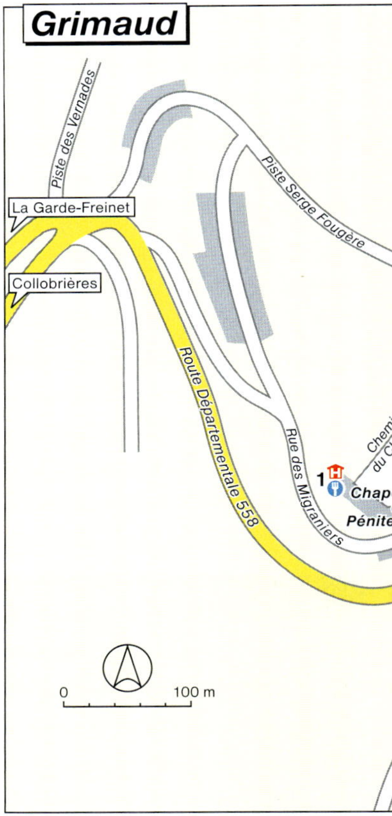

mauern mit vier mehrstöckigen Türmen. Die äußerste Befestigung umschloss das mittelalterliche Dorf, die innere (heute als Ruinen erhalten) die Burg. Immer wieder wurde die Anlage vernichtet und man bemühte sich, sie neu zu errichten. Die letzten Instandsetzungen fanden Mitte des 17. Jahrhunderts statt, nachdem die Festung 1655 unter dem Befehl von Kardinal

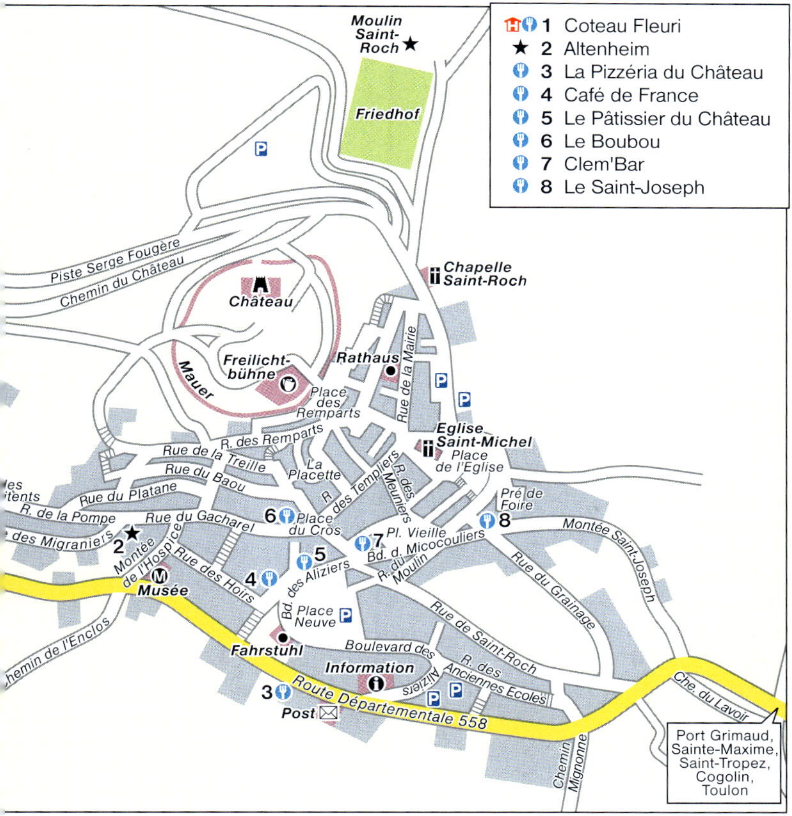

Mazarin geschleift wurde. Nach der französischen Revolution wurde sie dann vollständig zerstört. Heute lohnt die Besichtigung der Ruinen nicht so sehr wegen des Bauwerks, sondern wegen der herrlichen Aussicht von den erhaltenen **Wehrgängen.**

Auf dem großen Festplatz unterhalb der Ruinen finden im Sommer regelmäßig **Theateraufführungen** statt (Informationen erhält man beim Office de Tourisme).

Wenn man die Ruine in westlicher Richtung verlässt, gelangt man über die Rue de la Treille und die Rue de l'Horloge zur Rue du Baou, was soviel wie „Felsvorsprung" bedeutet. Sie führt weiter bis zur **Chapelle des Pénitents** (Büßerkapelle) aus dem 16. Jahrhundert, obwohl die Anfänge des Bauwerks wohl auf 1482 datieren. Einst lebte hier der Büßermönchsorden, der die kranken und alten Einwohner Grimauds pflegte. Im 18. Jahrhundert wurde die Kapelle vergößert. Im Inneren werden die Reliquien des heiligen *Théodore* aufbewahrt.

Über die Rue de la Pompe gelangt man zur **Rue du Gacharel** mit dem gleichnamigen **Brunnen,** der erst im 19. Jahrhundert eine Pumpe bekam. Gegenüber befindet sich ein **Altenheim** *(Maison de Retraite).* Ab 1462 stand an dieser Stelle ursprünglich ein Krankenhaus, und zwar das erste Hospital der Golf-Region. Es wurde von der Bruderschaft St. Jacques betrieben. 1677 hat man hier ein Hospiz gebaut, das man 1872 erneut rekonstruierte. 1893 wurde das Haus dann zum Gemeindekrankenhaus und 1924 zum Frauen-Erholungsheim. An das Hospiz erinnert noch der Straßenname „Montée de l'Hospice". In überlieferten Geschichten taucht diese Straße immer wieder auf: Anekdoten erzählen von den zahlreichen „Unfällen" mit Karren, die voller Korkeichenrinde vom Besitzer auf der steilen Straße häufig nicht mehr unter Kontrolle zu halten waren. Ob auch mittäglicher Weingenuss zu diesen Problemen führte, lässt sich nicht mehr genau rekonstruieren.

Weiter entlang der Rue du Gacharel kann man immer noch etwas von der Vielfalt der **Fassadenfarben** erahnen. Hier lebten die beiden Maurer, die ein spezielles Gemisch aus Kalk, Pflanzen und abgekochtem Wasser entwickelten, das bemerkenswert klebefähig war. Wenn gewünscht, setzten sie ihrem Putz gefärbten Sand zu, sodass unterschiedliche Verputzfarben entstanden.

In der Passage du Cros soll angeblich die ehemalige Zugangspforte zum mittelalterlichen Ort gewesen sein. Über die Rue des Hoirs gelangt man zum **Heimatmuseum** (s.u.). Es gibt zwei Möglichkeiten, zurück in den Stadtkern zu gelangen – entweder vorbei am **Office de Tourisme** den Boulevard des Aliziers hinauf oder mit dem verglasten **Fahrstuhl.**

Ziel ist die **Place Neuve** mit Parkplatz und einem kleinen Markt. Bis zum 19. Jahrhundert war dies der Treffpunkt des Ortes, fand sich hier doch einer von ursprünglich nur drei Brunnen. Erst 1884 begann man, das dringend benötigte Wasser aus den tiefer liegenden Gegenden zu den nunmehr acht Brunnen, zwei Tränken und einem Waschbrunnen zu leiten.

Über die nahe Rue du Porche gelangt man zur etwas höher gelegenen Place des Micocouliers, auf der man sich ebenfalls zum Pläuschchen traf, aber auch gern Boule spielte. Das Boule-Spiel gibt es hier immer noch, sofern nicht gerade Markt stattfindet, den Namen aber nicht mehr, denn der Platz wurde in **Place Vieille** (Alter Platz) geändert, nachdem man nur wenige Schritte entfernt die Place Neuve (Neuer Platz) angelegt hatte.

In Richtung Norden (Burgruine) gelangt man zur **Rue des Templiers,** die darauf hinweist, dass hier zumindest der Legende nach Mönche des Templerordens gelebt haben sollen. Historische Beweise fehlen allerdings sowohl für die Straße wie auch für Grimaud. Früher besaß auch diese Straße andere Namen, so kannte man sie als „Rechte Straße“ oder „Große Straße“ aber auch als „Judenstraße“, denn hier besaßen viele Händler und Handwerker jüdischen Glaubens ihre Geschäfte und Werkstätten.

Immer noch gibt es den schmalen Durchgang von der Rue des Templiers in Richtung Burg, die **Rue du Portalet.** Die Gasse war bei Angriffen ein schneller Fluchtweg zur Festung und verfügte der Legende nach über mindestens drei unterirdische Gänge. An der Einmündung der Rue du Four sieht man die Inschrift „IHS“ (Jesus Hominum Salvator), „MA“ (Maria) und das Datum 1566. Angeblich soll es sich um ein mehr oder weniger heimliches Glaubensbekenntnis aus der Zeit der Religionskriege handeln.

An der **Place du Cros** ist das Ende des Rundgangs erreicht. Im Provenzalischen bedeutet *cros* Grab, allerdings kennt der Dialekt des Var noch eine andere Bedeutung. Hier übersetzt man *cros* oder *crouas* mit „hohl“ bzw. „Loch“. Der Name weist auf ein Loch im Felsen hin, durch das früher das Wasser aus den höher liegenden Ortsteilen hinunterfloss und aufgefangen wurde. Angeblich soll hier sogar ein römischer Brunnen gestanden haben. Heute spendet ein Bäumchen Schatten, ein kleiner Brunnen plätschert und in der Crèperie sitzt man absolut idyllisch.

059st Foto: ho

Aufstieg zur Burg

Kapelle St. Roch

Über die Avenue de la Cabro d'Or, deren Name sich vom provenzalischen *chèvre d'or* (Goldziege) ableitet, gelangt man zum **„Loch der Goldziege“** *(lou trau de la cabro d'or)*. Hier, so will es die Legende, versteckten die Sarazenen 972 ihre Goldschätze in einer Grotte und ließen sie von einer Ziege bewachen. Am oberen Ende der Straße steht die Chapelle St. Roch. Sie wurde im 17. Jahrhundert zu Ehren des heiligen *Roch* erbaut, der versucht hatte, die Menschen vor der Pest zu schützen. Der ursprüngliche Stil wurde im 19. Jahrhundert leicht verändert, im Inneren finden sich zahlreiche Bilder naiver Malerei aus dem Jahr 1937, die das Leben des Heiligen darstellen.

Windmühle

Im 17. Jahrhundert wurde das Gebäude der **Moulin St. Roch** hinter dem Friedhof erstmalig unter dem Namen *Moulin de Gardiole* bekannt. Sie gehörte zu einem Verbund von drei Wasser- und zwei Windmühlen, die hier bzw. im Tal der Garde arbeiteten. Über 100 Jahre war die Mühle außer Betrieb, bis sie 1990 Flügel und Mechanik zurückbekam.

Heimatmuseum

Das Heimatmuseum des Ortes ist in einer ehemaligen **Olivenölmühle** und **Korkenfabrik** untergebracht. Damit sind auch schon zwei seiner Schwerpunkte genannt, zu denen noch Forst- und Landwirtschaft sowie bäuerliche Lebenskultur hinzukommen.

- **Musée Municipal des Arts et Traditions populaires,** D558, Tel. 04.94.55.43.83, Mai bis September montags bis samstags 14.30 bis 18 Uhr, im Juli und August auch sonntags, Oktober bis April 14 bis 17.30 Uhr. Der Eintritt ist frei.

Praktische Tipps

Information

- **Office de Tourisme,** Boulevard des Aliziers 1, 83310 Grimaud, Tel. 04.94.55.43.83, Fax 04.94.55.72.20, www.grimaud-provence.com.

Nützliche Adressen

- **Post,** an der D558, schräg gegenüber dem Office de Tourisme.
- **Polizei,** Place de L'Eglise, Tel. 04.94.55.69.22.

Unterkunft

Die meisten Unterkünfte befinden sich in der näheren oder etwas weiteren Umgebung des Ortes. Es gibt eine außerordentliche Vielzahl von Ferienwohnungen, Apartmenthotels, Studios und Häusern, die privat vermietet werden. Alle Informationsadressen findet man in der Broschüre „Village - Port Grimaud, Locations Saisonnières", die beim Office de Tourisme erhältlich ist.

- **La Boulangerie** €€, Route de Collobrières, an der D14 westlich des Ortes, Tel. 04.94.43.23.16, Fax 04.94.43.38.27, www.hotel-laboulangerie.com. Hübsches, kleines Hotel mit Pool, Tennis und viel Komfort.
- **Athenopolis** €€, Quartier Mouretti, an der D558 nordwestlich des Ortes, Tel. 04.98.12.66.44, Fax 04.98.12.66.40, www.athenopolis.com. Klein und gut ausgestattet, mit Pool.
- **Le Coteau Fleuri** €€-€€€, Place de Pénitents, Tel. 04.94.43.20.17, Fax 04.94.43.33.42, www.coteaufleuri.fr. Kleines Hotel mit mittlerem Komfort, nahe der Chapelle des Pénitents im Westen des Ortes.
- **La Pierrerie** €€, Quartier du Grand Pont, an der D61 südöstlich des Ortes in Richtung Gassin, Tel. 04.94.43.22.55 (.24.60), Fax 04.94.43.24.78, www.lapierrerie.com. Kleines, idyllisches, typisch provenzalisches Paradies. Sehr komfortabel mit Pool und Klimaanlage.
- **Latitudes Hotels – Les Parcs de Grimaud** €€-€€€€, N98, im Ortsteil St. Pons nördlich von Port Grimaud, Tel. 04.94.79.39.39, Fax 04.94.56.26.16, www.latitudes-hotels.com. Sehr gut ausgestattetes Clubhotel mit vielen Freizeitangeboten.
- **Le Verger** €€, Route de Collobrières, an der D14 westlich des Ortes, Tel. 04.94.55.57.80, Fax 04.94.43.33.92. Nur 9 Zimmer und damit recht ruhig.
- **Arcades de St. Pons** €, Route du Plan-de-la-Tour, Tel. 04.94.56.38.24, Fax 04.94.56.36.75. Schon mehr in Port Grimaud als im Dorf selbst, dafür aber näher am Meer.
- **Chez Riton** €, N98, St. Pons Les Mûres, Tel. 04.94.56.03.75, Fax 04.94.56.50.46. Sehr

Impressionen aus dem mittelalterlichen Grimaud

einfache Unterkunft im Ortsteil St. Pons nördlich von Port Grimaud in leider nicht sehr ruhiger Lage. Dafür sind die Preise recht günstig.

• **Le Ginestel** €, Chemin des Blaquières, an der D61 kurz vor Port Grimaud, Tel./Fax 04. 94.43.48.45, www.leginestel.hypermart.net. Bei den Zimmern im Motelstil fehlt etwas der Charme. Man bekommt aber eine private Terrasse und einen Pool im Garten.

Camping

• **Domaine des Naiades,** Cros d'Entassi, St. Pons les Mûres, Tel. 04.94.55.67.80, Fax 04.94.55.67.81, www.lesnaiades.com. Vier Sterne, 307 Stellplätze, nur etwa 900 m vom Meer entfernt. Lebensmittelgeschäft, Restaurant, Bar, Mitnahmegerichte, Mietbungalows, Platzbewachung, Kühleis, Pool, Tennis, Disco, Fernsehraum, Veranstaltungsprogramm, warme Duschen, Kinderbetreuung, Deutsch und Englisch werden gesprochen, 90% Schatten. Geöffnet 8.4. bis 29.10.

• **Camping de la Plage,** N98, St. Pons les Mûres, Tel. 04.94.56.31.15, Fax 04.94.56. 49.61, www.camping-de-la-plage.net. Drei Sterne, 450 Stellplätze direkt am Meer. Lebensmittelgeschäft, Restaurant, Bar, Mitnahmegerichte, Mietbungalows, Gasstation, Kühleis, Pool, Sportmöglichkeiten, Disco, warme Duschen, Kinderbetreuung, Deutsch und Englisch werden gesprochen, 70% Schatten. Geöffnet 8.4. bis 8.10.

• **Holiday Marina,** N98, Le Ginestel, Tel. 04.94.56.08.43, Fax 04.94.56.23.88, www. holiday-marina.com. Drei Sterne, der kleine Platz verfügt über 178 Stellplätze am Fluss, nahe Port Grimaud. Zum Meer sind es auch nur 900 Meter. Lebensmittelgeschäft, Restaurant, Bar, Mitnahmegerichte, Mietbungalows, Platzbewachung, Pool, Tennis, Disco, warme Duschen, Kinderbetreuung, Deutsch und Englisch werden gesprochen, 70% Schatten. Geöffnet 1.3. bis 31.10.

• **La Pinède,** D14, Tel. 04.94.56.04.36, Fax 04.94.56.30.86, www.provence-campings. com/sttropez/pinede. Drei Sterne, 206 Stellplätze, ca. 2 km zum Meer. Lebensmittelgeschäft, Restaurant, Bar, Mitnahmegerichte, Mietbungalows, Platzbewachung, Gasstation, Kühleis, Pool, Disco, Kinderbetreuung, Deutsch und Englisch werden gesprochen, 60% Schatten. Geöffnet 1.4. bis 15.10.

060st Foto: ho

065st Foto: ho

● **Les Mures,** N98, Tel. 04.94.56.16.97, Fax 04.94.56.37.91, www.camping-des-mures.com. Drei Sterne, großer Platz, 609 Stellplätze, unmittelbar an der Küste. Lebensmittelgeschäft, Restaurant, Bar, Mitnahmegerichte, Mietwohnwagen, Mietbungalows, Gasstation, Kühleis, Pool, Disco, Kinderbetreuung, Deutsch und Englisch werden gesprochen, 75% Schatten. Geöffnet 1.4. bis 30.9.

● **Les Prairies de la Mer,** N98, Tel. 04.94.79.09.09, Fax 04.94.79.09.10, www.riviera-villages.com. Drei Sterne, mit 1400 Stellplätzen der Gigant auf dem Campingplatzmarkt, direkt am Meer. Lebensmittelgeschäft, Restaurant, Bar, Mitnahmegerichte, Mietbungalows, Platzbewachung, Kühleis, Pool, Sportmöglichkeiten, Disco, Fernsehraum, Veranstaltungsprogramm, warme Duschen, Kinderbetreuung, Hunde erlaubt, Deutsch und Englisch werden gesprochen, 75% Schatten. Geöffnet 1.4. bis 8.10.

● **Camping Charlemagne,** Route de Collobrières, Tel. 04.94.43.22.90, Fax 04.94.43.37.13, www.camping-charlemagne.com. Zwei Sterne, nur 100 Stellplätze, etwa 6 km im Landesinneren. Lebensmittelgeschäft, Restaurant, Bar, Mitnahmegerichte, Mietwohnwagen, Mietzelte, Mobil-Homes, Mietbungalows, Platzbewachung, Gasstation, Kühleis, Pool, Tennis, Disco, warme Duschen, Kinderbetreuung, 80% Schatten. Ganzjährig geöffnet.

● **Domaine du Golfe de St. Tropez,** Chemin des Vignaux, Tel. 04.94.43.26.95, Fax 04.94.43.21.06, www.golfe-st-tropez.com. Ein Stern, 110 Plätze, etwa 2 km von der Küste entfernt. Lebensmittelgeschäft, Restaurant, Bar, Mitnahmegerichte, Mietwohnwagen, Mietbungalows, Platzbewachung, Gasstation, Kühleis, Pool, Tennis, Disco, warme Duschen, Kinderbetreuung, Deutsch wird gesprochen, 15% Schatten. Ganzjährig geöffnet.

Camping à la Ferme:

● **GFA de St. Joseph,** „Ferme St. Joseph", Chemin St. Joseph, Tel. 06.19.59.35.10. Sechs Stellplätze, rollstuhlgeeignet.

● **Chez Toto,** M. Sauveur Cannova, Chemin des Vignaux, Tel. 04.94.43.36.27. 20 Stellplätze, auch Zeltvermietung, Verkauf von landwirtschaftlichen Erzeugnissen.

● **Mme. Jeanine Ferraro,** Les Cagnignons, Tel. 04.94.56.08.68. 20 Stellplätze, auch Zeltvermietung.

● **M. Claude Ferrero,** St. Pons Les Mûres, Tel. 04.94.56.03.30. 30 Stellplätze.

● **M. Gérard Lyons,** Les Cagnignons, Tel. 04.94.56.34.51, Fax 04.94.56.51.26. 25 Stellplätze, inklusive Wohnmobil- und Wohnwagenvermietung, rollstuhlgeeignet.

● **M. Jean-Paul Reboul,** Domaine du Pré St. Michel, Les Selettes, Tel. 04.94.43.20.87. 20 Stellplätze, Verkauf von landwirtschaftlichen Erzeugnissen.

Essen und Trinken

● **Clem'Bar,** Boulevard des Micocouliers, Tel. 04.94.43.20.19. Snacks, frittierte Muscheln und andere schnelle Gerichte ab ca. € 9.

● **Café de France,** Place Neuve 5, Tel. 04.94.43.20.05. Von der hübschen Terrasse hat man das Leben rund um die Place Neuve gut im Überblick. Die Küche wartet mit allerlei Gerichten des gehobenen Geschmacks auf. Hier gibt es sehr gute Gänseleber sowie gute Fischgerichte. Menü ab € 22.

● **Le Boubou,** Place du Cros 1, Tel. 04.94.43.21.92. Snackgerichte, leckere Salate und sehr gute Crêpes und Galettes stehen hier auf der Karte. Man sitzt herrlich auf dem kleinen Platz unter einem Baum. Um die Mittagszeit unbedingt sehr früh kommen. Ab € 7,50.

● **Le Pâtissier du Château,** Boulevard des Aliziers 19, Tel. 04.94.43.28.84. Sehr gute Kuchen (besonders lecker ist die *tarte au citron*) und anderes Gebäck in reichlicher Menge. Gedecke mit Salat, Kuchen, Wein um € 10.

● **Le St. Joseph,** Montée St. Joseph, Tel. 04.94.43.28.84. Besonders idyllisch sitzt man unter den Weinreben gegenüber dem Restaurant. Traditionelle provenzalische Gerichte bestimmen die Karte. Sehr gut sind die Tagesmenüs ab € 20.

● **La Pizzéria du Château,** D558, Tel. 04.94.56.84.80. Kleine Pizzeria, die auch Außer-Haus-Service anbietet. Pizza ab € 15.

● **Le Coteau Fleuri,** Place des Pénitents, Tel. 04.94.43.20.17. Im typisch provenzalischen Ambiente bekommt der Gast hier neben einer exquisiten Küche auch einen herrlichen Blick über die Region von der Terrasse der alten Seidenraupenfarm. Menüs ab € 30.

Einkaufen

Lebensmittel:

Die notwendigen Dinge des täglichen Gebrauchs kann man in kleinen Läden an der Place Vieille und in der Rue des Templiers einkaufen.

- **Apiculture Gélibert,** Chemin de Rascas. Hier gibt es natürlich hergestellten Honig direkt vom Imker.
- **Markt,** donnerstags auf der Place Vieille.

Galerien und Kunstgewerbe:

Grimaud ist bezaubernd. Das finden immer mehr Touristen und auch Künstler, die sich hier entweder zu ihren Kunstwerken inspirieren lassen oder sie im mittelalterlichen Ambiente verkaufen möchten.

- **Artagra,** Rue des Templiers 14. Antiquitäten, Malerei und Kunstobjekte.
- **Galerie Monetto,** Place Vieille 14. Gravuren und Malerei.
- **Galerie Neuve,** Rue des Templiers 11. Sehr schöne Skulpturen und Kunstobjekte.
- **Galerie Owo,** Rue de Clastre. Der Spezialist für Kunstobjekte und Blumenarrangements.
- **Galerie Paschos,** Place Neuve. Schwerpunktmäßig Skulpturen und Malerei.
- **Contes d'Orient,** Rue du Four 7. Wer antike Möbel und Porzellan (auch asiatisch) sucht, ist hier richtig.
- **Galerie Premier Etage,** Place du Cros. Moderne Skulpturen und Malerei.
- **Galerie Sauval,** Place Vieille. Ausschließlich Malerei.
- **Terre de Sienne,** Rue des Templiers 17. Neben Skulpturen und Keramik werden auch Werkkurse angeboten.
- **Peter Thumm Céramiste,** Chemin Rascas. Malerei, Skulpturen und Unikate kreativer Keramik.
- **Atelier du Cuir,** Rue du Porche. Kunstgewerbe aus der Region.

Töpfereien:

- **Les Margouillats,** Guerrevieille, in der Nähe von Beauvallon. Sehr schöne Töpferwaren.
- **Poterie des 3 Terres,** D558. Westlich des Ortes gibt es diese gute Töpferei.
- **Poterie du Porche,** Rue du Porche 4. Hier kann man beim Stadtrundgang einkaufen.

Weinkeller:

In der Gegend gibt es zahlreiche Weinkeller, wo man direkt vom Erzeuger kaufen kann.

- **Domaine de la Tourre,** Quartier La Tourre, Tel. 04.94.43.23.07. Besichtigung nach Anmeldung.
- **Domaine du Pré St. Michel,** Les Selettes, Tel. 04.94.43.20.87. Keine Besichtigung.
- **Domaine du Val de Gilly,** Hameau du Val de Gilly, Tel. 04.94.43.21.25. Keine Besichtigung möglich.
- **SCV Les Vignerons de Grimaud,** Avenue des Oliviers 36, Tel. 04.94.43.20.14. Besichtigung jederzeit möglich.

Sport und Aktivitäten

Petit Train de Grimaud:

Ein **kleiner Zug** fährt mehrfach täglich zwischen Grimaud und Port Grimaud hin und her. Parkplatzsorgen entstehen so nirgends. Die einfache Fahrt kostet für Erwachsene € 3, für Kinder € 2, Hin- und Rückfahrt € 5,60/3. Tel. 04.94.54.09.09, www.nova.fr/petit-train-grimaud.

Kartbahn:

- **Grimaud Karting Loisirs,** D61, Route des Blaquières, Tel. 04.94.56.00.12. Fahrspaß für Menschen ab 7 Jahren. Eine Runde (ca. 10 Minuten) kostet für Kinder bis 14 Jahren € 15, darüber € 20. Öffnungszeiten: 15. Dezember bis 31. März tgl. 10–18 Uhr, 1. April bis 14. Juni 10–20 Uhr, 15. Juni bis 14. September 9.30–22 Uhr und 15. September bis 14. Dezember 10–20 Uhr.

Reiten:

- **Les Ecuries de Grimaud,** Le Peyrat, Tel. 04.94.43.24.09. Reitunterricht und Ausritte auf Pferden und Ponys.
- **Les Réalis Equestre de la Mène,** Hameau de la Tourré, Tel. 04.94.43.35.96 und 06.11.81.11.32. Reitunterricht und Ausritte auf Pferden und Ponys. Auch längere Touren.

Golf:

- **Country Club de Grimaud,** D14, Quartier Bagatin La Queste, Tel. 06.63.82.96.91 und 06.63.82.96.89.

Tennis:

- **Country Club de Grimaud,** D14, Quartier Bagatin La Queste, Tel. 06.63.82.96.91, 06. 63.82.96.89. Fünf Plätze, auch für Kinder.
- **Tennis Municipal de Grimaud,** Les Blaquières, Tel. 04.94.56.31.61, 04.94.43.27.11. Drei Plätze.

Wanderungen

Die Gegend um Grimaud lädt zu Wanderungen ein. Vier Wanderwege, die zwischen 1,5 und knapp 4 Kilometern lang sind, wurden durch farbige Markierungen gekennzeichnet.

Le Pont des Fées

- ca. 1,5 km, etwa 40 Minuten, einfaches Gelände mit stellenweise sehr unterschiedlichen Niveaus, himmelblaue Markierung.

Ausgangspunkt der Wanderung ist die **Mühle St. Roch** (s.o.). Zunächst geht es auf dem geteerten Weg in östlicher Richtung hügelabwärts. Unten hält man sich links zwischen den Eichen. Nach etwa 200 Metern Abstieg erreicht man eine Kreuzung mit einer großen **liegenden Eiche,** von hier aus führt ein Pfad leicht hangaufwärts. An der ersten Biegung hält man sich rechts am Fluss entlang. Nach einiger Zeit taucht dann rechts eine **Brücke** auf, der Pont des Fées. Sie wurde im 16. oder 17. Jahrhundert gebaut, um die Wasserversorgung zu gewährleisten. Hier befand sich eine etwa drei Kilometer lange Wasserleitung, die auf dem Prinzip kommunizierender Röhren aufbaute und so Wasser von der Quelle des Pancaou zunächst zum Dorf beförderte und dann zur Burg leitete. Die großen Schwierigkeiten beim Bau dieser Anlage werden der Legende nach den Feen zugeschrieben, die ihre Wasservorräte hüten wollten (daher der Name „Brücke der Feen"). Bis ins 20. Jahrhundert versorgte diese Wasserleitung die Mühlen.

Da, wo der Pfad später wieder steigt, liegt rechts, ganz versteckt eine kleine **Quelle.** Über mit Holz ausgelegte natürliche Stufen erreicht man später wieder den Parkplatz.

Le Pierredon

- ca. 2 km, etwa 50 Minuten, einfaches Gelände mit einigen Steigungen, blaue Markierung.

Ausgangspunkt ist wieder die **Mühle St. Roch.** Auch dieser Weg führt zunächst bis zur liegenden Eiche, biegt hier aber rechts ab. So gelangt man hinunter ins **Tal der Garde,** des kleinen Flüsschens, an dem ab dem 17. Jahrhundert drei Wasser- und zwei Windmühlen (heute nicht mehr vorhanden) Korn mahlten. Ein kleiner Kanal und ein Reservoir versorgten die Mühlen mit Wasser. Folgt man dem Pfad, erreicht man eine kleine Brücke, die man passiert. Dann geht man auf dem Hauptweg weiter. Linker Hand steht inmitten eines Olivenhains ein Bauernhaus aus dem 19. Jahrhundert. Am „Pas St. Michel" überquert man auf der Fußgängerbrücke den Fluss und folgt der Teerstraße zurück zum Ort.

La Calade

- ca. 3,7 km, etwa 1 Stunde 20 Minuten, einfaches Gelände, orangefarbene Markierung.

Die **Mühle St. Roch** ist wieder der Ausgangspunkt. Man folgt dem Weg bis zur Brücke über den Fluss, überquert sie aber nicht in südlicher Richtung, sondern folgt dem Pfad geradeaus (Osten). Nach einigen Hundert Metern sieht man ein typisches **Mas** (kleines provenzalisches Gehöft) inmitten des Weinanbaus. Nach etwa 700 Metern erreicht man eine Brücke, die man überquert (Chemin de la Calade; im Provenzalischen bedeutet *calado* „befestigte Straße"). Auf der gegenüberliegenden Seite beginnt eine leichte Steigung, an der das **Oratorium St. Joseph** steht. An dieser Stelle führte einst der Fußweg von Grimaud nach Ste. Maxime. Folgt man dem Pfad weiter aufwärts, so erreicht man die D558, die zurück nach Grimaud führt.

La Castellane

- ca. 3 km, etwa 45 Minuten, sehr einfacher Wanderweg, grüne Markierung.

Ausgangspunkt ist das **Office de Tourisme** im Ort (s.o.). Man überquert die D558 und geht in Richtung Museum, auf dessen Höhe man den Ort über den Chemin de l'Enclos verlässt. Nach etwa 350 Metern rechts halten, 30 Meter weiter links und dann gleich noch einmal links. So gelangt man zum **Chemin de la Castellane** (provenzalisch für „Herrscher über das Anwesen"). Nach Verlassen dieses mittelalterlichen Bereiches hält man sich an der nächsten Kreuzung rechts. So stößt man auf das **Grabmal** von zwei Familien aus Grimaud aus dem 19. Jahrhundert. Durch den Gutsbesitz Vicairie erreicht man nach 400 Metern eine weitere Kreuzung, an der links der Chemin de la Mignonne abzweigt. Über die Felder gelangt man kurz hinter dem Beausoleil-Gebäude zur D558. Hier hatte man Anfang des 20. Jahrhunderts vergeblich versucht, eine Seidenraupenzuchtstation zu errichten. Hält man sich nun links, erreicht man wieder den Ausgangspunkt.

Port Grimaud

Beschreibungen des an der Küste gelegenen und zu Grimaud gehörigen **Lagunenstädtchens** Port Grimaud gibt es viele: als kleines Abbild von Venedig, als Retortenstadt oder als Ausdruck menschlicher Schaffenskraft der Moderne. Ein reines **Kunstprodukt** ist die Stadt tatsächlich. Betritt man den Ort, scheint es sich zwar zunächst um ein typisches Küstenstädtchen der Region zu handeln, doch bei genauerem Hinsehen fallen Dinge auf, die nicht ins Bild passen, denn Port Grimaud ist alles andere als alt.

Bis 1962 war das gesamte Gebiet ausgedehntes Marschland, in dem die lokale Bevölkerung Enten jagte. Infolge geringer Wassertiefen konnten Segler und Motorbootfahrer nicht sehr dicht an die Küste gelangen, das Land lag brach. Dies erfuhr *François Spoerry,* der elsässische Architekt, der den Europaturm in Mulhouse gebaut hatte. Spoerry war von der Gegend fasziniert, erkannte aber als begeisterter Segler die navigatorischen Probleme des Geländes. So eine Gegend im Golf von St. Tropez muss nutzbar sein, war sein Credo, dem er fortan seine Schaffenskraft widmete. Ziel der Überlegungen war ein Ort für Menschen, die sich am und vom Meer so begeistern ließen wie er selbst.

Über drei Jahre verbrachte Spoerry in Auseinandersetzungen mit der Verwaltung, bis am 14. Juni 1966 die Genehmigung zum Bau der neuen Stadt unterzeichnet wurde. Fundamente wurden gegossen, **Brücken** gebaut, **Kanäle** gezogen. Das Meer musste schließlich so geleitet werden, dass der Ort einen maritimen Charakter erhielt. Ursprünglich dachte man sogar an den Bau von Windmühlen, um eine konstante Strömung zu erzeugen, doch dies erwies sich während der Baumaßnahmen als unnötig, da die Strömung der Giscle, die hier mündet, ausreichte, um die gewünschte Wasserbewegung zu erzielen. Bodenaushub für die Kanäle wurde zum Baumaterial der **künstlichen Inseln,** die mit Stahlwänden befestigt werden mussten, 24.000 Tonnen Granit dienten zum Bau der überall vorhandenen **Anleger.**

Dann kam das Meer und schuf durch seine natürliche Ausdehnung die Form der Anlage: ein verzweigtes Netz von kleinen Inseln und Wasserwegen, zum offenen Meer hin begrenzt von zwei Molenarmen mit dem Grand Canal als Durchlass.

Es folgte der Hausbau. **2000 Gebäude** wurden errichtet, keines gleicht dem anderen. Damit dies auch in Zukunft so bliebe, wurden alle Fassadenfarben, alle Fensterläden, jeder Balkon, jedes äußere Detail aufgezeichnet, um im Falle späterer Renovierungsarbeiten alles originalgetreu wiederherstellen zu können. So entstand die heutige Lagunenstadt, die über zwölf Kilometer Kaianlagen verfügt (jedes Haus hat seinen eigenen Anleger) und insgesamt etwa acht Kilometer Wasserwege besitzt.

Die Stadt ist **autofrei** – zumindest weitgehend. Wer an- oder abreist (sowie Lieferverkehr), genießt natürlich Sonderrechte, allerdings ist ein Einfahren nur nach Anmeldung möglich. Alle anderen Besucher müssen ihre Fahrzeuge auf dem großen (gebührenpflichtigen) Parkplatz vor den Toren der Stadt abstellen. So ist es denn recht ruhig in Port Grimaud, da auch die Boote nur langsam fahren dürfen.

Hübsche Plätze laden überall zum Verweilen ein. Wer nicht alle (mit Brücken verbundenen) Inselchen selbst abschreiten möchte, kann die kleinen **Motorboote** benutzen, die eine Art **Taxidienst** bieten (*coches d'eau,* Abfahrt etwa alle 20 Minuten an der Place du Marché), oder selbst ein mit Elektromotor getriebenes Boot steuern, das man stundenweise mieten kann, z.B. an der Place de l'Eglise. Von der **Kirche** an diesem Platz, die mit ihrem quadratischen Turm einer alten Wehrkirche gleicht, hat man einen herrlichen Ausblick. 2002 erhielt der Ort die Auszeichnung „historisches Monument des 20. Jahrhunderts".

Viele Besucher kommen tagtäglich, um sich das Gesamtbild der Stadt anzuschauen. So man hier keine Wohnung gemietet hat, schlendert man

064st Foto: ho

zum Shopping umher, fährt mit dem Boot durch die Kanäle oder sitzt in einem der zahlreichen Lokale.

Praktische Tipps

Information

- **Office de Tourisme,** Chemin Communal, Tel. 04.94.56.02.01. Das Büro ist nur von Juni bis September besetzt. In der übrigen Zeit erhält man alle Informationen im Office de Tourisme in Grimaud (s. dort).

Nützliche Adressen

- **Post:** Place des Artisans.
- **Apotheke:** Pharmacie Kiss, Place du Marché 14, Tel. 04.94.56.39.05.

Der „Petit Train" fährt zwischen Grimaud und Port Grimaud

Unterkunft

Mit Ausnahme von zwei Hotels sind fast alle Unterkünfte Ferienwohnungen, die z.T. privat vermietet werden. Alle Adressen erfährt man in der Broschüre „Locations Saisonnières", die vom Office de Tourisme herausgegeben wird.

- **Le Giraglia** €€€€€, Place du 14 Juin, Tel. 04.94.56.31.33, Fax 04.94.56.33.77, www.hotelgiraglia.com. Top-Hotel, das keine Wünsche offen lässt. Die meisten Zimmer haben Meerblick oder zumindest den Blick auf die Marina.
- **Le Suffren** €€€-€€€€, Place du Marché 16, Tel. 04.94.55.15.05, Fax 04.94.55.15.06, www.hotelleriedusoleil.com. Gutes Mittelklassehotel mit moderner Einrichtung.

Camping

Es gibt einige Plätze in der Nähe des Ortes. Sie sind bei der Ortsbeschreibung von Grimaud aufgeführt.

Essen und Trinken

- **Le Bistroquiet,** Rue des 2 Ports 2, Tel. 04.94.56.42.77. Provenzalische Küche der Extraklasse. Sehr gutes Ratatouille, leckere Gambas und schmackhaftes Rindfleisch ab € 12.
- **La Guitoune,** Place du Marché, Tel. 04.94.56.26.11. Sehr hübsches Ambiente für Bouillabaisse, Fisch- und andere Grillgerichte, ab € 10.
- **Armando,** Place F. Spoerry 24, Tel. 04.94.43.45.18. Pizza, Nudeln und Fisch stehen hier hauptsächlich auf der Karte, ab € 9.
- **Au Plaisir des Sens,** Place du Marché 10, Tel. 04.94.56.10.50. Gute Adresse für Fisch- und Fleischgerichte, ab € 16.
- **Crêperie l'Hippodrome,** Place des Artisans 26, Tel. 04.94.56.06.94. Crêpes und Eis für jeden Geschmack, ab € 5.
- **Il Piccolo,** Place des 6 Canons, Tel. 04.94.56.35.63. Gute Snacks für Zwischendurch, ab € 3.
- **La Calypso,** Rue des Voilliers 1, Tel. 04.94.56.42.61. Hier steht alles auf der Karte, was aus dem Meer kommt, ab € 15.
- **La Caravelle,** Place F. Spoerry 3, Tel. 04.94.56.21.73. Snackbar mit guten Plats du Jour, ab € 10.
- **La Licorne,** Place du Marché 2–4, Tel. 04.94.56.21.03. Crêpes, Salate und andere schnelle Gerichte, ab € 8.
- **La Marina,** Rue des 2 Ports 21, Tel. 04.94.56.10.55. Meeresgerichte und Pizza, ab € 12,50.
- **La Petite Fourchette,** Place F. Spoerry 24, Tel. 04.94.56.59.82. Mit einfachen Gerichten und viel Kreativität zaubert das Küchenpersonal hier tolle Gerichte auf den Teller, ab € 12.
- **La Table du Mareyeur,** Place des Artisans 10–12, Tel. 04.94.56.06.77. Spitzenrestaurant mit hervorragendem Ambiente. Alle Tische sind zum Wasser ausgerichtet, im Frühjahr „blüht" die gesamte Terrasse, da stören auch die etwas höheren Preise für Fische und Meeresfrüchte nicht sehr, ab € 25.
- **Le Plaisancier,** Place des Artisans 8, Tel. 04.94.56.07.04. Traditionelle Küche der Provence, ab € 22.
- **Grimaud Beach,** Port Grimaud Sud, Tel. 06.22.31.84.22. Snacks, Salate und Grillgerichte, um € 25.
- **Chez Sam,** Place F. Spoerry 24, Tel. 04.94.43.47.74. Liebhaber asiatischer Küche kommen hier auf ihre Kosten, ab € 8,50.
- **La Scala,** Place des 6 Canons, Tel. 06.89.71.37.41. Pizza, Salate und original Bruschetta, ab € 7.
- **La Grimaudoise,** Place F. Spoerry, Tel. 04.94.56.08.94. Hervorragende Bäckerei, in der man auch sehr leckeres Eis bekommt.
- **Mister Ice,** Place des 6 Canons, Tel. 06.19.58.07.56. Verwöhnt mit original italienischem Eis.

Am Abend

- **Le Monroe's,** Les Jardin de la Mer, Tel. 04.94.56.44.11. Hier trifft man sich im Ambiente eines englischen Pubs bei trendiger Musik in moderner Atmosphäre.

Einkaufen

- **Markt:** donnerstags und sonntags auf der Place du Marché, montags und freitags auf der Place F. Spoerry (April bis Oktober).
- **Moulin de Paiou:** RN98 kurz vor der Ausfahrt nach Grimaud, von Ste. Maxime aus auf der rechten Seite. Baguette gibt es fast überall, aber hier ist es besonders lecker. Wer mal Hunger auf andere Brotsorten hat, wird hier ebenfalls fündig. Sehr lecker ist z.B. das Olivenbrot.

Sport und Aktivitäten

- **Centre Nautique,** Chemin de la Plage, im nördlichen Strandbereich, Tel. 04.94.56.46.51. Segel- und Surfschule, Wasserski, Jetski, Paragliding.
- **Côte d'Azur Diving,** Camping Holiday Marina (siehe Grimaud), N98, Le Ginestel, Tel. 06.80.72.04.10. Tauchkurse in Englisch, PADI und Füllstation.
- **TOP Charter,** Rue des Voiliers 1, Tel. 04.94.56.35.39 und 06.11.51.14.78, www.top-charter.com. Segel- und Motorbootverleih.
- **Tennis Club de Port Grimaud,** N98, Rue de l'Amarrage, Tel. 04.94.43.49.30. Drei Plätze, davon einer halb geschlossen.
- **Golf Club de Beauvallon,** Boulevard des Collines, in Beauvallon, nördlich von Port Grimaud, Tel. 04. 94.96.16.98. 18-Loch-Platz mit Golfschule.

Ste. Maxime

Die größte Stadt in der näheren Umgebung von St. Tropez liegt ihm in der Bucht in Sichtweite genau gegenüber. Tobt in der Hochsaison in St. Tropez das Leben, so geht es im Nachbarort fast noch beschaulich zu, doch ist Beschaulichkeit in dieser Gegend natürlich relativ.

Ursprünglich befand sich an der Stelle, an der der Ort liegt, der griechische Handelsposten Calidianus. Funde beweisen, dass später auch die Römer hier eine Siedlung anlegten, die aber immer wieder das Ziel von Beutezügen durch Sarazenen und Piraten war. So war der Ort an der Küste nicht unbedingt ein beliebter Wohnort. Im Jahre 1000 gründeten Mönche der Insel Lérins den heutigen Ort und gaben ihm auch seinen Namen, zu Ehren von *Maxime*, einem Heiligen ihres Ordens.

Erinnerungen an die Zeit der kriegerischen Auseinandersetzungen erwecken immer noch die alten Stadtmauerteile, von denen am besten die Tour Carrée an der Uferstraße erhalten ist. Von hier aus wurde versucht, einfahrende und St. Tropez bedrohende Schiffe unter Kanonenbeschuss zu nehmen, denn die Nachbarstadt ist vom Ufer in Ste. Maxime aus sehr gut zu sehen. Die Entfernung über den Golf beträgt nur etwa vier Kilometer.

Die günstige geografische Lage ließ den Ort rasch wachsen und erblühen. Da er nicht nur groß ist, sondern auch an der Küstenstraße nach Fréjus liegt, quält sich in der Hauptreisezeit eine wahre Blechlawine entlang der Küste – dann ist es mit Beschaulichkeit nicht weit her. Wohl dem, der seine Unterkunft im Ort hat und (fast) alle Wege zu Fuß erledigen kann.

Wer Ste. Maxime nicht über die Küstenstraße N98 erreicht, kommt normalerweise über die D25 von Le Muy, der Autobahnabfahrt. Diese Straße windet sich kilometerlang durch das Maurengebirge und bietet herrliche Panoramen. In den nördlichen Stadtteilen überwiegt neuere Bebauung, während man zum Meer hin immer mehr vom traditionellen Charme des Ortes erkennt.

Sehenswertes

Promenade Simon Lorière

Am Ufer wurde eine hübsche, palmen- und piniengesäumte Promenade angelegt, auf der sich das abendliche Schlendern lohnt. Jenseits der Straße beginnt das lebhafte Ste. Maxime mit seinen Bars, Cafés und Restaurants, den verwinkelten Gassen, hübschen Plätzen, Boutiquen und dem Marktplatz. Fast alle Altstadtbereiche sind reine Fußgängerzonen.

Die Strandpromenade ist das ideale Feld für Skater und Inline- oder Tretrollerfahrer, zumindest bei nicht zu hoher Fußgängerdichte. Zwischen dem Casino und dem Théatre de la Mer (am Office du Tourisme) gibt es in der Saison etliche Attraktionen für kleinere Kinder, zu denen Elektroautos und Trampolinspringen gehören. Die Kleinsten freuen sich meist über das Karussell gegenüber der Tour Carrée.

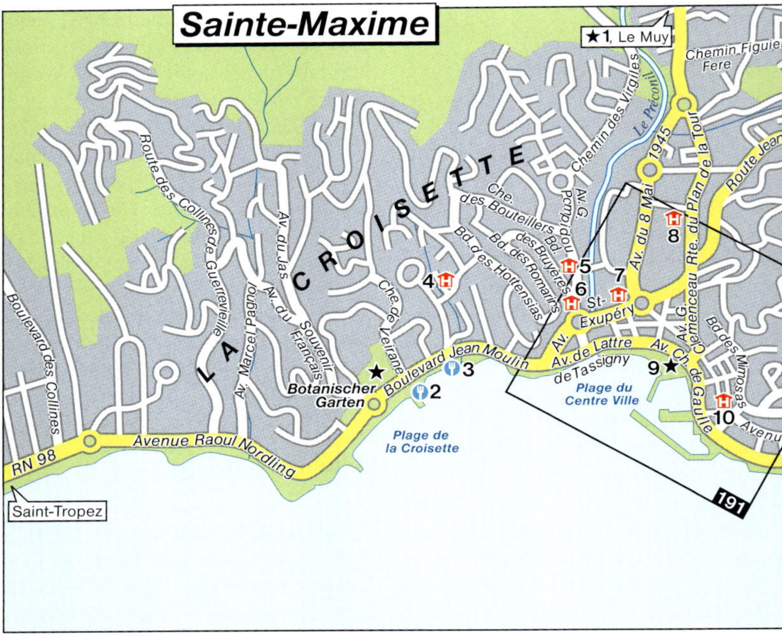

- ★ 1 Aqua City, Parc de Loisirs des Bosquettes
- 2 Maxim Plage
- 3 La Belle Aurore
- 4 Le Mas des Oliviers
- 5 Hôtel Castellamar
- 6 Hostellerie de la Croisette
- 7 Le Petit Prince
- 8 Princesse d'Azur
- ★ 9 Promenade Simon Lorière
- 10 Hôtel Les Palmiers
- 11 Le Montfleuri
- 12 Hôtel Jas Neuf
- 13 Hostellerie de la Nartelle
- 14 Hôtel de la Plage

Rundgang

Ein kleiner Stadtrundgang beginnt am besten am **Office du Tourisme** an der Promenade. Folgt man ihr, erreicht man die Zufahrt zum **Jachthafen** an der Avenue Général Charles de Gaulle. Als großer Gebäudekomplex, der einem Schiff nachempfunden ist, ragt die **Capitainerie** in das Hafenbecken hinein. Zahlreiche Geschäfte mit maritimem Zubehör haben sich hier angesiedelt. Von den Bänken am Ende des Quai Léon Condroyer genießt man fast immer einen herrlichen Blick auf den Sonnenuntergang.

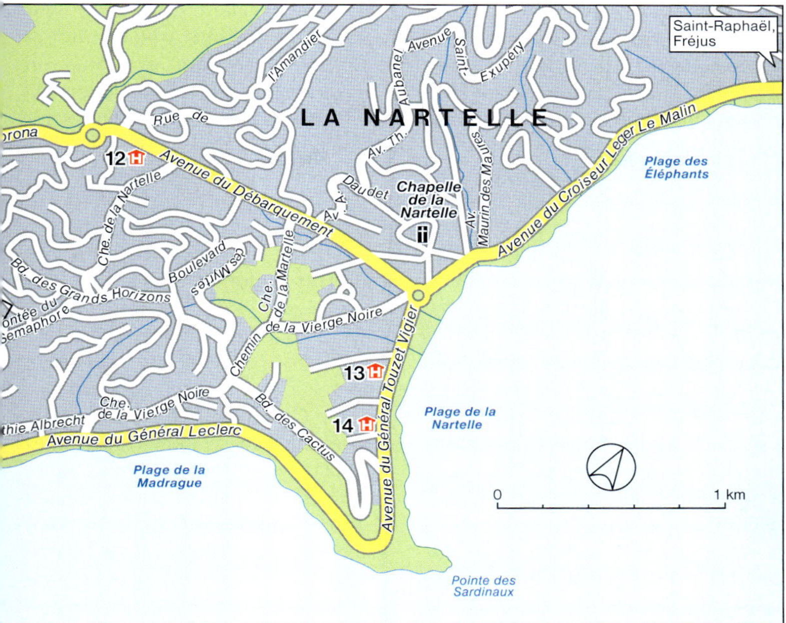

Zurück an der Hauptstraße überquert man diese auf Höhe des massigen Wehrturmes **Tour Carrée.** 1520 erbaut, erlebte der fast quadratische Turm ein abwechslungsreiches Dasein. Zunächst diente er seinem originären Zweck, der Abwehr von Piraten. Später war das Gebäude Kornspeicher, Gefängnis, Schule und bis 1935 auch Bürgermeisteramt. Unmittelbar an Hafen und Strand gelegen und mit einer so wechselvollen Geschichte, ist es der ideale Raum für ein **historisches Museum.** Dies ist hier heute auch untergebracht, wobei der Schwerpunkt auf dem lokalen Bereich liegt. In der Hauptsaison gastieren Wechselausstellungen (Tel. 04.94.96.70.30, Mi.-So. tgl. 10-12 und 15-19 Uhr, im Winter bis 18 Uhr. Eintritt € 2,30).

Dem Turm gegenüber steht die 1762 erbaute **Kirche,** die 1861 und 1869 erweitert und 1938 vollständig restauriert wurde. Es lohnt ein Blick auf den barocken Altar aus dem 17. Jahrhundert, den Glockenturm und die provenzalische Darstellung von Christi Geburt.

Hinter der Kirche verlaufen einige **Fußgängerstraßen** parallel zur Küstenstraße. Welche man nimmt, ist fast gleichgültig, da der Charme dieser Gassen dazu verleitet, im Laufe der Zeit alle zu erkunden. Mode-Boutiquen, Blumenhändler, Schmuckgeschäfte und andere Läden reihen sich hier zusammen mit Restaurants aneinander.

Wir nehmen die Rue Paul Bert bis zur Montée de la Résistance, einer treppenartigen Gasse, die hinauf zur Place du Marché führt. Auf dem Platz steht ein hübscher Brunnen des Bildhauers *Gérard Zislin*. Die **Markthalle** *(Marché Couvert)* nur wenige Schritte oberhalb des Platzes ist ein echter Leckerbissen für Liebhaber guter Lebensmittel. Hier kann man schlendern und schauen, aber auch probieren oder in aller Ruhe speisen.

Wenige Schritte auf der Rue Courbet in Richtung Hafen führen zur Einmündung der Rue des Sarrasins, die zum gleichnamigen Platz führt, an dem früher ein Kloster stand. Folgt man der Straße nach Nordwesten, kommt man zur großen **Place Louis Blanc.** Der Namensgeber war ein Historiker und Politiker (1811–82), der sein Wirken für die Arbeiterklasse einsetzte.

Die Rue de Verdun führt zur Avenue Jean Jaurès, der **Haupteinkaufsstraße** des Ortes, über die man (links abbiegend) zurück zur Strandpromenade etwa auf der Höhe des Casinos gelangt. Hält man sich jetzt wieder links, erreicht man auf der Promenade das **Mémorial du 15 août 1944,** das an die allierte Landung 1944 erinnert. Im angrenzenden **Boulodrome** kann man den Boule-Spielern zuschauen, über den Souvenirmarkt schlendern (an Wochenenden) oder sich anderen Freizeitvergnügungen zuwenden, da hier während der Saison zumindest für Kinder verschiedene Attraktionen aufgebaut sind.

Oberstadt

Am höher gelegenen **Boulevard des Mimosas** endet das Viertel der kleinen Gassen. An der Ecke Chemin des Cigales liegt das **Hôtel de Ville** (Rathaus). Einst hat man hier Seidenraupen gezüchtet, nun werden von hier aus die Geschicke der Stadt gelenkt, sodass der (im wahren Wortsinne) Weitblick vom Haus aus sicher nützlich ist. Nicht weit entfernt schlängelt sich der **Boulevard Bellevue** den Hang hinauf zum Boulevard du Sémaphore. Von den hoch liegenden Straßen genießt man einen herrlichen **Panoramablick** auf die Seealpen im Osten und den Golf von St. Tropez im Süden und Westen.

Pointe des Sardinaux

Das kleine mit Pinien, Aleppokiefern und Kakteen bewachsene **Kap östlich der Stadt** ist zum beliebten Ausflugsziel geworden, da man von hier aus herrlich über die Bucht blickt und eine gute Picknickmöglichkeit besteht.

Chapelle de la Nartelle

Im Ortsteil La Nartelle steht die hübsche kleine Kapelle, deren Grundstein 1956 gelegt wurde. Dieser Grundstein stammt von der ehemals hier stehenden Chapelle St. Pierre du Vieux Re-

063st Foto: ho

vest, die in den Kriegswirren zerstört wurde. Erreichbar vom Kreisverkehr in La Nartelle, Ausfahrt Avenue Mireille und dann Boulevard de Provence.

Botanischer Garten

In dem wunderschönen, kleinen **Parc Botanique les Myrtes** westlich des Stadtzentrums wandelt man zwischen exotischen Gewächsen aus vielen tropischen und subtropischen Gegenden. Ein besonderer Schwerpunkt liegt bei den **Myrtengewächsen.** Die Ausschilderung der einzelnen Pflanzenarten erfolgt in französischer und lateinischer Sprache. Für Kinder gibt es zahlreiche Spielgeräte.

- **Parc Botanique les Myrtes,** Boulevard Jean Moulin, Tel. 04.94.96.64.85, täglich 9–18 Uhr, Eintritt frei.

Der Jachthafen von Ste. Maxime

Die Strände

Herrliche Sandstrände, die allerdings nicht sehr groß sind, erstrecken sich von Ost nach West entlang der Küste. Wer ohne Fahrzeug auskommen möchte, kann die **Plage du Centre Ville** zwischen dem Casino und dem Jachthafen nutzen. Mit dem Rad, dem Tretroller oder zu Fuß kann man problemlos die kleinen Strandabschnitte westlich der Stadt erreichen, z.B. **Le Diamant, Maxim Plage** oder die **Plage de la Croisette.** Mit dem Wagen sollte man diese Strände nicht anfahren, denn hier stehen nur wenige Parkplätze zur Verfügung, zudem muss man sich in dieser Richtung in den Stau nach St. Tropez einreihen.

In östlicher Richtung sieht es anders aus: Fußläufig ist noch die **Plage de la Madrague** erreichbar, an der es für Autofahrer auch nur wenig Parkraum gibt. Ideal sind die Strände **Nartelle** und **Eléphants** an der Baie de Bougnon. Hier gibt es Parkmöglichkeiten und die komplette Strandinfrastruktur.

In der Umgebung

Musikinstrumentenmuseum

Etwa zehn Kilometer außerhalb der Stadt an der D25 in Richtung Le Muy befindet sich das interessante **Musée du Phonographe et de la Musique mécanique.** Etwa 350 Plattenspieler, Musikboxen, Drehorgeln und mechanische Pianos und viele andere Exponate zeigen die Entwicklung der Musikgeräte.

- **Musée du Phonographe et de la Musique mécanique,** St. Donat, Route du Muy, Tel. 04.94.96.50.52, Ostern bis Ende September tgl. 10–12 Uhr und 14.30–18 Uhr, Eintritt € 4.

Chapelle St. Donat

Unweit des Museums steht die Kapelle St. Donat (auch Chapelle du Suy genannt). Bemerkenswert an dem Gebäude aus dem 18. Jahrhundert ist der Turm mit einer Doppelspitze. Im Inneren ist der Leichnam des Bischofs der Toskana bestattet, der am 7. August 362 auf Anordnung des römischen Kaisers enthauptet wurde. An seinem Todestag findet hier alljährlich eine Prozession statt.

Straußenfarm

Auf dem Weg zu den oben genannten Sehenswürdigkeiten kann man einen Stopp bei der Straußenfarm **Maxim Autruches** einlegen und sich die majestätischen Vögel anschauen. Im Geschäft, das zur Farm gehört, kann man, sofern man das rote Fleisch dieser Tiere mag, Frischfleisch und auch zahlreiche Konserven kaufen.

- **Maxim Autruches,** Domaine des Monges, Route du Muy (D25), Tel. 04.94.96.75.30, www.maximautruche.com.

Praktische Tipps

Information

- **Office de Tourisme,** Promenade Simon Lorière, 83120 Ste. Maxime, Tel. 04.94.55.75.55, Fax 04.94.55.75.56. www.ste-maxime.com.
- **Office du Commerce,** Place Louis-Blanc, Tel. 04.94.79.93.86, 06.76.98.58.91.

Nützliche Telefonnummern

- **Polizei,** Tel. 17 oder 04.94.96.00.35 (Gendarmerie), 04.94.96.00.29 (Police Municipale).
- **Lebensrettungsposten an den Stränden,** Tel. 04.94.96.31.88 (Croisette), Tel. 04.94.96.11.72 (La Nartelle) und Tel. 04.94.49.49.00.73 (Eléphants).

062st Foto: ho

Brunnen am Markt von Ste. Maxime

Unterkunft

Außer den hier aufgeführten Hotels gibt es zahlreiche Anlagen mit Ferienwohnungen bzw. Ferienhäuser, die z.T. in größeren Anlagen zusammengefasst sind, z.T. aber auch einzeln stehen. Informationen über Ferienwohnungen und -häuser erhält man beim Office du Tourisme oder bei der zentralen Reservierung am Kreisverkehr von La Foux bei Les Marines-de-Cogolin: **Maison de Tourisme,** Carrefour de la Foux, 83580 Gassin, Tel. 04.94.55.22.00, Fax 04.94.55.22.01, www.golfe-infos.com, tourisme@golfe-infos.com.

- **Princesse d'Azur** €, Route du Plan de la Tour 24, Tel. 04.98.12.66.55, Fax 04.98.12.66.50, www.princesse-azur.com. Kleines Hotel nahe dem Stadtzentrum, etwa 500 Meter vom Strand entfernt, mit provenzalischem Charme.
- **Le Mas des Oliviers** €-€€€, Quartier La Croisette, Tel. 04.94.96.13.31, Fax 04.94.49.01.46, www.hotel-lemasdesoliviers.com. Sehr hübsches, komfortables Anwesen oberhalb des Strandes mit eigenem Pool.
- **Le Montfleuri** €-€€€, Avenue Montfleuri 3, Tel. 04.94.55.73.10, Fax 04.94.49.25.07, www.montfleuri.com. Das komfortable Hotel gehört zur Best-Western-Kette (Gold-Crown-Mitglieder sammeln hier Punkte, Anmeldung kann per Internet erfolgen), liegt nur etwa 100 Meter vom Strand und etwa 800 Meter vom Ortskern entfernt, besitzt einen eigenen Pool und klimatisierte Zimmer, viele mit Meerblick.
- **Le Petit Prince** €-€€, Avenue St. Exupéry 11, Tel. 04.94.96.44.47, Fax 04.94.49.03.38, www.hotellepetitprince.com. Gemütliches Hotel mit Meerblick, nur etwa 50 Meter vom Strand entfernt und auch nicht viel weiter bis zur Innenstadt.
- **Hostellerie de la Croisette** €€€, Boulevard des Romarins, Tel. 04.94.96.17.75, Fax 04.94.96.52.40, www.hotel-la-croisette.com. Schickes Haus, das zur Gruppe der Châteaux & Hôtels de France gehört. Das Hotel bietet alle Annehmlichkeiten (auch Pool) und strahlt Eleganz aus. Zur Innenstadt und zum Strand sind es etwa 300 Meter.
- **Hôtel Jas Neuf** €-€€€, Avenue du Débarquement 112, Tel. 04.94.55.07.30, Fax 04.94.49.09.71, www.hotel-jasneuf.com. Etwa einen Kilometer vom Strand, etwas außerhalb der Stadt genießt man hier in erster Linie Ruhe. Das Hotel im provenzalischen Stil besitzt einen Pool im hübschen Garten sowie einen Spielplatz.
- **Hôtel Les Palmiers** €€, Rue Gabriel-Péri 28, Tel. 04.94.96.00.41, Fax 04.94.96.74.30, hotellespalmiers@wanadoo.fr. Älteres Hotel unmittelbar an der Promenade. Nicht alle Zimmer besitzen ein eigenes Bad, sind dafür bei der Lage recht günstig.
- **Hostellerie de la Nartelle** €-€€, Avenue du Général-Touzet-du-Vigier 48, Tel. 04.94.96.73.10, Fax 04.94.96.64.79, www.hostellerie-nartelle.com. Das Hotel liegt im Herzen des Strandes La Nartelle, etwa drei Kilometer vom Ortskern entfernt. Fast alle Zimmer haben Meerblick, im kleinen Garten gibt es einen Pool.
- **Hôtel de la Plage** €, Avenue du Général-Touzet-du-Vigier 36, Tel. 04.94.96.14.01, Fax 04.94.49.23.53. Einfacher und nicht übermäßig hübscher Hotelbau. Die Zimmer sind sauber, bieten mäßigen Komfort, dafür aber einen herrlichen Blick über den Strand und das Meer.
- **Hôtel Castellamar** €, Avenue Georges-Pompidou 8, Tel. 04.94.96.19.97. Ruhiges, kleines Hotel (10 einfache Zimmer), das nur 300 Meter vom Zentrum und Strand entfernt liegt.

Camping

- **La Baumette,** Route du Plan de la Tour 142 (D25), Tel. 04.94.96.10.92, 04.94.96.14.35, Fax 04.94.96.35.38, www.labeaumette.com. Zwei Sterne, kleiner Platz (81 Stellplätze), etwa 2 km bis zum Strand. Mietwohnwagen, Mietbungalows, Platzbewachung, Gasstation, Tennis, Kinderbetreuung, Deutsch wird gesprochen, 95% Schatten. Geöffnet 1.4. bis 31.10.
- **Les Cigalons,** Quartier de la Nartelle, Avenue Croiseur Léger 34, Le Malin, Richtung Fréjus, Tel. 04.94.96.05.51, Fax 04.94.96.79.62, www.campingcigalon.com. Zwei Sterne, 46 Stellplätze, 500 Meter zum Meer. Lebensmittelgeschäft, Restaurant, Bar, Mitnahmegerichte, Mobil-Homes, Pool, Disco, Kinderbetreuung, Deutsch wird gesprochen, 70% Schatten. Geöffnet 1.4. bis 15.10.

- **Camping à la Ferme Les Virgiles,** Quartier Les Virgiles 61, im Norden der Stadt Richtung Le Muy, Tel. 04.94.96.19.79, www.camping desvirgiles.com. 20 Stellplätze, 1,5 km zum Zentrum und Strand.

Essen und Trinken

Im gesamten Bereich des Hafens, der Hauptstraße und der Fußgängerzone gibt es eine Vielzahl von Restaurants, Bars und Cafés. Hinzu kommen zahlreiche Traiteurs, bei denen man entweder im „Vorbeigehen" essen, oder sich allerlei Köstlichkeiten mitnehmen kann.

- **Boucherie-Traiteur Tavé,** Rue Paul Bert, Tel. 04.94.96.03.69. Traiteur-Fleischerei mit vielen Leckereien, z.B. Paella.
- **Boucherie Pouzadoux,** Place du Marché 4, Tel. 04.94.96.01.63. Das Angebot sieht ähnlich wie oben aus. Da beide Geschäfte nur wenige Meter auseinander liegen, kann man zuerst schlendern und dann nach persönlichen Vorlieben wählen.
- **Tarte Tropézienne,** Avenue Charles de Gaulle (gegenüber der Capitainerie am Quai Léon Condroyer), Tel. 04.94.96.75.34, 04.94. 96.01.65. Neben leckeren belegten Broten und Quiches gibt es hier auch sehr schmackhafte Gebäckteilchen und ein breites Sortiment an Brot. Der Laden hat jeden Tag geöffnet, auch dann, wenn z.B. andere Bäcker geschlossen haben.
- **La Maison Bleue,** Rue Paul Bert 48, Tel. 04.94.96.51.92. Gute provenzalische Küche mit sehr gutem Preis-Leistungs-Verhältnis, Menü ab € 19.
- **Auberge Sans Souci,** Rue Paul Bert 58, Tel. 04.94.96.18.26. Die Gerichte der provenzalischen Küche sind einfach, schmackhaft und reichlich, Menü ab € 18.
- **Maxim Plage,** La Grande Croisette, im Ortsteil Croisette, westlich des Zentrums, Tel. 04.94.96.75.02. Vor allem Meeresfrüchte stehen hier auf der Karte. Lecker sind Gambas und Langusten, dazu der tolle Blick auf die Bucht und abends das erleuchtete St. Tropez. Das kann nur teuer sein, lohnt sich aber. Menü ab € 35.
- **L'Oiseau Bleu,** Rue Courbet 33, Tel. 04. 94.96.64.25. Kleine, gemütliche Crêperie mit

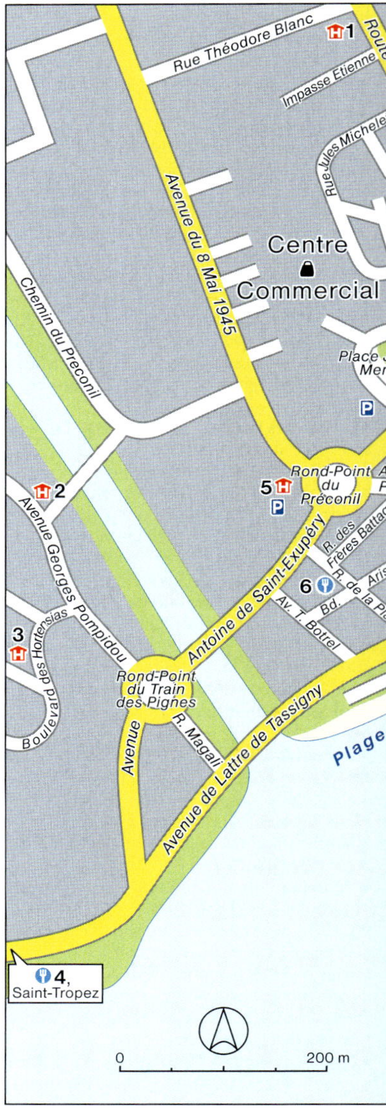

Sainte-Maxime, Zentrum

- 1 Princesse d'Azur
- 2 Hôtel Castellamar
- 3 Hostellerie de la Croisette
- 4 La Belle Aurore
- 5 Le Petit Prince
- 6 O Pain Cho
- 7 Le 11
- 8 Office de Tourisme
- 9 Freilichtbühne
- 10 Mémorial du 15 août 1944
- 11 Boulodrome
- 12 Office du Commerce (Touristeninformation)
- 13 Le Carillon
- 14 Polizei
- 15 L'Oiseau Bleu
- 16 Boucherie Pouzadoux
- 17 Boucherie-Traiteur Tavé
- 18 Le Wafou
- 19 La Réserve
- 20 L'Escapade
- 21 La Maison Bleue
- 22 Le Bikini
- 23 Auberge Sans Souci
- 24 L'Hermitage
- 25 Tarte Tropézienne, Hôtel Les Palmiers
- 26 Tour Carrée
- 27 L'Amiral, Capitainerie

gutem Angebot an süßen Crêpes und herzhaften Galettes ab etwa € 8,50.

- **L'Amiral,** Quai Léon Condroyer, auf dem Kai der Capitainerie, Tel. 04.94.43.99.36. Vom Fenster oder der Terrasse aus hat man einen so herrlichen Blick übers Meer, dass sich leicht die Illusion einstellt, auf einem Schiff zu speisen. Unterstützt wird dies durch die Architektur und das maritime Ambiente. Vornehmlich Fischgerichte. Menü ab € 28.
- **La Réserve,** Place Victor Hugo 8, Tel. 04.94.96.18.32. Traditionelle provenzalische Küche, leckere Salate und Krustentiere. Hier schmeckt es gut und zudem sitzt man mitten im Geschehen. Menü ab € 18.
- **L'Hermitage,** Avenue Charles de Gaulle 118, Tel. 04.94.96.04.05. Mit Blick auf den Jachthafen genießt man hier besonders gut Fischgerichte, Menü ab € 25.
- **Le Carillon,** Place Louis Blanc 1, Tel. 04.94. 96.07.42. Pizza, Pasta und Grillgerichte bestimmen die umfangreiche Karte, Menü ab € 13.
- **Le Bikini,** Rue Hoche 42, Tel. 04.94.96. 75.67. Gemütliches Restaurant mit zahlreichen Ausstellungsstücken zum Namen und umfangreicher Karte, auf der jeder fündig wird, Menü ab € 18.
- **Le Wafou,** Place Victor Hugo, Tel. 04.94. 96.15.74. Mitten im Geschehen trifft man sich zum Bier oder isst Eis, Mediterranes (z.B. leichte Salate) oder internationale Snacks, ab € 9,80.
- **La Belle Aurore,** Boulevard Jean Moulin 5, Tel. 04.94.96.02.45. Unmittelbar an der Küste genießt man hier vor allem Leckeres aus dem Meer, Menü ab € 38.
- **L'Escapade,** Place Victor Hugo 4, Tel. 04. 94.49.35.35. Mitten im Geschehen sitzt man hier am zentralen Platz an der Promenade (besonders schön im Freien), trinkt, isst und genießt das Leben. Fast täglich gibt es hier eine günstige *Plat du Jour* ab etwa € 13. Ab spätestens 12 Uhr ist hier aber kein Platz mehr zu bekommen, also vorher da sein.
- **Le 11,** Avenue Jean Jaurès 11, Tel. 04.94. 96.00.19. Neue und sehr modern eingerichtete Cocktailbar, in der es auch Snacks gibt. Der Treffpunkt am Abend.

Einkaufen

Lebensmittel:

- Ein **Champion** befindet sich im Centre Commercial an der Place Jean Mermoz, Zufahrt über die Avenue du 8 Mai 1945, täglich geöffnet von 8 bis 13 und 15 bis 19.30 Uhr.
- Zu diesem Markt gibt es ein noch größeres Gegenstück, den **Hyper Champion** an der Route du Muy am vierten Kreisverkehr. Dieser Supermarkt ist montags bis samstags von 9 bis 20 Uhr geöffnet.
- Sollte man am Sonntag dringend Waren benötigen, kann man (vormittags) im **Spar-Markt** an der Place du Marché einkaufen.
- **O Pain Cho,** Rue de la Plage/Boulevard Aristide Briand, Tel. 04.94.96.52.47. Hervorragende Gebäckspezialitäten, leckere Sandwiches und Grillhähnchen.

Märkte:

- Der **Wochenmarkt** findet freitagvormittags im Bereich der Place Mermoz statt. Hier kann man zahlreiche Souvenirs finden. Ein zusätzlicher **Obst- und Gemüsemarkt** findet donnerstags auf dem Place du Marché statt. Ein **Secondhand-Markt** „Les Greniers de Sainte-Maxime" findet mittwochs zwischen 8 und 16 Uhr auf dem Aire des Magnoti statt.
- Die **Markthalle** (Marché Couvert, Rue Fernand Bessy) ist täglich 8–13 und 16–20 Uhr geöffnet, im Winter nur vormittags, montags geschlossen.
- Zusätzlich finden an vielen Wochenenden **Kunstgewerbemärkte** auf der Promenade rund um das Office du Tourisme statt.

Bekleidung:

Je nachdem, was gewünscht wird, kann man zunächst in den Geschäften an der Avenue Jean Jaurès stöbern. Hier findet die Damenwelt eine gute Auswahl z.T. extravaganter Kleidung bei **Alibi.** Herren- und Damenausstatter befinden sich zudem in der Rue R.&M. Curie, der Rue de Verdun, der Rue Courbet sowie der Rue Gabriel Péri.

Damenbekleidung findet man z.B. bei **Blanc Bleu** (Rue d'Alsace), **Capucine** (Avenue du Péconil), **Femme Boutique** (Avenue G. Clémenceau), **Gl'Amour** (Rue de Verdun) und **Reine de Sable** (Rue des Maures/Place Colbert). Herrenmode gibt es deutlich weniger, ein Blick lohnt bei **Jean's Story** (Rue de Verdun), **Peter Polo** (Rue Courbet) und ebenfalls Blanc Bleu (Rue d'Alsace).

Im oben genannten Bereich der Stadt findet man auch zahlreiche **Schuhgeschäfte,** besonders an der Rue de Verdun.

Spielwaren/Strandspielzeug:

Eine große Auswahl findet man bei **Joué Club** im Centre Commercial, der Ladengalerie des Champion an der Place Mermoz. Noch größer ist die Auswahl im gleichnamigen Geschäft an der Avenue Jean Jaurès, nahe dem Casino.

Souvenirs:

- Töpferwaren, Gewürze, Bilder, parfümierte Seifen und andere Souvenirs findet man in den zahlreichen kleinen Geschäften zwischen der Rue Coubert und der Rue Jean Aicard, wenn man durch die Parallelstraßen Rue Lorraine, Rue Paul Bert, Rue d'Alsace und Rue Hoche schlendert. Hübsche und originelle Produkte aus Olivenholz bietet die **Boutique de l'Olivier** in der Avenue Charles-de-Gaulle 116, gegenüber dem Hafen.
- **Domaine de la Pierre Plantee,** Route du Muy, Tel. 04.94.96.65.65. Auf diesem Hof dreht sich alles um die Olive. Öle, Küchengeräte aus Olivenholz, andere regionale Spezialitäten und Bauernerzeugnisse kann man hier kosten, erwerben und/oder bestaunen.

Sport und Aktivitäten

Casino:

Wer die Urlaubskasse aufbessern möchte, kann sein Glück im Casino versuchen. Roulette, Black Jack und Poker sowie diverse Spielautomaten laden ein. Das Mindestalter beträgt 18 Jahre, ein gültiges Ausweispapier wird zum Eintritt verlangt. Avenue Charles de Gaulle 23, Tel. 04.94.55.07.00, tgl. ab 10 Uhr Automatenspiel, sonntags bis freitags ab 20.30 Uhr, samstags ab 21 Uhr Spielsaal, Eintritt € 10 (Saal).

Aquascope:

Ein **Glasbodenboot** legt zwischen Februar und Oktober täglich vom Hafen zu seinen Erkundungen ab. Wer trocken die Unterwaswelt des Meeres erleben möchte, hat mit diesem (Fast-)Unterseeboot alle Chancen. Fahrten vom 15. Februar bis 30. September, Buchung unter Tel. 04.94.49.01.45 oder direkt am Hafen, gegenüber dem Gedenkstein für die alliierte Landung.

Für Kinder:

- **Aqua City,** der Wasserpark vor den Toren der Stadt bietet Wasserratten aller Altersstufen Rutschen, Wellenbecken, Paddelbecken und vieles mehr. Zwischen September und Juni hat das Hallenbad in der Anlage geöffnet. Complexe Sportif des Bosquettes, Route du Muy (D25), Tel. 04.94.55.54.54, tgl. 9 bis 20 Uhr, in der Nebensaison nach Anfrage. Eintritt € 5.
- **Parc de Loisirs des Bosquettes,** unmittelbar neben dem Wasserpark befindet sich ein „Abenteuerspielplatz" der besonderen Art. Auf mehreren Parcours kann man sich von Baumwipfel zu Baumwipfel hangeln, abseilen und erneut klettern. April bis Oktober tgl. 10 bis 19 Uhr. Eintritt € 5.

Bootsverleih:

Im gesamten Hafenbereich verchartern verschiedene Unternehmen Boote und Schiffe an Freizeitkapitäne. Wer ein solches Fahrzeug nicht fahren darf, kann hier auch den Führerschein erwerben, Kurse werden auch in englischer Sprache angeboten. Sollte man dies aber nicht wollen und das Chartern mit Skipper zu teuer sein, so kann man auf Boote ausweichen, die man ohne Führerschein *(sans permis)* fahren darf. Nach einer kurzen Einweisung kann man mit den kleinen Booten den sicheren Hafen verlassen und die Küste unsicher machen. Schnell fahren diese Fahrzeuge nicht, gleichwohl ist es denkbar, eine Tour über die Bucht nach St. Tropez zu unternehmen. Erkundigen Sie sich zuvor beim Vermieter unbedingt über die zu erwartende Wettersituation und achten Sie auf andere Wasserfahrzeuge.

Wassersport:

- **Club Nautique,** Plage de la Croisette, Boulevard Jean Moulin 21, Tel. 04.94.96.07.80. Segelschule, Ausbildung für alle Altersgruppen auf Optimisten.

061st Foto: ho

Die Tour Carrée beherbergt das Heimatmuseum

- **Le Cheval de Mer,** Plage de la Nartelle, Henri Plage „Chez Mario", Tel. 06.75.39.21.78, 06.15.16.42.46, 06.14.24.48.42. Jetski-Touren.
- **Water Glisse Passion,** Plage de la Nartelle, Tel. 06.61.85.59.27. Wasserski- und Wake-Board-Schule.

Bootsfahrten:

- **CTMT MMG – Transport Maritime,** Rue des Inventions, im Hafen an der Capitainerie, Tel. 04.94.96.51.00. Liniendienst zwischen Ste. Maxime und St. Tropez sowie Touren nach Port Grimaud, Cannes, Port-Cros, Les Caps Sauvages, Iles des Lérins, Les Calanques de l'Estérel und zur Ile Ste. Marguerite.
- **Les Bateaux Verts,** Quai Léon Condroyer, Tel. 04.94.49.29.39. Ganzjähriger Linienverkehr zwischen St. Tropez und Ste. Maxime. Im Sommer zusätzlich Ausflugsfahrten auch zu den Iles d'Hyères sowie zur Baye des Canebiers. Touren finden auch mit deutscher oder englischer Führung statt.

Tauchen:

Mehrere Unternehmen bieten Tauchkurse, geführte Tauchexkursionen und freie Tauchgänge an.

- **Le Grand Bleu,** Villa La Tramontane, Avenue du Général Leclerc 23, Tel. 04.94.96.44.21, 06.10.79.05.56. CMAS, Kindertauchen und Nachttauchgänge.
- **H2O,** Quai Central du Port/Quai Léon Condroyer, Tel. 04.94.49.14.91, 06.11.13.90.04. PADI, CMAS, Kindertauchen und Nachttauchgänge.
- **Kétos,** Jetée du Club Nautique (gegenüber dem Quai Léon Condroyer), Tel. 04.94.96.44.21, 06.11.52.40.50. CMAS, Kindertauchen und Nachttauchgänge.

Radfahren:

• **BMX Maximois,** Audrey Pichol, Tel. 04.94.55.80.33. Crossfahrten für Anfänger und Fortgeschrittene mittwochs und samstags.

• **ASM VTT,** M. Chareun, Rue du Commerce 17, Tel. 04.94.96.41.47. Radtouren in der Umgebung, jeweils donnerstags und sonntags. Treffpunkt ist vor dem Casino um 8 Uhr.

Reiten:

• **Haras de Ste. Maxime,** Quartier Les Hautes Ribes, Derrière les Bousquettes, Tel. 04.94.96.56.52 und 06.83.41.58.87.

• **Les Poneys du Verderet,** Hameau des Bouillerettes, Tel. 06.83.34.87.66. Reitunterricht und Dressurkurse.

Golf:

• **Golf de Ste. Maxime,** Route du Débarquement, Tel. 04.94.56.00.12. 18-Loch-Platz mit Golfschule.

Tennis:

• **Tennis Club,** La Madrague, Chemin de la Vierge Noire, Tel. 04.94.96.13.83. Vier Plätze.

• **Tennis Club La Croisette,** Quartier la Croisette, Avenue du Souvenir Français 3, Tel. 04.94.96.05.28. Sechs Plätze auch für Kinder und Clubhaus.

La Môle

Nur etwa 16 Kilometer südwestlich von St. Tropez liegt der kleine Ort La Môle an den Hängen des Fôret du Dom am Rande des **Massif des Maures** (Maurengebirge). Schon in römischer Zeit war die Region besiedelt, denn sie liegt am Schnittpunkt zweier Täler, wo sich die Flüsschen Môle und Verne treffen. Römische Relikte sind immer noch auffindbar, wenn auch meist recht versteckt. So gibt es noch Steingräber und Gebäudereste.

Nach der Vertreibung der Römer wurde 1008 ein Dorf auf dem Hügel Ste. Madelaine errichtet. Man nannte es „Ad Molam", was soviel wie *mola manuaria,* „Handmühle", bedeutet, und bezog sich dabei auf eine seinerzeit hier arbeitende Mühle. Um 1079 wurden dann die Namen „Castrum de Môla" bzw. „Môla" durch den Besitzer der Region, die Abtei St. Victor de Marseille, geprägt. Da bis 1308 schon 48 große Feuer im Ort gewütet hatten, entschloss man sich schließlich, das Dorf ins Tal zu verlagern, was eine größere Nähe zum Wasser bedeutete. Oberhalb des heutigen Ortes stehen auf dem Felsen Ste. Madeleine noch die Reste des ehemaligen Dorfes und seiner Kirche Ste. Madeleine (s.u.).

Im 17. Jahrhundert übernahm die Familie *Suffren* die Herrschaft über das Dorf, das damals etwa sieben Familien beherbergte. 1851 war die Population auf 404 angewachsen, heute leben etwa 800 Menschen im Ort.

Als Erstes fällt die Ruhe auf, eine Stille, in der sogar das Plätschern des kleinen Flüsschens Môle zu hören ist, das aus dem großen Stausee oberhalb des Ortes in Richtung Giscle bei Port Grimaud fließt. Der Barrage de La Verne (s.u.) versorgt die gesamte Halbinsel von St. Tropez mit Wasser.

Das kleine, typisch provenzalische Dorf erschließt sich auf den ersten Blick, denn hier gibt es nur eine Sägemühle, eine Boulangerie, eine Auberge, Platanen entlang der Straßen und die Bar Tabac, die zu einer Art Informationsbörse für die Bewohner geworden ist. Die meisten Besucher sind auf der Durchreise auf dem Weg zur Chartreuse de la Verne (s.u.) oder um einen Blick auf das Schloss zu werfen. Viele unternehmen in der Gegend Wanderungen oder Radtouren.

Sehenswertes

Chapelle Ste. Madeleine

Die Kapelle oberhalb des Ortes, am Fuße eines braunen Basaltfelsens, geht auf das 11. Jahrhundert zurück und besitzt einen typisch provenzalischen Turm. Mit ihrer wehrhaften Form und den massiven Mauern erinnert sie zwar eher an eine Festung als an ein Gotteshaus, doch war sie bis 1872 Pfarrkirche. Verwaltet wurde sie bis nach der Revolution von den Kartäusermönchen der Chartreuse de la Verne und wurde nachher Staatseigentum.

Château

Schon um 1008 wurde über das Schloss berichtet, das etwa einen Kilometer vom Ort entfernt liegt. 1770 erwarb die Familie *de Fonscolombe* das Anwesen von der Familie *Suffren* und behielt den provenzalischen Stil bei, d.h. große Seitenflügel und zwei runde Türme. Eine Beschreibung des Schlosses findet man im „Kleinen Prinz" von *Antoine de Saint-Exupéry*. Er liebte es, hier mit seinen Großeltern den Urlaub zu verbringen. Leider ist das Anwesen in Privatbesitz und kann nur von außen besichtigt werden.

In der Umgebung

Weinbau gibt es in der Region kaum, wenngleich er ohne das Gebiet um La Môle auch nur schwer hätte bestehen können. Denn hier gibt es sehr viele **Korkeichen,** jene Bäume, deren Rinde regelmäßig geschält wird, um den Rohstoff für Flaschenkorken herzustellen (siehe „Flora und Fauna"). Angeblich soll ein Bauer aus Collobrières die Tradition der Korkenherstellung in Spanien erlernt und dann in sein Heimatland gebracht haben – eine gute Idee für eine Region, in der so viel Wein angebaut wird. Wird sie gut gepflegt, bringt jede Korkeiche im Laufe von zehn Jahren Kork für etwa 800 Flaschenkorken hervor. Früher war das Département Var einer der größten Flaschenkorkenerzeuger Frankreichs.

Mit dem Rückgang der Verwendung von Naturkorken interessierte sich die lokale Bevölkerung immer mehr für andere land- und forstwirtschaftliche Produkte. Eines davon ist **Holz.** Da gibt es zunächst einmal das dunkle Holz der heimischen Bäume, das im Provenzalischen *maouro* genannt wird. Dieses Holz war es, das dem Massif des Maures seinen Namen gegeben hat (nicht etwa das nördliche Afrika). Da aber die lokalen Baumarten relativ langsam wachsen, pflanzte man zunehmend auch schnell wachsende Arten wie den Eukalyptus an.

Die Gegend um La Môle bietet sich für **Wanderungen** ideal an, allerdings muss man ein wenig geübt sein. Es lohnt sich auch der Besuch des **Col du Canadel,** ein Pass in etwa 269 Metern Höhe, der leicht mit dem Auto über die D27 erreicht werden kann und schöne Ausblicke bietet.

Ein weiteres herrliches Panorama bietet sich Wanderern, die zum **Les**

Pradels (527 Meter) aufsteigen. Etwa drei Kilometer südöstlich des Ortes zweigt gegenüber einem Steinbruch ein schmaler Pfad ab, der zum Gipfel führt (Wasser mitnehmen!).

Stausee

Die Staumauer des **Barrage de la Verne,** einige Kilometer oberhalb des Ortes, wurde 1991 als gemeinsames Projekt von neun Gemeinden errichtet. Mittlerweile ist der See ein beliebtes Ausflugsziel vor allem für Ornithologen geworden, denn das Wasser zieht zahlreiche Vogelarten an, darunter **Kormorane** und **Reiher.** Im Herbst rasten hier etliche Zugvogelarten. Da das Gebiet recht abgeschieden liegt, besteht auch die Chance, einmal eine **Schildkröte** beobachten zu können. Jegliche Art von Wassersport (auch schwimmen) im See ist verboten.

Wanderung zur Chartreuse de la Verne

Geübte Wanderer benötigen etwa vier Stunden für die Wanderung zum **Kartäuserkloster** oberhalb des Stausees. Ausgangspunkt ist der Kirchplatz in La Môle. Links der Kirche führt der Weg hinter dem Friedhof zunächst in ein Weinfeld. Nach etwa 2,3 Kilometern erreicht man einen weiten Bogen, in dem ein Pfad links abbiegt. Diesem Pfad folgt man bis zum ersten Hydranten, wendet sich hier nach rechts und hält sich am Ufer der Verne. Auf Höhe des zweiten Hydranten durchfurtet man den Fluss links. Am anderen Ufer wieder links halten und dem Pfad bergauf folgen. Oben erreicht man den **Stausee,** an dem man sich nochmals links hält, und biegt beim nächsten Pfad erneut links ab.

Nach etwa vier Kilometern gelangt man zu einem eisernen Tor, von dem aus ein Pfad steil bergauf führt. Er wurde schon vor Jahrhunderten von den Mönchen angelegt. Etwa zwei Kilometer weiter stehen etliche Kastanien. Von hier aus sind es nur noch ein paar Schritte zum **Kloster,** das 1170 gegründet wurde (Beschreibung s.u.: Collobrières, Umgebung).

Auf dem Rückweg hat man herrliche Panoramablicke über das Massif des Maures. Nach 2,5 Kilometern biegt man am Schild „Chemin de Pertuade" rechts ab und gelangt auf einen schattigen Weg, der zurück zum Flussufer führt. Am Damm vorbei erreicht man schließlich wieder das Dorf.

Praktische Tipps

Information

- **Mairie de la Môle,** Place de la Mairie, 83310 La Môle, Tel. 04.94.40.05.80, Fax 04.94.49.55.24, www.mairie-lamole.fr.

Unterkunft

Ein Hotel sucht man vergebens, bekommt dafür aber eine Schlafstelle in Bed&Breakfast-Unterkünften.

- **Gîtes de France La Marjolaine** €, in der Ortsmitte, Tel. 04.94.50.93.93. Einfache Unterkunft für bis zu fünf Personen.
- **Domaine de Ventabren** €€-€€€, Chemin des Guiols, auf dem Weg zum Stausee, Tel. 04.94.49.51.21, Fax 04.94.49.57.89, www.ledomaine-de-ventabren.com. Es gibt fünf Doppelzimmer, Halbpension (falls gewünscht), Sonnenterrasse und Pool.

- **La Bastide des Sources** €, Route du Canadel, Tel./Fax 04.94.49.58.75, 06.10.82.44.29. Vier Zimmer, Terrasse und Pool.
- **La Grande Maison** (ab) €, Les Campaux, Route du Dom 6987, Bormes, westlich von La Môle an der N98, Tel. 04.94.49.55.40, Fax 04.94.49.55.23. Hier bietet man Zwei- und Vierbettzimmer, Pool und Sonnendeck.

Essen und Trinken

- **Auberge de la Môle,** Place de l'Eglise, Tel. 04.94.49.57.01. Spezialitäten des Südwesten Frankreichs, Menü ab € 22.
- **Le Relais d'Alsace,** N98, Tel. 04.94.49. 57.02. Hier gibt es schmackhafte Hausmannskost wie Sauerkraut und Wild ab € 16.
- **Les Murennes,** Place de la Mairie, Tel. 04. 94.49.57.61. Günstige traditionelle Gerichte aus der Provence ab € 12,50.

Sport und Aktivitäten

- **Niagara,** an der D27 (in Richtung Col du Canadel) liegt dieses Freizeitbad mit großem Pool, sieben Rutschen und zahlreichen anderen Attraktionen, das nicht nur Kinder erfreut. Tel. 04.94.55.70.80, 10. Juni bis 5. September tgl. 10.30 bis 19 Uhr. Eintritt € 8,50.

Collobrières

Der kleine Ort Collobrières liegt weitab der Küste inmitten dichter Wälder und auch weitab vom Rest der Welt – so scheint es auf den ersten Blick. Die **„Hauptstadt des Massif des Maures"** im Tal des Flüsschens Réal Collobrier wird von drei Seiten von bedeutenden Sehenswürdigkeiten flankiert, die auf das Dorf „herabschauen": im Norden die Kapelle Notre Dame des Anges, im Osten das Kloster Chartreuse de la Verne und im Süden der Col de Babaou, ein 414 Meter hoher Pass. Alle drei sind fantastische Aussichtspunkte.

Die Römer haben Collobrières gegründet und sind auch für seinen Namen verantwortlich, der eine Zusammenfügung des lateinischen Collubreira und des provenzalischen Colobreira ist. Beides bedeutet so viel wie „Grasschlange" (in der Wissenschaft sind die Land- und Baumnattern als *Colubrinae* bekannt). Ob dies beabsichtigt war, weil es in der Gegend viele Schlangen gab, lässt sich heute nicht mehr sagen.

Doch die Römer waren nicht die ersten Menschen, die in der Gegend lebten. Zahlreiche **Megalithen** (nirgendwo im Var gibt es mehr) zeugen davon, dass zum Ende des Neolithikums und zum Beginn der Bronzezeit, also etwa um 3000 v.Chr., hier Menschen siedelten. Bis heute geben einige dieser Megalithen Rätsel auf, denn bei manchen Steinen konnte nicht geklärt werden, woher sie stammen.

Rund 12.000 Hektar Wald umgeben Collobrières und lassen den Ort so abgeschieden aussehen, dass der bekannte Schriftsteller *Jean Aicard* seinen Helden Murin hier Schmuggelabenteuer erleben lässt. Doch wer sich Collobrières nähert, sieht nicht nur einfach Wald. Natürlich gibt es auch hier zahlreiche Korkeichen, die vermarktet werden, noch wichtiger ist jedoch die Esskastanie. Auf etwa 900 Hektar Land werden rund um Collobrières Kastanien kultiviert, die eine Jahresernte von etwa 200 Tonnen **Maronen** erbringen – wenn sich nicht gerade Massen von Touristen auf den Bergstraßen gratis an den Bäumen bedienen. Große Schilder bitten vielerorts um Rücksichtnahme auf die heimische Wirtschaft. Man kann Maronen in allen Variationen und Zubereitungsarten im Ort kaufen: als Eis, Sirup, Brotaufstrich oder Likör, kandiert und geröstet, um nur die bekanntesten Formen zu nennen. Das Office de Tourisme organisiert regelmäßig **Führungen durch Esskastanienhaine,** um Besuchern zu erklären, wie man die Bäume pflanzt und schützt. Zudem werden Ernte und Verarbeitung der Früchte erläutert.

Doch auch wer Maronen nicht mag, sollte den Ort besuchen, denn hinter der Brücke aus dem 12. Jahrhundert erwartet den Besucher ein buntes Panoptikum. Hier gibt es etliche gute Restaurants (oft mit Terrassen auf der Brücke über dem Fluss), die leckere Menüs, lokalen Schafskäse und schmackhafte Weine aus den Weinkellern des Ortes anbieten. In den Gässchen findet man malerische Fassaden, zahlreiche Souvenirgeschäfte (fast alle bieten Produkte aus Maronen und Kastanienholz an), eine herrliche Platanenallee, eine kleine und unscheinbare Stadtkirche sowie einen hübschen Marktplatz. Wer Süßes mag, sollte auf Hinweisschilder mit der Aufschrift „Miel" achten: Dort gibt es Honig von heimischen Imkern.

Sehenswertes

Ausgangspunkt für einen Rundgang ist der Boulevard Charles Caminat vor dem Office de Tourisme. Nur Schritte entfernt steht der **Pont Raoul Calvi,** eine Steinbrücke aus dem 12. Jahrhundert. Über den Boulevard Carnot gelangt man zur Place de la Libération mit dem Brunnen Fontaine de la Mairie vor dem **Rathaus.** In Letzterem werden Malereien des heimischen Künstlers *Agosta* sowie Mineralien aus dem Massif des Maures ausgestellt.

Über den Cours Mirabeau und die Rue Jean Jaurès gelangt man zur Place de la République mit einem weiteren Brunnen. Rechter Hand folgt man der Rue de l'Egalité etwa 30 Meter, um dann links über Stufen die Place du Général de Gaulle zu erreichen. Hier steht die Kirche **Notre Dame des Vic-**

067st Foto: ho

Das kleine Collobrières lebt vom Tourismus und von Maronen

068st Foto: ho

toires. Das neogotische Gotteshaus wurde 1992 renoviert, die Orgel stammt von 1893.

Zurück über die Place du Général de Gaulle geht es zur Rue Copernic und Rue Christophe Colomb, über der man die Ruine der **Kirche St. Pons** aus dem 12. Jahrhundert sieht. Unterhalb stand einst das Schloss der Herren von *Pierrefeu*, doch dessen Überbleibsel sind längst verschwunden.

Die Rue Robespierre führt dann zur Place Rouget de l'Isle, von wo aus man am Ende des Stadtrundgangs die Place Martin César erreicht.

Die wehrhaften Stadtmauern von Collobrières sind noch erkennbar

In der Umgebung

Notre Dame des Anges

Dieser herrliche Aussichtspunkt ist leicht mit dem Auto erreichbar. Man fährt zunächst auf der D14 nach Osten und nach drei Kilometern auf der D39 in Richtung Gonfaron bis zum Col des Fourches. Hier biegt man links zur **Einsiedelei aus der Merowingerzeit** ab. Die meisten Besucher kommen aber weniger wegen der **Kapelle,** als vielmehr wegen der **einzigartigen Sicht** vom 780 Meter hohen Gipfel hierher. Der Blick reicht im Westen bis Toulon, im Osten bis zur Argens-Ebene, im Süden weit übers Meer bis zu den vorgelagerten Inseln und an sehr klaren Tagen sogar bis nach Korsika!

La Sauvette

Bergwanderer werden am 779 Meter hohen Gipfel der Sauvette (einige Kilometer östlich von Notre Dame des Anges) ihre Freude haben, denn neben herrlicher Natur und einem faszinierenden Panorama hat man hier wirklich Ruhe, da der Gipfel nur zu Fuß erreichbar ist. Man folgt zunächst der D39 in Richtung Gonfaron bis zum Col des Fourches. Hier biegt man rechts auf die asphaltierte Nebenstrecke nach La Garde-Freinet ab, bis man den Pfad **Piste des Condamines** erreicht. An der Kreuzung stellt man das Auto ab und folgt dem Waldweg (grün/weiß markiert) bis zum Gipfel.

Col de Babaou

414 Meter hoch liegt der **Pass** Col de Babaou, etwa sieben Kilometer südlich von Collobrières. Man fährt über die D14 in westlicher Richtung bis zum Abzweig bei La Rivière, um dann auf die D41 abzubiegen (Richtung Bormes-les-Mimosas). Auch hier wachsen vornehmlich Laubbäume, darunter zahlreiche Korkeichen und Edelkastanien. Der Blick reicht über die Salzgärten und Inseln bei Hyères sowie die Halbinsel von Giens.

Chartreuse de la Verne

Ein viel besuchtes Ausflugsziel ist das **Kartäuserkloster** im Forêt des Maures zwischen Collobrières und Grimaud. Wie lange am Ort schon eine Priorei stand, ist nicht genau nachvollziehbar. Unstrittig ist, dass an der etwa zwölf Kilometer von Collobrières entfernt liegenden Stelle im Wald des Maurengebirges schon lange eine Kirche stand. Dieser abgeschiedene (aber gleichzeitig nahe wichtiger Verkehrswege gelegene) Ort erschien dem Bischof von Toulon, *Pierre Isnard,* und dem Bischof von Fréjus, *Fredol d'Anduse,* wohl ideal, um hier 1170 ein Kloster zu gründen. 1174 wurde die erste **romanische Kirche** geweiht, die west-östlich ausgerichtet war.

In den folgenden Jahrhunderten mehrten die Mönche ihren Besitz, der schließlich über 3000 Hektar Wald, Wiesen und Äcker umfasste. Doch der Wohlstand brachte auch Neider auf den Plan. Plünderer griffen das Kloster ebenso an wie Sarazenen und 1577 Protestanten. Mehrfach (1214, 1271 und 1318) wurden Teile der Anlage **Opfer der Flammen,** doch immer wieder bauten die Mönche ihre Gebäude auf.

Im Zuge der Verwüstungen kam es auch zum Einsturz der Decke der romanischen Kirche, doch das Datum ist bis heute strittig. Einige Historiker machen den Streit der Diözesen von Toulon und Fréjus dafür verantwortlich (1705–15), andere beziehen sich auf Akten in den Archiven von 1790, die berichten, die Kirche sei zu dem Zeitpunkt schon 200 Jahre lang eingestürzt gewesen. Überall zieren Jahreszahlen die Gewölbe, sodass man davon ausgehen muss, die Kartäuser haben nach jeder Zerstörung vieles instand gesetzt. Die letzte stammt von 1789, denn ein Jahr später kam das „Aus“ für das Kloster.

Im Zuge der Französischen Revolution wurden alle Besitztümer beschlagnahmt und zwei Jahre später war dann auch der letzte Mönch verschwunden. So verfielen die Gebäude zusehends, bis ein Regierungsbeschluss von 1821 die Anlage als historisches Gebäude klassifizierte. Allerdings umfasste dies nur die Gebäude innerhalb der Mauern, die Gehöfte und Ländereien außerhalb blieben ungeschützt.

Der Verfall ging jedoch weiter, bis 1968 der Freundeskreis der Chartreuse de la Verne gegründet wurde, der die Anlage mietete. Dieser Verein begann mit umfassenden **Renovierungen** und erhielt 1983 die Gelegenheit, das Kloster wieder seinem ursprünglichen Zweck zu widmen: 18 Nonnen der **Schwestern von Bethlehem** leben seitdem innerhalb der Mauern. Bei einem geführten Rundgang sind mittlerweile ein Ausstellungsraum, die Scheune, die Bäckerei, die Ölpresse und Kelterei, eine Einsiedlerzelle, der Friedhof, Teile des Kreuzgangs, die Kirche aus dem 17. Jahrhundert sowie die Reste der Kirche aus dem 12. Jahrhundert zu besichtigen.

Anfahrt von Collobrières: über die D14 Richtung Grimaud. Nach ca. sechs Kilometern zweigt rechts eine schmale, aber weitgehend asphaltierte Straße zum Kloster ab (ca. weitere 6 km). Die Straße ist stellenweise sehr schmal und in schlechtem Zustand.

- **Chartreuse de la Verne,** November bis März tgl. (außer dienstags) von 11 bis 17 Uhr, April bis Oktober bis 18 Uhr. Das Kloster ist an hohen christlichen Feiertagen geschlossen. Eintritt € 5.

Menhirs du Lambert

Aus lokalem Gneis gehauen, stehen südöstlich von Collobrières die **größten Menhire der Provence.** Sie erreichen eine Höhe von 2,87 und 3,15 Meter und lassen sich auf etwa das Ende des Neolithikums bzw. den Beginn der Bronzezeit datieren, sind also 4000 bis 5000 Jahre alt. Man erreicht die Steine über den ausgeschilderten Wanderweg GR 90 in Richtung Süden (etwa vier Stunden) oder über den Forstweg von La Croix d'Anselme (diese Strecke ist allerdings für normale Fahrzeuge nur bedingt befahrbar).

Moulin à Vent du Collet

Ebenfalls über den GR 90 kann man eine alte **Windmühle** aus dem 16. Jahrhundert erreichen, die als einzige ihrer Art hier die Kraft des Windes zum Mahlen des Korns nutzte. Vom GR 90 hat man Zugang zu einem etwa zwei Kilometer langen **botanischen Lehrpfad.** (Im Office de Tourisme kann man einen Plan einsehen.)

Praktische Tipps

Information

- **Office de Tourisme,** Boulevard Charles Caminat, 83610 Collobrières, Tel. 04.94.48.08.00, Fax 04.94.48.04.10, www.collotour.com.

Unterkunft

- **Notre Dame** €, Avenue de la Libération 15, Tel. 04.94.48.07.13, Fax 04.94.48.05.95. Hier findet man einfach ausgestattete Zimmer zu entsprechend günstigen Preisen.
- **Hôtel des Maures** €, Boulevard Lazare Carnot 19, Tel. 04.94.48.07.10, Fax 04.94.48.02.73. Die wenigen Zimmer bieten bescheidenen Komfort, das WC liegt auf dem Flur.

● **L'Hippocampe** (ab) €€, Route du Col du Babaou, 2 km außerhalb des Ortes, Tel. 04.94.48.07.29, Fax 04.94.28.15.57. Hier werden Appartements und Studios für bis zu sechs Personen wochenweise vermietet. Ein Pool gehört zur Anlage.

Bed & Breakfast-Unterkünfte gibt es hier im Vergleich zur Ortsgröße recht zahlreich:
● **Gîte de l'Aurier** €, Piste des Condamines, Route de Gonfaron, Tel. 04.94.48.09.47, www.collobrieres.net/laurier. Isoliert im Wald (etwa 10 km außerhalb) gibt es zwei Schlafsäle für bis zu acht Personen.
● **La Boulangerie** €€, Centre Village, Tel. 04.94.48.06.18, 06.80.06.85.26. In einem Stadthaus können bis zu acht Personen auf drei Etagen wohnen.
● **La Ferme du Capelude** (ab) €, Route de Grimaud (D14), östlich des Ortes, Tel. 04.94.56.80.35, www.capelude.com. Zwei Zimmer für vier Personen sowie ein Schlafsaal für acht Personen.
● **La Ferme de Peigros** €€, Col du Babaou, an der D41, südwestlich des Ortes, Tel. 04.94.48.03.83. Recht komfortabel eingerichtete Zimmer für bis zu fünf Personen. Mit Pool.
● **Daniel Coccordano** €€, Boulevard Charles Caminat, zentral im Ort, Tel. 04.94.48.08.37. Einfaches Quartier für bis zu 4 Personen.
● **Julien Condroyer** €, La Malière, südlich des Ortes, Tel. 04.94.48.08.96. Hier kommen bis zu zehn Personen unter.
● **Do-Mi-Si-La-Do-Re** €, Avenue du 8 Mai 1945, zentral im Ort, Tel. 04.94.28.17.98, 06.30.82.57.61. Zwei Zimmer für jeweils zwei bis drei Personen.
● **La Bastide de la Cabrière** €-€€, Route de Gonfaron, an der D39 nördlich des Ortes, Tel. 04.94.48.04.31, Fax 04.94.48.09.90. In fünf Zimmern finden insgesamt elf Personen Platz. Pool vorhanden.
● **La Bastide des Moulins** €, Ste. Marguerite, nahe dem Ort, über einen Fußweg in etwa zehn Minuten erreichbar, Tel. 04.94.28.19.58. Hier werden zwei Zimmer für jeweils zwei Personen angeboten.
● **Colette Bresis** €, Le Vallon des Fées, Quartier Les Bonnaux, etwa 2 km außerhalb des Zentrums, Tel. 04.94.48.05.92. Hier können nur zwei Personen übernachten.
● **La Farigoulette** €, Rue Jean Jaurès 2, zentral im Ort, Tel. 04.94.48.05.42. Hier können bis zu vier Personen in zwei Zimmern wohnen.

Camping

● **Camping Municipal St. Roch,** Tel. 04.94.13.83.83, Fax 04.94.28.15.72. 40 Stellplätze fast in der Ortsmitte. Pool, Kinderbetreuung, Deutsch wird gesprochen. 80% Schatten. Geöffnet 15.6. bis 15.9.

Essen und Trinken

● **Restaurant des Maures,** Boulevard Lazare Carnot 19, Tel. 04.94.48.07.10. Traditionelle Gerichte der provenzalischen Küche zu recht günstigen Preisen. Menü ab € 10.
● **La Petite Fontaine,** Place de la République 6, Tel. 04.94.48.00.12. Familiäre Atmosphäre und gute, gehaltvolle Gerichte vom Land (z.B. Lamm und Wild). Menü ab € 23.

Einkaufen

● **La Confiserie Azuréenne,** Boulevard Koenig, Tel. 04.94.48.07.20. In dieser bekannten Confiserie gibt es alle Produkte rund um die Marone: Eis, Brotaufstrich, kandierte Früchte, Saft oder Kastanienlikör. Wer all dies nicht mag, kann sich zumindest in der kleinen Ausstellung über die Zubereitungsarten informieren.
● **Aux Saveurs de Provence,** Boulevard Caminat 1. Hier stehen alle regionalen Spezialitäten (Maronen, Feigen, Zitrusfrüchte, Mandeln und Kräuter) in den gut gefüllten Regalen. Auch wer polierte Korkeichenstücke sucht, ist in diesem Laden richtig.
● **Markt,** im Zentrum, sonntags.
● Die malerische Landschaft inspiriert zahlreiche Künstler zu unterschiedlichsten Werken. Es gibt **Galerien und Ateliers,** in denen Malerei, Skulpturen, Fotografien und auch Patchworkarbeiten, Webwaren, Wandbehänge und andere textile Kreationen ausgestellt werden.

La Garde-Freinet

Tief im **Massif des Maures** liegt der kleine Ort La Garde-Freinet auf etwa 400 Metern Höhe. Hier ist es merklich kühler als in der Küstenregion, sodass ein Ausflug in die Stadt an so manchem Sommertag eine sehr angenehme Erfrischung bietet. Ort und Umgebung konnten ihren eigenständigen provenzalischen Charakter bewahren, denn man ist etwa 20 Kilometer von der quirligen Küste entfernt. Ganz vergisst man die hier aber nicht, da zumindest vom Aussichtpunkt über dem Ort der Blick bis weit über das Meer reicht.

Wild-romantisch und mediterran präsentiert sich das Gebiet um La Garde-Freinet mit zerklüfteten Bergen, dichten Wäldern und windumtosten Pässen, kurz gesagt: ein ideales Revier für Wanderfreunde.

Den Namen erhielt La Garde-Freinet aus einer Abwandlung des ursprünglichen Ortsnamens „Fraxinet" in Kombination mit einer Anspielung auf den Zweck des Ortes, die Passhöhe als bewehrte Siedlung *(garde)* zu schützen.

Ursprünglich befand sich die Siedlung viel höher im Berg als das heutige Dorf. Wahrscheinlich siedelten die Sarazenen hier schon ab dem 8. Jahrhundert. Ende des 10. Jahrhunderts wurden sie aber endgültig aus ihrer Befestigung vertrieben und Ruhe trat ein. Ab dem 13. Jahrhundert verlagerten die Dorfbewohner ihre Siedlung aus den unwirtlichen Bergen in die etwas sanftere Ebene am Fuße des Col de la Garde.

Vom ursprünglichen Quartier St. Joseph (heute um die Rue St. Joseph) kam es in den folgenden Jahrzehnten zu einer Ausbreitung bis zur Place du Marché. Bis zum 19. Jahrhundert kehrte auch in der Entwicklung des Ortes Ruhe ein. Doch dann gewannen die Herstellung und der Handel mit Korkprodukten zunehmend an Bedeutung und 1872 arbeiteten schon über 600 Menschen aus dem Ort in diesem Industriezweig. Neue Wohngebiete entstanden, etwa „des Aires" und die „Place Neuve" mit ihren angrenzenden Straßenzügen. Glücklicherweise gelang es aber, alle diese Gebiete um den alten Ortskern zu gruppieren, der auf diese Weise vollständig erhalten blieb.

Sehenswertes

Stadtrundgang

Von der zentralen **Place Neuve** führt die Rue du Moulin steil hinauf. Oben steht der Namensgeber der Straße, die alte Kornmühle. Nun gelangt man rechts über die Rue St. Eloi zum alten Dreschplatz, der **Place des Aires.** Am hübschen kleinen Brunnen kann man einen Moment verweilen und die Ruhe genießen. Anschließend biegt man nach links ein, um dann rechts in die Rue de la Planète zu gelangen. Hier steht immer noch ein großes Natursteinhaus, in dem einst eine Korkenfabrik ihrem Gewerbe nachging.

Verwinkelte Gassen (zunächst die Rue du Pin) führen zu kleinen Plätzen (Place du Pin) und dann zur **Kirche St. Clément.** Sie wurde schon zum Be-

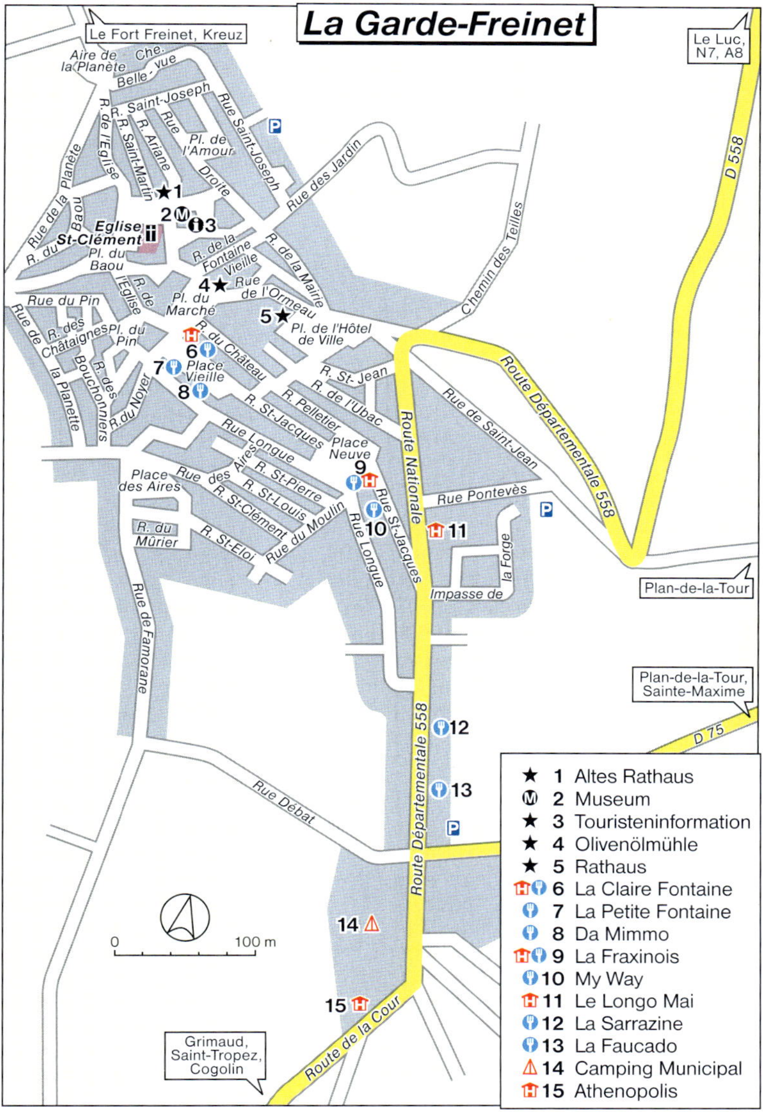
La Garde-Freinet
Le Fort Freinet, Kreuz
Le Luc, N7, A8
Aire de la Planète
Che. Belle-vue
R. Saint-Joseph
Rue Saint-Joseph
R. de l'Eglise
R. Saint-Martin
R. Ariane
Rue Droite
Pl. de l'Amour
Rue de la Planète
R. du Baou
Eglise St-Clément
Pl. du Baou
R. de la Fontaine Vieille
Rue des Jardin
R. de la Mairie
Chemin des Teilles
D 558
Rue de l'Ormeau
Pl. du Marché
R. de l'Eglise
Rue du Pin
Pl. du Pin
R. des Châtaignes
Rue de la Planette
R. des Bouchonniers
R. du Noyer
R. du Château
Place Vieille
Pl. de l'Hôtel de Ville
R. St-Jean
R. de l'Ubac
R. Pelletier
R. St-Jacques
Place Neuve
Rue Longue
Rue des Aires
Place des Aires
R. St-Pierre
R. St-Louis
R. St-Clément
R. St-Eloi
R. du Mûrier
Rue du Moulin
Rue Longue
Rue St-Jacques
Route Nationale
Route Départementale 558
Rue de Saint-Jean
Rue Pontevès
Impasse de la Forge
Plan-de-la-Tour
Plan-de-la-Tour, Sainte-Maxime
D 75
Rue de Famorane
Rue Débat
Route de la Cour
Grimaud, Saint-Tropez, Cogolin
0
100 m
1 Altes Rathaus
2 Museum
3 Touristeninformation
4 Olivenölmühle
5 Rathaus
6 La Claire Fontaine
7 La Petite Fontaine
8 Da Mimmo
9 La Fraxinois
10 My Way
11 Le Longo Mai
12 La Sarrazine
13 La Faucado
14 Camping Municipal
15 Athenopolis

ginn des 15. Jahrhunderts gebaut, erhielt ihren Glockenturm aber erst 1785. In der Glocke sind eingravierte Lilien zu erkennen, ein Zeichen des Baumeisters *Antoine Gras*.

Nach der Besichtigung geht es weiter entlang der Rue de l'Eglise bis zur **Aire de la Planète.** Von diesem Aussichtspunkt hat man einen sehr guten Blick über die Stadt. Hier beginnt auch der Fußweg zum Kreuz und zum Fort (s.u.) hinauf. Über die Rue St. Joseph führt der Weg zur Aire de Battage, einem Platz, der früher zum Dreschen des Korns und Bleichen der Wäsche diente.

Die Straße der Liebe (Rue de l'Amour), erkennbar an dem zartrosa bemalten Haus an der Einmündung (das Straßenschild findet immer wieder Sammler), führt zur **Place de l'Amour,** einst das Rotlichtviertel des Ortes.

Durch einen sehr schmalen Durchgang gelangt man zur Place de la Vieille Mairie. Hier stand bis 1852 das **alte Rathaus** mit Gefängnis, von dem immer noch die vergitterten Fenster zu sehen sind. Der Kreis auf dem Platz stellt die ursprüngliche Dorfmitte dar. In der Kapelle St. Jean ist heute das **Heimatmuseum** untergebracht (s.u.).

Über die Place de la Vieille Caserne und die Rue de la Mairie kommt man zum heutigen **Rathaus.** Das Gebäude wurde 1858 zur Zeit der Blüte der Korkindustrie gebaut, obwohl hier einst der Friedhof St. Jean lag. 1889 erhielt der Platz seinen Schmuck in Form des Brunnens mit Mariannenstatue, einer Heldin der Französischen Revolution.

Über die Rue d l'Ormeau gelangt man zum Marktplatz, Place du Marché. Unmittelbar vor dem Platz steht rechts eine alte **Olivenölmühle,** die bis 1954 genutzt wurde. Unterhalb dieser Mühle findet sich ein Waschhaus (1812). Aus dem gleichen Jahr stammt auch der Brunnen Vieille Fontaine gegenüber. Oberhalb des Platzes befindet sich ein Pavillon, der 1872 als Fischmarkt erbaut wurde. Links von ihm beginnt die Rue du Château, die auf das ehemalige Schloss der Herren von *Pontèves* hinweist, von dem aber nur noch ein Torbogen erhalten ist.

Auf der **Place Vieille** schließlich findet man einen weiteren Brunnen. Von ihm behauptet eine Legende, darin habe ein Mann täglich gebadet und das Wasser getrunken und sei deshalb über 100 Jahre alt geworden sein. So weit die Legende – die Medizin sagt: Finger weg vom eher brackigen Brunnenwasser!

Heimatmuseum

Im kleinen **Conservatoire du Patrimoine** gibt es allerlei Interessantes zur Geschichte des Ortes. Zu den Ausstellungsstücken gehören Fundstücke aus dem Fort (s.u.). Hier erhält man auch Informationen zum Fort und seiner Geschichte.

- **Le Conservatoire du Patrimoine et des Traditions du Freinet,** Place de la Vieille Mairie, Chapelle St. Jean, Tel. 04.94.43.08.57, www.conservatoiredufreinet.org. Von hier aus werden auch Führungen durch das Dorf und zum Fort angeboten. Geöffnet dienstags bis samstags 10–12 und 15–18 Uhr. Führungen zum Fort donnerstags 9 Uhr, € 5–7 (je nach Führung).

Croix des Maures

Der Aussichtspunkt oberhalb des Ortes mit einem **Steinkreuz** und das Fort Freinet sind zu Fuß in etwa zwei Stunden (ca. 4 km) erreichbar, größere Teile des Weges können aber auch mit dem Auto gefahren werden. Zu Fuß erreicht man das Kreuz über die Rue de la Planète bis zur Aire de la Planète und dann über den hier links abbiegenden Weg hinauf. Mit dem Wagen verlässt man den Ort in Richtung Grimaud, biegt hinter dem Boule-Platz rechts ab (Rue Débat), fährt dann links in die Rue de Famorane und folgt der Straße hinauf bis zum Parkplatz nahe dem Kreuz, das mit seinen sechs Metern Höhe die Felsen weithin sichtbar überragt. Es wurde am 3. Mai 1900 errichtet und nach Zerstörungen 1978 restauriert. (Achtung: Schließen Sie besonders in den Hochsaisonmonaten Ihr Fahrzeug ab und lassen Sie keine Wertsachen sichtbar im Inneren liegen!) Von oben (etwa 520 Meter) hat man einen atemberaubenden Blick über das Massif des Maures und die Bucht von St. Tropez.

Fort Freinet

Vom Kreuz aus führt ein Rundweg zu den **Ruinen** des Forts. Diese Festung, die erst in den letzten Jahrzehnten freigelegt wurde, soll der Legende zufolge von den Sarazenen erbaut worden sein, obwohl archäologische Untersuchungen (1979–85) von *Philippe Senac* anderes ergaben. Wissenschaftler gehen davon aus, dass die Festung bereits im Mittelalter (ab etwa dem 12. Jahrhundert) bewohnt war. Wahrscheinlich flüchteten sich die Bürger aus St. Clément und Miravals (heute Miremer) in das Gebiet und befestigten die Höhen. Später zogen sie in die fruchtbarere Ebene und legten so den Grundstein des heutigen La Garde-Freinet. Im 15. Jahrhundert wurde die Festung endgültig aufgegeben und 1589 im Religionskrieg auf Befehl des Marschalls *de la Valette* zerstört.

Heute sind nur noch Reste der ehemaligen Anlagen zu sehen und auch die kann man nur schwer erkennen. Zu ihnen gehören ein **Rundbau** mit etwa einem Meter dicken Mauern, der

069st Foto: ho

Felslandschaft bei La Garde-Freinet

als Ofen gedeutet wird, eine **Zisterne,** die wohl so tief war, dass sie die Talbewohner mit Wasser versorgen konnte, ein **Turm** (zumindest wird ein etwa acht Quadratmeter großer, von Felsen umgebener Raum dafür gehalten), ein Herrenhaus oder **Schloss** auf dem Gipfel des Hügels, in dessen Grundriss fünf Räume unterscheidbar sind, sowie ein **Burggraben,** der tief und breit in die Felsen hineingetrieben wurde.

Die **Kapelle** neben dem Rundbau stammt aus der ersten Hälfte des 18. Jahrhunderts. Ihr rechteckiger Grundriss wird von Felswänden im Nord- und Südwesten begrenzt. Im Nord- und Südosten wurden als Begrenzung Felsblöcke aufgeschichtet. Ursprünglich führte vom Südwesten her eine Treppe in die Kapelle, während eine Tür im Nordosten Zugang gestattete. Einfließendes Wasser konnte über eine in den Fels gehauene Rinne ablaufen.

Roches Blanches

Die Felsen südlich des Ortes ragen 637 Meter hoch auf. Von weitem erwecken sie den Eindruck, als seien sie von ewigem Eis bedeckt und erhielten so ihren Namen **Weiße Felsen.** Tatsächlich stammt die Färbung aber von weißem Quarz, Schnee kommt hier nur selten vor. Die Roches Blanches sind in einer etwa **einstündigen Wanderung** von La Garde-Freinet aus erreichbar. Sie beginnt entweder im Ort (Weg zum Kreuz und Fort) oder am Parkplatz (Kreuz/Fort) und folgt dann hinter der Schranke auf der gegenüberliegenden Straßenseite dem RF 12.

Praktische Tipps

Information

- **Office de Tourisme,** Chapelle St. Jean, Place de la Mairie, 83680 La Garde-Freinet, Tel. 04.94.43.67.41, Fax 04.94.43.08.69, www.lagardefreinet.com.

Unterkunft

- **La Claire Fontaine** €, Place Vieille 4, Tel. 04.94.43.63.76, 06.15.47.54.28, Fax 04.94.55.23.54. Einfache, aber gemütliche Zimmer in der Fußgängerzone.
- **La Fraxinois** €, Place Neuve, Tel. 04.94.43.62.84, Fax 04.94.43.69.65. Kleines Hotel im Zentrum.
- **Le Longo Mai** €-€€, Route Nationale, Tel. 04.94.55.59.60, Fax 04.94.55.58.18. Die Zimmer verfügen über Klimatisierung, TV, Mini-Bar und z.T. Internetanschluss.
- **Athenopolis** €€, D558 (Richtung Grimaud), Tel. 04.98.12.66.44, Fax 04.98.12.66.40. Sehr gut ausgestattetes Hotel mit Garten, Pool und Tennisplatz.

Außerdem kann man **Privatzimmer** mieten. Solche Chambres d'Hôtes gibt es bei:

- **M. Alain Painblanc** €, Le Mouron Rouge, Tel. 04.94.43.66.33, 06.10.20.73.39, www.lemouronrouge.com. Das Haus befindet sich etwa einen Kilometer nördlich des Ortes in Richtung Le Luc. Ein großes Doppelzimmer mit viel Komfort, Pool im Garten.
- **Mme. Jacqueline Frison-Imberon** €, La Grande Pièce, Le Cannet des Maures, Tel. 04.94.60.03.43, 06.10.11.16.06. Diese Unterkunft liegt ca. neun Kilometer nordwestlich des Ortes in Richtung Les Mayons. Ein Doppelzimmer mit komfortabler Ausstattung.
- **Mme. Michèle Marbet** €, Hameau de la Court, Tel. 04.94.43.64.63, 06.09.57.24.04, mmarbet@voilà.fr. Sechs Kilometer in Richtung Grimaud wird hier ein sehr großes und gut ausgestattetes Zimmer für bis zu vier Personen angeboten.
- **Richard Stern & Inge Birgit** €, Rue de l'Eglise 8, Tel. 04.94.43.17.09, ingebirgit-richard@wanadoo.fr. Mitten im Zentrum können hier zwei Personen in einem großen Zimmer wohnen. Wochenmiete ist möglich (ab **€** 480).

- **Mme. Saulinier** €, La Mauresque, Chemin de la Court, Tel. 04.94.17.17.03, 06.72.79.21.30, serge.saulinier@wanadoo.fr. Etwa zwei Kilometer südlich des Ortes liegen die drei Zimmer des Hauses mit Pool und Terrasse ruhig im Massif des Maures.

Ferienwohnungen:

Das Office de Tourisme bietet eine Liste mit Ferienwohnungen und -häusern an, die etwa 50 Objekte umfasst. Die Preise liegen zwischen € 160 und € 2500 pro Woche.

Camping

- **Camping Municipal St. Eloi,** Quartier St. Eloi (D558), Tel. 04.94.43.62.40. Der Platz am südlichen Ortsrand kann etwa 80 Zelte (€ 3) und 20 Wohnwagen (€ 3,50) und Wohnmobile (€ 5) beherbergen. Die Preise pro Person betragen € 3/Tag. Bar, Mitnahmegerichte, Mietbungalows, Pool, Tennis, Disco, Kinderbetreuung, Deutsch wird gesprochen, 80% Schatten. Geöffnet 1.6. bis 30.9.
- **Ferme de Bérard,** D558, Richtung Grimaud, Tel. 04.94.43.21.23, Fax 04.94.43.32.33. Das große Gelände besitzt 160 Stellplätze und einen Pool. Zelte kosten € 3,20, Wohnwagen € 4. Pro Person werden € 4,20 fällig. Lebensmittelgeschäft, Restaurant, Bar, Mitnahmegerichte, Mietwohnwagen, Mietbungalows, Platzbewachung, Kühleis, Pool, Tennis, Disco, Veranstaltungsprogramm, Kinderbetreuung, Deutsch wird gesprochen, 70% Schatten. Geöffnet 1.3. bis 31.10.

Essen und Trinken

- **Da Mimmo,** Place Vieille 19, Tel. 04.94.43.09.80. Sehr gute Pizza und Pasta ab € 8, komplette Mittagsgerichte ab € 15.
- **La Sarrazine,** D558, Tel. 04.94.43.65.98. Gemütliches, traditionelles Restaurant mit regionalen Spezialitäten. Menü ab € 22.
- **La Faucado,** D558, Tel. 04.94.43.60.41. Sehr gutes, teures Restaurant, in dem man reservieren sollte. Menü ab € 33.
- **La Fraxinois,** Place Neuve, Tel. 04.94.43.62.84. Bar-Tabac, in der man Snacks für den kleinen Hunger bekommt (ab € 4,50).
- **La Petite Fontaine,** Place Vieille, Tel. 04.94.43.64.74. Familiäre Atmosphäre, sehr gute Sitzmöglichkeiten auf der Terrasse mit leckeren Gerichten der Region. Menü ab € 16.
- **La Claire Fontaine,** Place Vieille 4, Tel. 04.94.43.63.76. Sehr gute, traditionell provenzalische Küche, ab € 15.
- **My Way,** Rue Saint-Jacques 10, Tel. 04.94.43.00.66. Hier kocht der Chef selbst. Die Ideen stammen aus der provenzalischen Küche, werden aber individuell verfeinert/verändert. Lassen Sie sich überraschen. *Plat du jour* ca. € 15.

Einkaufen

- **Markt,** im Zentrum, mittwochs und sonntags.

Sport und Aktivitäten

Die Umgebung ist wegen der günstigen klimatischen Bedingungen auch im Sommer ein ideales **Wandergebiet.** Das Office de Tourisme bietet Broschüren und aktuelle Informationen zu diesem Thema an. Es besteht auch die Möglichkeit der Teilnahme an geführten Touren.

Interessante Tourenangebote gibt es über das **Conservatoire du Patrimoine du Freinet,** Chapelle St. Jean, Tel. 04.94.43.08.57, Fax 04.94.43.08.69 und www.conservatoire dufreinet.org.

Plan-de-la-Tour

Plan-de-la-Tour liegt in den Bergen des Massif des Maures, etwa zehn Kilometer von Ste. Maxime und der Küste entfernt. Im 14. Jahrhundert wurde der kleine Ort von Kriegen und der Pest heimgesucht. Schließlich gaben ihn die Bewohner vollständig auf. 1557 begann die Wiederbevölkerung auf Wunsch des Abtes von Thoronet, dem damals die Gegend gehörte. Im 16. Jahrhundert ließen sich so etliche Bauern hier nieder, zumal die Quellen des Gebietes nicht einmal bei größter

Sommerhitze zu sprudeln aufhören. Ursprünglich waren es die ehemals hier lebenden Familien, die zurückkehrten, doch sie bereiteten den Boden für etliche Weiler, die sich bis heute über das Gebiet verteilen. Verwaltungssitz und Zentrum der Gemeinde war die Kirche St. Martin. Bis zur Revolution war die Gemeinde ein Vasall von La Garde-Freinet, doch forderte sie während der Revolution die Freiheit und erhielt die Unabhängigkeit 1792.

Plan-de-la-Tour ist ein typisches Beispiel für ein Dorf, das sich zunächst um die Kirche herum entwickelte. Später entstanden dann zahlreiche Weiler überall um den ursprünglichen Ortskern herum. So zählt man heute 25 dieser Weiler in der näheren Umgebung und auf den weiter entfernt gelegegen Hügeln.

Plan-de-la-Tour und seine Umgebung haben sich viel vom Charme des ursprünglichen Lebens des Var bewahrt, kleine Gehöfte, grasende Schafe, plätschernde Bäche und typische Bewässerungsbrunnen bestimmen das Bild. Dies alles gibt es hier noch, genauso wie die Ruhe, die sich die Dorfbewohner im „Zentrum" nehmen, im Schatten der Weinreben vor der Boulangerie sitzend. Der Weinanbau bestimmt das Leben, im Oktober findet im Ort eine große Weinmesse statt. Östlich des Dorfes wurde die Region in den letzten Jahren von Waldbränden in Mitleidenschaft gezogen, sie beginnt sich aber wieder zu erholen.

Plan-de-la-Tour ist eine Hochburg der **Korbherstellung,** hier werden Körbe aus Kastanienzweigen geflochten. Der bekannteste Korbflechter ist *Hubert Olivier,* der sein Handwerk seit über 50 Jahren ausübt. Er lernte die Kunst von seinem Großvater, der die Körbe produzierte, um Weintrauben mit dem Eselskarren nach Ste. Maxime zu transportieren. Natürlich eignen sie sich auch zum Transport von Gemüse, Oliven, Pilzen, Feuerholz oder Weinflaschen. Olivier ist der einzige Korbflechter im Var, der dieses Handwerk noch beherrscht, denn nicht nur das Flechten ist eine Kunst, auch die Kastanienernte will gelernt werden. So kann man die Zweige für die Körbe nur zwischen November und März schneiden und angeblich nur im letzten Viertel des vollen Mondes und auch nur an der Schattenseite der Hügel. Dass er sein Handwerk versteht, kann man auf den Märkten in Cogolin, La Garde-Freinet und Les Mayons erleben, wo die Körbe verkauft werden.

Sehenswertes

Die **Kirche St. Martin** im Dorfzentrum wurde im frühen 19. Jahrhundert gebaut und verdient vor allem wegen des hübschen Glockenturms einen Blick.

Die **Kapelle St. Pierre** an der Straße nach Ste. Maxime (D74) lag lange Zeit brach. Dies ist unschwer am großen Feigenbaum erkennbar, der mitten in dem alten Gemäuer wächst. Im Zuge der kürzlich erfolgten Restaurierungen ließ man den Baum aber stehen, da er mittlerweile eine Art Wahrzeichen geworden ist. Ursprünglich gab es hier einmal das Dorf St. Pierre, das aber während der Religionskriege vollständig zerstört wurde.

An der Straße nach Grimaud (D44) sieht man die Reste der ehemaligen **römischen Straße Ponte Romano.** Leider ist das Gelände in Privatbesitz und nur schwer einsehbar.

Aussichtstürme

Drei alte Aussichtstürme sind über die Jahrhunderte erhalten geblieben. Der erste steht am Chemin des Crêtes, auf der Spitze des Hügels an der Straße nach Le Muy, der zweite etwa einen Kilometer von der Chapelle St. Pierre entfernt im Ortsteil La Tour und der dritte beim Ortsteil Le Tonnère (an der Straße nach Vidauban).

Menhire

Südlich von Plan-de-laTour gibt es zwei Menhire, alte Steingräber aus vorchristlicher Zeit. Man fährt zunächst auf der D44 nach Süden und zweigt dann links nach Prat-Bourdin ab. Etwa 300 Meter hinter dem Weiler führt ein Pfad über eine Brücke und durch einen Weinberg. Der **Menhir du Pré de la Pierre Enchantée** wird seit Jahrhunderten von der Bevölkerung verehrt, nicht zuletzt wegen seines Namens „Stein des Entzückens", diente in der kürzeren Vergangenheit aber wohl auch so profanen Zwecken wie der Orientierung.

Etwa einen Kilometer vor dem Weiler Les Vernades steht an der D44 der Hinweis „Chemin du Médost", gegenüber der Domaine des Courruero. Folgt man dem Weg, findet man den großen, behauenen **Menhir de Médost** etwas unterhalb. Auf einer Seite schmückt ihn ein eingemeißeltes Kreuz. Die Kirche versuchte in früherer Zeit, heidnische Symbole zu christianisieren.

Wanderung in der Umgebung

Auch Plan-de-la-Tour eignet sich wie fast alle Bergdörfer sehr gut für Wanderungen. Die folgende Strecke kann in etwa zwei Stunden zu Fuß oder auch in knapp einer Stunde mit dem Rad zurückgelegt werden.

Ausgangspunkt ist das **Office de Tourisme** im Zentrum. Von hier aus

070st Foto: ho

Souvenirs aus Kork

geht es zunächst auf der D74 in Richtung Ste. Maxime. An der **Chapelle St. Pierre** wendet man sich nach rechts und folgt der asphaltierten Straße zur Furt im Préconil (Les Gorgues). Dieser Kanal wurde im 18. Jahrhundert angelegt, um die Ölmühle La Ressence mit ausreichend Wasser zu versorgen.

An der nächsten größeren Kreuzung wendet man sich nach links und folgt dem Fernwanderweg GR 51 bis zum **Menhir von Prat-Bourdin** (s.o.), bis man hinter dem großen Stein zum Weiler Prat-Bourdin gelangt. Rechts führt der Pfad in Richtung eines alten Schafzüchterhauses. An der nächsten Kreuzung hält man sich wieder links und gelangt erneut auf den GR 51, der hier mit der D44 zusammen verläuft. Hinter dem Préconil trennt man sich von der D44 und folgt dem GR 51 in Richtung Col de Vignon. Rechts liegt nun der Weiler **Vernet,** an dem vorbei man zur D74 gelangt. Wieder rechts geht es zurück zur Ortsmitte, allerdings ist zumindest ein kurzer Stopp in La Forge ein Muss, hat man doch von hier einen herrlichen Blick über den gesamten Ort Plan-de-la-Tour.

Praktische Tipps

Information

- **Office de Tourisme,** Place du 19 Mars 1962, Tel. 04.94.43.01.50, Fax 04.94.43.75.08, www.plandelatour.net.

Unterkunft

- **Mas des Brugassières** €€, Route de Grimaud, an der Verbindungsstraße nach Grimaud, Tel. 04.94.55.50.55, Fax 04.94.55.50.51, www.mas-des-brugassieres.com. Das kleine, aber gut ausgestattete Hotel bietet Pool, Sonnenliegen und einen Tennisplatz.

Neben diesem Hotel gibt es noch privat vermittelte **Wohnungen** (Informationen hält das Office de Tourisme bereit). Außerdem findet man etliche **Bed & Breakfast-Unterkünfte.**

- **Mme. Aline Caranta** €, Rue du Maréchal Leclerc bis 4, im Zentrum, Tel. 04.94.43.70.28. Maximal für sechs Personen.
- **La Bergerie** €, Le Clos de San Peïre, südöstlich des Ortes an der D44, Tel. 04.94.43.74.74, Fax 04.94.43.11.22, www.la-bergerie-caranta.com. Zwei Unterkünfte für jeweils drei bis vier Personen, mit Pool und Weinverkauf.
- **Le Petit Magnan** €, Quartier St. Sebastian, im nördlich gelegenen Ortsteil St. Sebastian, Tel. 04.94.43.72.00. Kleines Haus mit Pool für maximal vier Personen.
- **Mme. Marthe Rosso** €, Le Pré du Suve, nördlich des Ortes, Tel. 04.94.43.70.28. Hier können zwischen April und Oktober bis zu sechs Personen wohnen.
- **L'Amandari** €-€€, Quartier Vallat d'Emponse, Tel. 04.94.43.79.20, Fax 04.94.43.10.52. Kleines Haus mit sechs Zimmern, unmittelbar im Ort und mit Pool.
- **Le Mas du Rouge** €€, Route du Muy, Quartier Cros du Rouge, an der Straße nach Le Muy, etwa 3 km außerhalb, Tel. 04.94.43.75.88. Von Juni bis September können hier sechs Personen wohnen. Pool vorhanden.
- **Les Maisons de Micha** €-€€, Route du Muy, etwa 1 km außerhalb des Ortes an der D44 in Richtung Le Muy, Tel. 04.94.43.01.45, www.maisons-de-micha.com. Das Haus bietet fünf Zimmer für zwei bis vier Personen und ist für Rollstuhlfahrer geeignet. Mit Pool.
- **Mas Lou Galoubet** €, Boulevard Galliéni, in der Ortsmitte, Tel. 04.94.43.75.03. Hier werden zwischen April und September zwei Zimmer für bis zu vier Personen angeboten.
- **Villa Les Colombes** €, Rue du Pigeonnier, nur wenige Hundert Meter von der Ortsmitte entfernt, Tel. 04.94.43.76.46. Es gibt vier Zimmer für jeweils zwei Personen, Liegewiese und Pool.
- **Villa Savanna** €-€€, D44, Les Brugassières, etwa 2 km außerhalb des Ortes an der D44, Tel. und Fax 04.94.43.71.09, www.villa-savan

na.fr. Wanderer kommen hier zwischen Ostern und September in sechs Zimmern unter. Ein Pool gehört zum Haus.

Camping

- **Coralie et Robert Jaudel,** Camping à la Ferme, Hameau Vallaury, im kleinen Weiler Vallaury, etwa 2 km außerhalb des Ortes, Tel. 04.94.43.77.59. Zwölf Stellplätze, Verkauf von landwirtschaftlichen Erzeugnissen.
- **La Laune,** Michèle et Guy Grinda, Camping à la Ferme, Quartier St. Pierre, etwa 600 m südöstlich des Zentrums, Tel. 04.94. 43.05.27, 06.60.42.75.52, www.camping-la laune.com. Sechs Stellplätze, Verkauf von landwirtschaftlichen Erzeugnissen.

Essen und Trinken

Alle Restaurants liegen an der Hauptstraße oder in den angrenzenden Seitenstraßen. Bei der geringen Größe des Ortes ist es einfach, das geeignete Lokal auszuwählen.

- **Au Vieux Moulin,** Avenue du Général Leclerc 10, Tel. 04.94.43.02.07. Provenzalische Gerichte ab etwa € 30.
- **La Crêperie,** Route du Mars 1962, Tel. 04.94.43.76.90. Leckere Crêpes und salzige Galettes ab € 5.
- **La Theiere,** Place Maréchal Foch 1, Tel. 04.94.43.05.80. Regionale Küche und günstige Plats du Jour ab € 11.
- **L'Arbousier,** Place Maréchal Foch 7, Tel. 04. 94.43.11.05. Mediterrane Gerichte ab € 9.
- **L'Osteria,** Place Georges Clémenceau 7, Tel. 04.94.43.75.28. Typische Gerichte der Region ab € 13.
- **Chez Maite,** Rue Jean Jaurès 5, Tel. 04.94. 43.70.05. Auch hier findet man die typischen Gerichte des Var ab € 10.
- **Le Biker's Café,** Place Maréchal Foch, Tel. 04.94.55.58.10. In der kleinen Pizzeria treffen sich Biker aus allen Nationen. Ab € 5,50.
- **L'Olivette,** Avenue du Général Leclerc 1, Tel. 04.94.55.58.10. Neben traditionellen Gerichten gibt es hier gute Pizza, dadurch entsteht eine breite Preisspanne zwischen € 5 und € 25.

Einkaufen

- **Markt,** Place du Boulodrome, donnerstags.

Sport und Aktivitäten

Reiten:

- **Koala Ranch,** Route Escarayas, Tel. 04.94. 43.78.36 und 06.82.27.49.99. Stundenweise und länger Ausritte, Westernreiten.
- **L'Elevage du Roseau,** Quartier de la Tour, Tel. 06.11.34.43.94. Reitunterricht und Ausritte auf Pferden und Ponys.

Tennis:

- **La Raquette Plantourianne Tennis Municipal,** Place Treuvey, Tel. 04.94.43.79.40. Zwei Plätze.

Cavalaire-sur-Mer

Der kleine, gemütliche **Familienbadeort** ist in der heutigen Form gerade etwa 70 Jahre alt, dennoch hat er eine lange Geschichte. Abgeleitet wurde der Name wahrscheinlich aus dem griechischen „Heraclea Cacabaria", das Erinnerungen an Carthago und Herkules beschwört.

Die Geschichte des heutigen Ortes beginnt um 800 v.Chr. Ligurische Truppen eroberten die Festung Montjean. Daraufhin ließ *Guillaume I.,* der damalige Herrscher der Provence, einen Wachturm am Cap Cavalaire bauen, der in den folgenden Jahrhunderten unter den Herzögen von Grimaud immer weiter befestigt wurde, bis man ihn 1649 zerstörte. Relikte dieser ehemaligen Befestigungsanlagen sind bis heute auf den Hügeln sichtbar.

Im 18. Jahrhundert war der Ort ein Fischerdorf, das zum nahen Gassin gehörte und erst 1929 unabhängig wurde. Am 15. August 1944 landete hier die 3. Infanteriedivision der Amerikaner, um die Provence zu befreien.

Heute zeigt sich der Ort als Urlaubs- und **Wassersportdorado,** der für seinen 1200 Bootsliegeplätze bekannt ist. Bekannt ist der Ort auch wegen seiner herrlichen **Tauchspots,** liegen hier doch etliche Wracks vergangener Jahrhunderte. Zu ihnen zählen der 80 Meter lange Frachter „Ramon“, der hier 1921 durch Piraten versenkt wurde (22 Meter Tiefe), die 1860 gesunkene „Prophète“, die in 33 Metern auf Grund liegt, und die U-Boote „Rubis“ und „Espingole“. Auch anderen Arten von maritimem Sport wird hier nachgegangen, z.B. dem Hochseeangeln. Alljährlich im September findet die **Regatta** „Cavalaire Jet Offshore“ statt.

Ansonsten lautet die Devise Erholung, und zwar an den herrlichen Sandstränden, bei Spaziergängen auf der Promenade oder bei Wanderungen in den ruhigen Hügeln.

Rundgang

In etwa 45 Minuten kann man den Ort gut erkunden. Am interessantesten ist dies am Markttag, mittwochvormittags. Ausgangspunkt ist das **Office de Tourisme** am Maison de la Mer. Gegenüber beginnt rechts die Rue du Port, die an der 1967 gebauten **Marina** entlangführt. Hier findet man allerlei Bootsausrüster, Restaurants, Eiscafés und Piano-Bars, kurz gesagt den maritimen Charakter, der besonders im September deutlich wird, wenn die Tunfischfänger von hier aus in See stechen.

Über die Rue du Cap gelangt man zum **Marktplatz** mit dem sehr lohnenden, bunten Wochenmarkt. Die Rue Pierre et Marie Curie führt in die **Fußgängerzone** bei der Avenue des Alliés. Am Ende der Straße steht das **Rathaus** an der Place Benjamin Gaillard. Hier treffen sich täglich die Boulespieler. Nur wenige Schritte entfernt liegt die **Promenade de la Mer,** an der Shoppingbegeisterte ebenso auf ihre Kosten kommen wie diejenigen, die auf einer sonnigen Terrasse relaxen möchten. Ehrenmale erinnern hier an die Landung der Alliierten.

Praktische Tipps

Information

- **Office de Tourisme,** Maison de la Mer, 83240 Cavalaire-sur-Mer, Tel. 04.94.01.92.10, Fax 04.94.05.49.89, www.st-tropez-lesmaures.com, Rubrik „Découverte touristique“.

Unterkunft

- **La Pergola** €-€€, Rue Pierre et Marie Curie 405, direkt im Zentrum in Richtung Hafen, Tel. 04.94.00.42.22, Fax 04.94.64.60.08, www.golfe-infos.com/la_pergola. Gemütliches Hotel mit ansprechendem Komfort.
- **Villa Provencale** €-€€, Rue des Maures, etwa 800 m nordwestlich des Zentrums, Tel. 04.94.00.47.90, Fax 04.94.01.91.32, www.hotelvillaprovencale.com. Kleines Hotel mit ausreichendem Komfort.
- **Château de Sable** €, Avenue des Anthémis, an der D559, direkt am Strand, Tel. 04.94.00.45.90, 06.03.28.13.14, Fax 04.94.64.05.34. Bed & Breakfast mit sechs Zimmern.
- **Villa la Tropicale** €€, Allée des Tropiques 100, nördlich des Zentrums, Tel. 04.94.05.47.36, 06.11.12.90.74. Der Name sagt viel über das Ambiente, in dem man drei Zimmer für bis zu vier Personen findet. Ein Pool ist vorhanden.
- Informationen über **Ferienwohnungen** erhält man beim Office de Tourisme.

Camping

- **Bonporteau,** D559, Tel. 04.94.64.03.24, Fax 04.94.64.18.62, www.bonporteau.fr. 240 Stellplätze, davon 45 feste Bungalows, 200 Meter bis zum Meer. Lebensmittelgeschäft, Restaurant, Bar, Mitnahmegerichte, Mietbungalows, Platzbewachung, Pool, Tennis, Disco, Veranstaltungsprogramm, Kinderbetreuung, Deutsch und Englisch werden gesprochen, 90% Schatten. Geöffnet 15.4. bis 15.10.
- **Camping Roux,** Rue du Docteur Pardigon, Tel. 04.94.64.05.47, Fax 04.94.05.46.59, www.golfe-infos.com/camping-roux. Vier Sterne, 235 Stellplätze, 800 Meter vom Meer entfernt. Lebensmittelgeschäft, Restaurant, Bar, Mitnahmegerichte, Mobil-Homes, Mietbungalows, Gasstation, Kühleis, Pool, Disco, Veranstaltungsprogramm, warme Duschen, Kinderbetreuung, Deutsch und Englisch werden gesprochen, 90% Schatten. Geöffnet 25.3. bis 30.9.
- **La Baie,** Boulevard Pasteur, Tel. 04.94.64.08.15, Fax 04.94.64.66.10, www.camping-baie.com. Vier Sterne, 440 Stellplätze, 300 Meter zum Meer. Lebensmittelgeschäft, Restaurant, Bar, Mitnahmegerichte, Mobil-Homes, Mietbungalows, Platzbewachung, Kühleis, Pool, Tennis, Disco, Veranstaltungsprogramm, warme Duschen, Kinderbetreuung, Deutsch und Englisch werden gesprochen, 80% Schatten. Geöffnet 15.3. bis 15.11.
- **La Pinède,** Chemin des Mannes, Tel. 04.94.64.11.14, Fax 04.94.64.19.25, www.le-camping-la-pinede.com. Vier Sterne, 145 Stellplätze, etwa 500 Meter zum Meer. Lebensmittelgeschäft, Mietbungalows, Gasstation, Kühleis, Pool, Disco, Kinderbetreuung, Deutsch und Englisch werden gesprochen, 90% Schatten. Geöffnet 15.3. bis 15.10.
- **Cros de Mouton,** Route de Cros de Mouton, Tel. 04.94.64.10.87, Fax 04.94.05.46.38, www.crosdemouton.com. Drei Sterne, 199 Stellplätze, davon 46 Bungalows, 1,5 Kilometer bis zum Meer. Lebensmittelgeschäft, Restaurant, Bar, Mitnahmegerichte, Mietbungalows, Mobil-Homes, Platzbewachung, Gasstation, Kühleis, Pool, Tennis, Disco, Veranstaltungsprogramm, warme Duschen, Kinderbetreuung, Deutsch und Englisch werden gesprochen, 80% Schatten. Geöffnet 15.3 bis 31.10.

071st Foto: ho

Segler an der Küste bei Cavalaire-sur-Mer

- **La Treille,** Rue des Canissons, Tel. 04.94.64.31.81, Fax 04.94.15.40.64, www.campingdelatreille.com. Zwei Sterne, 100 Stellplätze, davon 15 Bungalows, 400 Meter zum Meer. Lebensmittelgeschäft, Restaurant, Mitnahmegerichte, Mietwohnwagen, Mietbungalows, Platzbewachung, Pool, Disco, Veranstaltungsprogramm, Kinderbetreuung, 70% Schatten. Geöffnet 15.3 bis 15.10.

Essen und Trinken

- **Brise Marine,** Nouveau Port, Tel. 04.94.05.48.85. Hier liegt der Schwerpunkt auf Meeresfrüchten, ab € 10.
- **La Table des Saveurs,** Immeuble Le Mistral, Place du Parc, Tel. 04.94.64.10.31. Leckere Fischgerichte und Hummer ab € 35.

•**Caféteria Self Service,** Avenue des Alliés, Tel. 04.94.15.49.36. Günstige regionale Küche mit Außer-Haus-Service, ab € 6.
•**La Crêperie Bretonne,** Rue du Port 6, Tel. 04.94.64.16.98. Sehr gute Crêpes ab € 9,20.
•**La Petite Crêperie,** Promenade de la Mer, Tel. 04.94.64.02.65. Süße Crêpes und herzhafte Galettes ab € 9.
•**Les Rotisseurs de la Côte,** Rue du Port, Tel. 04.94.15.46.47. Grillgerichte ab € 16.
•**Salon de Thé Gerbaud,** Avenue des Alliés, Tel. 04.94.64.02.42. Kuchen und Gebäck sowie hausgemachte Eiscreme ab € 2,50.

Sport und Aktivitäten

•**Seascope – Aquascope,** dieser Trimaran besitzt einen Glasboden im Mittelteil, der komplett unter Wasser liegt. Man erlebt die Unterwasserwelt des Mittelmeeres hautnah und doch trocken. Am Hafen, Tel. 04.94. 71.01.02, Fahrten dienstags bis samstags 10, 11, 14 und 15 Uhr, jeweils 35 Min., € 11,50.
•**Casino du Golfe,** „Einarmige Banditen", Roulette, Black Jack und alle Glücksspiele, die das Herz begehrt, findet man an der Rue du Port, Tel. 04.94.01.92.40.
•**Le Petit Train,** Kinder werden von dieser Bahn begeistert sein, die in etwa 30 Minuten ganz Cavalaire durchfährt. Abfahrt ist die Avenue des Alliés, Tel. 04.94.64.11.47. Fahrten vom 1. April bis 15. September täglich von 16 bis 23 Uhr. Fahrt € 3.

Wassersport:
•**Bateau Ecole Le Tiki,** Rue du Port, Les Régates, Tel. 04.94.64.05.26 und 06.68.61.91. 38. Segelschule, alle Führerscheine, Kurse ab 16 Jahren.
•**Dauphin Plage,** Avenue de St. Raphaël, Tel. 04.94.64.18.45. Kayak- und Tretbootvermietung.
•**Jet Scoot Loisirs,** Centre d'Animation du Port, Lot 111, Tel. 04.94.64.02.47 und 06.87. 81.74.90. Jetski und Wasserski, Vermietung und Kurse.
•**Les Trois Pins,** Parc de Cavalaire, Allée des Mendoles, Tel. 04.94.01.98.60. Vermietung von Wassersportgeräten.
•**Marina Viva,** Allée des Anthémis, Tel. 04. 94.15.46.53 und 06.09.13.34.87. Tretboote, Wasserski (auch f. Kinder) und Wakeboards.
•**Parady's Plage,** Quartier Pardigon, Tel. 04. 94.15.46.33, 06.62.09.62.13. Jetski-Verleih.
•**Pardigon Plage,** Quartier Pardigon, Tel. 04. 94.64.04.08 und 06.03.83.66.75. Jetski-Verleih, Schwimmkurse, Beach-Volleyball.
•**Plage des Tamaris,** Promende de la Mer, Tel. 04.94.05.44.34. Kayaks und Tretboote.
•**Résidence Beach,** Parc de Cavalaire, Tel. 04.94.64.24.73. Vermietung von Wassersportgeräten.
•**Ski Club de Cavalaire,** Avenue des Myrtes 23, Tel. 04.94.64.40.37. Wasserskikurse verschiedener Grade.
•**Wapiti,** Parc de Cavalaire, Tel. 04.94.05. 41.84. Kayaks, Tretboote und Strandspiele.
•**Wouafou Club,** Promenade de la Mer, Tel. 06.80.95.23.31 und 06.20.50.07.17. Verschiedene Wassersportaktivitäten.
•**Yacht Club de Cavalaire,** Plage du Centre Ville, Promenade de la Mer, Tel. 04.94.64. 16.58 und 06.60.77.16.58. Segelkurse (nur in Französisch).

Tauchen:
•**Eau Bleue,** Les Pléiades, Avenue des Myrtes, Tel. 04.94.05.42.03, 06.08.23.72.51, CMAS-Ausbildung, Nitroxstation.
•**Eperlan,** vor der Maison de la Mer, Tel. 04.94.05.41.82, 06.09.75.62.17. Alle Brévets, Kindertauchen, Füllstation.
•**Isadora Croisettes,** Avenue Darius Milhaud 43, Tel. 04.94.15.45.10, 06.80.32.10.57. PADI und CMAS.
•**Le Liche Club,** Rue du Port 96, Tel. 04.94. 64.03.38. Organisierte Unterwasserjagd.
•**Loisirs Mediterranée,** Résidence Ophélie, an der Maison de la Mer, Tel. 04.94.05.43.24, 06.15.27.73.56. Tauchgänge zu allen Wracks der Region.
•**Mio Palmo Plongée,** Nouveau Port de Cavalaire, Tel. 06.09.71.96.05. PADI.

Hochseefischen:
•**Fishmania,** Avenue du Signal 8, Tel. 04.94. 64.17.77. Thunfischfang ist möglich.

Tennis:
•**CSC Tennis Club des Collières,** Chemin des Collières, Tel. 04.94.64.03.80. 5 Plätze, auch für Kinder.
•**L'Olympie,** Porto di Mar 1, Tel. 04.94.01. 90.56. Drei Plätze, Wellnessprogramm.

Le Rayol-Canadel-sur-Mer

Bis zum Ende des 19. Jahrhunderts war die **Küste des Maurengebirges,** westlich der Halbinsel von St. Tropez, nahezu unerschlossen. 1885 wurde dann die provenzalische Eisenbahn gebaut und die Region erlebte einen regen Aufschwung. Der kleine Ort La Môle wurde Verwaltungssitz verschiedener neuer Ortsteile, die im Zuge der Entwicklung von Urlaubsorten an den Stränden geschaffen wurden. Zu diesen Ortsteilen gehörten Le Rayol, Canadel, Le Fenouillet, Le Dattier und Les Pierrugues. Ein 35 Kilometer langes Straßennetz, Treppen, Gärten, Hotels, Tennisplätze, ein Anleger, ein kleiner Hafen sowie ein künstliches provenzalisches Dorf wurden geplant und gebaut. Dem Urlaubshunger betuchter Reisender stand nichts mehr im Wege.

Um Mitternacht vom 14. auf den 15. August 1944 erlebte der Ort einen historischen Moment, als alliierte Truppen auch am Strand von Canadel landeten und damit die Befreiung Frankreichs begann. Ein zweiter historischer Moment folgte nur wenige Jahre darauf, denn 1949 wurde Le Rayol-Canadel unabhängig vom bisherigen Verwaltungssitz La Môle.

Am eindrucksvollsten ist es, den Ort von La Môle und den Bergen her zu erreichen. Zunächst führt die etwa zwölf Kilometer lange Straße (D27) durch die Hügel des Maurengebirges. Durch dichte Wälder, über zahllose scharfe Kehren, bergauf und bergab geht es in einer eher ruhigen Landschaft. Hinter der Passhöhe **Col du Canadel** öffnet sich dann plötzlich die Welt! Die Berge treten in den Hintergrund und vor dem Betrachter erscheint das Meer. Ein (fast) 180-Grad-Blick auf das Azurblau des Mittelmeeres – atemberaubend! Im Osten erkennt man Cap Lardier auf der Halbinsel von St. Tropez, im Westen Cap Nègre und Cap Bénat, im Süden die Hyères-Inseln.

Sehenswertes

Stadtrundgang

Etwa 30 Minuten Zeit braucht man, um den Doppelort etwas genauer zu erkunden. Am besten startet man am **Office de Tourisme** an der Place Michel Goy. Nach etwa 50 Metern ist die Avenue Mistral erreicht, die zur Kirche und zur **Pergola du Pateck** (s.u.) führt. Von hier aus genießt man einen atemberaubenden Blick über die See.

Einige Meter weiter unten führt ein schmaler Fußweg hinter Bäumen zum **Escalier Monumental,** einer gigantischen Treppe zwischen Meer und Stadt, die zwischen 1925 und 1927 zum Rocher du Drapeau gebaut wurde, um der Bevölkerung die Möglichkeit zu geben, andere Strände zu erreichen. Das monumentale Werk wurde 1989 in die Liste des UNESCO-Weltkulturerbes aufgenommen.

Am Ende der Treppe überquert man eine Straße, um danach weitere Stufen hinabzusteigen. So erreicht man den Parkplatz des **Parc du Rayol,** dem man bis zu einem Fußweg folgt. Hier verlief ursprünglich die ehemalige Eisenbahnstrecke. Man geht den Pfad unter einer Brücke hindurch bis zur Avenue des Belges. Vorbei an der **Domaine du Rayol** (s.u.) geht es zur Avenue Capitaine Thorel und an der nächsten Kreuzung in die Avenue des Américains. Am **Hôtel Bailli de Suffren** beginnt der Aufstieg über Treppen zur Place Jean Aicard, von dem aus man das Office de Tourisme wieder erreicht.

Denkmale

Viele Sehenswürdigkeiten im Ort erinnern an die allierte Landung am 14./15. August 1944. Zu ihnen gehören die **Stèle des Commandos d'Afrique,** das 1946 erbaute Denkmal zu Ehren der afrikanischen Kommandotruppen. Eine zweite Stele wird nur als **La Stèle** bezeichnet und steht an der Stelle, an der die Truppen landeten. Nicht alle Soldaten überlebten die Kämpfe. Die Gefallenen wurden auf dem Friedhof La Nécropole Nationale bestattet. Zu ihren Ehren wurde auch die Chapelle du Canadel erbaut.

Domaine du Rayol und Sentier Marin

1910 ließ der Pariser Börsianer *Cournes* diesen **Herrensitz** für sich anlegen, der sich mit seiner Gartenpracht an den vielen exotischen Reisen orientieren sollte, die er unternommen hatte. Allerdings hatte er nur wenige Jahre Freude an dem Anwesen, das immer weiter vervollkommnet werden sollte, denn beim Börsenkrach 1929 verlor er seinen Besitz. Bis 1940 verfiel die Domaine, gelangte dann aber in den Besitz des Flugzeugkonstrukteurs *Potez,* der an die Küste geflohen war. Er ließ die monumentale Treppe konstruieren, die zur **Pergola du Pateck** hinaufführt, einer Laube, von der aus man einen herrlichen Blick über das Meer hat.

Aber auch Potez verweilte hier nicht lange. Jahrzehntelang stand alles leer, bis das Anwesen 1989 vom Conservatoire du Littoral (der Vereinigung zum Schutz der Küste) übernommen wurde. Auf diese Weise konnte einer der letzten naturbelassenen Küstenabschnitte vor einer Bebauung geschützt werden.

Der berühmte Landschaftsarchitekt *Gilles Clément* legte auf dem 20 Hektar großen Gebiet **Gärten** mit unterschiedlichsten Themen an. So zeigt der Kanarische Garten Drachenbäume, im Mittelamerikanischen Garten gedeihen Agaven, aus Chile stammen Honigpalmen, des weiteren sind Eukalyptus (Australien) und Strelitzien (Afrika) zu bewundern. Die einzelnen Gärten sind durch Wege und Pinienpflanzungen voneinander getrennt. Im Sommer locken klassische Konzerte in diese exotische Natur.

Am zu dem Anwesen gehörenden Strand beginnt im Sentier Marin eine **Führung durch die Unterwasserwelt** der Küste. Dazu gehört ein 45-minütiger Tauchgang (Ausrüstung wird gestellt, Mindestalter acht Jahre). Unter fachkundiger Führung wird man in die Geheimnisse der Flora und Fauna des Mittelmeers eingeweiht.

●**Domaine du Rayol,** Avenue des Belges, Tel. 04.98.04.44.00, www.domainedurayol.org, www.observatoire-marin.com, April bis September dienstags bis sonntags 9.30 bis 12.30 und 14.30 bis 18.30 Uhr, im Oktober, November, Februar und März nur bis 17.30 Uhr. Eintritt € 7, mit Sentier Marin € 15. Der etwa eineinhalbstündige Besuch im Sentier Marin muss angemeldet werden.

Praktische Tipps

Information

●**Office de Tourisme,** Place Michel Goy, 83820 Le-Rayol-Canadel, Tel. 04.94.05.65.69, Fax 04.94.05.51.80, www.st-tropez-les maures.com, Rubrik „Découverte touristique".

Unterkunft

●**Le Bailli de Suffren** €€€-€€€€, Avenue des Américains, Tel. 04.98.04.47.00, Fax 04.98.04.47.99, www.lebaillidesuffren.com. Tophotel am Ort, das jeden Wunsch befriedigt, dafür aber auch seinen Preis hat.

●**Hotel de la Plage** €€-€€€, D559, Tel. 04.94.05.61.22, Fax 04.94.05.53.41, www.rayolhotelplage.com. Kleines, gemütliches Hotel mit Pool.

●**Le Relais des Maures** €€, Avenue Koecklin, Tel. 04.94.05.61.27, Fax 04.94.05.65.29. Wer Sauberkeit sucht, ohne größere Ansprüche zu haben, ist hier richtig.

●**Auberge des Silaques** €€, D559, Tel. 04.94.05.60.13. Zum Übernachten angemessen, für einen ganzen Urlaub aber doch etwas wenig Komfort.

●**Les Mimosas** €-€€, Route de la Môle, Tel. 04.94.05.61.06. Sauber, freundlich und einfach.

●**Villa Lou Kidou** €, D559, Tel./Fax 04.94.05.53.93. Bed & Breakfast-Unterkunft zwischen Strand und Ortsmitte.

Appartements und **Ferienwohnungen** gibt es in mehreren Anlagen:

●**Le Golfe Bleu** €€€, Chemin du Plageron, Tel. 04.94.05.67.34, 06.13.30.18.19, Fax 04.94.05.60.68, www.siber-golfebleu.com. Den neun Wohnungen und Zimmern steht ein Pool zur Verfügung. Alle Zimmer sind klimatisiert.

●**Les Isles de la Mar** €€€, Avenue des Américains, Tel. 04.94.05.63.76. Hier werden 19 Appartements zwischen April und Oktober vermietet.

●**Les Lauriers Roses** €€€, Corniche de la Loue, Tel. 04.94.05.61.04, Fax 04.94.05.51.26, www.les-lauriersroses.com. Die 15 Appartements werden ganzjährig vermietet.

Essen und Trinken

●**Auberge des Silaques,** D559, Tel. 04.94.05.60.13. Das kleine Restaurant bietet Köstlichkeiten der Region ab etwa € 12.

●**De la Plage,** D559, Tel. 04.94.05.61.22. Auch in diesem Restaurant stehen regionale Spezialitäten auf der Karte, ab € 18.

●**La Praya,** Avenue des Américains, Tel. 04.98.04.47.00. Da es zum großen Hotel Bailli de Suffren gehört, ist zwar die Küche ausgezeichnet, dafür aber auch mit Preisen ab € 45 sehr teuer.

●**L'Escale,** Avenue des Américains, Tel. 04.98.04.47.70. Auch dieses Restaurant gehört zum Bailli de Suffren, bietet aber Mediterranes schon ab € 25.

●**Maurin des Maures,** Avenue du Touring Club, Tel. 04.94.05.60.11. Fischgerichte und andere Speisen aus dem Meer kommen hier ab € 15 auf den Tisch.

●**Le Grand Bleu,** Plage Ouest du Rayol, Tel. 04.94.05.67.30. Fischgerichte, Fleisch und gute Salate für etwa € 15.

076st Foto: ho

Touren

081st Foto: ho

085st Foto: ho

Das Schloss von Aiguines
am Lac de Ste. Croix

Pont de l'Artuby – die „Bungee-Brücke“
überspannt die Verdon-Schlucht

Begegnung mit Schafen

Radtouren

Überblick

Grundsätzlich eignen sich fast alle beschriebenen Autotouren (s.u.) auch für Touren mit dem Rad. Im Sommer bieten sich Radtouren sogar fast noch mehr an als sonst, kann man doch über lange Staus nur lachen. Andererseits sorgen die oft sehr hohen Temperaturen nicht unbedingt für ideales Radfahrwetter und die eigenwillige Fahrweise etlicher Autofahrer erhöht nicht immer die Sicherheit. Doch wer auch daheim häufig und gern Rad fährt, wird das Fahrrad hier problemlos nutzen. So lassen sich die Halbinsel und ihr Hinterland herrlich erkunden, wenn man ein paar Tipps beachtet:

1. Wer **früh startet,** kann die Mittagshitze in einem Lokal, an einem Strand oder bei einer Besichtigung umgehen.
2. Es gibt einfache Touren, also ebene Strecken, und schwierigeres Gelände mit z.T. erheblichen **Steigungen.** Daher die Tour vorher gut planen.
3. Einfache **Reparatursets** und ein **Mobiltelefon** gehören zur Ausrüstung.
4. Ausreichend **Wasser** mitnehmen!
5. Ein **Radweg** sollte, sofern vorhanden, unbedingt genutzt werden. Auf kurvenreichen Streckenabschnitten fährt man möglichst dicht am Rand und **vorausschauend** (bzw. „-hörend"), da manche Autofahrer so sehr vom Panorama fasziniert sind, dass sie kaum auf die Straße achten.
6. Nicht jedes Rad ist für alle Strecken geeignet. Teilweise sind **Mountain- oder Trekkingbikes** ratsam, auch wenn sie schwerer als Rennmaschinen sind.

Die im Folgenden beschriebenen **Radtouren** sind unterschiedlich anspruchsvoll. Tour 5 ist eine Bergstrecke mit steilen Anstiegen. Bei einem Abstecher von Tour 4 ist man mit starkem Gefälle konfrontiert. Die letzten drei Touren (6–8) sind konditionsstarken Streckenfahrern vorbehalten, die auch erhebliche Höhenunterschiede bewältigen können.

Wer sich nicht allein aufmachen möchte, um das Gebiet zu erkunden, kann an den **geführten Wanderungen** teilnehmen, die fast ganzjährig angeboten werden. Diese Touren sind zusammengefasst im Heft „Le Var – Balades Nature Commentées", erhältlich bei den Fremdenverkehrsämtern. Je nach Geschmack kann man an Wanderungen, Pferdewanderungen, Radtouren oder auch Touren mit Wassersportgeräten teilnehmen. In der Broschüre sind die einzelnen Touren nach Region, Schwierigkeitsgrad, Länge, Dauer und Zeiten aufgeführt. Anmeldung ist erforderlich.

Radtour 1: Plage des Salins

Die kurze Tour (ca. 12 km) startet im Zentrum von St. Tropez an der **Place des Lices,** Ecke Avenue du Maréchal Foch. Folgt man der Straße, die in die **Route des Salins** übergeht, so gelangt man nach etwa sechs Kilometern ohne abzweigen zu müssen zum **Salins-Strand.** Zurück geht es auf dem gleichen Weg.

Radtour 2: Plage de Pampelonne

Auch diese Tour (ca. 14 km) beginnt an der **Place des Lices.** Dieses Mal verlassen wir die Stadt aber über die **Avenue de la Résistance,** die bis zur Einmündung der Avenue François Pelletier Einbahnstraße in Richtung Stadt ist. Wenn man nicht schieben will, verlässt man den Platz weiter westlich und fährt über den Chemin des Conquettes und dann links in die Route des Carles bis zur Kreuzung mit der Avenue Augustin Grangeon. Schräg gegenüber geht es in die Avenue François Pelletier. An deren Ende gelangt man zur Route de la Belle Isnarde (rechts hinein), die später zur **Route de Tahiti** wird und zum gleichnamigen Strandabschnitt führt.

Um den Rückweg zu variieren, kann man am zweiten Strandabschnitt (Moorea Plage) starten. Über den **Chemin des Moulins** gelangt man zur **Route des Plages** (D93), der man in nördlicher Richtung folgt. Diese Strecke verfügt teilweise über Radwege. Über den **Chemin de Ste. Anne** und die Avenue Augustin Grangeon geht es zurück zur Innenstadt.

Radtour 3: Port Grimaud und Ste. Maxime

Startpunkt ist der **Hafen** in St.Tropez. Hier fährt man (leider auch alle Autos) entlang der N98 nach Westen. Da auf dem Abschnitt meist Stau ist, kann man relativ problemlos radeln, wenn auch gelegentlich entnervte Fahrer ausscheren, willkürlich drehen oder ihr Fahrzeug an den Straßenrand lenken. Zudem überholen Roller- und Motorradfahrer häufig sehr eigenwillig!

Nach etwa fünf Kilometern hat man den großen **Kreisverkehr von La Foux** erreicht, an dem sich auch der Supermarkt Géant befindet. 1,8 km weiter liegt **Port Grimaud,** ein lohnendes Zwischenziel. Entlang der Küste führt die N98 weiter über Beauvallon nach **Ste. Maxime** (ca. 16 km nur Hinweg).

Radtour 4: Ramatuelle

Die **Place des Lices** in St. Tropez ist Ausgangspunkt für diese Tour mit moderaten Steigungen (ca. 24 km hin und zurück ohne Abstecher). Über die Avenue Augustin Grangeon und den **Chemin de Ste. Anne** führt die Tour zunächst zur D93, der **Route des Plages,** die ab der Kreuzung teilweise über einen Radweg verfügt. Durchs Hinterland der Plage de Pampelonne gelangt man so nach **Ramatuelle** (ca. 10 km). Zur Stadt hinauf steigt die Straße kräftig an, aber dafür entschädigt kurz darauf der hübsche Ort.

Zurück geht es über die D61 in Richtung Les Marines-de-Cogolin, die mit zunehmendem Gefälle nach Norden zur Küste führt. Östlich des Kreisverkehrs von La Foux erreicht man die N98 (s. Tour 3).

Ein **Abstecher** (ca. 10/12 km) führt von Ramatuelle nach Gassin. Man folgt in **Ramatuelle** der Route du Moulin de Paillas steil bergauf. Nach etwa drei Kilometern sind die Ruinen einer Mühle *(moulin)* erreicht. Etwa drei weitere Kilometer geht es mehr oder weniger eben in nordwestlicher Richtung nach **Gassin,** vor dessen Toren eine weitere Steigung zur Anstrengung zwingt. Vom Parkplatz/Aussichtspunkt an der Montée St. Joseph geht es dann bergab, entweder rechts oder links vom Friedhof. Wählt man den rechten Weg, beträgt das Gefälle streckenweise 16%, bevor man kurz vor der N98 die D61 erreicht. Wählt man den linken Abzweig, führt die Straße in Serpentinen hinunter zur D559, auf der man rechts abbiegt, um beim Kreisverkehr von La Foux auf die N98 zu treffen. Rechts geht es zurück nach St. Tropez (siehe Tour 3).

Radtour 5: Gassin und La Croix-Valmer

Diese Tour ist nur für geübte Bergstreckenfahrer geeignet! Man fährt zunächst wie im Abstecher von Tour 4 beschrieben von **Ramatuelle** nach **Gassin.** Am Friedhof geht es links hinunter über Serpentinen zur D559,

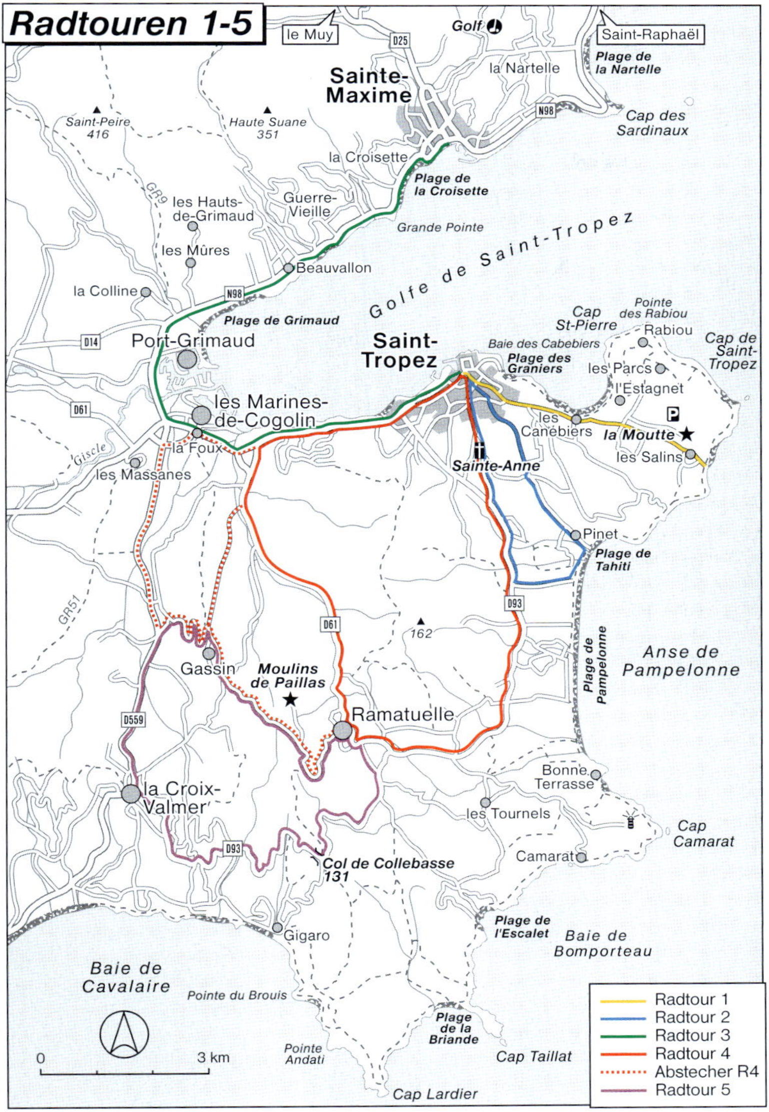
Radtouren 1-5
le Muy
Golf
Saint-Raphaël
Sainte-Maxime
la Nartelle
Plage de la Nartelle
Cap des Sardinaux
Saint-Peire 416
Haute Suane 351
la Croisette
Plage de la Croisette
les Hauts-de-Grimaud
Guerre-Vieille
Grande Pointe
Golfe de Saint-Tropez
les Mûres
Beauvallon
la Colline
Plage de Grimaud
Port-Grimaud
Saint-Tropez
Baie des Cabebiers
Cap St-Pierre
Pointe des Rabiou
Rabiou
Cap de Saint-Tropez
Plage des Graniers
les Parcs
l'Estagnet
les Marines-de-Cogolin
les Canebiers
la Moutte
les Salins
la Foux
Giscle
les Massanes
Sainte-Anne
Pinet
Plage de Tahiti
GR9
GR51
162
Anse de Pampelonne
Plage de Pampelonne
Gassin
Moulins de Paillas
Ramatuelle
Bonne Terrasse
la Croix-Valmer
les Tournels
Cap Camarat
Camarat
Col de Collebasse 131
Plage de l'Escalet
Baie de Bomporteau
Gigaro
Baie de Cavalaire
Pointe du Brouis
Plage de la Briande
Pointe Andati
Cap Taillat
Cap Lardier
0
3 km
D25
N98
D14
D61
D93
D559
Radtour 1
Radtour 2
Radtour 3
Radtour 4
Abstecher R4
Radtour 5

075st Foto: ho

auf der man links abbiegt in Richtung La Croix-Valmer. Immer bergauf fährt man nun etwa 3,5 km bis **La Croix-Valmer.** Hinter dem Ort (D93) beginnt die Panoramastrecke über den **Col de Collebasse,** der mit engen Straßen, steigend und fallend, einiges vom Fahrer verlangt, dafür aber mit einzigartigen Ausblicken entschädigt. Die D93 bringt einen im weiteren Verlauf nach St. Tropez (Route des Plages, s. Tour 4 in umgekehrter Richtung) oder, links abbiegend, zurück nach Ramatuelle. Als Runde von Ramatuelle ist die Strecke etwa 26 Kilometer lang.

Radtour 6: Die wilde Bergwelt

Die Tour startet in **Grimaud.** Als reine Fahrzeit sollte man etwa sechs Stunden kalkulieren (ca. 90 km, ca. 1450 m Höhenunterschied). Über die D14 fährt man zunächst in Richtung Port Grimaud, um bei Notre-Dame-de-la-Questre auf die D44 in Richtung **Plan-de-la-Tour** abzubiegen. In Serpentinen windet sich die Straße über ca. 14 Kilometer zum Ort hinauf (leider wird sie von Ortskundigen oft als Umgehung der Staus an der Küste genutzt). Die D74 und später die D75 führen nach **La Garde-Freinet** im Bergland. Hier weht oft ein frischer Wind, der einerseits Abkühlung bringt, andererseits aber auch für Gegenwind sorgt.

Im Hinterland gibt es auch wenig befahrene Straßen

Wir folgen nun der D558 in nordwestlicher Richtung bis Les Launes. Hier zweigt die schmale D75 nach Les Mayons und Gonfaron ab. Die Wald- und Strauchlandschaft lädt stellenweise zum Verweilen ein, Picknick ist hier ideal. Nach etwa 13 Kilometern ist die **Schildkrötenstation Village de Tortues** erreicht. Wer mag, kann sie sich ansehen (s. Autotour 2).

Gonfaron heißt das nächste Ziel, bevor man sich auf die anstrengende Etappe nach Collobrières macht. Die D39 windet sich in vielen Kurven durch Korkeichen- und Kastanienwälder hinauf zum Col de Fourches (535 m), bevor das Bergdorf **Collobrières** erreicht ist. Hier kann man sich bei einem Kaffee in einem der gemütlichen, kleinen Restaurants erholen, bevor der letzte Abschnitt über die D14 zurück nach Grimaud beginnt.

Nach ungefähr sechs Kilometern lohnt ein Abstecher zur **Chartreuse de la Verne,** einem Kartäuserkloster aus dem 12. Jahrhundert. Allerdings ist die ca. sechs Kilometer lange Zufahrtsstraße weitgehend nicht asphaltiert.

Radtour 7: Die Küste des Massif des Maures

Startpunkt ist der **Hafen von St. Tropez.** Als Fahrzeit sollte man etwa 5½ Stunden rechnen (95 km, 880 m Höhenunterschied), ein Trekkingrad ist wegen der Fahrt über einen Waldweg trotz des größeren Gewichtes günstig.

100st Foto: ct

Über den **Kreisverkehr** bei Les Marines-de-Cogolin (siehe Tour 3) geht es über die N98 nach **Cogolin** und weiter nach **La Môle.** Unterwegs lohnt ein Blick auf das Schloss Trémouries sowie kurz vor La Môle auf das gleichnamige Schloss, das zum Besitz der Familie *Saint-Exupéry* gehört. Kurz vor dem Ort zweigt links die malerische Strecke der D27 in die Berge ab. Von nun an geht es bergauf bis zum 269 Meter hohen **Col du Canadel.** Oben angelangt, kann man herrlich das Panorama genießen und sich ausruhen.

Blick auf Bormes-les-Mimosas vom Aussichtspunkt Pierre d'Avenon

Weiter geht es auf einem **Waldweg,** der in westlicher Richtung zum Col de Barral (372 m) abzweigt. Über eine recht raue Strecke gelangt man über Pierre d'Avenon nach **Bormes-les-Mimosas.**

Von hier aus führt der Weg zurück nach St. Tropez an der Küste entlang über **Le Lavandou, Cavalière** und **Cavalaire-sur-Mer.** Kurz vor diesem Ort sollte man unbedingt noch die Aussicht vom Belvédère du Dattier genießen, von dem aus man die gesamte Küste überblickt. Danach fährt man parallel zu einem der Strände, an dem am 15. August 1944 die alliierten Truppen landeten.

Nächstes Ziel ist **La Croix-Valmer,** der Ort, in dem man sich entscheiden muss, eine weitere Anstrengung bei gleichzeitig faszinierendem Panorama über den **Col de Collebasse** und Ramatuelle zu riskieren (siehe Tour 5) oder die eher bergab führende Route entlang der D559 zurück zum **Kreisverkehr** bei Les Marines-de-Cogolin zu nehmen.

Radtour 8: Das Hinterland von Ste. Maxime

Die Tour beginnt am **Strand von Ste. Maxime,** direkt vor dem Casino. Es sollten etwa sechs Stunden Fahrzeit kalkuliert werden (ca. 95 km, etwa 1010 m Höhenunterschied). Zunächst geht es entlang der Küste (N98) nach Nordosten über das **Cap des Sardinaux** und entlang dem Strand von **La Nartelle** bis kurz vor den Ortseingang von San-Peïre-sur-Mer. Hier zweigt die D8 nach Norden ab und führt erst durch das Val d'Esquières, dann über den 155 Meter hohen Col de Bougnon nach Grande Bastide.

Hier biegt man zunächst rechts auf die D7 ab, um wenige Hundert Meter weiter links auf die D8 einzubiegen, die direkt nach **Fréjus** führt. Im Ort muss man erst auf der viel befahrenen N7 nach Westen bleiben, um schon am ersten Kreisverkehr rechts auf die D4 abzubiegen (Achtung, Hinweisschilder: „Mosquée Missiri, Pagode Bouddhique"). Die Route führt bergauf zum Pic de la Gardiette, von dem aus man nach **Bagnols-en-Forêt** hinunterfährt. Hier hält man sich nach Westen auf der schmalen D47, vorbei an der Kirche Notre Dame und durch die Schlucht des Blavet. Südlich am Château du Rouet vorbei gelangt man zum Dorf **Le Mitan,** von dem aus man über die D25 **Le Muy** erreicht.

Auf dieser Straße bleibt man (unter der Autobahn A8 hindurch) bis zum Abzweig „Rocher de Roquebrune". Dieser mit Korkeichen, Farnen und Nadelbäumen bewachsene Felsen erhebt sich als isoliertes Felsmassiv zwischen dem Massif des Maures und dem Massif de l'Esterel. Rötlicher Sandstein gibt dem Felsen seinen wunderbaren Anblick. Nur wenige Kilometer weiter ist **Roquebrune-sur-Argens** erreicht.

Eine schmale Straße führt weiter zur Kapelle Notre-Dame-de-Pitié vor dem Massif des Maures. Eukalyptus und Kiefern stehen hier einträchtig nebeneinander. Im Inneren lohnt ein Blick auf den Altar mit einem Vesperbild. Noch schöner ist aber die Aussicht über die Argens-Ebene, Fréjus und die Berge.

Bis zum Col de Valdingarde steigt die Strecke nun wieder auf 389 Meter an, führt dann aber immer weiter hinab bis auf 222 Meter am **Col de Gratteloup.** Hier ist die sehr viel befahrene D25 erreicht, auf der man nach etwa zehn Kilometern wieder zum Ausgangspunkt, dem Strand von Ste. Maxime, gelangt.

Autotour 1
Autotour 2
Autotour 3
Autotour 4
Tipp Stauumgehung
Autotour 5 (und Erweiterung)
Radtour 6
Radtour 7
Radtour 8
(Radtouren 1-5 s.S. 225)
0
10 km
MER MEDITERRANEE
RADE D'HYERES
Îles d'Hyères
Toulon
Toulon, Marseille
Hyères
Giens
Presqu'île de Giens
la Capte
Hyères-Plage
Port-de-Miramar
la Londe-les-Maures
Bormes-les-Mimosas
Cabasson
Cap de Brégançon
la Favière
Cap Bénat
Cap Blanc
le Lavandou
Saint-Clair
la Fossette
Aiguebelle
Cavalière
Canadel-sur-Mer
Rayol-Canadel-sur-Mer
Col du Canadel 269
Corniche des Maures
Cavalaire-sur-Mer
la Croix-Valmer
Gigaro
Cap Lardier
Col de Collebasse 129
Cap Taillat
Cap Camarat
Ramatuelle
Gassin
Saint-Tropez
Cap de Saint-Tropez
Port-Grimaud
Grimaud
Cogolin
la Môle
Chartreuse de la Verne
Forêt des Maures
Col de Babaou 414
les Hauts-de-Porquerolles
Collobrières
N.D. des Anges
la Sauvette 779
Bois des Mayons
Village de Tortues
les Mayons
Gonfaron
Pignans
Carnoules
Puget-Ville
Pierrefeu-du-Var
Besse-sur-Issole
Flassan-sur-Issole
le Cannet-des-Maures
Roches Blanches 636
la Garde-Freinet
Courruero
Saint-Preire 416
Plan-de-la-Tour
Col de Gratteloup
Sainte-Maxime
la Nartelle
Cap des Sardinaux
San-Peïre-sur-Mer
les Issambres
Pointe des Issambres
Île de Port-Cros
Île de Bagaud
Île de Porquerolles
Île du Levant
Pointe de Calle-Rousse
N98
N97
N7
A57
D12
D14
D559

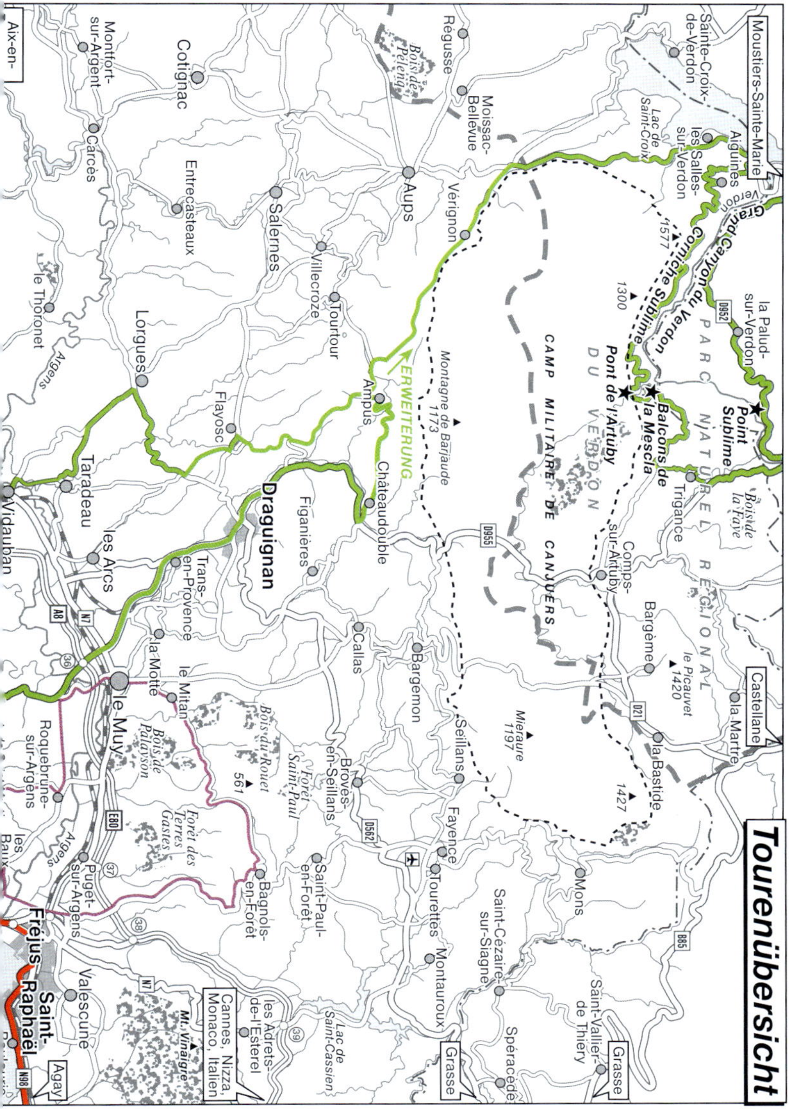
Tourenübersicht
Moustiers-Sainte-Marie
Sainte-Croix-de-Verdon
Lac de Sainte-Croix
Aiguines
les Salles-sur-Verdon
Verdon
Grand Canyon du Verdon
Corniche Sublime
la Palud-sur-Verdon
Point Sublime
Balcons de la Mescla
Pont de l'Artuby
Parc Naturel Régional du Verdon
Camp Militaire de Canjuers
Trigance
Bois de la Faye
Comps-sur-Artuby
Bargème
le Picauvet 1420
Castellane
la Martre
la Bastide
Mieraure 1197
1427
1577
1300
Montagne de Barjaude 1173
Erweiterung
Régusse
Bois de Pélenq
Moissac-Bellevue
Aups
Vérignon
Montfort-sur-Argent
Cotignac
Carcès
Entrecasteaux
Salernes
Villecroze
Tourtour
le Thoronet
Argens
Lorgues
Flayosc
Ampus
Châteaudouble
Figanières
Draguignan
Taradeau
Vidauban
les Arcs
Trans-en-Provence
la Motte
le Mitan
le Muy
Callas
Bargemon
Seillans
Bois du Rouet
561
Forêt Saint-Paul
Bois de Palayson
Forêt des Terres Gastes
Roquebrune-sur-Argens
Puget-sur-Argens
Bagnols-en-Forêt
Saint-Paul-en-Forêt
Brovès-en-Seillans
Fayence
Tourettes
Mons
Saint-Cézaire-sur-Siagne
Saint-Vallier-de-Thiery
Montauroux
Spéracèdes
Lac de Saint-Cassien
les Adrets-de-l'Estérel
Mt. Vinaigre
Valescure
Fréjus
Saint-Raphaël
Cannes, Nizza, Monaco, Italien
Grasse
Agay
Aix-en-
les Baux
D952
D955
D21
D562
B85
A8
N7
E80
N98
36
37
38
39

Touren

Touren mit dem Auto

Überblick

Wer mehr als Unterkunft, Strand und Stadt erleben, weitere Fahrten mit dem Rad aber nicht unternehmen möchte, dem bleiben nur Fahrten mit dem Auto oder Motorrad. Öffentliche Verkehrsmittel bieten leider nicht die notwendige Flexibilität und fahren zudem nicht alle Orte von Interesse an. Im Folgenden sind einige lohnende **Tagestouren** beschrieben, ins bergige Hinterland und an der Küste entlang. Dabei werden die **sehenswertesten Ziele** in der Umgebung der Halbinsel vorgestellt.

Autotour 1: Rundfahrt über die Halbinsel

Bei dieser etwa 50 Kilometer langen Tour lernt man die Halbinsel in relativ kurzer Zeit gut kennen. Vom **Hafen in St. Tropez** führt die Route zunächst in westlicher Richtung auf der N98 zum großen **Kreisverkehr von La Foux** bei Les Marines-de-Cogolin. Weiter geht es in Richtung La Croix-Valmer auf der D559, die man aber schon nach etwa vier Kilometern in Richtung **Gassin** verlässt. Hübsch liegt das Bergstädtchen oberhalb der Bucht von St. Tropez und gewährt einen guten Überblick.

In Richtung Ramatuelle weiterfahrend, stehen links die **Moulins de Paillas** („Mühlen von Paillas"). Auch hier hat man eine spektakuläre Aussicht. Nur wenige Kilometer weiter, hinter **Ramatuelle,** heißt es sich entscheiden: Es führt der Weg z.B. in Richtung „Les plages" zum **Strand von Escalet.** Hier bestehen gute Wandermöglichkeiten (s. Kap. „Die Stadt erleben: Küstenwanderungen"). Oder man fährt in Richtung **Cap Camarat** mit dem Leuchtturm an der Landspitze. Auch von hier aus kann man gut an der felsigen Küste entlangwandern, z.B. in Richtung Escalet, aber auch nach Norden zum **Strand von Pampelonne,** wo sich gute Bademöglichkeiten bieten. Der Strand hat von der D93, der **Route des Plages,** auch etliche direkte Zufahrten.

Anschließend geht es zur D93 zurück. In nördlicher Richtung erreicht man St. Tropez über den Ortsteil **Ste. Anne.** Von hier aus lässt sich noch ein Abstecher in den nordöstlichen Zipfel der Halbinsel bei **Les Salins** machen.

Autotour 2: Durch das Massif des Maures

Diese Tagestour führt durch das Maurengebirge im Hinterland der Halbinsel von St. Tropez über eine Distanz von etwa 110 Kilometern. Wieder geht es zunächst vom **Hafen** aus in Richtung Kreisverkehr von La Foux und dann nach **Cogolin** hinein. Am Ortsausgang (Ausschilderung „Parc d'Activités") biegt man links ab und folgt der D48 bis zur D14, hier fährt man links Richtung Collobrières weiter. Nach knapp 20 Kilometern kann man die **Chartreuse de la Verne** besichtigen. Die Klosteranlage stammt überwiegend aus dem 17. Jahrhundert (siehe Collobrières, Umgebung).

Collobrières

In Collobrières lohnt ein Spaziergang im Ortskern. Überall werden Maronen verarbeitet, die in der Gegend wachsen. Ein leckeres Mitbringsel ist Maronencreme, ein eher praktisches Souvenir ist einer der knochigen Wanderstöcke, die hier ebenfalls angeboten werden (siehe Kapitel „Orte in der Umgebung").

Notre Dame des Anges

Zunächst geht es jetzt auf der D14 drei Kilometer zurück bis zur Abzweigung nach Gonfaron und Notre Dame des Anges (D39). Biegt man am Col des Fourches links ab, kann man den 780 Meter hohen Gipfel mit der **Kapelle** Notre Dame des Anges, einer Einsiedelei aus der Merowingerzeit, erklimmen (siehe Collobrières, Umgebung).

Schildkrötenstation

Zurück zur D39 geht es links weiter nach **Gonfaron.** Vor dem Ort rechts über die D75 kommt man zur Schildkrötenstation **Village de Tortues.** Hier werden kranke, aufgefundene und aus Privathand abgegebene Schildkröten in möglichst natürlicher Umgebung gepflegt, beobachtet und gezüchtet, sodass es möglich war, schon mehrere Tausend Tiere auszuwildern.

Landschildkröten in der Provence

Im Süden Frankreichs leben zwei Landschildkrötenarten, die **Griechische Landschildkröte** *(Testudo hermanni)* und die **Maurische Landschildkröte** *(Testudo graeca)*. Beide ähneln sich sehr und können entsprechend leicht verwechselt werden. Die Maurische Landschildkröte ist nur im äußersten Westen der Provence beheimatet und bewohnt sonst Spanien und Nordafrika, von wo aus sie auch Kleinasien besiedelt hat. Die Griechische Landschildkröte ist in ganz Südeuropa verbreitet (gewesen), wobei die westlichste Begrenzung des Lebensraumes in der Provence liegt. Sie wird etwa 20 Zentimeter lang und besitzt einen oliv- bis gelbbraunen Panzer. Etwas größer ist die Maurische Landschildkröte, von der Färbung aber nahezu identisch. Ein sicheres **Unterscheidungszeichen** weist der Hinterleib auf: Während die Griechische Landschildkröte ein ungeteiltes unteres Randschild über dem Schwanz besitzt, ist dieses bei der Maurischen Landschildkröte geteilt. Sie verfügt zudem über einen hornigen Abschluss an der Schwanzspitze, besitzt aber keine kleinen Hornschuppen beiderseits der Schwanzwurzel. Man muss also sehr genau hinschauen. Das geht aber gut, da sich die Tiere nicht sehr schnell bewegen.

077st Foto: ho

Auch Sumpfschildkröten gibt es im „Schildkrötendorf" von Gonfaron

Die beiden Landschildkrötenarten bevorzugen trockenes, gern auch **steiniges Gelände,** in dem auch Sträucher stehen können. In diesem Lebensraum haben sie einen sehr ausgeprägten Aktivitätsrhythmus, der damit zusammenhängt, dass sie als Reptilien zu den wechselwarmen Tieren gehören. Ihre Körpertemperatur ist **von der Außentemperatur abhängig,** so beginnen sie den Tag mit einem ausgiebigen Sonnenbad nahe ihrem Schlafplatz. Hat sich die Körpertemperatur am späteren Vormittag entsprechend nach oben reguliert, beginnt die von Nahrungsaufnahme geprägte Aktivitätsphase. Sie suchen nach Blättern, Obst und anderen pflanzlichen Stoffen, verschmähen aber auch Regenwürmer und Schnecken, manchmal sogar Kot nicht.

Wird es im Tagesverlauf immer heißer, suchen sie Stellen auf, an denen Sträucher oder Steine Schatten spenden, um nicht den Hitzetod zu erleiden. Am frühen Nachmittag beginnt die zweite Aktivitätsphase, bis es gegen Abend zu kühl wird und die Tiere erneut ihre Quartiere aufsuchen, denen sie oft über längere Zeiträume treu bleiben.

Die klimatisch ungünstige Winterzeit überstehen die Schildkröten in einer **Winterruhe,** während der sie wie tot erscheinen. Sie vergraben sich im lockeren Boden bis unter die Frostgrenze, um ihren Stoffwechsel sehr stark herabzusetzen. Fallen die Temperaturen in einem Jahr aber sehr stark und friert der Boden tiefer als normal durch, bedeutet das ihren Tod.

Normalerweise verlangsamt sich die Aktivität der Tiere im Herbst infolge sinkender Temperaturen. Bei unter 14 °C beginnt dann die Ruhephase. Bis zu dieser Zeit wurde mit abnehmender Aktivität auch die

Nahrungsaufnahme reduziert. In den letzten Tagen vor der Ruhe laufen sie nur noch träge umher und setzen restlichen Kot mit Schlackestoffen ab, um den Darm von Giften zu reinigen.

So beschaulich die Tiere normalerweise leben, so heftig ist ihr **Liebesspiel.** Das Männchen folgt dem Weibchen, rammt ihren Panzer und beißt wiederholt in ihre Vorderbeine, um sie dazu zu bewegen, den Kopf und die Vorderbeine einzuziehen. So knickt das Tier vorn ein und präsentiert die Kloakenöffnung, die Paarung kann stattfinden. Landschildkröten sind während der Aktivitätszeit ständig paarungsbereit, auch bis in den Herbst hinein. Die Männchen geraten dabei in so heftige Erregung, dass man in Gefangenschaft schon „Paarungen" mit Schuhen und anderen einem Schildkrötenpanzer ähnelnden Gegenständen beobachten konnte. Diese heftigen Verhaltensweisen ließen die Tiere in Asien zu Symbolen der Liebeskraft werden.

War die Begattung erfolgreich, so kommt es im Normalfall im Juni oder Juli zur **Eiablage.** Das Weibchen sucht lockere Erde, um eine Grube auszuheben. Mit dem Sekret ihrer Analdrüsen wird das Erdreich aufgeweicht, was das Graben erleichtert. Anschließend legt es ca. zwölf Eier hinein, das Ausbrüten übernimmt die Sonne. Bei geeigneten Temperaturen und früher Legezeit schlüpfen die etwa vier Zentimeter langen Jungtiere im Herbst, bei ungünstigen klimatischen Verhältnissen, später Eiablage oder in den nördlichen Verbreitungsgebieten erst im folgenden Frühjahr.

Leider waren Landschildkröten von den 60er bis 80er Jahren des letzten Jahrhunderts derart beliebte Haustiere, dass sie fast ausgestorben sind. Frei lebende Tiere stehen unter strengem **Naturschutz!** Findet man in der Region verletzte Exemplare, kann man sie zur **Schildkrötenstation bei Gonfaron** bringen. Ansonsten sollte man die Tiere nur beobachten, aber **auf keinen Fall anfassen.**

Es werden hier überwiegend europäische Schildkröten gehalten, so z.B. die **Östliche Griechische Landschildkröte** *(Testudo hermanni boettgeri),* die entgegen ihrem Namen auch in Frankreich beheimatet ist. Außerdem leben hier **Breitrandschildkröten** *(Testudo marginata)* aus Südgriechenland, **Steppenschildkröten** *(Testudo horsfieldi)* aus der Gegend des Kaspischen Meeres und Mittelasiens und **Pantherschildkröten** *(Geochelone pardalis)* aus Ostafrika. Auch die heimische **Europäische Sumpfschildkröte** *(Emys orbicularis)* wird hier gezüchtet, ebenso wie die an der spanischen Grenze in Restbeständen lebende **Maurische Sumpfschildkröte** *(Mauremys leprosa).* Beide Arten werden allerdings strikt voneinander getrennt gehalten, um Verbastardisierungen zu vermeiden. Hinzu kommen Tiere von Korsika *(Testudo hermanni hermanni),* enge Verwandte der Griechischen Landschildkröte, und Exemplare aus ehemaligen französischen Kolonien, so etwa die **Spornschildkröte** aus dem Senegal *(Geochelone sulcata),* die mit bis zu 100 Kilogramm Gewicht eine der größten Landschildkröten der Welt ist.

Alle Tiere werden intensiv studiert und man ist bemüht, stets reichen Nachwuchs zu produzieren. Dazu dienen mehrere **Brutstationen** und Inkubatoren. Die 1985 gegründete Station hat auch zahlreiche Lehrmaterialien zur Hand. Beim Rundgang verfolgt man an verschiedenen Stationen das Leben der Tiere vom Ei bis zum Erwachsenenalter, erfährt viel über die

Bedrohungen sowie Schutzmaßnahmen und kann anhand eines Kunststoffmodells auch einmal ins Innere einer Schildkröte blicken.

- **SOPTOM** (Station d'Observation et de Protection des Tortues des Maures), Tel. 04.94.78.26.41, Fax 04.94.78.24.27, März bis November tgl. 9 bis 19 Uhr, Eintritt € 8.

La Garde-Freinet

Die Tour führt nun weiter auf der D75 nach La Garde-Freinet. Das hübsche Dorf wird von einer Burg beschützt, besitzt ein kleines Museum und einen hübschen Ortskern (s. Kapitel „Orte in der Umgebung"). Zurück geht es über die D558 über Grimaud nach Cogolin und weiter auf der N98 nach St. Tropez.

Autotour 3: Zu den Salzfeldern bei Hyères

Der Küstenort Hyères liegt etwa 70 Kilometer westlich von St. Tropez. Zuweilen ist auf der Küstenstraße (D559) mit Staus zu rechen. Dies gilt rund um die Ortschaften besonders an Markttagen: La Croix-Valmer sonntags, Cavalaire-sur-Mer mittwochs, Cavalière montags, Le Lavandou donnerstags, Hyères donnerstags (und dienstags im Sommer).

Die schönste Route führt von St. Tropez zunächst über den Ortsteil St. Anne und vorbei an der Plage de Pampelonne (D93) bis **Ramatuelle.** War die D93 bis hierher noch breit und relativ zügig befahrbar, so wird sie kurz hinter Ramatuelle zu einer schmaleren, kurvenreichen Bergstraße, die ein beeindruckendes Panorama offenbart. Besonders schön ist der Blick vom 129 Meter hohen **Col de Collebasse** (siehe La Croix-Valmer, Umgebung). Bei **La Croix-Valmer** hat dieser „Nervenkitzel" ein Ende, man gelangt auf die gut ausgebaute Küstenstraße D559.

Cavalaire-sur-Mer

Kaum hat man die Höhen um La Croix-Valmer und somit die Halbinsel von St. Tropez verlassen, öffnet sich die etwa vier Kilometer lange **Bucht von Cavalaire** mit herrlichem Strand. Kein Wunder, dass sich dort das Urlaubsleben tummelt. Hierher kommen vor allem Familien, denen der Sandstrand besonders gerecht wird, und Bootseigner bzw. Charterer, denn im Jachthafen von Cavalaire-sur-Mer (siehe Kapitel „Orte in der Umgebung") findet man Liegeplätze für über 1000 Boote aller Größenordnungen.

Le Rayol

Auf den nächsten Kilometern mag man immer wieder stoppen, um beeindruckende Küstenmotive im Bild festzuhalten. Besonders schön ist der Blick bei Le Rayol, unterhalb des **Col du Canadel** (s. auch Radtour 7), denn hier gibt es zahlreiche geschützte kleine Buchten, oft gesäumt von dichten Kiefernwäldern. Ein sehr lohnenswerter Abstecher ist der Besuch der **Domaine du Rayol,** einem herrlichen Artdéco-Anwesen mit bezauberndem exotischen Garten und dem eindrucksvoll-abenteuerlichen Unterwasser-Park **Sentier Marin** (s. Le Rayol-Canadel-sur-Mer).

Le Lavandou

Hübsche und vergleichsweise ruhige Sandstrände folgen bei den Orten **Pramousquier, Cavalière** (oft von FKK-Anhängern genutzt) und **Aiguebelle** (hier kann man sehr gut Seekanu fahren), bevor man das muntere Treiben im beliebten Badeort Le Lavandou erreicht. Erster Strand dieses Küstenabschnittes ist **St. Clair.** Diesen Strand beherrscht der Wind, sodass es ideale Voraussetzungen für Windsurfer gibt.

Einst war auch Le Lavandou ein ruhiges, kleines Fischerdorf. Dann kamen die ersten Gäste, zunächst meist Reiche und Gebildete, darunter auch zahlreiche bekannte Schriftsteller wie z.B. *Bertolt Brecht.* Sie ergingen sich an dem herrlichen Küstenabschnitt, der durch das südlich ins Meer ragende **Cap Bénat** gut vor dem Wind geschützt ist. Ihnen folgten die Urlauber. Hotels, Restaurants und vor allem Campingplätze entstanden, um dem zunehmenden Bedarf an Unterkunftsmöglichkeiten gerecht zu werden. Das ist gelungen, auch ein großer **Freizeithafen** fehlt nicht. Dennoch konnte sich Le Lavandou seinen provenzalischen Charme erhalten.

Der Ort selbst ist sehr gepflegt und lädt an der Place Ernest-Reyer und am Boulevard de Lattre-de-Tassigny zum Flanieren und Entspannen ein. Wer den Ort und die Umgebung näher kennen lernen möchte, kann dies auf verschiedenen **Küstenwanderwegen** tun. Sie führen z.B. zur Pointe de la Ris, zum Cap Bénat (von den Ruinen des ehemaligen Schlosses hat man einen herrlichen Blick über das Maurengebirge und die Küstenregion) oder auch zum kleinen Ort Cabasson.

Muschelmuseum

Im kleinen Museum werden über 2000 Muscheln und Meeresschnecken aus allen Weltmeeren gezeigt, ein Panoptikum an Formen, Farben und Eigenheiten.

- **Musée du Coquillage,** Nouveau Port (vor dem Tunnel), Tel. 04.94.15.09.21, www.musee-du-coquillage.com, tgl. 10–12 und 14–18 Uhr (November und Dezember bis 17 Uhr). Eintritt € 3,50.

Seascope

Bei den etwa 40-minütigen Fahrten mit dem **Glasbodenboot,** einem Trimaran, kann man die Unterwasserwelt aus nächster Nähe bestaunen, wird aber nicht nass. Eine ideale Fahrt für Kinder.

- **Seascope,** Gare Maritime, am alten Hafen *(ancien port),* Tel. 04.94.71.01.02, Fahrten zwischen April und September tgl. von 9.40 bis 16.40 Uhr, € 12.

Information

- **Lavandou Tourisme,** Quai Gabriel-Péri, 83980 Le Lavandou, Tel. 04.94.00.40.50, Fax 04.94.00.40.59, www.lelavandou.com.

Bormes-les-Mimosas

Kurz hinter Le Lavandou führt die D559 ins Hinterland nach Bormes-les-Mimosas. Schon im Namen ist verankert, was hier sofort ins Auge springt: **Mimosen** allenthalben, dazwischen Eukalyptus, Zypressen, Kiefern, Oleander und andere tropische und subtropische Pflanzen. Nicht nur die herrliche Lage und die exotische Vegetation machen den Ort zu einem beliebten Ferienort. Auch Promis und Adelige aus aller Welt tummeln sich immer wieder in der Gegend, in der mit **Fort Brégançon** auch der Sommersitz der französischen Staatspräsidenten zu finden ist.

Die **Place St. François de Paule** trägt den Namen des Heiligen, dem es 1481 gelang, die Stadt von der Pest zu befreien. Ihm zu Ehren wurde neben einer Statue im 16. Jahrhundert eine kleine Kapelle auf diesem Platz errichtet.

Das dreischiffige Gebäude der **Kirche St. Trophyme** wurde im 18. Jahrhundert mit romanischen Einflüssen erbaut. An der Fassade befindet sich eine Sonnenuhr. Bei Restaurierungsarbeiten hat man 1999 bisher unbekannte Fresken entdeckt und wieder hergestellt.

Von der Kirche aus führt der sogenannte *Parcours fleuri* entlang hübscher Blumenbeete an den Resten des **Schlosses** vorbei, das aus dem 13./14. Jahrhundert stammt. Eine Besichtigung ist nicht möglich, da die Schlossherren mittlerweile einzelne Gebäudeteile restauriert haben und wieder bewohnen. Oberhalb gelangt man zu einer Terrasse mit herrlichem Panoramablick über den Ort und die Bucht.

Vom Schloss aus führen **alte Gassen** zur Stadt hinunter. Viele sind steil und kopfsteingepflastert. Die steilste und rutschigste bekam wegen der Unfallgefahr den vielsagenden Namen Rompi-Cuou (Halsbrecher)! Einzelne dieser Gassen sind durch **Passagen** miteinander verbunden.

Museum für Kunst und Geschichte

Im Museum findet man neben Malerei des 19. und 20. Jahrhunderts auch zahlreiche Ausstellungsstücke zur Geschichte des Ortes, des Forts Brégançon und zur Chartreuse de la Verne. Hier hält man auch die Erinnerung an *Mourdeille* und *Bouchard* wach, die in südamerikanischen Unabhängigkeitskriegen im 19. Jahrhundert kämpften. Ihnen zu Ehren wird im Ort am 9. Juli der argentinische Nationalfeiertag festlich begangen.

- **Le Musée d'Arts et d'Histoire,** Rue Carnot 65, Tel. 04.94.71.56.60, tgl. von 10 bis 12 und 14.30 bis 17 Uhr (im Juli/August von 15.30 bis 18.30 Uhr), sonntags nur vormittags. Eintritt frei.

Information

- **Office de Tourisme,** Place Gambetta 1, 83230 Bormes-les-Mimosas, Tel. 04.94.01.38.38, www.bormeslesmimosas.com.

Fort Brégançon – präsidiale Sommerresidenz

Salzfelder

Nur wenige Kilometer westlich von Bormes-les-Mimosas gelangt man nach Hyères, dem ältesten Seebad der Côte d'Azur. Schon bei **Les Salins** gibt es großflächige Salzfelder zum Gewinnen des „weißen Goldes". Dazu wird Meerwasser in zum Land hin immer flacher werdende Becken geleitet und durch Deiche vor dem Rückfluss gehindert. Die Sonne lässt das Wasser verdunsten, woraufhin eine schmutzige Salzkruste zurückbleibt, die abgetragen und grob gereinigt wird. So kommt das *sel de mer* auf den Tisch. Allerdings besteht es dann noch aus sehr groben Brocken, die mit einer Salzmühle gemahlen werden müssen. Nach aufwendigen Reinigungsschritten kommt man aber auch zu weißerem und feinerem Salz.

Presqu'île de Giens

Über die D42 und später die D97 fährt man an immer größeren Salzbecken vorbei, bis man schließlich bei La Tour-Plage den südlichsten Zipfel der **Halbinsel von Giens** erreicht. Bemerkenswert ist ihre Zufahrt über zwei parallele „Sandstreifen", die mittlerweile natürlich Straßendecken haben. Während normalerweise eine Halbinsel nur durch einen Landstreifen mit dem Festland verbunden ist, sind es hier zwei, da zwei Flüsse (Gapeau und Roubaud) zu beiden Seiten der Halbinsel ins Meer münden und Sedimente aufschwemmen. Der westliche Landstreifen wird aber zunehmend von

102st Foto: ct

Erosion bedroht, sodass Eindeichungsmaßnahmen anlaufen, um ihn zu erhalten. Dabei geht es in erster Linie um den Schutz des fragilen **Ökosystems** zwischen den Streifen, in dem zahlreiche Vogelarten und andere bedrohte Tiere und Pflanzen ihr Refugium gefunden haben.

In den Salzwiesen sind **Flamingos** häufige Besucher und können gut z.B. von Port-Pothuau sowie bei Hyères-Plage und an der Plage de l'Almanarre beobachtet werden. Die Strände sind feinsandig bis grob kieselig und bieten grasbewachsene Mulden und Kiefernwäldchen, sodass für jeden Geschmack etwas zu finden ist. Aber fast überall herrscht viel Wind. Aus diesem Grund ist diese Gegend auch ein beliebter Treffpunkt für Kite-Surfer.

Hyères

Die Stadt Hyères lohnt wegen ihrer **Altstadt** und der Stadtviertel aus dem 19. Jahrhundert den Besuch. Die Altstadt erkundet man am besten zu Fuß von der **Kirche St. Louis** aus. Früher gehörte sie zu einem Franziskanerkloster und zeigt eine schlichte, hübsche Fassade. In den alten **Gassen** rund um die angrenzende Place de la République lebt noch ein klein wenig die Vergangenheit. Schmal und dunkel sind sie oft, dann wieder lichtdurchflutet. Immer wieder gibt es Spitzbögen, Renaissancetore und Türmchen zu bestaunen. Hübsche Blumenarrangements geben ihre Farbakzente zu diesem malerischen Bild. Oberhalb der Gassen befinden sich die Reste des

101st Foto: ct

Château des Aires. Von hier bietet sich ein eindrucksvolles Panorama über Küste und Berge.

Heimatmuseum

Im kleinen Museum werden Exponate zur Geschichte von Stadt und Region gezeigt. Die griechische und römische Besiedlung sind ebenso Thema wie die Naturkunde. Fossilien, Mineralien und zahlreiche Tiere und Pflanzen zeigen die naturgeschichtliche Entwicklung der Halbinsel. Hinzu kommen Exponate zur Kunst aus der Region.

- **Musée Municipal,** Place Th. Lefebvre, Tel. 04.94.00.78.42. Mo. und Mi. bis Fr. 10 bis 12 und 14.30 bis 17.30 Uhr, Eintritt frei.

Archäologische Stätte

An der westlichen Zufahrt zur Halbinsel von Giens befindet sich eine archäologische Ausgrabungsstätte. Schon die Griechen gründeten hier im 4. Jahrhundert eine Stadt als Handelsstützpunkt. Unter den Römern bekam sie dann den Namen **Olbia,** der so viel wie „vermögend" oder „glücklich" bedeutet. Glücklich war die befestigte Stadt wegen ihrer Lage und vermögend aus den gleichen Gründen, da sie ideal an der Küste lag und somit als Handelsposten begehrt war. Die Reste der ehemaligen Stadt können besichtigt werden. Zu ihnen gehören Thermen, Häuser und religiöse Stätten.

- **Site Archéologique d'Olbia,** Quartier de l'Almanarre, Tel. 04.94.57.98.28, www.monum.fr, April bis September tgl. von 9.30 bis 12.30 und 15 bis 19 Uhr. Eine Anmeldung ist zur Führung empfohlen, Eintritt € 4.

Kiddy Parc

Ein großer Spaß für die Kleinen: Streichelzoo, Bootslagune, Kartfahren, Moto-Cross, zahlreiche Wasserattraktionen – kurz gesagt Spiel, Spaß und Spannung werden hier geboten.

- **Kiddy Parc,** Port d'Hyères, erreichbar über die D97 in Richtung Le Port, Tel. 04.94.57.68.93, www.kiddyparc.com, ganzjährig geöffnet, allerdings nur im Juli/August tgl. von 10 bis 23 Uhr, in der übrigen Zeit gibt es jeweils aktuell einen Kalender, der für jeden Tag die individuelle Öffnungszeit zeigt. Eintritt Kinder € 11, Erwachsene € 4.

Vogelpark

Im Ortsteil **La Londe-les-Maures** (auf halbem Weg nach Bormes-les-Mimosas) befindet sich ein hübscher Vogelpark, der in die bunte Welt der tropischen Vögel einlädt: Papageien fehlen hier ebenso wenig wie Kasuare, Tukane, Nashornvögel sowie Stelz- und Eisvögel.

- **Jardin d'Oiseaux tropicaux,** Route de Val-Cros (an der N98), Tel. 04.94.35.02.15, Juni bis September tgl. 9 bis 19 Uhr, Februar bis Mai und Oktober tgl. 14 bis 18 Uhr, sonst nur mittwochs, an Wochenenden und in Ferien 14 bis 17 Uhr, Eintritt € 8.

Information

- **Office de Tourisme,** Avenue Ambroise Thomas 3, 83421 Hyères, Tel. 04.94.01.84.50, Fax 04.94.01.84.51, www.ot-hyeres.fr.

Autotour 4: Nach Fréjus und St. Raphaël

Fréjus liegt etwa 35 Kilometer nordöstlich von St. Tropez an der Küste. Um in der Hochsaison den üblichen Staus bis zum Kreisverkehr von La Foux bei Les Marines-de-Cogolin zu entgehen, sollte man eventuell einen größeren Umweg fahren. Ansonsten heißt das erste Etappenziel **Ste. Maxime,** das zwar nur etwa 14 Kilometer entfernt ist, bei Stau aber unerreichbar zu sein scheint.

Stauumfahrung bis Ste. Maxime

Wenn Kilometer keine Rolle spielen, das Verweilen Auto an Auto auf der N98 aber schon, kann man zu einem größeren Umweg greifen, der landschaftlich ausgesprochen reizvoll ist. Zunächst führt die Strecke über den südlichen Ortsteil Ste. Anne und die Route des Plages (Pampelonne) nach **Ramatuelle** (D93).

Von hier aus geht es über die Moulins de Paillas nach **Gassin.** Am Ort vorbei, gelangt man am Ortsende zur großen Friedhofsmauer. Hier biegt man links (in Richtung La Croix-Valmer) ab und gelangt so zur D559. Diese wird nur überquert. Die Anschlussstraße erscheint auf den ersten Blick wie ein Feldweg, ist aber asphaltiert und führt in Richtung **Cogolin.**

Von hier aus folgt man der Ausschilderung nach **Grimaud,** um kurz vor dem Ort rechts in Richtung Ste. Maxime abzubiegen (D14). Kurz dahinter zweigt die schmale D44 in Richtung **Plan-de-la-Tour** links ab. So gelangt man in die Berge oberhalb von Ste. Maxime, um den Ort schließlich über die D74 und D25 zu erreichen. Dieser hübsche Umweg kostet etwa 50 Kilometer.

Bei **Ste. Maxime** kommt man dann wieder auf die gut ausgebaute Küstenstraße N98, der man in östlicher Richtung folgt. Sollte man im Ort einen ersten Stopp planen, lohnt ein kleiner Spaziergang am Hafen und durch die hübschen Gassen mit ihren zahlreichen Boutiquen oder ein Besuch des historischen Museums in der Tour Carrée (siehe Kapitel „Orte in der Umgebung“).

Les Issambres

Kaum hat man Ste. Maxime hinter sich gelassen, steht die Fahrt unter den Stichworten „Urlaub, Sonne, Strand und Meer“. Entlang der N98 erstrecken sich immer wieder kleinere Sand- und Kiesstrände sowie große Buchten, an denen das Urlaubsleben „tobt“, so z.B. zwischen dem malerischen **Cap des Sardinaux** und der **Pointe des Issambres.**

Am bekanntesten sind die **Plage de la Nartelle** und der Ferienort Les Issambres. Er ist mit den Nachbarorten San-Peïre-sur-Mer und dem im Hinterland liegenden Val d'Esquières sowie Les Calanques fast zu einem Ort verschmolzen, wobei jegliches Wachstum auf den Tourismus zurückgeht. Angeblich leitet sich der Name Issambres vom römischen *Sinus Sambracitanus* her, der Bezeichung der Römer für die Bucht von St. Tropez.

Information

● **Office de Tourisme,** Place San-Peïre, 83380 Les Issambres, Tel. 04.98.11.37.25, www.ville-roquebrune-argens.fr.

St. Aygulf

Kurz hinter Les Issambres und weiteren Strandbuchten erreicht man St. Aygulf. Hotels, Ferienwohnungen und Strand zeigen einen modernen Ferienort, der sich mit seinen Korkeichen, Kiefern und anderen typischen Mittelmeergewächsen das Flair des kleinen Küstenortes erhalten konnte.

Strand und Vogelschutzgebiet

Am nördlichen Ortsrand führt die N98 eine kleine Anhöhe hinauf, hinter der sich ein viele Kilometer langer Sand- und Kiesstrand fast bis Fréjus erstreckt. Unmittelbar hinter dem Strand befindet sich das **Schwemmland** des Etang de Villepey, ein großes Feuchtnaturschutzgebiet. Hier lassen sich zahlreiche Wasservögel beobachten, darunter immer wieder die zartrosafarbenen **Flamingos.**

Die meisten Besucher kommen jedoch zum Surfen, Segeln, Sonnenbaden und Schwimmen (auch unbekleidet). Hier stimmt einfach alles, außer dass es an vielen Hauptsaisontagen nicht genügend Parkplätze gibt. Entweder man kommt früh genug oder man fährt mit dem Rad zum Strand.

Information

● **Office de Tourisme,** Place de la Poste, 83370 Saint-Aygulf, Tel. 04.94.81.22.09.

Fréjus

Nun sind es nur noch wenige Kilometer bis nach Fréjus, wo es vieles zu sehen gibt: den Hafen, das alte römische Viertel, die Altstadt und die Küste mit der Base Nature, einem ehemaligen Flugplatz, der zum Natur- und Vergnügungspark umgestaltet wurde.

Wasserpark

Am Ortseingang befindet sich der Wasserpark **Aquatica** mit zahlreichen Attraktionen wie Rutschen, Wildwasserbahn und Wellenbad.

● **Aquatica,** N98, Tel. 04.94.51.82.51, www.parc-aquatica.com. Juni und September tgl. von 10 bis 18 Uhr, Juli und August von 10 bis 19 Uhr. Eintritt € 15.

Base Nature

Kurz hinter dem Wasserpark befindet sich ein großes Einkaufszentrum rund um einen riesigen Géant-Markt. Mehrere Kreisverkehre leiten den Verkehr, wir halten uns ganz rechts in Richtung „Le Port, Base Nature". Rechts am Géant führt die Straße in ein Wohngebiet hinein, in dem man am ersten Kreisverkehr rechts abbiegt (Boulevard de la Mer). So gelangt man zum Square Roland Garros, von dem aus man die Base Nature mit zahlreichen Parkmöglichkeiten erreicht.

Hier beginnen mit der **Plage de l'Aviation** die Strände. Der Name sagt alles, denn einst befand sich hier ein

Flughafen, der schon vor fast 100 Jahren für die Flugzeugstaffeln der Marine gebaut wurde. Ein Mann trat damals ins Licht der Öffentlichkeit, *Roland Garros.* Der begeisterte Flieger startete von hier aus am 23. September 1913 zur ersten Überquerung des Mittelmeers in einem Wasserflugzeug und erreichte nach gut acht Stunden Tunesien. Von dem Stützpunkt aus wurden dann im Ersten Weltkrieg die Truppen in Afrika mit Nachschub versorgt.

Mittlerweile ist der Flughafen stillgelegt, die Hangars werden als **Ausstellungshallen** und **Hallenbad** genutzt. Der Küstenbereich hat eine hübsche **Promenade** bekommen, am **Strand** tummeln sich Badegäste und im ehemaligen Flugfeldbereich leben bedrohte **Pflanzen und Tiere** in natürlichen Lebensräumen. **Wanderwege** ziehen sich durch das Gelände und rund um die ehemalige Rollbahn. **Radfahrer, Skateboarder und Inline-Skater** finden in diesem Gebiet ihr Dorado, denn auf dem Asphalt der Rollbahn kann man prima und vor allem gefahrlos rollen. Das Gelände eignet sich zudem für Liebhaber von **Steigdrachen.** Abenteuerlustige können auch die speziellen Skater- und Inliner-Bahnen nutzen, die im Hangarbereich angelegt wurden. Für mutige **Mountainbiker** gibt es eine spezielle Piste mit allerlei Schikanen.

● **Base Nature,** Boulevard de la Mer, Tel. 04.94.51.91.10. Montags bis freitags von 8.30 bis 12.30 und 13.30 bis 17.15 Uhr, an Wochenenden von 15 bis 19 Uhr. Diese Zeiten gelten nur für die überwachten Bahnen und die Ausleihstation. Die Wanderwege, der Strand und die Rollbahn sind immer zugänglich. Eintritt frei.

Hafen

Nur wenige Meter entfernt befindet sich der neu angelegte Hafen. Vom Square Roland Garros biegt man rechts ab auf die Rue des Forces Françaises Libres (der Name erinnert an die Truppen, die zur Befreiung Frankreichs am 15. August 1944 hier landeten). An der Avenue du Gal. Magendie (3. Straße links) gibt es einen kleinen, kostenfreien **Parkplatz,** von dem aus man den eigentlichen Hafenbereich schnell erreichen kann.

Motorboote, Segeljachten und Katamarane dümpeln hier einmütig nebeneinander. Wer das notwendige Kleingeld besitzt, kann Boote aller Größen chartern oder auch kaufen, zahlreiche Agenturen bieten ihre Dienste an. Boutiquen, Restaurants und Eiscafés laden zum Verweilen ein, wenngleich der Charme des Hafens sich nicht für jeden erschließt, denn hier ist alles neu. Die Wohngebäude sind bis auf wenige Ausnahmen **Ferienwohnungen oder Hotels,** eine gewachsene Siedlung gibt es nicht, denn das gesamte Gebiet wurde am Reißbrett konzipiert. Dennoch lohnt ein Spaziergang entlang des Hafenbeckens über kleine Brücken bis zum Boulevard d'Alger, der Uferstraße.

Der Jachthafen von Fréjus

Ein Blick in die Geschichte

Julius Cäsar soll dem Ort um 49 v.Chr. den Namen *Forum Julii* gegeben haben, nachdem er ihn selbst gegründet hatte. Er wollte sich einen sicheren Zwischenstopp an der Via Aurelia von Rom nach Spanien schaffen. Eine erste Blüte erlebte der Ort dann wenig später unter der Herrschaft von *Octavian,* der hier einen Marinestützpunkt mit Werft errichten ließ, um seine Schiffe für den Kampf gegen *Pompeius* bauen zu lassen. Er erschuf in den folgenden Jahren die komplette Infrastruktur, die jedoch später vom Kriegs- zum **Handelshafen** wurde.

So konnte Fréjus bis zum 4. Jahrhundert seine Bedeutung erhalten und wurde später sogar **Bischofssitz.** Zu Beginn des 10. Jahrhunderts von den Sarazenen zerstört, wurde es zum Ende des Jahrhunderts von Bischof *Riculphe* erneut aufgebaut, erhielt im 12./13. Jahrhundert eine Kathedrale und freute sich über neuen Wohlstand. Doch die Freude währte nur kurz, die Pest wütete in der Stadt. Später versuchte *Heinrich II.* erneut, einen Marinestützpunkt aufzubauen, doch litten seine Soldaten rasch an einem rätselhaften Fieber aus den Sümpfen am Hafen (eventuell Malaria), sodass auch diese Pläne scheiterten. So musste der Ort sich noch einige Hundert Jahre gedulden, bis im Zuge des Tourismus neuer Wohlstand Einzug hielt.

Das römische Fréjus

Man findet Reste des römischen Fréjus nördlich der Bahnlinie zwischen

078st Foto: ho

der Avenue Aristide Briand, dem Rond-Point Appel du 18 Juin, der Rue Gustave Bret und der Avenue du 15ème Corps d'Armée. Hier erkennt man Reste des ehemaligen **Aquäduktes,** durch den der Ort mit Wasser versorgt wurde. An der Avenue Gustave Bret befinden sich Mauerreste des ehemaligen **Theaters.** Sogar eine Vertiefung ist zu erkennen, in die der Vorhang hinuntergelassen wurde. Noch recht gut erhalten (und genutzt) ist das **Amphitheater,** auch Arènes genannt, das zwischen dem Rond-Point de l'Infanterie de Marine und dem Rond-Point Appel du 18 Juin steht. An der Avenue de Verdun befindet sich einer der Türme der **Porte des Gaules,** am Boulevard Séverin-Decuers stehen die Reste des Butte St. Antoine, der westlichen **Zitadelle.**

Altstadt

Nach diesem Kurztrip durch die römische Vergangenheit lohnt ein Blick in die Altstadt (zwischen Rue Grisolle und Rue Jean Jaurès) mit mittelalterlichen Fassaden und Türmen. In zahlreichen Geschäften kann man gemütlich bummeln. An der Place Formigé hat man den **Kathedralenbezirk** erreicht, der aus Kreuzgang, Bischofspalast, Kathedrale und Baptisterium besteht (tgl. 9–18.30 Uhr, Eintritt € 4).

Neben dem Kreuzgang an der Place Calvini befindet sich die **Musée Archéologique** mit zahlreichen Ausstellungsstücken aus römischer Zeit, darunter ein vollständig erhaltenes Mosaik (geöffnet täglich von 10 bis 13 Uhr und 14.30 bis 17.30 Uhr, dienstags und sonntags geschlossen, der Eintritt ist frei).

Moschee Missiri

Nach diesen eindrucksvollen historischen Zeugnissen kann man noch einen Blick auf die jüngere Geschichte werfen. Dazu gehört die Mosquée Missiri, etwa vier Kilometer außerhalb an der D4 in Richtung Fayence. In kräftigem Rosa steht hier eine Moschee, die man eigentlich eher in Afrika vermuten würde. Dies hat seinen guten Grund, denn sie diente ab den 1920er Jahren den afrikanischen Soldaten der französischen Armee als Gotteshaus.

Zoo

Besonders mit Kindern lohnt ein Besuch im Parc Zoologique. Der auf einem etwa 20 Hektar großen Areal untergebrachte Zoo ist teilweise ein **Safaripark,** der mit dem Auto durchfahren werden kann. Großkatzen, Elefanten, Zebras und andere Steppentiere können vom Auto aus beobachtet werden. Der Park ist über die D4 in Richtung Le Capitou erreichbar.

- **Parc Zoologique,** Tel. 04.98.11.37.37, www.zoo-frejus.com, März bis Mai, September und Oktober tgl. 10–17 Uhr, Juni bis August tgl. 10–18 Uhr, November bis Februar tgl. 10.30–16.30 Uhr. Eintritt € 9.

Information

- **Office de Tourisme,** Rue Jean Jaurès 325, 83600 Fréjus, Tel. 04.94.51.83.83, Fax 04.94.51.00.26, www.frejus.fr.

Die Promenade von St. Raphaël

St. Raphaël

Unmerklich geht Fréjus in den Nachbarort St. Raphaël über. Sowohl im Hinterland als auch an der Küste sind beide Orte zu einem großen touristischen Zentrum verwachsen. Am schönsten nähert man sich St. Raphaël über den Boulevard d'Alger entlang der Küste, der in den Boulevard de la Libération übergeht. Blumenbepflanzte **Promenaden** sind ein wahrer Augenschmaus, kleine Cafés und Restaurants, Boutiquen und allerlei andere Geschäfte animieren zum Bummeln. Im **Freizeithafen** schaukeln Boote und Schiffe auf den sanften Wellen, während der stete Seewind sein Lied in den Masten und der Takelage singt. Nur wenige Schritte entfernt bieten einige Straßen rund um die Place P. Coullet Gelegenheit für eine entspannte Shoppingtour.

Ein Wermutstropfen ist aber auch hier die **Parkplatzsituation.** Wahrscheinlich ist man im Hafenbereich glücklos, kann es zwar an den Randstreifen versuchen, muss dann aber eventuell häufiger die Parkuhr füttern. Eine gute Alternative ist die Tiefgarage unter der zentralen Place P. Coullet (Zufahrt von der Avenue W. Rousseau). Die Einfahrt ist schmal und nicht sehr gut erkennbar. Ordnen Sie sich auf der Avenue Henri Vado schon möglichst bald ganz links ein! Sollte auch dieser Parkplatz besetzt sein, kann man auf die nicht weit entfernten Parkhäuser im Bereich des Bahnhofs zurückgreifen.

079st Foto: ho

Ein Blick in die Geschichte

Auch diese Stadt wurde schon von den **Römern** gegründet. Sie errichteten hier ihre Prachtbauten, z.B. dort, wo heute das Casino steht. Im Laufe der Geschichte kam es auch hier zu zahlreichen Überfällen und Verwüstungen, die erst endeten, als für Plünderer „nichts mehr zu holen" war. Abteien aus Marseille nahmen sich des Gebietes an, bauten eine Kirche und stellten sie unter den Schutz der **Tempelritter.** So konnten sich Bauern und Fischer ansiedeln, die im Gebiet der heutigen Altstadt lebten.

Doch wie bei so vielen Orten an der Küste kam der echte wirtschaftliche Aufschwung erst mit dem Beginn des **Tourismus.** Maler, Schriftsteller (z.B. *Alexandre Dumas* und *Maupassant*) und Komponisten urlaubten hier und schufen ein Bild der Gegend, das viele selbst erleben wollten. Der Ingenieur *Félix Martin* ließ die Bahnlinie zwischen St. Raphaël und Hyères bauen und verhalf dem Seebad durch seine Entwürfe von prachtvollen **Villen** entlang der Promenade zu einem eindrucksvollen Erscheinungsbild. Einige dieser Villen sind im Bereich zwischen der Rue A. Karr, der Promenade René Coty und dem Quai Albert 1er erhalten.

Das mittelalterliche Zentrum

Nördlich der Bahnlinie befindet sich die Altstadt. Schmale Gassen und die romanische **Kirche St. Pierre-des-Templiers** erinnern an die Geschichte der Überfälle, da man in den Mauern des Gotteshauses Schutz suchte. Anstelle eines Chores verfügt die Kirche über einen Postenturm für die Tempelritter. Letztere ließen auch eine Stadtmauer errichten, die heute allerdings weitestgehend verschwunden ist. Die Rue des Remparts folgt ihrem ursprünglichen Verlauf. Im Garten des **Musée Archéologique** sind noch Mauerreste vorhanden. Sonst werden in dem Museum zahlreiche Stücke aus der Zeit der Römer (z.T. Unterwasserfunde), der Stein- und Bronzezeit sowie der Moderne ausgestellt. Dazu zählt auch ein Techniksaal.

- **Musée Archéologique,** Place de la Vieille-Eglise, Tel. 04.94.19.25.75, Juni bis September Dienstag bis Samstag 10–12 und 15–18.30 Uhr, in der übrigen Zeit 10–12 und 14–17.30 Uhr. Eintritt € 1,50.

Information

- **Office de Tourisme,** Rue Waldeck Rousseau, 83702 St. Raphaël, Tel. 04.94.19.52.52, Fax 04.94.83.85.40, www.saint-raphael.com.

Agay

Nur etwa zehn Kilometer östlich von St. Raphaël befindet sich der kleine Ort Agay. Die Bucht von Agay ist sehr windgeschützt, da sie weit ins Land hineinragt und recht schmal ist. Tolle **Strände** locken Sonnenanbeter und Badegäste. Zudem zählen die Gewässer zu den besten **Tauchrevieren** der Gegend, nicht zuletzt bekannt durch *Jacques Cousteau,* der hier zahlreiche Filme drehte und dafür auch Schiffe versenken ließ.

Information

- **Syndicat d'Initiative,** Place Gianetti, 83530 Agay, Tel. 04.94.82.01.85, www.agay.fr.

Autotour 5: Durch die Berge nach Draguignan

Auch diese etwa 150 Kilometer lange Tour führt zunächst über die N98 zum Kreisverkehr bei **Les Marines-de-Cogolin.** Hier kann man entscheiden, entweder über Ste. Maxime zu fahren und bei der Rückkehr den Weg über La Garde-Freinet und Grimaud zu nehmen oder die Tour in der anderen Richtung zu fahren. Sollte es starkes Verkehrsaufkommen geben, empfiehlt sich der Umgehungstipp aus Autotour 4 und die westliche Variante über Grimaud.

Die folgende Beschreibung führt über **Ste. Maxime.** Von St. Tropez aus erreicht man den Ort über die Küstenstraße (N98), vorbei am Botanischen Garten und Maxim Plage. Ungefähr auf dieser Höhe bekommt die N98 eine Linksabbiegerspur (links ist eine Shell-Tankstelle), auf der man sich einordnen sollte. Auf Höhe der Hostellerie La Belle Aurore (rechts) biegt man nun links ab und spart so den zeitraubenden Weg durchs Zentrum. Am zweiten Kreisverkehr biegt man erneut links auf die Avenue du 8 Mai 1945 ab. Wiederum am zweiten Kreisverkehr (rechts liegt ein McDonald's) hält man sich rechts (zweite Ausfahrt) auf die Route du Plan-de-la-Tour (D25). Hier ist schon Le Muy ausgeschildert.

Die Route führt vorbei am **Musée du Phonographe** und an der **Straußenfarm** (siehe Ste. Maxime, Umgebung). Große Hinweisschilder mahnen auf der sich windenden Bergstraße zu Geduld und langsamer Fahrweise. Überholmanöver sollten nur bei guter Sicht und an den gekennzeichneten Stellen unternommen werden. Die Polizei führt hier häufig Kontrollen durch.

Bei **Le Muy** wird die D25 zur D125, die zur Autobahn A8 führt. Man halte sich rechts auf die N555 in Richtung Trans-en-Provence und Draguignan. Entlang dieser neuen, vierspurigen Nationalstraße gibt es wenig zu sehen. Gewerbegebiete haben sich angesiedelt und bieten nicht unbedingt herrliche Ausblicke, dafür gelangt man recht schnell nach **Trans-en-Provence.** Auch hier führt die Strecke hauptsächlich durch die industriell genutzten Randgebiete. Lohnend kann bei Bedarf ein Besuch beim Sportartikeldiscounter Decathlon sein, der sich unmittelbar rechts an der Hauptstraße befindet, oder man schaut in einen der riesigen Verbrauchermärkte, die sich links der N555 angesiedelt haben.

Draguignan

Etwa fünf Kilometer weiter erreicht man Draguignan. Die Stadt kann sicherlich viele Attribute bekommen, in jedem Fall passt aber Garnisonsstadt. Zwischen der N555 und der nördlich verlaufenden D59 befindet sich militärisches Gebiet, das von einem Artillerieregiment genutzt wird. Historische Kanonen kann man auch an Kreisverkehren sehen, man ist hier stolz auf das Militär. Wer sich dafür interessiert, kann das **Artillerie-Muse-**

um besichtigen. Hier sind zahlreiche Kanonen verschiedener Epochen ausgestellt, zudem gibt es Einblicke in die Artilleriegeschichte der letzten Jahrhunderte. Gezeigt wird aber auch die vernichtende Wirkung der Artillerie in den beiden Weltkriegen.

- **Musée de l'Artillerie,** D59, Zufahrt über die Artillerieschule, Tel. 04.98.10.83.86, Februar bis November montags bis donnerstags 8.30–12 und 14.30–18 Uhr, freitags bis 17 Uhr, an Feiertagen geschlossen, Eintritt frei.

In der Altstadt

Angeblich sollen Reisende um das 5. Jahrhundert von einem Drachen (lateinisch *draco*) malträtiert worden sein, sodass der Ort, in dessen Nähe das Monster lebte, entsprechend genannt wurde. Die fruchtbare Gegend des Nartuby machte eine Ansiedlung rasch möglich, führte zu Wohlstand und der Notwendigkeit, diesen zu verteidigen. Eine Wehrmauer mit drei Toren und einem Donjon oberhalb der Stadt sollte die Besitztümer verteidigen. Wie so oft in der Geschichte gelang dies aber nur teilweise. In der Folgezeit wurde der Donjon zerstört, die Stadtmauer zerfiel und übrig blieben nur die **Porte de Portaiguières** sowie die **Porte Romaine.** Im 19. Jahrhundert ließen die Barone *Haussmann* und *Azémar* gerade Prachtstraßen anlegen, um der Stadt ein würdevolles Gesicht zu geben, denn schließlich hatte *Napoleon Bonaparte* die Stadt 1797 zur Hauptstadt des Departements Var ernannt.

Hübsch ist das alte Viertel zwischen Boulevard Clémenceau, Boulevard Foch und Boulevard du Jardin des Plantes. Hier befinden sich die Reste der Stadttore, hübsche, schmale Gassen, in denen man immer wieder alte Schnitzereien oder Mauerverzierungen entdecken kann. An der Stelle, an der einst der Donjon stand, wurde der Uhrturm, die **Tour de l'Horloge,** erbaut, der einen provenzalischen Glockenturmaufsatz trägt. Von oben hat man einen weiten Blick über die Region. Besichtigungen organisiert das Office de Tourisme.

Der **Cimetière Américan** erscheint mehr wie ein Park als ein Friedhof. Hier liegen die 861 amerikanischen Soldaten begraben, die im Zuge der Invasion 1944 getötet wurden. Der Friedhof am Boulevard John-Fitzgerald-Kennedy kann täglich zwischen 9 und 17 Uhr besucht werden.

Im **Musée Municipal** werden allerlei Gegenstände des täglichen Lebens in französischen Schlössern sowie zahlreiche wertvolle Gemälde, Skulpturen und Keramikgegenstände gezeigt.

- **Musée Municipal,** Rue de la République 9, Tel. 04.98.10.26.85, tgl. außer an Sonn- und Feiertagen 9–12 und 14–18 Uhr, Eintritt frei.

Dolmen La Pierre de la Fée

Wer in die Frühgeschichte eintauchen möchte, kann dies am Dolmen La Pierre de la Fée tun. Etwa 2000 Jahre v.Chr. wurde dieser 25 Tonnen wiegende Stein auf die seitlichen Stützsteine gesetzt. Was heute mit manch schwerer Baumaschine gar nicht so einfach wäre, muss vor 4000 Jahren fast unvorstellbare Anstrengungen er-

080st Foto: ho

fordert haben. Da trifft es sich gut, dass (wie die Legende berichtet) die Fee Estérelle den Stein an diese Stelle gelegt hat, um sich hier eine Art Theater zu bauen.

Der Dolmen ist relativ schlecht ausgeschildert. Am besten folgt man zunächst der Avenue Lazare Carnot, biegt dann links in die Avenue du 4 Septembre ein und verlässt den Ort in Richtung Ampus, Châteaudouble, Comps-sur-Artuby auf der D955. Am vierten Kreisverkehr biegt man rechts ab und erreicht nach wenigen Metern den Dolmen.

Romantisch liegt Châteaudouble oberhalb der gleichnamigen Schlucht

Information

- **Office de Tourisme,** Boulevard Carnot 2, 83300 Draguignan, Tel. 04.98.10.51.05, www.dracenie.com.

Châteaudouble

Anschließend folgt man der D955 nach Norden. Die Straße wird recht schmal und führt dann zu den **Gorges de Châteaudouble,** einem eindrucksvollen Naturschauspiel aus Kurven und tiefen grünen Schluchten. Malerisch taucht das Dorf Châteaudouble plötzlich hoch über der Schlucht auf. Wenn man sich schon dahinter zu befinden glaubt, zweigt die D51 links ab, über die man das Bergdorf mit seinem herrlichen Panorama erreicht.

Schmale Gässchen, kleine Geschäfte, Bruchsteinmauern und überall blühende Pflanzen – der Ort strahlt Ruhe und Gelassenheit aus. Hier sitzt man noch zum gemütlichen Klatsch unter Platanen, spielt Boule oder beobachtet die Menschen. Die Gassen winden sich zwischen den dicht stehenden Häusern hindurch, erweitern sich zu kleinen Plätzen, hier und da plätschert ein kleiner Brunnen. Die Gässchen führen zuweilen tunnelartig unter Häusern hindurch.

Am besten orientiert man sich bei einem Rundgang in Richtung Osten. So gelangt man zur Pfarrkirche **Notre-Dame-de-l'Assomption** aus dem 16. Jahrhundert mit romanischem Glockenturm. Nur wenige Schritte weiter stößt man auf die alte **Stadtmauer,** die jetzt nur noch Schutz vor dem Sturz in die Nartuby-Schlucht bietet. Ein paar Bänke und eine herrliche baumbestandene Wiese laden zum Ausruhen mit wundervollem Blick über die Landschaft ein. Meist wird die Ruhe nur durch das Säuseln des Windes in den schmalen Gassen oder die krächzenden Rufe der Greifvögel „gestört", die sich von den Aufwinden tragen lassen.

Mit der romantischen Pause in Châteaudouble ist der nördlichste Punkt der Tour erreicht. Anstatt auf der gleichen Strecke zurückzufahren, bietet sich die im Folgenden beschriebene westliche Route an. Wer mehr von der Region sehen möchte, wählt von hier die Weiterfahrt in Richtung Nordwesten zum Lac de Ste. Croix und zur Verdon-Schlucht (s.u.).

Spärlich bewachsene Karsthügel und tiefe Schluchten kennzeichnen die Landschaft zwischen Châteaudouble und dem Stausee von Ste. Croix

Information

- **Office de Tourisme,** 83300 Châteaudouble, Tel. 04.98.10.51.35, Fax 04.98.10.51.36.

Rückfahrt über Nebenstrecken

Ampus

Die D51 führt als Panoramastrecke nach Westen durch den **Bois des Prannes.** Laub- und Nadelbäume, blühende Wiesen und wunderschöne Ausblicke (vor allem in südlicher Richtung) faszinieren. Von Ampus aus, einem kleinen Ort mit einer Pfarrkirche, die im 16. Jahrhundert auf einem römischen Castrum erbaut wurde, kann man eine Wanderung zur Kapelle **Notre-Dame-de-Séluque** unternehmen. Unterwegs sind zahlreiche Stationen des Kreuzweges mit Skulpturen dargestellt.

Flayosc

Zurück in Richtung Draguignan führt die D49. Nach etwa acht Kilometern zweigt rechts die D57 in Richtung Flayosc ab. Das **mittelalterliche Städtchen** steht auch heute noch im Schutz der Stadtmauer und hat es verstanden, Plätze, Bäume und Brunnen so zu erhalten, dass der Besucher den Eindruck einer Zeitreise hat.

Lorgues

Wein, Oliven und andere landwirtschaftliche Produkte sind die Erzeugnisse, die dem Dorf Lorgues zu bescheidenem Wohlstand verholfen haben. Platanen säumen die Durchgangsstraßen des mittelalterlichen Ortes, der noch über die **Stadttore** der ehemaligen Befestigungen verfügt. Bei näherem Hinsehen zeigen zahlreiche Gebäude historische Details. So kann man Skulpturen, mit Schnitzereien versehene Tore und Türen, verzierte Treppenaufgänge und andere bauliche Schmuckstücke finden.

Unbedingt ansehen sollte man sich die **Chapelle Notre Dame de Benva,** die ein paar Kilometer nordwestlich der Stadt steht. *Ben Va* bedeutet im Provenzalischen *bon voyage,* also „gute Reise". Die kleine Kapelle steht unmittelbar an einem schattigen Wäldchen und besitzt eine hübsche Vorhalle. Beide sind mit Fresken aus dem 15. Jahrhundert geschmückt. Die Kirche ist nur donnerstags zu besichtigen bzw. nach vorheriger Anmeldung im Office de Tourisme (Place Trussy, Tel. 04.94.73.92.37).

Nordöstlich des Dorfes befindet sich die **Chapelle St. Ferréol,** an deren Standort noch Reste einer antiken Siedlung zu erkennen sind.

Taradeau

Weiter geht es auf der D10 nach Taradeau. Über dem Dorf steht auf einem gut 250 Meter hohen Hügel ein

082st Foto: ho

mächtiger **Wachturm,** der seinerzeit entweder als Aussichtsturm zum Schutz gegen die Sarazenen diente oder von ihnen selbst erbaut wurde.

Vorbei an **Vidauban** führt die D48 durch die Waldgebiete Bois de Bouis und Bois de Rouquan bis zum Weiler Les Plaines. Von hier aus beginnt die Panoramastrecke (D558) über La Garde-Freinet und Grimaud bis Cogolin.

Erweiterung der Autotour 5: Lac de Ste. Croix und Verdon-Schlucht

Eine etwa 130 Kilometer lange Rundfahrt erweitert die Autotour 5 um den Besuch des Stausees von Ste. Croix und die Umrundung der spektakulären Verdon-Schlucht.

Stausee von Ste. Croix

Von **Ampus,** dem nördlichen Ende der Autotour 5, sind es etwa weitere 34 Kilometer bis zum Lac de Ste. Croix. Gespeist vom Wasser des Verdon-Flusses, erstreckt sich der See auf einer etwa 2000 Hektar großen Fläche (ca. zehn Kilometer Länge). Deutlich zeigt das Wasser den Ursprung des Flussnamens: Starker Nährstoffreichtum des Wassers bedingt gutes Algenwachstum, was wiederum zu einer grünlich (*vert* = grün) schimmernden Wasserfläche führt. Dies ist kein Problem für den **Wassersport,** sodass sich Schwimmer, Segler und Sonnenbadende an den Stränden und auf dem Wasser tummeln.

Von vielen Punkten aus kann man auf den See blicken, besonders schön aber ist dies von **Aiguines** aus, der Kleinstadt mit 1000-jähriger Geschichte. Malerisch steht das Schloss aus dem 17. Jahrhundert hoch über dem See, die bunten Dachziegel glitzern anmutig in der Sonne.

Verdon-Schlucht

Etwa 21 Kilometer lang ist die berühmte Schlucht, die sich **Grand Canyon du Verdon** nennt, und mit 250 bis 700 Metern Tiefe spektakulär. Wassersportfans jubeln wegen des Gefälles: Etwa 150 Höhenmeter beträgt die Differenz zwischen Schluchteingang und -ausgang, genug für waghalsige **Raftingtouren.**

Auf der Nord- und Südseite des Grand Canyon schlängelt sich jeweils eine schmale Straße entlang, zuweilen unmittelbar am Rand der Schlucht. Manchmal ist sie weniger halsbrecherisch mit Seitenstreifen versehen, in jedem Fall aber eingezwängt zwischen Fels und Abgrund. Scharfe Kehren und teilweise **starke Steigungen** sind für geübte Fahrer zwar problemlos, erhöhen sogar oftmals den Fahrspaß, aber Achtung – auch Wohnmobile und Gespanne sind auf diesen Strecken unterwegs.

Aussichtspunkt an der Passhöhe Col d'Illoire

Col d'Illoire

Über die D71 gelangt man von Aiguines in östlicher Richtung zum 964 Meter hohen Col d'Illoire, einem Aussichtspunkt über der Schlucht. Stellenweise müssen 12% Steigung „erklettert" werden. Von oben gibt es einen wunderbaren Blick auf die Region, doch die Sicht auf den Fluss hat nur, wer von den Felsen oberhalb der gemauerten Straßenbegrenzung herabschaut – nur für Schwindelfreie! Der Verdon windet sich auf 170 Kilometern Länge durch das Land und hat sein Bett tief in den weichen Kalkstein des Sestrière-Gebirges geschnitten.

Cirque de Vaumale

Die **Corniche Sublime** genannte Südroute windet sich auf etwa 1200 Meter Höhe. Hier befindet sich ein weiterer Aussichtspunkt, der Cirque de Vaumale. Der Ausblick über die Schlucht ist grandios, bei guter Sicht reicht er über die Wälder bis zum See von Ste. Croix. Weiter nach Osten schlängelt sich die Straße, immer wieder lohnt der Blick auf die Schlucht oder auf die wunderschönen Reflexe, mit denen die Sonne die Kalkfelsen verzaubert.

084st Foto: ho

Pont de l'Artuby

Ein Muss ist der Stopp am Pont de l'Artuby. In weiten Bögen überspannt die **Brücke** die etwa 110 Meter breite Schlucht des Artuby, dessen Wasser sich nur wenig weiter mit dem des Verdon mischt. Hier vergnügen sich Freizeitsportler und sorgen bei Beobachtern für Gänsehaut, indem sie sich, gesichert mit einem **Bungee-Seil,** von der Brücke stürzen.

Trigance

Die D90 führt – in einem Bogen etwas abseits der Schlucht – durch das Dorf Trigance, das mit seiner trutzigen **Burg** aus dem 12. Jahrhundert so herrlich in das raue Gebiet passt. Ein kurzer Stopp lohnt wegen der malerischen Gässchen mit ihren vielen Treppen und Treppchen und der Kapellen St. Julien und St. Roch.

Castellane

Wenige Kilometer nördlich überquert die D955 am **Pont-de-Soleils** den Verdon. Hier heißt es eine Entscheidung zu treffen, denn normalerweise führt die Route nun am Nordrand der Schlucht nach Westen

083st Foto: ho

zurück, andererseits lockt nur zwölf Kilometer flussaufwärts **Castellane.** Eine Besichtigung des Ortes empfiehlt sich wegen des fünfeckigen Turmes der ehemaligen Befestigung und seiner hübschen Brunnen. Noch eindrucksvoller ist der über 180 Meter hohe Kalkfelsen, der sich über der Stadt erhebt und auf dessen Plateau eine Kapelle aus dem 18. Jahrhundert steht.

Point Sublime

Der spektakulärste Aussichtspunkt auf den Grand Canyon ist Point Sublime am Nordrand der Schlucht. Oberhalb befindet sich das Dörfchen **Rougon** mit seinen etwa 80 Einwohnern.

Kurz vor **La Palud-sur-Verdon** zweigt die Route des Crêtes ab. Die schmale Straße führt teilweise auf dem Grat des Canyonrandes entlang. Das wild zerklüftete Gebirge dient **Kletterfans** immer wieder als Übungsstrecke, sodass man Zeit einplanen sollte, um entweder den Sportlern zuzuschauen (besonders bei Escalès) oder selbst ein wenig zu klettern. Aber Achtung, die Touren sind nur für geübte Kletterer gedacht, da sie fast alle einen hohen Schwierigkeitsgrad aufweisen.

Wer abenteuerlustig ist und sich zuvor gut ausgerüstet hat, kann ab der Maline-Hütte dem **Wanderweg 4** folgen. Je nach Kondition benötigt man sechs bis acht Stunden, um Point Sublime zu erreichen. Wanderer kraxeln durch die Schlucht auf den Spuren von *Edouard Martel,* der als Geologe den Grand Canyon du Verdon um die vorletzte Jahrhundertwende erforschte.

Moustiers-Ste.-Marie

Am Westrand der Schlucht erreicht man den Aussichtspunkt **Le Galetas,** der seinen Namen Belvédère zu Recht trägt. Von hier aus erheischt man noch einmal den Blick auf Schlucht und See, bevor man bei Moustiers-Ste.-Marie das Ende der Runde um die Schlucht erreicht hat. Nun fährt man über die D957 in südlicher Richtung weiter, um Anschluss an den Rückweg der Tour 5 zu haben.

Information

- **Office de Tourisme,** 04120 La Palud-sur-Verdon, Tel./Fax 04.92.77.32.02, www.lapaludsurverdon.com.
- **Office de Tourisme,** Rue de la Bourgade, 04360 Moustiers-Ste.-Marie, Tel. 04.92.74.67.84, Fax 04.92.74.60.65, www.ville-moustiers-sainte-marie.fr.

Höhepunkt der Tour:
Grand Canyon du Verdon

073st Foto: ho

Anhang

088st Foto: ho

058st Foto: ho

Im Hafen von Ste. Maxime

Korkeichen werden regelmäßig geschält

Blick über La Garde-Freinet

Kulinarisches Glossar

abats	Innereien
abricot	Aprikose
agneau	Lamm
aigo bouillido	Knoblauchsuppe mit Ei, Weißbrot und Kräutern
ail	Knoblauch
aïoli	Knoblauchmayonnaise
amandes	Mandeln
anchoiade	Sardellenpaste
anchois	Sardellen
aneth	Dill
appellation d'origine contrôlée	geschützte Herkunftsbezeichnung bei Wein
araignée de mer	Seespinne
artichaut	Artischocke
asperge	Spargel
assiette	Teller
aubergine	Aubergine
avocat	Avocado
basilique	Basilikum
beurre	Butter
bière	Bier
bière blonde	helles Bier
bière noire	dunkles Bier
bifteck	Beefsteak
bifteck haché	Rinderhacksteak
bœuf	Rind
boisson	Getränk
bouillabaisse	Fischsuppe
bouilli	gekocht
bouillon de bœf	Rinderbrühe
bouillon de poulet	Hühnerbrühe
boulette	Klößchen
boulette de viande	Frikadelle
bouteille	Flasche
brioche	Hefekuchen, -gebäck
brut	herb, trocken
café au lait	Kaffee mit Milch
café crème	Cappuccino oder Kaffee mit Sahne
café décaféiné	koffeinfreier Kaffee
café noir	Espresso
caille	Wachtel
calamar	Tintenfisch
calvados	Apfelschnaps
camembert	Weichkäse aus Kuhmilch

Im Restaurant

bonjour	Guten Tag
bonsoir	Guten Abend
Une table à deux personnes, s'il vous plaît!	Ein Tisch für zwei Personen, bitte!
Vous avez ...?	Haben Sie ...?
Vous avez choisi?	Haben Sie ausgewählt?
boire	trinken
manger	essen
suggestion du chef	Empfehlung des Kochs
L'Addition, s'il vous plaît!	Die Rechnung, bitte!
service compris	Bedienung inbegriffen
Acceptez-vous des cartes de crédit?	Nehmen Sie Kreditkarten?
merci beaucoup	Vielen Dank
au revoir	Auf Wiedersehen

camomille	Kamille
canard	Ente
cancre	Taschenkrebs
carottes	Karotten
cassis	schwarze Johannisbeeren, Johannisbeerlikör
cèpes	Steinpilze
cerf	Hirsch
cerises	Kirschen
charbon de bois	Holzkohlengrill
charcuterie	Wurstaufschnitt, Metzgerei
chateaubriand	Rinderfiletsteak
châtaignes	Kastanien
chèvre	Ziege
chocolat chaud	heißer Kakao
chou-fleur	Blumenkohl
cidre	Apfelwein
citron	Zitrone
citron pressé	Zitronensaft mit Wasser und Zucker
citrouille	Kürbis
cochon	Schwein
cochon de lait	Spanferkel
concombre	Gurke

confiserie	Süßigkeiten
confiture	Marmelade
contre-filet	Lendenstück vom Rind
coquille	Kamm-Muschel
coquilles St. Jacques	Jakobsmuscheln
cornichons	Gewürzgürkchen
côte	hohe Rippe
côtelette	Kotelett
coupe	Becher
courgette	Zucchini
couscous	Grießgericht (Gemüse, Kichererbsen, Fleisch oder Fisch)
couteau	Messer
couvert	Gedeck
crabes	Krabben
crème chantilly	Sahne
crêpe	dünner Pfannkuchen
crevettes	Garnelen
croissant	Hörnchen
croutons	Weißbrotwürfel (geröstet)
cru	roh
crudités	Rohkost
crustacés	Schalentiere (Hummer, Krebs etc.)
cuillère	Löffel
daube provençale	Schmorbraten mit Gemüse und Oliven
dégustation	Weinverkostung
déjeuner	Mittagessen
demi-sec	halbtrocken
dessert	Nachspeise
digestif	Verdauungsschnaps
dinde	Pute
dindon	Truthahn
dîner	Abendessen
dorade	Goldbrasse
eau de vie	Branntwein
eau minérale	Mineralwasser
eau minérale gazeuse	Mineralwasser mit Kohlensäure
écrevisse	Krebs
entrelardé	gespickt
épices	Gewürze
épinards	Spinat
escalope	Schnitzel
escargots	Weinbergschnecken
faux-filet	Rinderlende
fenouil	Fenchel
feu de bois	Holzkohlenfeuer

figues	Feigen
flan	Pudding
flûte	dünne Weißbrotstange
foie	Leber
foie gras	Stopfleber
fourchette	Gabel
fraises	Erdbeeren
framboises	Himbeeren
fromage	Käse
fromage blanc	Quark, Frischkäse, oft als Dessert mit Zucker
fromage de chèvre	Ziegenkäse
fromage de tête	Schweinskopfsülze
fromage frais	Speisequark
fruits	Obst
fruits de mer	Meeresfrüchte
fumé	geräuchert
galettes	herzhafte Pfannkuchen aus Buchweizenmehl, auch Kuchen
garnitures	Beilagen
gaufres	Waffeln
gâteau	Kuchen
gingembre	Ingwer
girofle	Nelken
glace	Eis
glacé	glasiert
gnocchi	kleine Klößchen
gras(se)	fett, speckig
gratin	Überbackenes, Auflauf
grillé	gegrillt
haché	gehackt
hachis de bœf	Rinderhackbraten
haricots	Bohnen
haricots verts	grüne Bohnen
herbes	Kräuter
herbes de Provence	Kräuter der Provence: Thymian, Bohnenkraut, Salbei, Rosmarin, Basilikum u.a.
homard	Hummer
huile	Öl
huile d'olive	Olivenöl
huîtres	Austern
jambe	Beinscheibe
jambon cuit	gekochter Schinken
jambon fumé	geräucherter Schinken
jus	Saft
jus d'orange	Orangensaft
jus de fruits	Fruchtsaft

kir	trockener Weißwein mit Cassis
kir royal	Champagner mit Cassis
lait	Milch
lait demi-écremé	halbfette Milch
lait entier	Vollmilch
laitue	Kopfsalat
langouste	Languste
langue	Zunge
lapin	Kaninchen
lard	Speck
lardons	Speckwürfel
lavande	Lavendel
légumes	Gemüse
lentilles	Linsen
limace	Ackerschnecke
loup de mer	Wolfsbarsch, Seebarsch
maquereau	Makrele
marron	Esskastanie
matière grasse	Fettgehalt, Fettstufe
melon	Melone
menthe	Minze
menu	Menü, Speisekarte
menu d'enfant	Kindermenü
menu du jour	Tagesmenü
menu du terroir	Menü mit regionalen Spezialitäten
menu gastronomique	großes Menü mit mindestens vier Gängen
menu touristique	preiswertes Menü
merlu	Seehecht
miel	Honig
mollusques	Weichtiere (Muscheln, Schnecken)
monaco	Bier mit Grenadine
morilles	Morcheln
morue	Kabeljau
moules	Miesmuscheln
moutarde	Senf
mouton	Hammel
mûres	Brombeeren
musli	Müsli
myrtilles	Heidelbeeren
niçoise	nach Nizza-Art: meist mit Tomaten, Sardellen, Knoblauch, Oliven; bei Fisch: Tomaten-Sardellen-Sauce

noisettes	Haselnüsse
noix	Walnuss, bei Fleisch: Rückenstück
œuf	Ei
œuf à la coque	weiches Drei-Minuten-Ei
œuf au plat (sur le plat)	Spiegelei
œufs à la poêle	Rührei
oie	Gans
oignons	Zwiebeln
origan	Oregano
pain	Brot
pain complet	Vollkornbrot
pané	paniert
parfum	Geschmacksrichtung (bei Eis)
pastis	Aperitif mit Anisaroma
pâté	Pastete
pâte	Teig, Teigwaren
pâte feuilletée	Blätterteig
pâtisserie	Gebäck
pêche	Pfirsich
perche	Barsch
pernod	Aperitif mit Anisaroma
persil	Petersilie
petis fours	gefüllte, mit Zuckerguss verzierte Kuchen
petit déjeuner	Frühstück
petit pain	Brötchen
petits oignons	Frühlingszwiebeln
petits pois	Erbsen
pieds et paquet	geschmorte Hammelfüße und gefüllte Hammelkutteln
pigeon	Taube
piments	Paprikaschoten
pissaladière	Quiche mit Tomaten, schwarzen Oliven, Sardellen
pistaches	Pistazien
pistou	Paste aus Basilikum, Knoblauch, Käse, und Olivenöl
plat	Gericht, Teller
plat d'enfant	Kinderteller
plat du jour	Tagesgericht
plateau de fromage	Käseplatte
poire	Birne
poireau	Lauch, Poree

poisson	Fisch
poivre	Pfeffer
poivron	Paprika
pomme	Apfel
pommes de terre	Kartoffeln
pommes de terre en papillote	Folienkartoffeln
pommes de terre sautées	Bratkartoffeln
porc	Schwein
potage avec des pâtes	Nudelsuppe
potage du jour	Tagessuppe
poulet	Huhn
provençale	auf provenzalische Art, meist mit Tomaten, Knoblauch, Kräutern Oliven; bei Fleisch auch mit Kräutern, Knoblauch in Tomaten-Wein-Sauce
prune	Pflaume
ragoût	Gulasch
raisins	Weintrauben
ratatouille	Gemüsetopf mit Tomaten, Zucchini, Paprika, Auberginen, Knoblauch
rhum	Rum
riz	Reis
romarin	Rosmarin
rosbif	Roastbeef
rôti	gebraten, Braten
rouleau de viande hachée	Hackbraten
salade composée	gemischter Salat
salade de fruits	Obstsalat
salade de tomates	Tomatensalat
salade verte	grüner Salat
sandre	Zander
sanglier	Wildschwein
sardines	Sardinen
saucisse	Würstchen
saucisson	Wurst
sauge	Salbei
saumon	Lachs
sébaste	Rotbarsch
seiche	Sepia, Tintenfisch
sel	Salz
serviette de table	Serviette
sirop	Sirup

Wie bestellt man sein Fleisch?

saignant	blutig, englisch
bleu	innen roh
à point	medium, innen rosa
assez cuit	gar, fast durch
bien cuit	gut durchgebraten

soupe	Suppe
soupe de légumes	Gemüsesuppe
steak haché	Hackfleischsteak, Hamburger
sucre	Zucker
tailladé	Geschnetzeltes
tartare	rohes Rinderhackfleisch mit Kräutern, Schalotten, Kapern
tarte	Torte
tasse	Tasse
thé	Tee
thon	Thunfisch
thym	Thymian
tomates	Tomaten
tournedos	Rinderfiletscheiben
tranche	Scheibe (z.B. Fleisch)
tripes	Eingeweide, Kutteln
truffes	Trüffel
truite	Forelle
turbot	Steinbutt
veau	Kalb
venaison	Wild
verre	Glas
viande	Fleisch
vinaigre	Essig
vin blanc	Weißwein
vin de pays	Landwein
vin de table	Tafelwein
vin fin	Spitzenwein
vin mousseux	Schaumwein
vin rouge	Rotwein
volaille	Geflügel
yaourt	Joghurt

Literaturtipps

Sprachhilfe

- Aus der **„Kauderwelsch"-Reihe** des Reise Know-How Verlags bieten sich folgende Titel an: **Französisch – Wort für Wort, Französisch Slang** sowie **Französisch kulinarisch.** Zu den Bänden gibt es begleitendes Tonmaterial (CD oder Kassette). Ebenfalls erhältlich ist das komplette Buch Französisch – Wort für Wort als CD-ROM: **Französisch digital.**

Frankreich allgemein

- *Kalmbach, Gabriele,* **KulturSchock Frankreich,** Reise Know-How Verlag. Wer mehr über das Land und die Bewohner erfahren und einen intimen Blick hinter die Kulissen werfen möchte, ist mit diesem Buch gut beraten.
- *Schnieper, Claudia* und *Robert,* **Reiseführer Natur, Südliches Frankreich,** Tecklenborg Verlag, Steinfurt. Der komplette Führer für die Pflanzen- und Tierwelt der Region. Verschiedene Nationalparks werden detailliert vorgestellt.

Bücher über St. Tropez

Titel zu St. Tropez gibt es nur auf Französisch oder Englisch. Man bekommt diese Titel am besten im Buchhandel bzw. Zeitschriftenhandel der Stadt.

- *Denoel,* **Saint-Tropez de Sempé,** Gallimard. Sehr schöner Bildband.
- *Bigot, Yves,* **La Folle et Vérdique de Saint-Tropez,** Grasset. Auf über 270 Seiten beschreibt der Autor die Geschichte der Stadt und lässt auch die Stars nicht aus.
- *Dabin, Dominique,* **Presqu'île de Saint-Tropez,** Actes Sud. Das nur 45 Seiten starke Büchlein widmet sich besonders der Küste und ihren natürlichen Gegebenheiten.
- *Ipas, Michel,* **Les Peintres et Saint-Tropez,** Equinoxe. Maler und ihre Werke werden hier zusammen mit der Stadt vorgestellt, sodass der Betrachter erfährt, wer wen inspirierte.
- *Nils, Warolin,* **Saint-Tropez, un pays en Provence,** Editions du Rouergue. Die Geschichte eines kleinen Ortes in der Provence, der zu großem Ruhm gelangte, in Wort und Bild.
- *Cadel, J.,* **Cuisine Traditionelle de Saint-Tropez,** J.P. Gisserot. Alles Wissenswerte über die kulinarischen Spezialitäten der Stadt.
- *Cavaliero, Roderick,* **Admiral Satan: The Life and Campaigns of Suffren.** Die Geschichte des Admirals, der wohl nicht immer so heldenhaft war, wie ihn die Erzählungen darstellen.
- *Bariller, Marie* und *Dhellemmes, Thomas,* **Houses of Saint-Tropez,** Stewart Tabori & Chang. Ein bildgewaltiges Werk über die Fassaden und Innenräume der Stadthäuser.

Romane und Erzählungen

- *Mayle, Peter,* **Mein Jahr in der Provence,** Droemer-Knaur, München. Der Autor lebte und arbeitete eine Zeit lang in der Provence, die Erfahrungen schrieb er als Tagebuchnotizen nieder. Kaum waren sie veröffentlich, begann der Run auf die Gegend.
- *Steel, Danielle,* **Sunset in Saint-Tropez,** Bantam Dell Delacorte Press. Im Roman der bekannten Autorin geht es um einen Sommer in St. Tropez, Liebe. Glück, Leidenschaft und Hass. Leichte Strandlektüre.

Zeitschrift

- **Riviera-Côte d'Azur-Zeitung.** Die monatliche Postille ist amüsant und auch informativ, da hier Themen angesprochen werden, die besonders den Langzeiturlauber oder Hausbesitzer interessieren. Im Internet unter www.rczeitung.com.

Anhang

HILFE!

Dieses Reisehandbuch ist gespickt mit unzähligen Adressen, Preisen, Tipps und Infos. Nur vor Ort kann überprüft werden, was noch stimmt, was sich verändert hat, ob Preise gestiegen oder gefallen sind, ob ein Hotel, ein Restaurant immer noch empfehlenswert ist oder nicht mehr, ob ein Ziel noch oder jetzt erreichbar ist, ob es eine lohnende Alternative gibt usw.

Unsere Autoren sind zwar stetig unterwegs und versuchen, alle zwei Jahre eine komplette Aktualisierung zu erstellen, aber auf die Mithilfe von Reisenden können sie nicht verzichten.

Darum: Schreiben Sie uns, was sich geändert hat, was besser sein könnte, was gestrichen bzw. ergänzt werden soll. Nur so bleibt dieses Buch immer aktuell und zuverlässig. Wenn sich die Infos direkt auf das Buch beziehen, würde die Seitenangabe uns die Arbeit sehr erleichtern. Gut verwertbare Informationen belohnt der Verlag mit einem Sprechführer Ihrer Wahl aus der über 220 Bände umfassenden Reihe „Kauderwelsch“ (siehe unten).

Bitte schreiben Sie an:

REISE KNOW-HOW Verlag Peter Rump GmbH, Postfach 140666, D-33626 Bielefeld, oder per E-Mail an: info@reise-know-how.de

Danke!

Kauderwelsch-Sprechführer – sprechen und verstehen rund um den Globus

Afrikaans • Albanisch • Amerikanisch - *American Slang, More American Slang,* Amerikanisch oder Britisch? • Amharisch • Arabisch - Hocharabisch, für Ägypten, Algerien, Golfstaaten, Irak, Jemen, Marokko, • Palästina & Syrien, Sudan, Tunesien • Armenisch • *Bairisch* • Balinesisch • Baskisch • Bengali • *Berlinerisch* • Brasilianisch • Bulgarisch • Burmesisch • Cebuano • Chinesisch - Hochchinesisch, kulinarisch • Dänisch • Deutsch - *Allemand, Almanca, Duits, German, Nemjetzkii, Tedesco* • *Elsässisch* • Englisch - *British Slang, Australian Slang, Canadian Slang, Neuseeland Slang,* für Australien, für Indien • Färöisch • Esperanto • Estnisch • Finnisch • Französisch - kulinarisch, für den Senegal, für Tunesien, *Französisch Slang, Franko-Kanadisch* • Galicisch • Georgisch • Griechisch • Guarani • Gujarati • Hausa • Hebräisch • Hieroglyphisch • Hindi • Indonesisch • Irisch-Gälisch • Isländisch • Italienisch - *Italienisch Slang,* für Opernfans, kulinarisch • Japanisch • Javanisch • Jiddisch • Kantonesisch • Kasachisch • Katalanisch • Khmer • Kirgisisch • Kisuaheli • Kinyarwanda • *Kölsch* • Koreanisch • Kreol für Trinidad & Tobago • Kroatisch • Kurdisch • Laotisch • Lettisch • Lëtzebuergesch • Lingala • Litauisch • Madagassisch • Mazedonisch • Malaiisch • Mallorquinisch • Maltesisch • Mandinka • Marathi • Modernes Latein • Mongolisch • Nepali • Niederländisch - *Niederländisch Slang,* Flämisch • Norwegisch • Paschto • Patois • Persisch • Pidgin-English • *Plattdüütsch* • Polnisch • Portugiesisch • Punjabi • Quechua • *Ruhrdeutsch* • Rumänisch • Russisch • *Sächsisch* • *Schwäbisch* • Schwedisch • *Schwiizertüütsch* • *Scots* • Serbisch • Singhalesisch • Sizilianisch • Slowakisch • Slowenisch • Spanisch - *Spanisch Slang,* für Lateinamerika, für Argentinien, Chile, Costa Rica, Cuba, Dominikanische Republik, Ecuador, Guatemala, Honduras, Mexiko, Nicaragua, Panama, Peru, Venezuela, kulinarisch • Tadschikisch • Tagalog • Tamil • Tatarisch • Thai • Tibetisch • Tschechisch • Türkisch • Twi • Ukrainisch • Ungarisch • Urdu • Usbekisch • Vietnamesisch • Walisisch • Weißrussisch • *Wienerisch* • Wolof • Xhosa

Know-How auf einen Blick

Tschechien
Türkei, Hotelführer
Türkei, Mittelmeerküste

Ukraine, der Westen
Umbrien
Usedom

Venedig

Wales
Wangerooge
Warschau
Wien

Zypern, der Norden
Zypern, der Süden

Wohnmobil-Tourguides

Dänemark
Kroatien
Provence
Sardinien
Sizilien
Südnorwegen
Südschweden

Edition RKH

Durchgedreht – Sieben Jahre im Sattel
Eine Finca auf Mallorca
Geschichten aus dem anderen Mallorca
Mallorca für Leib und Seele
Rad ab!

Praxis

All inclusive?
Bordbuch Südeuropa
Canyoning
Clever buchen, besser fliegen
Clever kuren
Drogen in Reiseländern
Expeditionsmobil
Feste Europas
Fiestas Spanien
Fliegen ohne Angst
Frau allein unterwegs
Geolog. Erscheinungen
Gesundheitsurlaub in Dtl. Heilthermen
GPS f. Auto, Motorrad
GPS Outdoor-Navigation
Handy global
Höhlen erkunden
Inline Skating
Islam erleben
Kanu-Handbuch
Kartenlesen
Kreuzfahrt-Handbuch
Küstensegeln
Langzeitreisen
Marathon-Guide Deutschland
Mountainbiking
Orientierung mit Kompass und GPS
Paragliding-Handbuch
Pferdetrekking
Radreisen
Reisefotografie
Reisefotografie digital
Reisekochbuch
Reiserecht
Schutz vor Gewalt und Kriminalität
Schwanger reisen
Selbstdiagnose unterwegs
Sicherheit in Bärengebieten
Sicherheit Meer
Sonne, Wind, Reisewetter
Spaniens Fiestas
Sprachen lernen
Survival-Handbuch Naturkatastrophen
Tauchen Kaltwasser
Tauchen Warmwasser
Transsib
Trekking-Handbuch
Volunteering
Vulkane besteigen
Wann wohin reisen?
Wildnis-Ausrüstung
Wildnis-Backpacking
Wildnis-Küche
Winterwandern
Wohnmobil-Ausrüstung
Wohnmobil-Reisen
Wohnwagen Handbuch
Wracktauchen
Zahnersatz, Reiseziel

KulturSchock

Familienmanagement im Ausland
Finnland
Frankreich
Irland/Nordirland
Italien
Leben in fremden Kulturen
Polen
Rumänien
Russland
Schweiz
Spanien
Türkei
Ukraine
Ungarn

Europa

Wo man unsere Reiseliteratur bekommt:
Jede Buchhandlung Deutschlands, der Schweiz, Österreichs und der Benelux-Staaten kann unsere Bücher beziehen. Wer sie dort nicht findet, kann alle Bücher über unsere **Internet-Shops** bestellen.
Auf den Homepages gibt es **Informationen** zu allen Titeln:

www.reise-know-how.de oder **www.reisebuch.de**

Französisch lernen ohne Stress – am PC!
Kauderwelsch DIGITAL bringt das Kauderwelsch-Buch komplett Seite für Seite auf den Bildschirm, erweitert um die Möglichkeit, sich auf Mausklick jedes französische Wort vorsprechen zu lassen. Als Zugabe ist der Kauderwelsch AusspracheTrainer mit auf der CD, der sowohl am PC als auch in allen anderen Audio-CD-Geräten abgespielt werden kann.
Funktionen:
• Vorsprechen aller französischen Wörter auf Mausklick
• leichtes Navigieren innerhalb des Buches
• Suchfunktion
• Vergrößerte Darstellung nach Bedarf
• Druckfunktion
• Mit dem Vollprogramm Adobe Acrobat können zusätzlich Anmerkungen eingefügt, Textstellen farbig markiert und Bookmarks gesetzt werden.
• Kostenpunkt: € 14,90 [D]
Das ganze Programm unter:
www.reise-know-how.de
Reise Know-How Verlag, Bielefeld
WHITE INKJET

CityGuide
REISE
AMSTERDAM

CityGuide
REISE
LONDON

CityGuide
REISE
PARIS

PRAXIS – für jedes Thema der richtige Ratgeber

Wer seine Freizeit aktiv verbringt, in die Ferne schweift, moderne Abenteuer sucht, braucht spezielle Informationen und Wissen, das in keiner Schule gelehrt wird. REISE KNOW-HOW beantwortet mit **über 60 Titeln** die vielen Fragen rund um Freizeit, Urlaub und Reisen in der praktischen Ratgeberreihe: „Praxis".

So vielfältig die Themen auch sind, gemeinsam sind allen Büchern die anschaulichen und allgemeinverständlichen Texte. Praxiserfahrene Autoren schöpfen ihr Wissen aus eigenem Erleben und würzen ihre Bücher mit unterhaltsamen und teilweise kuriosen Anekdoten.

Gunter Schramm: **Trekking-Handbuch**

Wolfram Schwieder: **Richtig Kartenlesen**

Rainer Höh: **Wildnis-Küche**

Frank Littek: **Fliegen ohne Angst**

Rainer Höh: **GPS Outdoor-Navigation**

Harald A. Friedl: **Respektvoll reisen**

Volker Heinrich: **Reisefotografie digital**

Birgit Adam: **Als Frau allein unterwegs**

M. Faermann: **Sicherheit im und auf dem Meer**

M. Faermann: **Survival Naturkatastrophen**

M. Faermann: **Gewalt und Kriminalität unterwegs**

J. Edelmann: **Vulkane besteigen und erkunden**

Rainer Höh: **Winterwandern**

Rainer Höh: **Outdoor-Navigation**

Register

Die Autoren

Klaudia und Eberhard Homann bereisen seit 1979 gemeinsam die Welt. Nach ersten Reisen in Südeuropa stand ab Anfang der 80er Jahre vor allem Südostasien auf dem Programm, z.T. über mehrere Monate. Neben dieser Region sind sie auch von den USA und Mexiko fasziniert. In Europa ist vor allem Frankreich ihr beliebtestes Reiseziel, wobei hier die Bretagne und die Côte d'Azur/Provence oben auf der Hitliste stehen. Alle diese Ziele üben ihren ganz eigenen Reiz auf die Freizeitpädagogin Klaudia und den Biologen Eberhard aus. Ist Klaudia vor allem von der kulturellen Vielfalt fasziniert, so kriecht der Biologe gern unter Buschwerk herum, um z.B. Reptilien zu beobachten, oder taucht in den Fluten vor der Küste ab, um die Unterwasserwelt zu erkunden.

1992 veränderte sich mit der Geburt ihrer Tochter das Leben erheblich. Allen Unkenrufen zum Trotz reisten sie jedoch auch mit Kind weiter überall auf der Welt herum und erlebten altbekannte Gebiete völlig neu. Ergebnis der zahlreichen Reisen sind mehrere Reisehandbücher sowie Reportagen in Natur-, Kinder-, Reise-, Fahrrad- und Automagazinen.

St. Tropez ist eines ihrer liebsten Ziele, besonders im Frühjahr. Nach einem langen Bielefelder Winter ist dort schon alles herrlich grün, die Temperaturen sind zum Baden hoch genug, aber es ist noch nicht heiß. Die Straßen sind nicht verstopft und die Preise moderat. So genießen die Autoren gern die Tage auf der Terrasse eines kleinen Häuschens bei Ste. Maxime.

016st Foto: ho

Anhang

Toulon
Toulon, Marseille
Hyères
Giens
Hyères-Plage
la Capte
Presqu'île de Giens
Pierrefeu-du-Var
Puget-Ville
Carnoules
Besse-sur-Issole
Flassan-sur-Issole
Pignans
Gonfaron
Village de Tortues
le Cannet-des-Maures
les Mayons
Bois des Mayons
la Sauvette 779
N.D. des Anges
Collobrières
Col de Babaou 414
les Hauts-de-Porquerolles
Massif des Maures
Forêt des Maures
Chartreuse de la Verne
Roches Blanches 636
la Garde-Freinet
Grimaud
Cogolin
Courruero
Plan-de-la-Tour
Col de Gratteloup
Saint-Preire 416
la Londe-les-Maures
Port-de-Miramar
Bormes-les-Mimosas
Cabasson
Cap de Brégançon
la Favière
Le Lavandou
Saint-Clair
la Fossette
Aiguebelle
Cavalière
Canadel-sur-Mer
Col du Canadel 269
Rayol-Canadel-sur-Mer
Corniche des Maures
la Môle
Cavalaire-sur-Mer
la Croix-Valmer
Gassin
Port-Grimaud
Saint-Tropez
Sainte-Maxime
Presqu'île de Saint-Tropez
Ramatuelle
Gigaro
Col de Collebasse 129
Cap Lardier
Cap Taillat
Cap Camarat
Cap de Saint-Tropez
Cap des Sardinaux
la Nartelle
San-Peïre-sur-Mer
les Issambres
Pointe des Issambres
Cap Bénat
Cap Blanc
RADE D'HYERES
Îles d'Hyères
île de Porquerolles
île de Bagaud
île de Port-Cros
île du Levant
Pointe de Calle-Rousse
MER MEDITERRANEE
D12
D14
D559
N98
N97
N7
A57
0
10 km

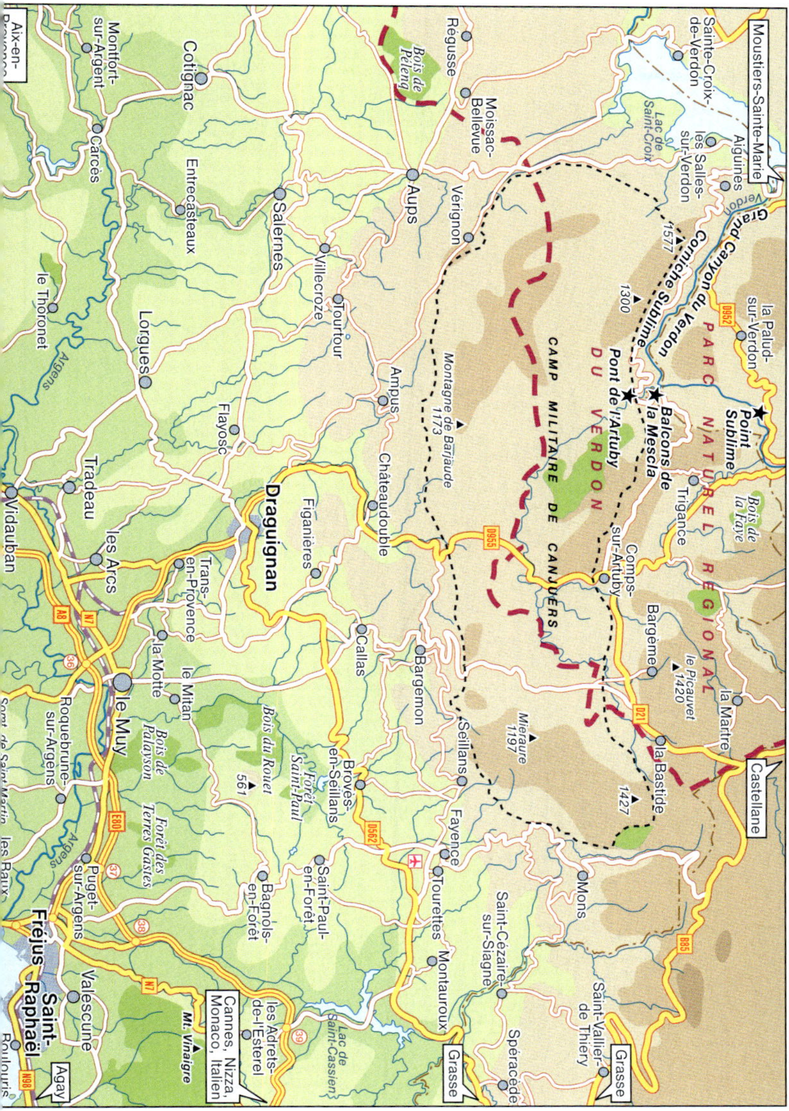
Moustiers-Sainte-Marie
Sainte-Croix-de-Verdon
Lac de Saint-Croix
Aiguines
les Salles-sur-Verdon
Verdon
Grand Canyon du Verdon
Corniche Sublime
1577
1300
la Palud-sur-Verdon
D952
PARC NATUREL RÉGIONAL DU VERDON
Point Sublime
Balcons de la Mescla
Pont de l'Artuby
CAMP MILITAIRE DE CANJUERS
Bois de la Faye
Trigance
Comps-sur-Artuby
Bargème
le Picaouvet 1420
la Martre
D21
la Bastide
1427
Castellane
B85
Mons
Saint-Cézaire-sur-Siagne
Saint-Vallier-de-Thiery
Grasse
Spéracèdes
Montagne de Barjaude 1173
Mieraure 1197
Réguisse
Bois de Pélenq
Moissac-Bellevue
Aups
Vérignon
Ampus
Châteaudouble
D955
Figanières
Bargemon
Seillans
Fayence
Tourettes
Montauroux
Lac de Saint-Cassien
Grasse
Callas
Bois du Rouet
Forêt Saint-Paul
561
Brovès-en-Seillans
D562
Saint-Paul-en-Forêt
Bagnols-en-Forêt
Forêt des Terres Gastes
les Adrets-de-l'Esterel
39
Cannes, Nizza, Monaco, Italien
Mt. Vinaigre
Agay
Montfort-sur-Argent
Cotignac
Carcès
Entrecasteaux
Salernes
Villecroze
Tourtour
le Thoronet
Argens
Lorgues
Flayosc
Draguignan
Trans-en-Provence
Tradeau
les Arcs
Vidauban
la Motte
le Mitan
le Muy
Bois de Palayson
Roquebrune-sur-Argens
A8
N7
36
37
38
E80
Puget-sur-Argens
Fréjus
Saint-Raphaël
Valescure
N98
Aix-en-

Anhang

les Mûres
Beauvallon
les Cadelons
254
Grimaud
Golfe de Saint-Tropez
Plage de Grimaud
Port Grimaud
les Marines-de-Cogolin
Plage de la Bouillabaisse
la Foux
les Massanes
Giscle
Cogolin
Le Bourrian
Saint-Tropez
la Citadelle
Sainte-Anne
Cap St-Pierre
Pointe des Rabiou
Baie des Canebiers
l'Estagnet
Cap de Saint-Tropez
la Moutte
les Canebiers
les Salins
Moulin René
la Capilla
Gras
Pinet
Cap du Pinet
Plage de Tahiti
Minuty
Bourrian
1
2
3
Château de Pampelonne
Pampelonne
Plage de Pampelonne
Anse de Pampelonne
Bagarède
GR51
Gassin
326
les Chênes
Ramatuelle
4
Moulins de Paillas
387
Bonne Terrasse
la Croix-Valmer
5
Camarat
Cap Camarat
Col de Collebasse
6
St-Michel
197
l'Escalet
Tourraque
Villa Bergès
Héraclée
Gigaro
Plage de l'Escalet
Baie de Bonporteau
174
Pointe du Brouis
144
Baie de Cavalaire
Pointe Andati
Plage de la Briande
Cap Taillat
Cap Lardier
0
3 km
N98
D14
D61
D93
D89
D559
1 Parc Saint-James Montana
2 La Rouillère
3 Hôtel de plain air La Toison d'Or und Kon Tiki
4 La Croix du Sud
5 Les Tournels
6 La Cigale

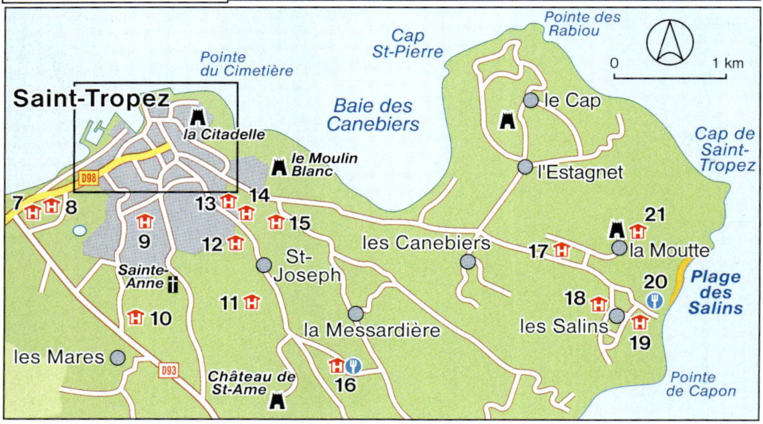
Pointe des Rabiou
Cap St-Pierre
Pointe du Cimetière
0
1 km
Saint-Tropez
Baie des Canebiers
le Cap
la Citadelle
Cap de Saint-Tropez
le Moulin Blanc
l'Estagnet
D98
7
8
13
14
15
21
9
12
St-Joseph
les Canebiers
17
la Moutte
Sainte-Anne
20
Plage des Salins
11
18
10
la Messardière
les Salins
19
les Mares
D93
Château de St-Ame
16
Pointe de Capon